21 世纪高等学校规划教材

计算机组成原理

刘红玲　主　编
李应兴　邵晓根　副主编

中国电力出版社
http://jc.cepp.com.cn

内容提要

本书系统地介绍了计算机硬件系统的工作原理和组成结构，包括运算器、控制器、存储器、输入/输出系统及计算机中数据表示与运算的基础知识。全书共分 8 章，第 1、2 章介绍计算机的基础知识；第 3～8 章讲述计算机各个组成部分的工作原理和设计方法。

本书既注意基本概念和基本原理的介绍，又特别强调实际应用，在每个关键知识点都给出了详细的应用实例。全书内容由浅入深，每章都附有大量的习题，为读者提供较多的练习机会。

本书是江苏省立项建设精品教材，可作为高等院校计算机及相关专业“计算机组成原理”课程的教材，也可供非计算机专业和计算机工程技术人员参考。

图书在版编目（CIP）数据

计算机组成原理 / 刘红玲主编. —北京：中国电力出版社，2008.8（2021.1 重印）

21 世纪高等学校规划教材

ISBN 978-7-5083-7259-4

Ⅰ. 计…　Ⅱ. 刘…　Ⅲ. 计算机体系结构－高等学校－教材　Ⅳ. TP303

中国版本图书馆 CIP 数据核字（2008）第 128775 号

丛 书 名：21 世纪高等学校规划教材
书　　名：计算机组成原理
出版发行：中国电力出版社
　　　　地　　址：北京市东城区北京站西街 19 号　　邮政编码：100005
印　　刷：北京九州迅驰传媒文化有限公司
开本尺寸：185mm×260mm　　印　　张：18.5　　字　　数：452 千字
书　　号：ISBN 978-7-5083-7259-4
版　　次：2008 年 8 月北京第 1 版
印　　次：2021年 1 月第 5 次印刷
定　　价：29.00 元

前　　言

《计算机组成原理》是计算机科学与计算机工程学科中“计算机结构与组织”知识领域的课程，主要讲述计算机硬件系统的工作原理和组成结构，包括运算器、控制器、存储器、输入/输出系统及计算机中数据表示与运算的基础知识。它的特点是涉及的知识面广，内容多，更新快，在课程体系中起着承上启下的作用。

与传统的计算机组成原理教材相比，本书既注意基本概念和基本原理的介绍，又特别强调实际应用，对于每个关键的知识点都给出了详细的应用实例，如主存储器的组织、控制器的设计等。这样既避免了理论与实际应用脱节，又突出了应用能力培养的教学目标。在内容的选取上，以够用为度，难度适中。

全书共分为 8 章，主要内容如下：

第 1 章计算机系统概论，主要介绍了计算机系统的组成、特点、主要性能指标、层次结构及应用概况。

第 2 章计算机中的数据表示，介绍非数值型数据和数值型数据的计算机表示及数据正确性校验方面的知识，为后续各章的学习打下基础。

第 3 章运算方法和运算器，从运算方法出发，讲述计算机中各种运算的实现原理及运算器的组成。

第 4 章存储系统，在介绍半导体存储器芯片工作原理的基础上，重点讲述计算机主存储器的构成、组织和控制。同时还介绍了各种存储器组成的计算机存储系统，包括高速缓冲存储器、虚拟存储器等的工作原理。

第 5 章指令系统，介绍寻址方式、指令格式、种类和指令系统的构成及 CISC 和 RISC 指令的特点。

第 6 章中央处理器，在介绍 CPU 的组成、功能，控制器的构成、工作原理，时序系统和控制方式的基础上，重点讲述了微程序控制器和组合逻辑控制器的设计原理和设计方法。

第 7 章计算机的输入/输出系统，讨论了计算机输入/输出系统的组成、与 CPU 的接口方式及常用的总线。

第 8 章计算机的外部设备，讲述常用外部设备的工作原理以及与主机的连接方式，包括键盘、鼠标、显示和打印设备及辅助存储器。

本书是一本实用性较强的专业基础课教材，可作为高等学校计算机及相关专业的计算机组成原理课程用书，参考学时为 56～72，可根据课程目标对内容进行适当的取舍。

本书由刘红玲主编，其中第 5、6 章由徐州工程学院刘红玲编写，第 2、7 章由徐州工程学院邵晓根编写，第 3、4 章由西北民族大学李应兴编写，第 1、8 章由徐州空军学院秦敬辉编写，孙金萍参与了第 7.2、7.3 和 7.4 节的编写，全书由刘红玲统稿、定稿。

本书为江苏省立项建设精品教材，在编写过程中，我们参考了立项评审专家提出的建议，中国电力出版社给予了大力支持，在此表示感谢！

限于编者的水平，书中难免有错误和不妥之处，敬请专家、同行及广大读者批评指正。

编 者

2008 年 4 月

目　　录

前　言
第 1 章　计算机系统概论 1
1.1　计算机的发展及其应用 1
1.2　计算机系统的组成 4
1.3　计算机的分类和主要性能指标 9
1.4　计算机系统的层次结构 11
1.5　计算机组成、体系结构及计算机组成原理研究的内容 12
习题 13
第 2 章　计算机中的数据表示 14
2.1　数据、信息 14
2.2　数值数据的表示 15
2.3　机器数的定点表示与浮点表示 21
2.4　非数值数据的表示 27
2.5　十进制数和数串的表示 31
2.6　现代微型机系统中的数据表示举例 33
2.7　数据校验码 35
习题 42
第 3 章　运算方法和运算器 44
3.1　定点补码加减法运算及其实现 44
3.2　定点乘法运算及其实现 49
3.3　定点除法运算及其实现 59
3.4　浮点数的算术运算 65
3.5　逻辑运算 69
3.6　运算器的组成与结构 71
习题 84
第 4 章　存储系统 87
4.1　概述 87
4.2　半导体存储器 90
4.3　主存储器的组成与控制 103
4.4　并行存储器 115
4.5　高速缓冲存储器 119
4.6　虚拟存储系统 127

习题……134
第 5 章 指令系统……138
5.1 指令系统概述……138
5.2 指令的格式……140
5.3 寻址方式……145
5.4 指令类型……151
5.5 指令系统举例……155
习题……158
第 6 章 中央处理器……161
6.1 中央处理器的总体结构……161
6.2 控制器的组成和设计方法……165
6.3 时序系统与控制方式……169
6.4 组合逻辑控制器……184
6.5 微程序设计技术和微程序控制器……190
6.6 CPU 新技术……201
6.7 CPU 举例……207
习题……211
第 7 章 计算机的输入／输出系统……215
7.1 输入／输出系统概述……215
7.2 计算机总线……217
7.3 输入／输出接口……222
7.4 I/O 端口的编址方式和数据传送控制方式……226
7.5 程序查询方式……228
7.6 程序中断方式……230
7.7 DMA 方式……240
7.8 通道方式……245
习题……247
第 8 章 计算机的外部设备……249
8.1 概述……249
8.2 输入设备……251
8.3 显示设备……256
8.4 打印设备……265
8.5 磁介质存储设备……269
8.6 光盘存储器……279
8.7 新型辅助存储器……283
习题……286
参考文献……288

第 1 章　计算机系统概论

计算机，顾名思义就是用于计算的工具。电子计算机从总体上来说可以分为两大类：电子模拟计算机和电子数字计算机。电子模拟计算机中处理的信息是时间上连续变化的物理量，运算的过程也是连续的；而电子数字计算机中处理的信息是时间上离散的数字量。今天我们所讲的计算机都是指电子数字计算机。因此计算机的一个比较确切的定义是：计算机是一种以电子器件为基础，不需要人工直接干预，能够自动、高速、准确地对各种信息进行存储和处理的工具，是一种由硬件和软件组成的复杂自动化设备。

计算机是 20 世纪人类最重要的科学技术发明之一，它的诞生、发展和应用彻底改变了人类社会的生产和生活方式。本章在简要介绍计算机的发展、应用、分类的基础上，重点介绍冯·诺依曼型计算机的基本组成、各部件的工作原理和结构特点，同时说明了本课程要研究的主要内容。

1.1　计算机的发展及其应用

1.1.1　计算机的发展

随着社会的进步和生产力的发展，人类用于计算的工具经历了从简单到复杂，从低级到高级的发展过程，在人类的文明史上相继产生了诸如算盘、计算尺、手摇机械计算机和电动式机械计算机等计算工具。

人类历史上第一台真正的电子计算机产生于 1946 年 2 月，美国宾夕法尼亚大学摩尔学院与美国军方阿伯丁弹道实验室试制成功一台电子数字积分和计算机（Electronic Numerical Integrator And Calculator，ENIAC）。ENIAC 是一个庞然大物，它共用了 18 000 多个电子管，重达 30t，占地面积 170m^2，功耗为 150kW，每秒可做 5000 次加法运算。但 ENIAC 有两个致命的弱点：一是它的存储容量小，只能存储 20 个字长为 10 位的十进制数，因此计算程序需要靠外部的开关、继电器和插线来设置，准备时间大大超过实际计算时间；二是使用的电子管太多，功耗大，容易出故障，工作可靠性差。尽管如此，作为人类历史上的第一台电子数字计算机，还是取得了划时代的发展，奠定了现代计算机发展的理论基础。

在 ENIAC 研制的同时，以美籍匈牙利数学家冯·诺依曼（John von Neumann）为首的研制小组提出了“存储程序控制”的计算机结构，并开始了存储程序控制的计算机 EDVAC（Electronic Discrete Varible Automatic Computer）的研制。由于种种原因，EDVAC 直到 1951 年才问世。而吸收了冯·诺依曼的设计思想，由英国剑桥大学研制的 EDSAC（Electronic Delay Storage Automatic Computer）则先于它两年诞生，成为事实上的第一台存储程序结构的计算机。

自第一台电子计算机ENIAC诞生以来的60多年时间里，计算机的性能发生了重大的变化，人们习惯把计算机的发展历史分“代”，其实分代并没有统一的标准。常常按计算机所采用的微电子器件，把计算机分成以下几代。

第一代（1946年—1957年）：电子管计算机。这一阶段的计算机采用电子管为主要逻辑元件，硬件较简单，只能进行定点的算术运算，运算的速度是每秒几千次至每秒几万次；软件主要采用机器语言编写程序（目标程序）和用汇编语言编写的源程序，源程序再经汇编程序翻译成机器语言的目标程序。此时的计算机主要用于科学计算和工程计算，具有代表性的计算机是冯•诺依曼与他的同事们设计的存储程序计算机EDVAC及IBM公司开发的用于科学计算的大型计算机IBM-701。

第二代（1958年—1964年）：晶体管计算机。这一阶段的计算机采用晶体管作为元器件，硬件能够实现浮点算术运算，运算速度提高到每秒几万次至每秒几十万次。软件采用子程序库、批处理管理程序，高级语言得到迅速发展，产生了FORTRAN、ALGOL和COBOL等一系列高级程序设计语言，简化了计算机程序设计。这一时代的计算机主要用于科学计算和事务处理，并在过程控制中得到初步使用。具有代表性的计算机是1960年IBM研制的IBM-7090。

第三代（1965年—1973年）：集成电路计算机。这一阶段的计算机早期采用的是小规模的集成电路（Small Scale Integration，SSI），后来采用了中规模集成电路（Middle Scale Integration，MSI）和大规模集成电路（Large Scale Integration，LSI），使用半导体存储器代替了磁心存储器，中央处理器采用了微程序控制技术、流水线结构以及高速缓冲存储器Cache；软件逐渐完善，操作系统日益成熟，功能不断增强，分时操作系统、会话式语言等多种高级语言都相继得到新的发展。运算速度可达到每秒几十万次到每秒几百万次，运算精度高，存储容量大，稳定性好，体积更加小型化，整机性能比第二代计算机又有很大的提高。这一时期的计算机在科学计算、数据处理和工业过程控制等方面都得到了较为广泛的应用。具有代表性的产品如IBM-360系列机、CDC-6000等。

第四代（1974年—1985年）：（超）大规模集成电路计算机。这一阶段的计算机使用超大规模集成电路（Very LSI，VLSI）和极大规模集成电路（Ultra SI，USI）为主要功能部件。在软件方面，发展了数据库系统、分布式操作系统及通信软件等。1971年以来出现了多种不同类型的巨、大、中和小型计算机系统。而且自20世纪70年代初开始，微型计算机异军突起，各种各样的微机及兼容机相继问世。与此同时，计算机网络技术也得到了迅速发展，使计算机的应用领域变得十分广泛，几乎深入到了人们生产、生活的各个角落。第四代计算机的运算速度可达每秒几千万次到每秒若干亿次，具有更高的运算精度、更大的存储容量、更小的体积、更好的稳定性。

第五代（1986年至今）：新一代计算机。所谓新一代计算机，是指采用了巨大规模集成电路，计算机从数值计算过渡到以知识推理为主，并允许用户使用自然语言，运算速度提高到每秒几亿次以上。软件得到进一步的发展，计算机语言向着标准化、模块化、产品化方向发展，并最终向着自然语言方向发展，且能自动生成程序。

总之，从1946年计算机诞生以来，大约每5～8年，计算机的运算速度可提高10倍，可靠性可提高 10 倍，体积可缩小至原来的 1/10，而成本降低为原来的 1/10。自 20 世纪 70 年代以来，计算机的产量以每年 25%以上的速度递增。

1.1.2　计算机的应用

计算机虽然仅仅只有 60 多年的发展历史，但已被广泛地应用于工业、农业、国防、科研、教育、商业、医疗、通信及日常生活的各个领域。其应用可简要归纳为以下几个方面。

（1）科学计算。科学研究和工程技术计算领域，是计算机应用最早的一个领域，也是应用最广的领域。例如，数学、物理学、化学、天文学、生物学等基础科学的研究，以及航天飞行、飞机设计、地质勘探、水力发电、天气预报等方面的大量计算都要用到计算机。

例如，在天气预报领域，人类在长期实践中总结并积累了大量有关天气预报的气象方程，根据测量到的数据，可以求解出未来的天气情况。由于求解气象方程的计算量很大，若用人工计算，要预报明天的天气，数据计算的时间就要花费十几天乃至几个月，因此天气预报无法实现。而利用计算机快速运算的特点就可以很好地解决这一难题，为人类提供及时准确的的天气预报信息。

（2）自动控制。自动控制是涉及面极广的一门学科，主要应用于国防、工业、农业以致人们日常生活的各个领域。据统计，目前国内外大约 20%的微型计算机用于生产过程的自动控制。廉价可靠、小体积的计算机给自动控制带来了强大的生命力。可以毫无疑问地说，离开了以计算机为主要控制设备的控制系统，就不是现代的自动控制系统。计算机在自动控制方面的应用，大大减轻了人们的劳动强度，极大地提高了生产力。

（3）信息处理。信息是人类赖以生存和交际的媒介。当今世界的信息已成为人类的第三类资源。早期的计算机，主要用于数值计算，但是后来应用范围逐渐发展到非数值处理领域，用来处理大量的文字、图像、声音等各类信息。而且随着计算机的发展，信息处理的应用范围越来越广泛，例如银行的自动柜员机、现金出纳机、电子存款等；银行间利用计算机网络进行的资金转移；邮局的电子传真、电子邮件。在管理应用方面，有办公自动化、物资管理、人事管理等。计算机在信息处理方面的应用，不仅节省了大量的人力物力，在某些方面还为科学决策提供了准确的依据。

（4）辅助设计和辅助制造。利用计算机进行辅助设计和辅助制造，充分利用计算机的高速、精确等方面的优点。既大大提高了整个设计制造的速度，又因在设计过程中利用计算机进行各种外形设计、内在性能模拟等措施，从而使生产的产品最大程度地满足了客户的各种要求。

（5）辅助教学和医疗。计算机广泛应用于教育，被誉为“教育史上的第四次革命”。利用多媒体技术开发的计算机辅助教学（CAI）软件，使以前黑板加粉笔的传统教育方法受到了冲击，CAI 课件可以把以前学生难以弄懂的知识，通过图像、动画和声音的配合，给学生更直观、更感性的形象，大大提高了学习效率；此外，通过网络进行自主学习，可以不受时间和地点的限制，按照自己的实际情况确定学习的计划和进度，这是当今社会人们进行终身学习的有利条件。在医疗卫生方面，使用计算机的各种医疗设备，如 CT 图像处理设备，心、脑电图分析仪等，为早期诊断疾病提供了强有力的手段。

（6）家用电器。随着超大规模集成电路工艺的发展，计算机，特别是单片计算机在家用电器中的应用日益普遍，如计算机控制的全自动洗衣机、智能空调机、游戏机等。计算机应用于家用电器，使其智能化，更方便人们的使用。例如，智能空调机，可以根据某用户常用的温度，开机时自动设定为该温度。

（7）人工智能。人工智能是指计算机具有模仿人的高级思维活动的能力。例如下棋，程序员把下棋的规则，棋的布局、中盘及残局的对局方法编成程序输入计算机，计算机就可按设定的各种方法与人对弈。具有人工智能的计算机具备文字、图像、语音识别功能，还可以提供机器翻译功能等。

人工智能研究中的最大成就就是“机器人”，当今世界上大量的“工业机器人”，在生产线上或在高温、有毒、辐射、深水等环境下工作，这些机器人的出色工作，使人们逐步摆脱了恶劣的工作环境，大大提高了工作效率。更高级的智能机器人，还能对工作环境做出判断和决策，能自动避开障碍物，并适应环境条件的变化，灵活机动地完成各种任务。

1.2　计算机系统的组成

1.2.1　冯·诺依曼（Von Neumann）计算机的特点

自计算机诞生 60 年以来，新的技术和应用层出不穷，计算机的性能发生了翻天覆地的变化，但是计算机的基本体系结构和基本工作原理并没有太大改变，仍然遵循冯·诺依曼于 1946 年 6 月在《关于电子计算装置逻辑结构初探》的报告中提出的“以二进制计数制、存储程序和程序控制”为核心的设计思想。

冯·诺依曼型计算机的特点可归纳如下：

（1）采用二进制数表示指令和数据。计算机中采用二进制数表示指令和数据的好处主要有：

首先，由于二进制数只有两个数字符号 1 和 0，便于电子器件的表示。例如，由两个晶体三极管等电子元件组成的双稳态电路、电容的充电和放电状态、电子开关的闭合与断开等，都能方便地表示二进制数。

其次，二进制数的运算规则简单，容易用电子电路实现，其运算的速度也快。例如，实现两个一位二进制数相乘，只需用一个二输入的与门电路即可实现。

最后，二进制数是逻辑设计的便利工具。二进制数使用数字符号 1 和 0，正好与逻辑推理的真和假相对应。因此，采用二进制数便于计算机进行逻辑运算。计算机能进行逻辑运算，具有逻辑判断能力，是计算机得到广泛应用必备的功能。

（2）存储程序控制。计算机是通过执行人们给出的指令序列来解决问题的机器。所谓指令，就是要计算机执行某种操作的命令（例如，加法运算、无条件转移等）。而程序就是解决某一问题的指令序列。

存储程序控制是指人们将编制好的解题程序和要处理的原始数据预先存入到计算机的内存储器中（称为存储程序）。计算机将存放在内存储器的指令逐条取出执行，执行过程中根据指令的性质对原始数据或者程序执行中产生的中间数据进行处理，最终得到运算结果。在整个程序执行过程中，指令的读取、译码和执行都是自动完成的，不需要人工干预。整个计算过程都是在程序的控制下自动进行的，这个过程称为程序控制。存储程序和程序控制统称为存储程序控制。

1.2.2　计算机的硬件系统

计算机的硬件是指计算机中的电子线路和物理装置。它们是看得见、摸得着的实体，是计算机的物质基础。冯·诺依曼体系结构的计算机硬件系统由存储器、运算器、控制器、输入设备和输出设备五大部分组成，它们之间通过系统总线连接在一起，如图 1-1 所示。

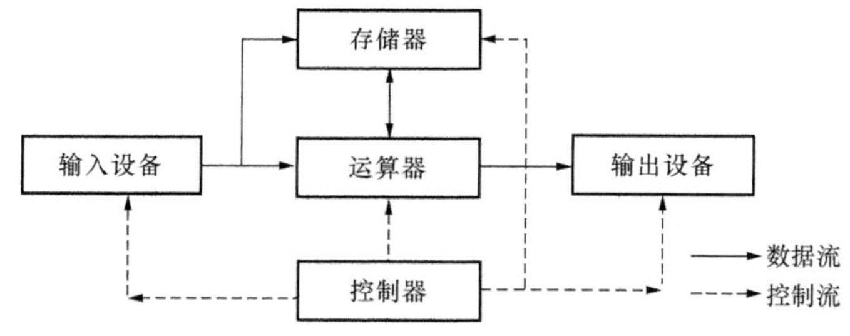

图 1-1　计算机系统的硬件组成示意图

1. 存储器

程序是计算机操作的依据，数据是计算和操作的对象。而存储器正是计算机中存放程序和数据的部件，它是计算机能够实现“存储程序控制”的基础。

在存储器中，以字节或者字作为基本编址单位，称为存储单元。每个存储单元对应一个地址编号，称为单元地址，地址编号以二（八或十六）进制数表示，从 0 开始。单元地址只有一个，是固定不变的，而存储在其中的内容是可以更换的。如图 1-2 所示为存储器的组成框图。

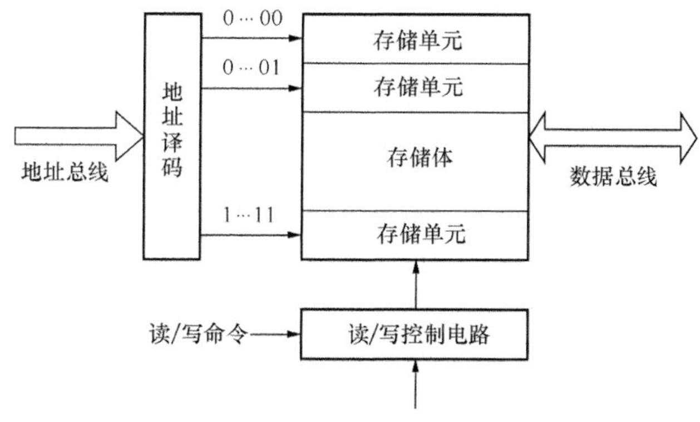

图 1-2　存储器的组成框图

向存储单元存入或取出信息，都称为访问（ACCESS）存储器。访问存储器时，先由地址译码器将送来的单元地址进行译码，找到相应的存储单元，再由读/写控制电路确定访问存储器的方式，即取出（读）或存入（写），然后按规定的方式具体完成取出或存入的操作。

有关存储器的详细内容见第 4 章。

2. 运算器

运算器是对数据进行处理和运算的部件，主要由算术逻辑部件（ALU）、累加器和通用寄存器组及内部总线等组成。算术逻辑部件主要完成算术运算（+、−、×、÷等操作）及逻辑运算（与、或、异或等操作）。通用寄存器组用来存放参加运算的数据、中间结果或地址。有关运算器的详细内容见第 3 章。

3. 控制器

控制器是整个计算机的指挥控制中心，它根据指令的要求向计算机各个部件发出微操作控制信号，控制运算器、存储器以及输入/输出设备自动、有序、协调地进行工作。微操作控制信号指明了在什么时间、什么条件下执行什么操作，有些操作可同时进行，而有些操作则要依时间的先后进行。正是这些微操作控制信号控制着全机高速、有条不紊地工作。

控制器的主要功能有：

（1）控制程序和原始数据输入到计算机内存。

（2）控制运算器和内存等部件实现数据运算处理。

（3）控制内存和外存之间的数据交换。

（4）处理随机发生的事件。

控制器一般由指令部件、时序部件和微操作信号发生器等部分组成，如图 1-3 所示。

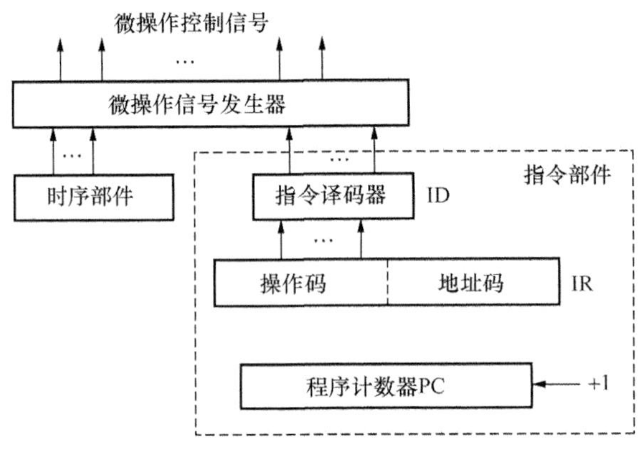

图 1-3　控制器组成框图

（1）指令部件。指令部件是指与指令有关的部件，包括程序计数器、指令寄存器和指令译码器。

计算机工作时，按事先安排好的顺序逐条从存储器取出并执行指令。为了使计算机能做到这一点，在计算机中设置了一个指令计数器（也称程序计数器 PC），用 PC 指明所要执行的指令在内存储器中的地址。为了能按顺序自动地指向下一条要执行的指令，在取出指令的同时，PC 中的计数值自动递增，始终等于下一条要执行的指令地址。

指令寄存器 IR，用来存放正在执行的指令代码。计算机从内存储器取出的要执行的指令即存放在 IR 中。

不同的指令，其二进制代码也不同。为了能正确执行每条指令，还必须有一个指令译码器 ID，通过译码区分出不同的指令。

（2）时序部件。时序部件用于产生计算机运行所需的时序信号。我们知道，要执行一条指令，首先必须把该指令从内存储器取出来，再经译码，然后加以执行。也就是说，计算机是严格按照时间的先后进行操作的，由于计算机的工作速度非常快，需要严格的定时，这种定时就是由时序部件产生的时序信号实现的。

（3）微操作信号发生器。指令经指令译码器产生相应的控制电位，配合时序部件产生的时序信号，由微操作信号发生器产生执行指令所需的一系列微操作信号，并送到各功能部件，控制各部件按指令的要求进行操作，以实现指令的功能。

有关控制器的详细内容见第 6 章。

4. 输入／输出（I/O）设备

输入设备是将各种形式的输入信息转换为机器可识别的编码形式的设备，如键盘、鼠标等。

输出设备是将计算机的输出信息转换为人可接受的信息形式的设备，如显示器、打印机等。

而终端设备是指通过通信线路与主机连接的既可输入又可输出的设备，如键盘-CRT，光笔-CRT 系统等。

由图 1-1 可知，计算机各部件之间的联系是通过两种信息流实现的。实线代表数据流，虚线代表指令流。要运行一个程序，首先通过输入设备把程序连同必需的原始数据存入内存储器。控制器控制计算机从存储器中逐条读取指令，然后交由运算器执行，运算的结果可通过输出设备（如显示器）输出或者写入存储器中供其他指令使用。

现代计算机一般把运算器、控制器和其他一些部件集成在一起，称为中央处理单元（Central Processing Unit，CPU）。把 CPU 和内存储器合称为主机，因为它们通常组装在一个主板上，承担计算机的主要计算任务。

输入设备和输出设备统称为输入／输出设备（I/O 设备），也称为外部设备或外围设备，因为它们常常位于主机的外部。

1.2.3 计算机的软件系统

一个完整的计算机系统由硬件系统和软件系统组成。硬件是计算机系统的物质基础，软件是计算机的灵魂，解决任何实际问题都必须依靠相应的软件。没有软件的计算机称为“裸机”。

所谓“软件”是指计算机系统使用的各种程序和文档资料的总称，软件的主体是程序。

计算机软件一般来说可分为系统软件和应用软件两大类。

1. 系统软件

系统软件是使用和管理计算机系统的各种程序。系统软件主要用于简化程序设计、提高计算机的使用效率、充分发挥和扩大计算机的功能及用途。通常它包括操作系统、各种服务性程序、语言处理程序和数据库管理系统等。

（1）操作系统。随着计算机技术的日益发展，硬件资源越来越丰富，如何充分利用硬件的功能提高其工作效率，就成了摆在人们面前急需解决的问题，于是人们创造出了一种程序，叫做操作系统。操作系统是一套系统软件，用来管理计算机资源（如处理机、内存储器、各种外部设备和各种编译程序、应用程序）和自动调度用户的作业程序，从而使得多个用户能有效地共用一套计算机系统，大大提高了计算机的使用效率，并且方便用户使用计算机。操作系统一般可分为批处理操作系统、分时操作系统、实时操作系统和网络操作系统。目前比较流行的操作系统有 Windows 系列操作系统、UNIX 操作系统和 Linux 操作系统。

（2）语言处理程序。用于程序设计的语言，经历了机器语言、汇编语言到高级语言的发展过程。

早期的计算机，人们直接使用二进制表示的指令（机器语言）编写程序，用这种方法编写的程序能被机器直接识别并执行，人们把这种用机器语言编写的程序称为目的程序。机器语言编写的指令，其格式和代码所代表的含义都是硬性规定的，计算机硬件的逻辑电路要根据这些规定进行设计和组装，所以，制造出来的计算机只能识别根据这些规定编写的程序，这些程序是面向机器的，计算机执行效率较高，能够充分发挥计算机的速度性能，但对程序员来说，机器语言最大的缺点在于编写程序直观性差，阅读困难，修改、记忆和调试费力，而且程序缺乏通用性。

后来人们想出了用符号（助记符）来表示机器指令，即汇编语言。例如，用 ADD 表示加法指令、用 JMP 表示无条件转移指令等。汇编语言和机器语言一般是一一对应的，所以汇编语言也是与具体的计算机硬件有关的。由于汇编语言采用了助记符，因此，它比机器语言直观、便于记忆和理解，也比机器语言程序易于阅读和修改。但是计算机不能直接识别，必须使用“汇编程序”把汇编语言编写的程序（源程序）翻译成机器语言程序（目的程序）后才能被识别和执行。汇编语言仍是面向机器的语言，对于不同的机器仍然有不同的指令系统。

由于机器语言或汇编语言对机器的依赖性大，无论是使用机器语言还是汇编语言编写源程序，都不能离开具体的计算机指令系统，并且编制程序技术复杂，效率低下，开发出来的程序通用性差。为了从根本上解决程序设计语言对机器的依赖，使其独立于机器硬件系统，把面向机器的程序设计语言发展成为面向过程的程序设计语言，这种语言称为高级语言。

高级语言与具体的计算机硬件无关，表达方式接近人们对问题或求解过程的描述，通用性和可移植性好，便于理解和书写，易于人们的掌握和应用。目前，世界上已有几百种不同类型和功能的计算机高级语言，但其中应用广泛的只有十余种，如 BASIC、FORTRAN、C、C++、Java 等。

用高级语言编写的程序也称为源程序。源程序须变为目的程序才能执行。一种方法是把源程序通过解释系统加以解释执行，解释系统是一个预先编好的解释程序，可逐行解释并执行源程序，例如，早期的 BASIC 语言；另一种方法是把源程序“翻译”成目的程序，再由机器执行。完成翻译工作的程序称为编译程序。通过编译程序生成的目的程序的执行速度比逐行解释执行的程序快。

上述的汇编程序和编译程序都是语言处理程序，它们的任务就是将源程序翻译成目标程序。不同的源程序，对应着不同的语言处理程序。

（3）数据库管理系统。信息时代需要计算机高速处理大批量的数据，于是出现了数据库。数据库就是实现有组织地、动态地存储大量相关数据，方便用户访问的计算机软、硬件资源组成的系统。数据库和数据库管理软件一起组成了数据库管理系统。

数据库管理系统有各种类型，目前许多计算机都配有数据库管理系统，如 Foxpro、

Access、Oracle、SQL Server 等，而且各种数据库管理系统也在不断发展中。

2. 应用软件

应用软件是计算机用户为了解决各种实际应用问题而编制的程序，如自动控制程序、科学计算程序、企事业单位信息管理程序等。随着计算机的广泛应用，应用软件的种类和数量将越来越丰富。

1.3 计算机的分类和主要性能指标

1.3.1 计算机的分类

计算机按功能划分，可分为通用计算机和专用计算机。通用计算机适应性强；专用计算机主要应用于某一个或某几个领域，是最有效、最经济、最快速的计算机，但通用性较差。

通用计算机又可分为巨型机、大型机、中型机、小型机、微型机等。它们的区别在于体积、性能指标、指令系统规模和机器价格等不同。随着超大规模集成电路的快速发展，各种类型的计算机体积都在不断地缩小，各种机型的划分也在不断地变化，今天的大型机功能就是明天的中型机功能，而今天的小型机功能就是明天的微型机功能。因此，确切地给出它们的区别已没有可能，也没有必要。

一般来说，巨型计算机主要用于科学计算，它的运算速度快，性能极高，结构复杂，价格昂贵且体积庞大。世界上只有少数几个公司能够生产巨型机。如美国的克雷公司，它生产的 Cray 系列机都是著名的巨型机。我国研制成功的银河Ⅰ、Ⅱ和Ⅲ型也都是巨型机。微型计算机具有体积小、功耗低、价格便宜、结构简单和容易操作的特点，应用最为广泛。其他机型则介于这两者之间。

1.3.2 计算机的主要性能指标

全面衡量一台计算机的性能需要考虑各种各样的指标，对于不同用途的计算机其侧重点也有所不同。

1. 字长

字长是指 CPU 同时处理参与算术或逻辑运算的二进制操作数的位数。字长的实质是指 CPU 内部寄存器、运算器、内部数据总线等部件的宽度。通常字长越长，表示数的精度越高，计算机的运算能力越强。字长越长，对计算机的硬件要求也越高，其硬件的成本也越高。现在微型计算机的字长已达 64 位。

2. 运算速度

运算速度是指计算机每秒钟执行指令的条数。从内存中取出一条指令并执行的时间称为指令周期，指令周期因指令的复杂程度不同而有长有短，根据每种指令在程序出现的概率乘以该指令周期，将各种指令计算得到的乘积累加，即可计算出指令的平均执行时间 T_m。

$$T_m=\sum_{i=1}^{n} f_i \times t_i \qquad (1.1)$$

式中，n 为指令的种类；f_i 为第 i 种指令出现的频度（概率）；t_i 为第 i 种指令的指令周期（单位为μs——微秒）。

则计算机的平均运算速度为

$$V_m=1/T_m \qquad (1.2)$$

运算速度的单位是 MIPS（百万条指令每秒）。

3. 主频

主频又称主时钟频率，是指 CPU 每秒产生的时钟脉冲数，以 MHz（兆赫兹）为单位。如 PentiumIII / 550 的主频为 550MHz，Pentium4/2.4G 的主频为 2.4GHz 等。频率越高，执行每个基本操作的时间就越短，计算机的运算速度就越高。但是只看 CPU 的时钟频率还不能直接看出机器每秒钟执行指令的数量。例如当代的迅驰、酷睿等双核、甚至多核处理器的主频不高，但是运算速度很快。

4. 存储容量

存储容量主要包括主存储器的容量和外存储器的容量。主存储器的容量是指主存储器存储单元的总数，若主存是按字节编址，则具有 16 位地址码的计算机，主存的最大装机容量是 2^{16} 字节，即 64KB。

存储容量的单位有 B、KB、MB、GB 和 TB，其中：

$1KB=2^{10}B$；

$1MB=2^{10}KB=2^{20}B$；

$1GB=2^{10}MB=2^{30}B$；

$1TB=2^{10}GB=2^{40}B$。

主存是 CPU 可直接访问的存储器，主存的容量越大，存储的信息越多，计算机的解题功能就越强。

外存容量一般是指计算机系统中联机的外存储器的容量。外存存放暂不参与运行的程序和数据，例如编译程序、操作系统及众多的用户程序等，需要时再与主存成批交换信息。因此，联机的外存容量也是一项重要的指标，一般也以字节为单位。

5. 存取周期

存储器完成一次数据的读（取）或写（存）操作所需要的时间称为存储器的存取时间。存储器执行一次完整的读写操作所需要的时间称为存取周期，即从存储器中连续取（读）或存（写）两个字所需的最小时间间隔。内存大都由大规模集成电路制成，其存取周期目前为几纳秒（ns）。

6. 系统总线传输速率

系统总线传输速率指单位时间内通过系统总线输入 / 输出数据的字节数，它取决于系统总线中数据线宽度和总线周期。数据总线宽度越大，数据传输性能越好。

7. 配置的软件及外围设备的种类

计算机的性能与系统配置的软件和外围设备的种类多少也有密切的关系。一般情况下，系统配置的软件越多，软件功能越强，系统的性能越高。同样外围设备的配置也会提高软件件和硬件的性能。

8. 可靠性、可用性和可维修性

可靠性、可用性和可维修性也是计算机系统性能的重要指标。可靠性可用故障平均间隔时间 MTBF 来衡量，MTBF 等于计算机系统有效使用时间（小时）除以故障次数。例如，计算机系统使用了 10 000 小时，共发生 2 次故障，则 MTBF 为 5 000 小时。可用性是指计算机系统有效使用时间除以有效使用时间加上故障修复时间之和。若上例两次故障用了 10 小时修复，则可用性为 10 000÷（10 000＋10）＝0.999。可维修性用故障修复的平均时间来衡量。

1.4　计算机系统的层次结构

1.4.1　多级组成的计算机系统

计算机系统是由硬件系统和软件系统组成的，而硬件系统和软件系统各自又包含许多部分。因此，计算机系统的结构十分复杂，人们常用划分层次的思想来分析或设计计算机。一种按功能划分的多层次结构的计算机系统如图 1-4 所示。从不同的角度可看出计算机系统不同的属性，在使用计算机时，可根据需要选择某一层次，去观察、分析计算机系统的组成、性能和工作机理，或进行该层次的设计工作。在构造一个完整的系统时，可以分层次逐级实现，按这种层次结构化设计策略实现的系统，易于建造、调试、维护和扩充。

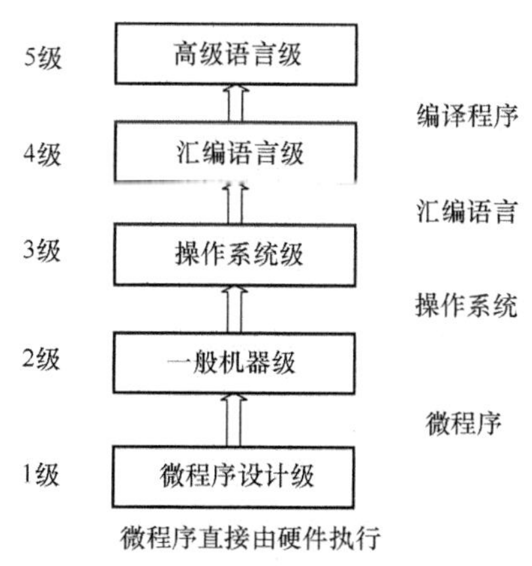

图 1-4　计算机系统的多层次结构示意图

在图 1-4 中，第一级是微程序设计级。微程序设计级属于硬件级。一段微程序用于实现一条指令的功能，它由若干条微指令组成，由硬件直接执行。

第二级是一般机器级。一般机器级也称为机器语言级。在微程序设计的机器中，机器指令是由微程序解释执行的；而用组合逻辑控制器实现的机器，机器指令是由硬件直接解释执行的。总之，一般机器级也属硬件级。

第三级是操作系统级。操作系统级是由操作系统程序实现的。该程序由机器指令和广义指令组成，广义指令是由操作系统定义和解释的软件指令。把操作系统级置于硬件级之上，是由它的主要功能决定的。但从汇编语言程序和高级语言程序的使用角度看，它们又都是在操作系统的管理下运行的，从这点考虑，操作系统似乎应位于这两级之上。可见，在多层次组成的计算机系统中，操作系统的位置并不能很简单地确定。

第四级是汇编语言级。汇编语言是一种面向机器的符号语言，从汇编语言程序人员的角度看，似乎有一种能执行汇编语言源程序的机器，但这种机器是不存在的，其实汇编语言级是由汇编程序支持和执行的。

第五级是高级语言级。高级语言级是面向用户，为方便用户编写应用程序而设置的。由用户编写的高级语言源程序经高级语言编译程序支持和执行。不同的机器可执行同一种高级语言，例如，FORTRAN 语言可在多种机器上执行。

要注意的是，这种层次的划分不是绝对的。

从第三级开始向上，不同层次的结构体现出不同的功能。高级语言级的用户，可以不了解机器的具体组成，不需熟悉指令系统，直接用所指定的语言描述所要解决的问题。对某一层次的用户来说，只需通过该层次的语言来了解和使用计算机，至于下层是如何工作和实现的就不必关心了，这就是虚拟计算机的概念。

1.4.2 软件和硬件的逻辑等价性

设计研制一台计算机要根据用途确定机器的功能，在所确定的功能中，指定哪些功能由硬件实现，哪些功能由软件实现。计算机系统的软、硬件功能划分主要取决于价格、速度、可靠性、变更周期等。

随着超大规模集成电路的迅猛发展，原来很多由软件实现的功能，已改由硬件来实现，即所谓的软件硬化。例如，早期的计算机用乘法运算子程序实现乘法运算，后来在一些较大的机器中用所谓的常规乘法运算电路实现乘法运算，而实现更高速度的乘法运算则可由阵列乘法器实现。

1.5 计算机组成、体系结构及计算机组成原理研究的内容

1.5.1 计算机组成和体系结构

计算机组成和计算机体系结构这两个概念对于想了解计算机系统的人来说都是很重要的。虽然很难给出这两个术语的精确定义，但对它们所涉及的领域则存在着共识。

一般认为，计算机体系结构是指那些对程序员可见的系统属性。换句话说，这些属性直接影响到程序的逻辑执行。例如，计算机体系结构的属性包括指令系统、表示各种类型数据（例如，整型、字符型）的数据位数、输入/输出机制及内存寻址技术。

计算机组成指的是实现计算机体系结构规范的操作单元及其相互连接。计算机组成的属性包括那些对程序员透明的硬件细节，如控制信号、存储器使用技术等，但是，并不涉及电路设计的内容，电路设计通常属于电子工程领域研究的内容。

可以通过一个例子来简要说明计算机体系结构和计算机组成的区别。例如，计算机是否有乘法指令是计算机体系结构设计问题。而这条指令是由特定的乘法单元实现，还是通过重复使用系统的加法单元来实现，则是一个计算机组成问题。决定使用哪种计算机组成需要考虑预期使用乘法单元的额度，考虑两种方案的相对速度，还需要考虑一个特定乘法单元的成本和物理尺寸等因素。

计算机体系结构则是从程序员（特别是系统程序员）的角度观察计算机系统具有哪些特征。计算机体系结构是计算机硬件和软件之间的接口。一个计算机体系结构可以用不同

的计算机组成来实现。

计算机制造商往往提供一系列型号的计算机，它们都有相同的计算机体系结构，但计算机组成不同。一种计算机体系结构可能存在多年，但它的计算机组成则随着技术的进步而不断更新。技术的更新不仅影响了计算机的组成，还导致了更强大、更丰富的计算机体系结构。

1.5.2　计算机组成原理课程研究的内容

计算机组成原理课程研究的主要内容是硬件设计，包括系统级、芯片级、寄存器级和门级硬件（只研究硬件的逻辑设计，不涉及硬件芯片的具体制作过程），主要涉及层次结构的“微程序设计级”和“一般机器级”。在芯片级要讨论 CPU 与存储器芯片的连接来构成计算机的存储系统（见第 4 章），如存储器的字扩展和位扩展等。对于存储器，则由于速度、容量和价格因素的限制，常常需要配置多层次结构的存储器，即存储体系，存储体系可以与快速的 CPU 更好地匹配。

在寄存器级要介绍 CPU 的设计方法（见第 6 章），它是本书的核心内容。这不仅因为 CPU 在整个计算机中所占的核心地位，还因为 CPU 的设计相对来说比较复杂。

在门级，涉及的是数字电路设计层次，该层实现数据通路相关部件的数字逻辑设计，是本课程要研究的最底层。每个逻辑门可以有一个或多个输入端，而输出是这些输入的一个简单逻辑函数（如与、或等的结果）。几个门可组成一位存储器，由一位位存储器可组合成寄存器。考虑到数字逻辑电路课程是本课程的先导课，所以本书不再讨论寄存器、多路器等寄存器级部件的逻辑设计，而把重点放在数字逻辑电路课程中较少涉及或讲解不够深入的运算器上。也就是说在讲解运算器时会涉及门级（见第 3 章）。

此外在第 7、8 章介绍计算机的输入/输出系统，但对整机级的输入/输出设备涉及较少（因为输入/输出设备需要许多专门的知识），而把重点放在 CPU 与输入/输出设备的接口部分，主要介绍 CPU 对输入/输出设备的控制。

习　　题

1. 简要解释下列名词术语：

计算机系统、存储程序控制、系统软件、应用软件、硬件、中央处理器 CPU、计算机主机、控制器、运算器、内存储器、外存储器、存储容量、单元地址、指令、程序。

2. 冯·诺依曼计算机的硬件组成包括哪些部分？各部分的功能及其组成是什么？

3. 冯·诺依曼结构的计算机有什么特点？

4. 指令和数据均以二进制代码存储在存储器中，计算机如何区分出哪些是指令，哪些是数据？

5. 计算机系统按功能通常可划分为哪几个层次？“计算机组成原理”课程涉及哪些层次？

6. 如何理解软件和硬件在逻辑功能上是等效的？试举例说明。

7. 计算机系统的主要技术指标有哪些？

8. 什么是计算机的运算速度？其单位是什么？如何衡量？

第2章　计算机中的数据表示

数据是计算机加工和处理的对象，数据在计算机中的表示形式直接影响到计算机的结构和组成。本章主要介绍数据在计算机中的表示方法及编码形式，内容包括无符号数和带符号数的表示方法、数的定点与浮点表示、字符和汉字的编码方法及数据校验码。

2.1　数据、信息

平时人们所说的“数据”，往往是指可比较其大小的一些数值。但在信息处理领域中，数据的概念要广得多，世界上的一切事物和现象都可以通过一组特征“数据”去描述。例如，人们不可能将一座大桥输入到计算机来对其进行处理，但可以把描述该大桥的特征数据如长度、跨度等输入计算机，也可以将这座大桥的图纸输入到计算机中，还可以用照相机拍下它的照片，然后将这些反映其特征的图片输入到计算机中。也就是说，不管计算机要处理的对象是什么事物或现象，都必须通过某些方式获取其“特征描述数据”才能在计算机中进行处理。

国际标准化组织（ISO）对数据所下的定义是：“数据是对事实、概念或指令的一种特殊表达形式，这种特殊的表达形式可以用人工的方式或自动化的装置进行通信、翻译转换或者进行加工处理”。数据表达了一定的内容，即“事实、概念或指令”，也就是说数据反映了事物或现象的特征，是事物或现象的描述信息。数据是一种“特殊的表达形式”，不仅可以通过人工加工处理，而且还可以用自动化装置（如计算机系统）高效率地对其进行加工处理、通信及翻译转换。根据这个定义，通常意义上的数值、文字、图像、声音和视频等都可以认为是数据。

信息是人们认识世界、改造世界的一种基本资源，根据ISO定义可以通俗地认为，信息是对人有用的数据，这些数据可能影响到人们的行为和决策。因此，有时也简单地说信息是经过加工后的数据。

计算机信息处理的过程，实质上就是由计算机进行数据处理的过程。即通过数据的采集和输入，有效地把数据组织到计算机中，由计算机系统对数据进行相应的处理加工（如存储、建库、转换、合并、分类、计算、统计、汇总和传输等操作），最后向人们提供有用的数据，这个全过程就是信息处理。简言之，信息处理的本质即数据处理，数据处理的主要目标是获取有用的信息。

从用户角度来看，计算机能够处理数值、文字、声音、图像和视频等信息。但是，在计算机内部，数字、文字、图像、声音和视频等都不能直接存储和处理，它们必须采取计算机能够识别的表达形式才能被计算机接受。计算机的构成器件及结构决定了这种特殊的表达形式是二进制，也就是说数值、文字、图像、声音和视频等数据只有采用二进制编码才能由计算机进行处理（包括通信、运算、转换及存储等）。因此在计算机系统中所指的数据均是以二进制编码形式出现的。

二进制尽管符合计算机的逻辑要求，方便运算，但也存在着不足，主要是数据格式长（如一位十进制数需要 4 位二进制数码来表示）、不易书写、不易识别、不易发现错误等，因此书写时往往使用八进制或十六进制。

总之，在信息处理过程中，数据在计算机外部的表现形式以适合人理解为原则，在计算机内部则必须以适合计算机的存储和处理为原则。

根据数据的性质，在计算机中可以把数据分为数值型数据和非数值型数据。数值型数据是指具有特定值的一类数据，可用来表示数量的多少，可比较其大小。对于通用计算机来说，非数值型数据包括字符数据、逻辑数据、图像、声音和视频数据等，这些数据没有大小的概念。下面就分别介绍这两类数据在计算机中的表示问题。

2.2　数值数据的表示

人们在日常生活中最常使用的是十进制数， 然而，在计算机中数据通常用二进制来表示，这样任何数值数据都是由一串“1”或“0”的编码构成。考虑到书写的方便，在书面表达时多使用八进制和十六进制来表示数值数据。因此，为了避免出现误会，在给出一个数的同时就必须指明这个数的进制，例如：$(1110)_2$、$(1110)_8$、$(1110)_{10}$、$(1110)_{16}$所代表的数值就不同。除了用下标来表示不同的进制之外，还常采用后缀字母来标识不同的进制。后缀 B 表示这个数是二进制数（Binary)；后缀 Q 表示这个数是八进制数（Octal)，本来八进制数的英文单词的第一个字母应当是 o，因为字母 o 与数字 0 太容易混淆，所以常使用字符 Q 作为八进制数的后缀；后缀 H 表示这个数是十六进制数（Hexadecimal)；而后缀 D 表示这个数是十进制数（Decimal)。十进制数在书写时后缀 D 可以省略，其他进制在书写时后缀不可省略。在本教材中统一采用后缀字母的标识方法。

例如，有 4 个数为 675D、110B、37Q、9B7H，从后缀字母就可以知道它们分别是十进制数、二进制数、八进制数和十六进制数。

2.1.1　真值和机器数

根据用途的不同，数值数据又可分为有符号数和无符号数两种，有符号数即正、负数。在日常生活中用“＋”、“－”号加绝对值来表示数值的大小，用这种形式表示的数值在计算机技术中称为“真值”。对于有符号数据需要把数据的符号（正号或负号)、小数点（数值数据不可能都是整数）及数据的值都进行二进制编码，即都用“0”和“1”来表示。而无符号数据除了没有符号的表示问题外，其余部分和有符号数据的表示方法一样。例如 +35.67 这个数据在计算机中的表示就需要解决“＋”、小数点及对应的“35.67”数值大小的表示。

下面先不考虑小数点的表示，而以纯整数或纯小数（小数点位置默认，不再需要表示出来）为例来说明数据的机器表示。有关小数点的表示问题在下节介绍。这样 对于无符号数据，整个机器字长的全部二进制位均表示数值位（没有符号位），相当于数的绝对值。例如：

N_1＝01011　　表示无符号数 11。

N_2＝11011　　表示无符号数 27。

此时二进制的最高位也是数值位，其权值等于 2^{n-1}，其中 n 为机器字长。若字长为 8 位，则数的表示范围为 0～255。

对于有符号数，数的符号“＋”或“－”也要进行数码化。通常，约定二进制数的最高位为符号位，“0”表示正号，“1”表示负号。这种在计算机中使用的表示数的形式称为机器数，常见的机器数有原码、反码、补码、移码等多种不同的表示形式。这样，有符号数的最高位被用来表示数的符号，而不再表示数值。前例中的 N_1、N_2 在这里的含义变为：

N_1＝01011　　表示+11。

N_2＝11011　　根据机器数的不同形式表示不同的值，如是原码则表示−11，反码则表示−4，补码则表示−5。

为了能正确地区别出真值和各种机器数，常用 X 表示真值，$[X]_{原}$表示原码，$[X]_{补}$表示补码，$[X]_{反}$表示反码，$[X]_{移}$表示移码。

2.1.2　原码表示法

原码表示法是一种最简单的机器数表示法，其最高位为符号位，符号位为“0”时表示该数为正，符号位为“1”时表示该数为负，数值部分与真值绝对值相同。

若真值为纯小数，它的原码形式为 $X_S.X_1X_2\cdots X_n$，其中 X_S 表示符号位（机器字长为 n+1 位）。原码的定义为

$$[X]_{原}=\begin{cases}X & 0\leqslant X<1\\ 1-X & -1<X\leqslant 0\end{cases}$$

【例 2-1】 若机器字长为 5 位，则：

X＝0.0110　　$[X]_{原}=X=0.0110$

X＝−0.0110　$[X]_{原}=1-X=1-(-0.0110)=1+0.0110=1.0110$

若真值为纯整数，它的原码形式为 $X_SX_1X_2\cdots X_n$，其中 X_S 表示符号位。原码的定义为：

$$[X]_{原}=\begin{cases}X & 0\leqslant X<2^n\\ 2^n-X=2^n+|X| & -2^n<X\leqslant 0\end{cases}$$

【例 2-2】 若机器字长为 5 位，则：

X＝1101　　$[X]_{原}=X=01101$

X＝−1101　$[X]_{原}=2^n-X=24-(-1101)=10000+1101=11101$

在原码表示中，真值 0 有两种不同的表示形式：

$$[+0]_{原}=00000$$

$$[-0]_{原}=10000$$

原码表示法的优点是直观易懂，机器数和真值间的相互转换很容易，用原码实现乘、除运算的规则很简单；缺点是实现加、减运算的规则较复杂。

2.2.3　补码表示法

1. 模和同余

为了理解补码表示法，首先需要引入模和同余的概念。

模（Module）是指一个计量器的最大容量，可用 M 表示。例如，一个 4 位的二进制计数器，当计数器从 0 计到 15 之后，再加 1，计数值又变为 0。这个计数器的容量 $M=2^4=16$，即模为 16。由此可见，纯小数的模为 2，一个字长为 $n+1$ 位的纯整数的模为 2^{n+1}。

同余概念是指两整数 A 和 B 除以同一正整数 M，所得余数相同，则称 A 和 B 对 M 同余，即 A 和 B 在以 M 为模时是相等的，可写作：

$$A=B\ (\text{mod}\ M)$$

对钟表而言，其模 $M=12$，故 3 点和 15 点、5 点和 17 点……均是同余的，它们可以写作：

$$3=15\ (\text{mod}\ 12),\ 5=17\ (\text{mod}\ 12)$$

利用模和同余概念的补码表示法在进行算术运算时可以使减法运算转化成加法运算，从而简化计算机的运算器电路，因此在计算机中广为使用。

例如，假设一个运行错误的时钟，时针停在 7 点，而现在正确的时间是 5 点，这时拨准时钟的方法有两种。

（1）将时针倒着转两格（即时钟倒拨 2 小时）7－2＝5（做减法）。

（2）将时针正着旋转 10 圈（即时钟正拨 10 小时）7＋10＝5（mod 12）（做加法）。

此时：7－2＝7＋10（mod 12），故–2 和 10 同余（对于模为 12 来说）。同余的两个数，具有互补关系，即–2 与 10 对模 12 互补，也可以说–2 的补数是 10（以 12 为模）。

可见，只要确定了“模”，就可找到一个与负数等价的正数（该正数为负数的补数）来代替此负数，而这个正数可以用模加上负数本身求得，这样就可把减法运算用加法实现了。

【例 2-3】 9－5＝9＋（–5）＝9＋（12－5）＝9＋7＝4（mod 12）

【例 2-4】 43－13＝43＋（–13）＝43＋（100－13）＝43＋87＝30（mod 100）

将补数的概念应用到计算机中，便出现了补码这种机器数。

2. 补码表示

补码的符号位表示方法与原码相同，其数值部分的表示与数的正负有关：对于正数，数值部分与真值形式相同；对于负数，将真值的数值部分按位取反，且在最低位上加 1。

若真值为纯小数，它的补码形式为 $X_S.X_1X_2\cdots X_n$，其中 X_S 表示符号位。补码的定义为：

$$[X]_{补}=\begin{cases}X & 0\leqslant X<1\\ 2+X & -1<X\leqslant 0\end{cases}$$

【例 2-5】 $X=0.0111\text{B}$，$[X]_{补}=X=0.0111\text{B}$

$X=-0.0111\text{B}$，$[X]_{补}=2+X=2+(-0.0111)=10-0.0111=1.1001\text{B}$

若真值为纯整数，它的补码形式为 $X_SX_1X_2\cdots X_n$，其中 X_S 表示符号位。补码的定义为：

$$[X]_{补}=\begin{cases} X & 0\leqslant X<2^n \\ 2^{n+1}+X=2^{n+1}-|X| & -2^n\leqslant X<0 \end{cases} \quad \bmod\ 2^{n+1}$$

【例 2-6】 X=1101B，$[X]_{补}=X$=01101

X=–1101，$[X]_{补}=2^{n+1}+X=2^5+$（–1101）=100000－1101=10011

在补码表示法中，真值 0 的表示形式是唯一的：

$$[+0]_{补}=[-0]_{补}=00000000\text{（}n=7\text{ 时）}$$

3. 由真值、原码转换为补码

采用补码系统的计算机需要将真值或原码形式表示的数据转换为补码形式，以便于运算器对其进行运算。通常，从原码形式入手来求补码。

当 X 为正数时，$[X]_{补}=[X]_{原}=X$。

当 X 为负数时，$[X]_{补}$等于把$[X]_{原}$除去符号位外的各位求反后，再在末位加“1”。

反之，当 X 为负数时，已知$[X]_{补}$，也可通过对其除符号位外的各位求反末加“1”求得$[X]_{原}$。

当 X 为负数时，由$[X]_{原}$转换为$[X]_{补}$的另一种更有效的方法是：自低位向高位，尾数的第一个“1”及其右部的“0”保持不变，左部的各位取反，符号位保持不变。

【例 2-7】 $[X]_{原}$=1.	111001	1000
$[X]_{补}$=<u>1</u>.	<u>000110</u>	<u>1000</u>
不变	取反	不变

这种方法避免了加 1 运算，是实际求补线路逻辑实现的依据。

也可以直接由真值 X 求得$[X]_{补}$，其方法更简单：数值位自低位向高位，尾数的第一个“1”及其右部的“0”保持不变，左部的各位取反，负号用“1”表示即可。

【例 2-8】 X=–0.1010001010

$[X]_{补}$=1.0101110110

2.2.4 反码表示法

反码表示法与补码表示法有许多类似之处，对于正数，数值部分与真值形式相同；对于负数，将真值的数值部分按位取反。它与补码的区别是末位少加一个“1”，因此很容易从补码的定义推出反码的定义。

若真值为纯小数，它的反码形式为 $X_S.X_1X_2\cdots X_n$，其中 X_S 表示符号位。反码的定义为：

$$[X]_{反}=\begin{cases} X & 0\leqslant X<1 \\ (2-2^{-n})+X & -1<X\leqslant 0 \end{cases} \quad \bmod\ 2-2^{-n}$$

【例 2-9】 X=0.0111B，$[X]_{反}=X$=0.0111B

X=–0.0111B，$[X]_{反}=(2-2^n)+X=(2-2^{-4})+(-0.0111)$=1.1000 B

若真值为纯整数，它的反码形式为 $X_SX_1X_2\cdots X_n$，其中 X_S 表示符号位。反码的定义为：

$$[X]_{反}=\begin{cases} X & 0\leqslant X<2^n \\ (2^{n+1}-1)+X & -2^n<X\leqslant 0 \end{cases} \quad \bmod\ 2^{n+1}-1$$

【例 2-10】 X=1101B，$[X]_{补}=X=01101$

X=–1101B，$[X]_{补}=2^{n+1}-1+X=2^5-1+(-1101)=100000-1101=10010$

在反码表示中，0 的真值也有两种不同的表示形式（n=4 时）：

$$[+0]_{反}=00000$$

$$[-0]_{反}=11111$$

2.2.5　三种机器数的比较与转换

1．三种机器数的比较

三种机器数既有共同点，又有各自不同的性质，主要区别有以下几点：

（1）对于正数它们都等于真值本身，而对于负数各有不同的表示。

（2）最高位都表示符号位，补码和反码的符号位可作为数值位的一部分看待，和数值位一起参加运算；但原码的符号位不允许和数值位同等看待，必须分开进行处理。

（3）对于真值 0，原码和反码各有两种不同的表示形式，而补码只有唯一的一种表示形式。

（4）原码、反码表示的正、负数范围相对零来说是对称的；但补码负数表示范围较正数表示范围宽，能多表示一个最负的数（绝对值最大的负数），其值等于-2^n（纯整数）或–1（纯小数）。表 2-1 列出了真值与三种机器数间的对照。表中假设字长等于 4（包含一位符号位）。

表 2-1　真值与三种机器数间的对照

真　值　X		$[X]_{原}$、$[X]_{反}$、$[X]_{补}$	真　值　X		$[X]_{原}$	$[X]_{反}$	$[X]_{反}$
十进制	二进制		十进制	二进制			
+0	+000	0000	–0	–000	1000	1111	0000
+1	+001	0001	–1	–001	1001	1110	1111
+2	+010	0010	–2	–010	1010	1101	1110
+3	+011	0011	–3	–011	1011	1100	1101
+4	+100	0100	–4	–100	1100	1011	1100
+5	+101	0101	–5	–101	1101	1010	1011
+6	+110	0110	–6	–110	1110	1001	1010
+7	+111	0111	–7	–111	1111	1000	1001
+8	—	—	–8	–1000	—	—	1000

在表 2-1 中，请特别注意 1 000 这个代码，当其为原码时，对应的真值是–0；当其为补码时，对应的真值是–8；当其为反码时，对应的真值是–7。

2．三种机器数相互转换的方法

三种不同机器数及真值之间的转换关系如图 2-1 所示。

从图 2-1 可看出，真值 X 与补码或反码之间的转换通常是通过原码实现的，对于已熟练掌握转换方法的读者，也可以直接完成真值与补码或反码之间的转换。

如果已知机器的字长，则机器数的位数应补够相应的位数。例如，设机器字长为 8 位，则：

X=1010　　　$[X]_{原}$=00001010　　　$[X]_{补}$=00001010　　　$[X]_{反}$=00001010

$X=-1010$　　$[X]_{原}=10001010$　　$[X]_{补}=11110110$　　$[X]_{反}=11110101$

$X=0.1010$　　$[X]_{原}=0.1010000$　　$[X]_{补}=0.1010000$　　$[X]_{反}=0.1010000$

$X=-0.1010$　　$[X]_{原}=1.1010000$　　$[X]_{补}=1.0110000$　　$[X]_{反}=1.0101111$

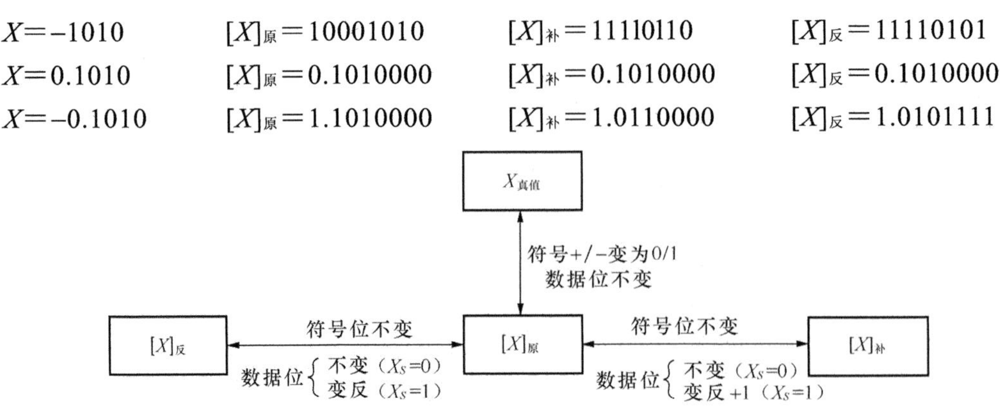

图 2-1　三种不同机器数及真值间的转换关系

2.2.6　移码表示法

对于纯整数，还可以采用移码表示法，移码的定义为：

$$[X]_{移}=2^n+X\text{（}2^n>X>-2^n\text{，机器字长为 }n+1\text{ 位）}$$

即不论 X 是正数还是负数，一律加上 2^n。从定义可看出移码就是在真值 X 基础上加一个常数，这个常数 2^n 称为基数或偏置值，相当于 X 在数轴上向正方向偏移了若干单位，如图 2-2 所示，这就是“移码”一词的由来，移码也可称为增码或偏码。

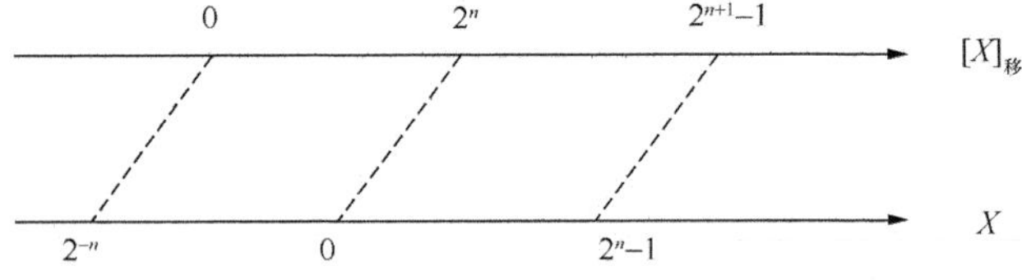

图 2-2　移码和真值的映射图

将补码的定义与移码的定义进行比较，可得出两者的关系如下：

$$[X]_{补}=2^{n+1}+X=2^n+2^n+X=2^n+[X]_{移}$$

因此，移码与补码的关系是符号位相反，其余位相同。也就是说把补码的符号位取反后就是移码。

【例 2-11】 当 $n=7$ 时（机器字长为 8 位）

$X=1010$　　$[X]_{补}=00001010$　　$[X]_{移}=10001010$

$X=-1010$　　$[X]_{补}=11110110$　　$[X]_{移}=01110110$

移码具有如下性质：

（1）在移码表示法中，0 的移码唯一。

即：　$[+0]_{移}=2^n+0=10000\cdots0$

　　　$[-0]_{移}=2^n-0=10000\cdots0$

（2）在移码中，最高位为“0”表示负数，最高位为“1”表示正数，这与原码、补码及反码的符号位取值正好相反。

（3）移码全为 0 时，它所对应的真值最小；全为 1 时，它所对应的真值最大。因此，移码的大小直观地反映了真值的大小。

（4）移码把真值全部映射到一个正数域，所以可将移码视为无符号数，直接按无符号数规则比较大小。

（5）同一数值的移码和补码除最高位相反外，其他各位相同。

2.3　机器数的定点表示与浮点表示

上述的原码、反码、补码及移码的机器数表示是对纯整数或纯小数而言的，事实上数值数据往往既有整数部分，也有小数部分，因此计算机表示时还需要指出小数点的位置。根据小数点的位置是否固定，在计算机中可采用两种数据格式：定点表示和浮点表示。

2.3.1　定点表示法

在定点表示法中约定：所有数据的小数点位置固定不变。通常，把小数点固定在有效数位的最前面或末尾，这就形成了两类定点数。

1．定点小数

定点小数即纯小数，小数点的位置固定在最高有效数位之前，符号位之后，记作 $X_s.X_1X_2\cdots X_n$，如图 2-3 所示。定点小数的小数点位置是隐含约定的，小数点并不需要真正地占据一个二进制位。

当 $X_s=0$，$X_1=1$、$X_2=1$、…、$X_n=1$ 时，表示 X 为最大正数，其真值等于：

$$X_{最大正数}=1-2^{-n}$$

当 $X_s=0$，$X_1=0$、$X_2=0$、…、$X_n=1$ 时，表示 X 为最小正数，其真值等于：

$$X_{最小正数}=2^{-n}$$

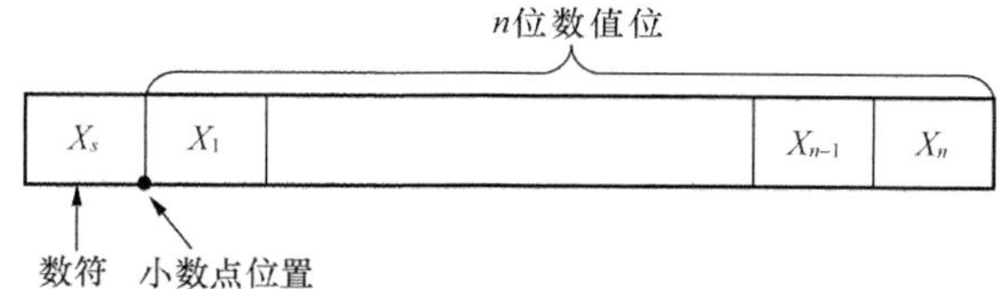

图 2-3　定点小数格式

当 $X_s=1$ 时，表示 X 为负数，此时情况要稍微复杂一些，这是因为在计算机中有符号数可用补码表示，也可用原码表示，原码和补码的表示范围有一些差别。

若机器数为原码表示，当 X_s～X_n 均等于 1 时，表示 X 为绝对值最大的负数，其真值等于：

$$X_{绝对值最大负数}=-(1-2^{-n})$$

若机器数为补码表示，当 $X_s=1$，X_1～X_n 均等于 0 时，表示 X 为绝对值最大的负数，其真值等于：

$$X_{绝对值最大负数}=-1$$

综上所述，设机器字长为 $n+1$ 位，原码定点小数的表示范围为$-(1-2^{-n})\sim(1-2^{-n})$，补码定点小数的表示范围为$-1\sim(1-2^{-n})$。若字长为 8 位，原码定点小数的表示范围为$-127/128\sim127/128$，补码定点小数的表示范围为$-1\sim127/128$。

2. 定点整数

定点整数即纯整数，小数点位置隐含固定在最低有效数位之后，记作 $X_sX_1X_2\cdots X_n$，如图 2-4 所示。

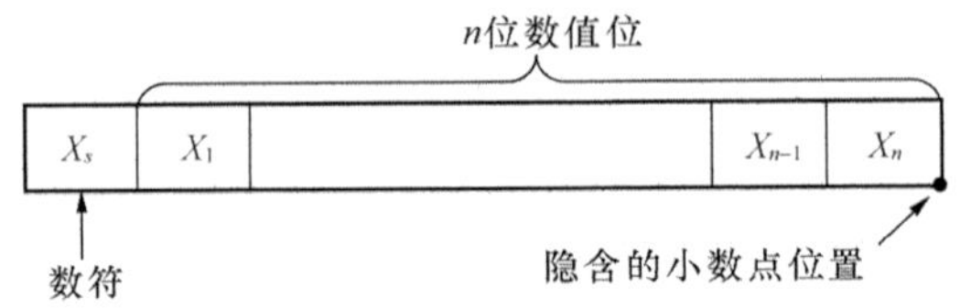

图 2-4　定点整数格式

根据前述方法不难推出：

$$X_{\text{最大正数}}=(2^n-1)$$

$$X_{\text{最小正数}}=1$$

$$X_{\text{绝对值最大负数}}=-(2^n-1)\text{（原码表示时）}$$

$$X_{\text{绝对值最大负数}}=-2^n\text{（补码表示时）}$$

综上所述，设机器字长为 $n+1$ 位，原码定点整数的表示范围为$-(2^n-1)\sim(2^n-1)$，补码定点整数的表示范围为$-2^n\sim(2^n-1)$。若字长为 8 位，原码定点整数的表示范围为$-127\sim127$，补码定点整数的表示范围为$-128\sim127$。

在定点表示法中，参加运算的数及运算的结果都必须保证落在该定点数所能表示的数值范围内，如结果大于最大正数或小于绝对值最大的负数，统称为“溢出”。这时计算机将暂时中止运算操作，而进行溢出处理。

只能处理定点数的计算机称为定点计算机。在这种计算机中机器指令访问的所有操作数都是定点数。然而，实际需要计算机处理的数往往是混合数，它既有整数部分又有小数部分。对于定点计算机来说，这些数必须变为约定的定点数形式才能处理，所以在编程时需要设定一个比例因子，把原始的数据缩小成定点小数或扩大成定点整数后再进行处理，所得到的运算结果还需要根据比例因子还原成实际的数值。选择合适的比例因子是很重要的，必须保证参加运算的初始数据、中间结果和最后结果都在定点数的表示范围之内，否则就会产生“溢出”。

2.3.2　浮点表示法

在科学计算中，常常会遇到非常大或非常小的数值，如果用同样的比例因子来处理，很难兼顾数值范围和运算精度的要求。为了协调这两方面的关系，让小数点的位置根据需要而浮动，这就是浮点数。例如：

$$N=M\times r^E$$

式中，r 是浮点数阶码的底，与尾数的基数相同，计算机表示时通常 $r=2$。E 和 M 都是带符号的定点数，E 叫做阶码（EXponent），M 叫做尾数（Mantissa）。在大多数计算机中，尾数为纯小数，常用原码或补码表示；阶码为纯整数，常用移码或补码表示。

浮点数的一般格式如图 2-5 所示，浮点数的底是隐含的，在整个机器数中不出现。阶码的符号位为 e_s，阶码的大小反映了小数点的实际位置；尾数的符号位为 m_s，它也是整个浮点数的符号位，表示了该浮点数的正、负。k 和 n 分别表示阶码和尾数的数值位位数（不包括符号位）。

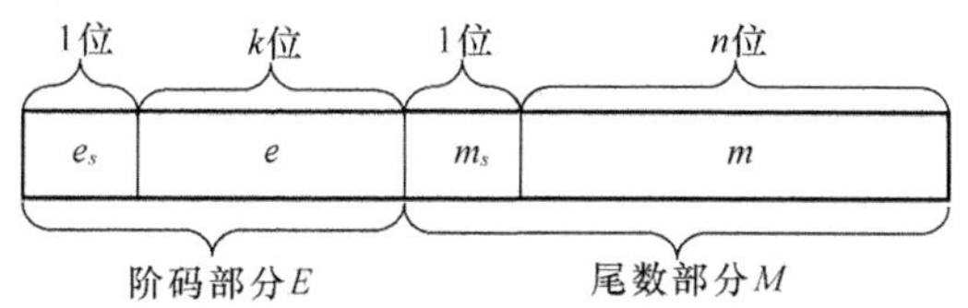

图 2-5　浮点数的一般格式

浮点数的表示范围主要由阶码的位数来决定，有效数字的精度主要由尾数的位数来决定。通常，阶码位数 k 与尾数位数 n 之间的关系如下：

$$2^k-1=n$$

即表示阶码的值应保证实际的小数点可以在整个尾数的任意位置中移动，至于具体如何分配，应根据具体情况全面衡量，合理调整。

1. 浮点数的表示范围

设某浮点数的格式如图 2-5 所示，尾数和阶码均用补码表示。

当 $e_s=0$，$m_s=0$，阶码和尾数的数值位各位全为 1（即阶码和尾数都为最大正数）时，该浮点数为最大正数：

$$X_{\text{最大正数}}=(1-2^{-n})\times 2^{2^k-1}$$

当 $e_s=1$，$m_s=0$，尾数的最低位 $m_n=1$，其余各位为 0（即阶码为绝对值最大的负数，尾数为最小正数）时，该浮点数为最小正数：

$$X_{\text{最小正数}}=2^{-n}\times 2^{-2^k}$$

当 $e_s=0$，阶码的数值位为全 1，$m_s=1$，尾数的数值位为全 0（即阶码为最大正数，尾数为绝对值最大的负数）时，该浮点数为绝对值最大负数：

$$X_{\text{绝对最大负数}}=-1\times 2^{2^k-1}$$

2. 规格化浮点数

一个浮点数的表示形式并不是唯一的。例如，二进制数 0.0001101 可以表示为 0.001101×2^{-01}、0.01101×2^{-10}、0.1101×2^{-11}……而其中只有 0.1101×2^{-11} 充分利用了尾数的位数。因此为了充分地利用尾数的有效数位，提高运算精度，通常采取浮点数规格化形式，即规定尾数的最高数位必须是一个有效值。即规格化浮点数的尾数 M 的绝对值应在下列范围内：

当基数 $r=2$ 时，$0.5\leqslant |M| <1$

上述的 0.1101×2^{-11} 是规格化浮点数，而 0.001101×2^{-01}、0.01101×2^{-10} 都是非规格化浮点数。

在尾数用原码表示时，规格化浮点数的尾数的最高数位总等于 1。在尾数用补码表示时，规格化浮点数应满足尾数最高数位与符号位不同（$m_s \oplus m_1=1$），即当 $0.5 \leq M < 1$ 时，应有 0.1××…×形式；当 $-1 \leq M < 0.5$ 时，应有 1.0××…×形式。

注意： 当 $M=-0.5$ 时，对于原码来说，这是一个规格化数，而对于补码来说，这不是一个规格化数。当 $M=-1$ 时，对于原码来说这不是一个规格化数，而对于补码来说，这是一个规格化数。

当 $e_s=1$，$m_s=0$，尾数的最高位 $m_1=1$，其余各位为 0 时，该浮点数为规格化的最小正数：

$$X_{\text{规格化的最小正数}}=2^{-1}\times 2^{-2^k}$$

规格化的最小正数大于非规格化的最小正数。

非规格化浮点数需要进行规格化操作才能变成规格化浮点数。所谓规格化操作就是通过相应地调整一个非规格化浮点数的尾数和阶码的大小，使非零的浮点数在尾数的最高数位上保证是一个有效值，具体的操作方法将在第 3 章介绍。

表 2-2 列出了浮点数的几个典型值，设阶码和尾数均用补码表示，阶码共 $k+1$ 位（含一位阶符），尾数共 $n+1$ 位（含一位尾符）。

表 2-2　浮点数的典型值

	浮点数代码		真　值
	阶码	尾数	
最大正数	0111…1	0.11…11	$(1-2^{-n})\times 2^{2^k-1}$
绝对值最大负数	0111…1	1.00…00	$-1\times 2^{2^k-1}$
最小正数	1000…0	0.00…01	$2^{-n}\times 2^{-2^k}$
规格化的最小正数	1000…0	0.10…00	$2^{-1}\times 2^{-2^k}$
绝对值最小负数	1000…0	1.11…11	$-2^{-n}\times 2^{-2^k}$
规格化的绝对值最小负数	1000…0	1.01…11	$-(2^{-1}+2^{-n})\times 2^{-2^k}$

只要浮点数的尾数为 0，不论阶码为何值，一般都当做机器数 0 处理。为了保证浮点数表示形式的唯一性，此时应把阶码置成最小值（绝对值最大的负数）。

在实际应用中，浮点数的阶码常采用移码表示，这是因为阶码都是纯整数，而且采用移码表示时，便于比较浮点数阶码的大小。阶码大的，其对应的真值就大，阶码小的，对应的真值就小。

3. 实用浮点数举例

在目前常用的 80×86 系列微型计算机中，通常设有支持浮点运算的部件。在这些机器中的浮点数采用 IEEE754 标准，它与前面介绍的浮点数格式有一些差别。按 IEEE754 标准，常用的浮点数的格式如图 2-6 所示。

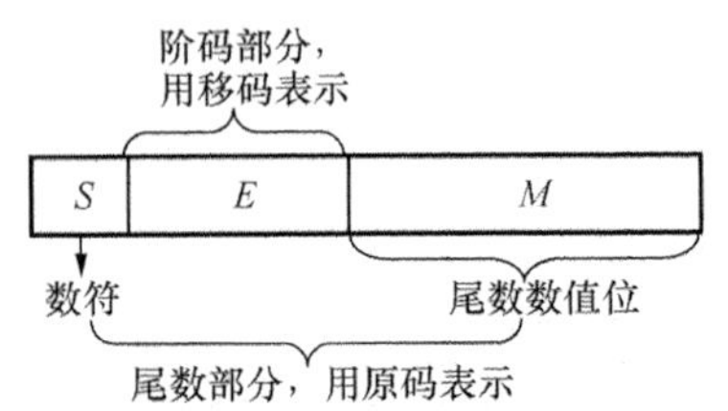

图 2-6　IEEE754 标准的浮点数格式

IEEE754 标准中有三种形式的浮点数，它们具体格式如表 2-3 所示。

表 2-3 IEEE754 标准中的三种浮点数

类 型	数符位数	阶码位数	尾数数值位数	总位数	移码的偏置值	
					十六进制	十进制
短浮点数	1	8	23	32	7FH	127
长浮点数	1	11	52	64	3FFH	1 023
临时浮点数	1	15	64	80	3FFFH	16 383

短浮点数又称为单精度浮点数，长浮点数又称为双精度浮点数，它们都采用隐含尾数最高数位的方法，这样，无形中又增加了一位尾数。临时浮点数又称为扩展精度浮点数，它没有隐含位。

下面以 32 位的短浮点数为例，讨论浮点代码与其真值之间的关系。最高位为数符位；其后是 8 位阶码，以 2 为底，用移码表示，阶码的偏置值为 127；其余 23 位是尾数数值位。对于规格化的二进制浮点数，数值的最高位总是“1”，为了能使尾数多表示一位有效值，可将这个“1”隐含，因此尾数数值实际上是 24 位（1 位隐含位＋23 位小数位）。

隐含的“1”是一位整数（即位权为 2^0）。在浮点格式中表示出来的 23 位尾数是纯小数，用原码表示。例如，12＝1100B，将它规格化后结果为 1.1×2^{11}，其中整数部分的“1”将不存储在 23 位尾数内。

阶码是以移码形式存储的。对于短浮点数，偏置值为 127（7FH）；对于长浮点数，偏移量为 1023（3FFH）。存储浮点数阶码部分之前，偏置值要先加到阶码真值上。上述例子中，阶码真值为 3，故在短浮点数中，移码表示的阶码为 127＋3＝130（82H）；在长浮点数中，为 1023＋3＝1026（402H）。

【例 2-12】 将 100.25 转换成短浮点数格式。

（1）把十进制数转换成为二进制数。

$$100.25=1100100.01\text{B}$$

（2）规格化二进制数。

$$1100100.01=1.10010001\times2^{110}$$

（3）计算出阶码的移码（偏置值＋阶码真值）。

$$1111111+110=10000101$$

（4）以短浮点数格式存储该数。

因为，符号位＝0，阶码＝10000101，尾数＝10010001000000000000000，所以，短浮点数代码为：

0；10000101；10010001000000000000000

表示为十六进制的代码为：42C88000H。

【例 2-13】 把短浮点数 C1C90000H 转换成为十进制数。

（1）将十六进制代码写成二进制形式，并分离出符号位、阶码和尾数。因为，C1C90000H

＝11000001110010010000000000000000B，所以，符号位＝1，阶码＝10000011，尾数＝10010010000000000000000。

（2）计算出阶码真值（移码－偏置值）。

$$10000011-1111111=100$$

（3）以规格化二进制数形式写出此数。

$$1.1001001\times 2^{100}$$

（4）写成非规格化二进制数形式。

$$11001.001\times 2^{0}$$

（5）转换成十进制数，并加上符号位。

$$11001.001B=-25.125$$

所以，该浮点数＝–25.125。

通常，将 IEEE 754 短浮点数规格化的数值表示为：

$$(-1)^{S}\times(1.f)\times 2^{E-127}$$

其中，S 代表符号位，S＝0 表示正数，S＝1 表示负数；E 为用移码表示的阶码；f 是尾数的小数部分。

为了表示∞和一些特殊的数值，E 的最小值 0 和最大值 255 将留作他用。因此，最小正常的 E＝1，最大正常的 E＝254，所以短浮点数阶码真值的取值范围为–126～127。

当 E 和 M 均为全 0 时，表示机器零；当 E 为全 1、M 为全 0 时，表示±∞。

2.3.3　定点、浮点表示法与定点、浮点计算机

1．定点、浮点表示法的区别

（1）数值的表示范围。假设定点数和浮点数的字长相同，浮点表示法所能表示的数值范围将远远大于定点表示法。浮点数阶码部分的位数占得越多，可表示的数值范围就越大，但是相应尾数部分的位数将减少，这将使精度下降。因此，阶码和尾数部分各占多少位，必须视具体情况不同作不同的分配。

注意：

①不管定点数还是浮点数，每个数都对应于数轴上的一个点。所谓数的表示范围实际上指的只是数的上、下限，它们之间是一些不连续的点，而不是一段连续的区间。

②对于定点数而言，各个点在数轴上的分布是均匀的；而对于浮点数而言，各个点在数轴上的分布是不均匀的，越靠近数轴的原点，两个相邻数之间的距离就越近。

（2）精度。所谓精度是指一个数所包含的有效数值位数。一般来说，机器字长越长，它所表示的数的有效位数就越多，精度就越高。对于字长相同的定点数与浮点数来说，浮点数虽然扩大了数的表示范围，但这正是以降低精度为代价的，也就是数轴上各点的排列更稀疏了。

（3）数的运算。浮点数包括阶码和尾数两部分，运算时不仅要做尾数的运算，还要做阶码的运算，而且运算结果要求规格化。因此，浮点运算要比定点运算复杂。关于定点数、浮点数的运算问题详见第 3 章。

（4）溢出处理。在定点运算时，当运算结果超出数的表示范围，就发生溢出；而在浮点运算时，运算结果超出尾数的表示范围却并不一定溢出，只有当阶码也超出所能表示的范围时，才发生溢出。

2. 定点机与浮点机

由于浮点数的运算比较复杂，所以并不是所有的计算机都具有浮点运算功能，通常可以将计算机分为以下几种：

（1）定点机。以定点运算为主，浮点运算是通过软件来实现的。低档微型、小型计算机和某些专用机大多是定点机。

（2）定点机＋浮点运算部件。浮点运算部件是专门用于对计算机内的浮点数进行运算的部件，系统配置了浮点运算部件，将使浮点运算速度大大提高。过去许多微型、小型计算机都配有这一部件，而现代微机已把这一部件集成在 CPU 中了。

（3）浮点机。具有浮点运算指令和基本的浮点运算器。通用的大、中型计算机多为浮点机。

2.4　非数值数据的表示

非数值数据通常是指字符、字符串、图形符号、汉字、图形、图像等各种数据，它们不用来表示数值的大小，一般情况下不对它们进行算术运算。因此只要用约定的、合适的二进制编码来表示即可。同一种非数值数据的二进制编码标准往往都不止一种，这里介绍的都是国际上最通用的表示标准。

2.4.1　字符和字符串的表示

1. ASCII 字符编码

由于计算机内部只能识别和处理二进制代码，所以字符必须按照一定的规则用一组二进制编码来表示。字符编码方式有很多种，现在使用最广泛的是美国国家信息交换标准字符码（American Standard Code for Information Interchange，ASCII）。

常见的 ASCII 码为 7 位二进制编码，可以表示 128 种不同的字符符号，它包括 10 个十进制数字（0～9）、52 个英文大写和小写字母（A～Z，a～z）、34 个专用符号和 32 个控制符号。这 128 个符号中有 96 个是可打印的字符。

在计算机中，通常用一个字节来存放一个字符。对于 ASCII 码来说，一个字节右边的 7 位表示不同的字符代码，而最左边一位可以作为奇偶校验位，用来检查错误，也可以直接表示为“0”，作为西文字符和汉字的区分标识。

ASCII 字符编码表如表 2-4 所示。由表中可见，数字和英文字母都是按顺序排列的，只要知道其中一个的二进制代码，不需要查表就可以推导出其他数字或字母的二进制代码。另外，如果将 ASCII 码中 0～9 这 10 个数字的二进制代码去掉最高 3 位的“011”，则正好与它们的二进制值相同，这不但使十进制数字进入计算机后易于压缩成 4 位代码，而且也便于进一步的信息处理。

表 2-4　ASCII 字符编码表

$b_6b_5b_4$ / $b_3b_2b_1b_0$	000	001	010	011	100	101	110	111
0000	NUL	DLE	SP	0	@	P	′	P
0001	SOH	DC1	!	1	A	Q	a	q
0010	STX	DC2	”	2	B	R	b	r
0011	ETX	DC3	#	3	C	S	c	s
0100	EOT	DC4	$	4	D	T	d	t
0101	ENQ	NAK	%	5	E	U	e	u
0110	ACK	SYN	&	6	F	V	f	v
0111	BEL	ETB	’	7	G	W	g	w
1000	BS	CAN	（	8	H	X	h	x
1001	HT	EM	）	9	I	Y	i	y
1010	LF	SUB	*	：	J	Z	j	z
1011	VT	ESC	+	；	K	[	k	{
1100	FF	FS	,	〈	L	\	l	|
1101	CR	GS	–	=	M	]	m	}
1110	RO	RS	.	>	N	∧	n	～
1111	SI	US	/	?	O	_	o	DEL

除标准 ASCII 字符编码外，许多不同的公司通过不同的选择来使用高位 ASCII 的字符（这些字符的值为 128～255），这种字符编码被称为扩展 ASCII 码。扩展 ASCII 码用 8 位二进制数表示一个字符，一共可表示 256 个不同的字符。

2. 字符串的存放

字符串是指一串连续的字符。通常，它们在存储器中占用一片连续的空间，每个字节存放一个字符代码，字符串的所有元素（字符）在物理上是邻接的，这种字符串的存储方法称为向量法。例如，字符串“IF Y＞5 THEN X＋Y”，在字长为 32 位的存储器中的存放格式如图 2-7（a）所示。

图中每一个主存单元可存放 4 个字符，整个字符串需 4 个主存单元。在每个字节中实际存放的是相应字符的 ASCII 码，如图 2-7（b）所示。

字符串的向量存放法是最简单、最节省存储空间的方法。但是，当字符串需要进行删除和插入操作时，在删除或插入字符后面的子字符串需要全部重新分配存

I	F		Y
>	5		T
H	E	N	
X	+	Y	

（a）

49	46	20	59
3E	35	20	54
48	45	4E	20
58	2B	59	

（b）

图 2-7　字符串的向量存放方案

储空间，将花费较多的时间。为了克服向量存放法的缺点，另一种字符串的存储方法——链表法应运而生了。在这种存储方法中，字符串的每个字符代码后有一个链接字，用于指出下一个字符的存储单元地址。链表法不要求串中的各个字符在物理上相邻，原则上讲，串中各字符可以安排在存储器的任意位置上。在对字符串进行删除和插入操作时，只需修改相应字符代码后面的链接字即可，所以非常方便。但是，由于链接字占据了存储单元的大部分空间，使得主存的有效利用率下降。例如，一个主存单元有 32 位，仅存放一个字符代码，而链接字占用了 24 位，这时，存放字符串信息的主存有效利用率只占 25%，这是链表法的最大缺点。

2.4.2　汉字的表示

汉字处理技术是计算机应用中必须要解决的问题。汉字的字数繁多，字形复杂，读音多变，常用的汉字就有 7 000 个左右。要在计算机中表示汉字，最方便的方法是为汉字安排一个编码，而且要使这些编码与西文字符和其他字符有明显的区别。

1. 汉字国标码

汉字国标码亦可称为汉字交换码，主要用于汉字信息处理系统之间或者通信系统之间的信息交换。1981 年国家标准总局公布了 GB2312—80，即《信息交换用汉字编码字符集基本集》，简称 GB 码。该标准共收集常用汉字 6 763 个，其中一级汉字 3 755 个，按拼音排序；二级汉字 3 008 个，按部首排序。另外还有各种图形符号 682 个，共计 7 445 个。

GB2312—80 规定每个汉字、图形符号的编码（国标码）都用两个字节表示，每个字节只使用低 7 位编码，因此最多能表示出 128×128＝16 384 个汉字。

2. 汉字区位码

将汉字编码 GB2312—80 中的 6 763 个汉字分为 94 个区，每个区中包含 94 个汉字（位），这样每个汉字所在的区号和位号就组成了一个二维数组，这就是区位码。每个汉字只有一个唯一的区位码。汉字的区位码定长 4 位，前两位表示区号，后两位表示位号，区号和位号用十进制数表示，区号从 01 到 94，位号也从 01 到 94。例如，“中”字在 54 区的 48 位上，其区位码为“54-48”，“国”字在 25 区的 90 位上，其区位码为“25-90”。

区位码表的布局是这样安排的，第 1～15 区包含西文字母、数字和图形符号，以及用户自行定义的专用符号（统称非汉字图形字符）；第 16～55 区为一级汉字；第 56～87 区为二级汉字；87 区以上为空白区，可供造新字使用。

注意：汉字区位码并不等于汉字国标码，它们两者之间的关系可用以下公式表示。

国标码＝区位码（十六进制）＋2020H

例如，汉字“啊”的区位码为“16-01”，则它的国标码为：

区位码	第一字节	第二字节	
	16	01	十进制
	↓	↓	
	10H	01H	十六进制
	+20H	+20H	
国标码	30H	21H	

使用区位码输入汉字时，每输入 4 位数字可得到一个汉字，没有重码，但由于要查阅、背诵区位码表，所以较麻烦，使用很不方便。

3. 汉字机内码

汉字可以通过不同的输入码输入，但在计算机内部其内码是唯一的。因为汉字处理系统要保证中西文的兼容，当系统中同时存在 ASCII 码和汉字国标码时，将会产生二义性。例如，有两个字节的内容为 30H 和 21H，它既可表示汉字“啊”的国标码，又可表示西文“0”和“!”的 ASCII 码。为此，汉字机内码应对国标码加以适当的处理和变换。

国标码为二字节长的代码，机内码也必须为二字节长，它在相应国标码的每个字节最高位上加“1”，即

汉字机内码＝汉字国标码＋8080H

例如，上述“啊”字的国标码是 3021H，则它的汉字机内码为 B0A1H。

4. 汉字编码的发展

GB2312 在大陆及海外使用简体中文的地区（如新加坡等）是强制使用的唯一中文编码，但它只能表示 6 000 多个汉字，已不能满足各方面应用的需要。国家标准总局在 1990 年颁布了繁体字的编码标准 GBl2345—90，即《信息交换用汉字编码字符集第一辅助集》，目的在于规范必须使用繁体字的各种场合，该标准共收录 6 866 个汉字（比 GB2312 多 103 个字），纯繁体的字大概有 2 200 余个，每个汉字都采用双字节编码。1995 年底推出的 GBK 编码是中文编码扩展国家标准，该编码标准兼容 GB2312，共收录汉字 21 003 个、符号 883 个，并提供 1 894 个造字码位，简、繁体字融于一库，GBK 也采用双字节编码。2000 年底又颁布了 GB18030 大字符集标准，这个标准可以涵盖 27 484 个汉字，繁、简字均处于同一平台，并在统一的编码框架下，为未来的扩充提供了充足的空间。GB18030 采用单字节、双字节、4 字节混合编码，总编码空间超过 150 万个。

目前全球有多种汉字编码标准，浏览不同内码的中文网站、网页，常常看到一堆不知所云的乱码，接发中文电子邮件更是如此。因此统一全球中文的内码已刻不容缓。在大字符集的国际标准得到采用后，将解决国标码与 BIG5 码转换不便的状况，这将是中国计算机文字标准走向世界标准的重要步骤。

2.4.3 统一代码

由于现今人类使用近 6 800 种不同的语言，所以即使是扩展 ASCII 码这样的 8 位代码也不能满足需要，解决问题的最佳方案是设计一种全新的编码方法，这种方法必须有足够的能力来表示 6 800 种语言中任意一种语言里使用的所有符号，这就是统一代码（Unicode）。

Unicode 的基本方法是用一个 16 位的数来表示 Unicode 中的每个符号，这意味着允许表示 65 536 个不同的字符或符号。这种符号集被称为基本多语言平面（BMP）。这个空间已经非常大了，但设计者考虑到将来某一天它可能也会不够用，所以采用了一种可使这种表示法使用得更久的方法。

当用两字节来表示 Unicode 字符时，使用的是 UCS-2 编码，但尽管如此，也允许在 UCS-2 文本中插入一些 UCS-4 字符。为此，在 BMP 中，保留了两个大小为 1 024 的块，这两个块中任何位置都不能用来表示任何符号。UCS-4 的两个 16 位字每个表示一个数，这个数是 UCS-2 BMP 中 1 024 个数值中的一个。这两个数的组合可以表示多达 100 多万个自定义的 UCS-4 字符。图 2-8 给出了在 PC 机中用扩展 ASCII 码、Unicode UCS-2 和 UCS-4 方法表示一个符号之间的差异。

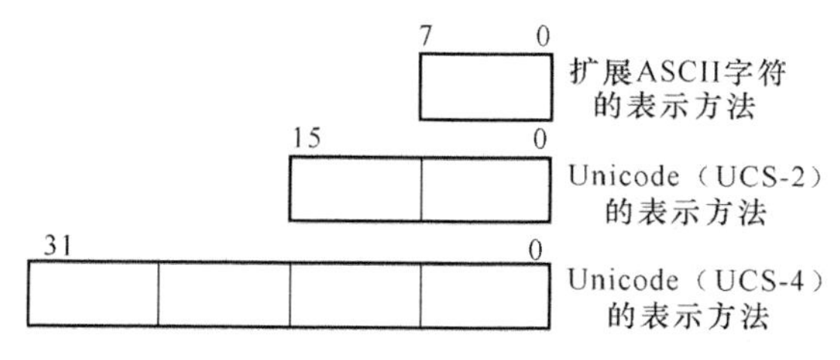

图 2-8　PC 机中表示符号的三种方法

随着计算机存储量的不断加大，国内计算机将逐步走向大字符集国际标准 ISO/IECl0646。ISO10646 的 BMP 与 Unicode 字符集内容相同。

2.5　十进制数和数串的表示

十进制是人们最常用的数据表示方法，一些通用性较强的计算机上都可直接表示十进制数据，并可以直接对十进制数进行运算和处理。

2.5.1　十进制数的编码

二进制是计算机最适合的数据表示方法，把十进制数的各位数字变成一组对应的二进制代码，用 4 位二进制数来表示一位十进制数，称为二进制编码的十进制数（Binary- Code Decimal），即 BCD 码。4 位二进制数可以组合出 16 种代码，能表示 16 种不同的状态，只需要使用其中的 10 种状态，就可以表示十进制数的 0～9 十个数码，而其他的 6 种状态为冗余状态。由于可以取任意的 10 种代码来表示 10 个数码，所以就可能产生多种 BCD 编码方案。BCD 编码既具有二进制数的形式，又保持了十进制数的特点，可以作为人机联系的一种中间表示，也可以用它直接进行运算。表 2-5 列出了几种常见的 BCD 码。

表 2-5　常见的 BCD 编码

十进制数	8421码	2421码	余3码
0	0000	0000	0011
1	0001	0001	0100
2	0010	0010	0101
3	0011	0011	0110
4	0100	0100	0111

续表

十进制数	8421码	2421码	余3码
5	0101	1011	1000
6	0110	1100	1001
7	0111	1101	1010
8	1000	1110	1011
9	1001	1111	1100

1. 8421 码

8421 码又称为 NBCD 码，4 位二进制代码的位权从高到低分别为 8、4、2、1，这种编码的主要特点是：

（1）它是一种有权码，设其各位的值为 $b_3b_2b_1b_0$，则它所表示的十进制数为 $D=8b_3+4b_2+2b_1+1b_0$

（2）简单直观。每个代码与它所代表的十进制数之间符合二进制数和十进制数相互转换的规则。

（3）不允许出现 1010～1111。这 6 个代码在 8421 码中是非法码。

注意：尽管在 8421 码中 0～9 十个数码的表示形式与用二进制表示的形式一样，但这是两个完全不同的概念，不能混淆。例如，一个两位的十进制数 39，它可以表示为 $(0011\ 1001)_{8421}$ 与 100111B，这两者是完全不同的。

2. 2421 码

这种编码各位的位权从高到低分别为 2、4、2、1，其主要特点是：

（1）它也是一种有权码，所表示的十进制数为 $D=2b_3+4b_2+2b_1+1b_0$。

（2）它又是一种对 9 的自补码，即某数的 2421 码，只要自身按位取反，就能得到该数对 9 补数的 2421 码。例如，3 的 2421 码是 0011，3 对 9 的补数是 6，而 6 的 2421 码是 1100，即将 3 的 2421 码自身按位取反可得到 6 的 2421 码。在十进制运算中，采用自补码，可以使运算器线路简化。

（3）不允许出现 0101～1010。这 6 个代码在 2421 码中是非法码。

对于有权码来说，当规定各位的权不同时，可以有多种不同的编码方案，例如，还有 4221 码、4421 码和 5421 码等。

3. 余 3 码

余 3 码是一种无权码，从表 2-5 中可以看出，余 3 码是在 8421 码的基础上加 0011 形成的，因每个数都多余“3”，故称余 3 码。其主要特点是：

（1）它是一种无权码，在这种编码中各位的“1”不表示一个固定的十进制数值，因而不直观，且容易搞错。

（2）它也是一种对 9 的自补码。

（3）不允许出现 0000～0010、1101～1111。这 6 个代码在余 3 码中是非法码。

2.5.2　十进制数串

十进制数在计算机中是以数串的形式存储和处理的。十进制数串的长度是可变的，不受定点数和浮点数统一格式的约束。十进制数在计算机内有两种表示形式：非压缩的十进制数和压缩的十进制数。

1．非压缩的十进制数串

非压缩的十进制数串实际上就是前述的字符串，即一个字节存放一个十进制数或符号的 ASCII 码。在主存中，这样的十进制数串占用连续的多个字节。为了指明一个数串，需要给出该数串在主存中的起始地址和串长。

非压缩的十进制数串又根据符号所处的位置，分成前分隔式数字串和后嵌入式数字串两种格式。在前分隔式数字串中，符号位占用单独一个字节，放在数值位之前，正号对应的 ASCII 码为 2BH，负号对应的 ASCII 码为 2DH。在后嵌入式数字串中，符号位不单独占用一个字节，而是嵌入到最低一位数字中。若数串为正，则最低一位数字 0～9 的 ASCII 码不变（30H～39H）；若数串为负，把负号变为 40H，并将其与最低数值位相加，此时数字 0～9 的 ASCII 码变为 70H～79H。

非压缩的十进制数串主要应用于非数值处理，而对十进制数的算术运算是很不方便的，因为每一字节中只有低 4 位表示数值，而高 4 位在算术运算时不具有数值的意义。

2．压缩的十进制数串

压缩的十进制数串，一个字节可存放两位 BCD 码表示的十进制数，既节省了存储空间，又便于直接进行十进制算术运算，是广泛采用的表示方式。

在主存中，一个压缩的十进制数串占用连续的多个字节，每位数字仅占半个字节，其值常用 8421 码表示。符号位也占半个字节，并存放在最低数值位之后，通常用 CH 表示正号，DH 表示负号。在这种表示方法中，规定数字的个数加符号位之和必须为偶数；当和为奇数时，应在最高数值位之前补 0H（即第一个字节的高半字节为“0000”）。

要指明一个压缩的十进制数串，也必须给出它在主存中的首地址和串长。

例如，+238 表示为：

0010	0011	1000	1100

–1 238 表示为：

0000	0001	0010	0011	1000	1101

2.6　现代微型机系统中的数据表示举例

现代的微型机系统大多采用 Intel 系列的微处理器，近年来，Intel 的微处理器有了极大的发展，从 80386 到 80486、Pentium、Pentium MMX、Pentium Pro、PentiumⅡ、PentiumⅢ，直至 Pentium 4，形成了 IA（Intel Architecture）-32 结构。

IA-32 结构的微型计算机的基本数据类型是字节、字、双字（DWORD）、四字（QWORD）和双四字（DQWORD），如图 2-9 所示，图中 N 为存储单元地址。

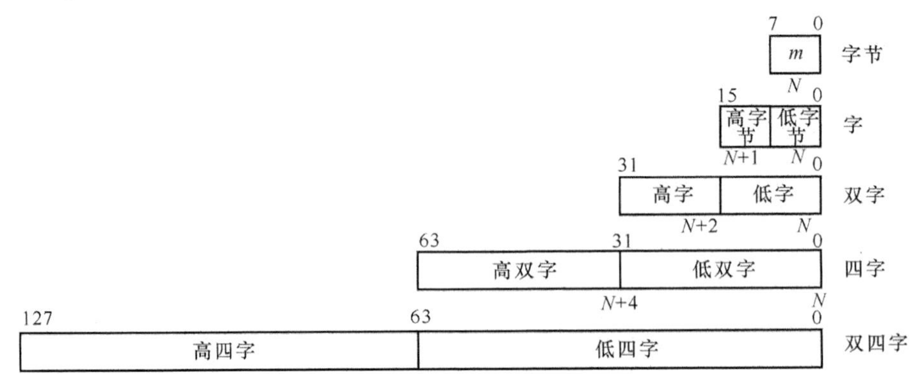

图 2-9 IA-32 结构的基本数据类型

注意：在 IA-32 结构的所有机器中，一个字都等于 16 位（两个字节）。双字是 4 字节（32 位），四字是 8 字节（64 位），双四字是 16 字节（128 位）。

四字是在 80486 中引入 IA-32 结构的，双四字是在具有 SSE 扩展的 PentiumⅢ中引入的。

1. 无符号整数

无符号整数包含字节、字、双字和四字的无符号二进制数。无符号整数的范围，对于字节，是 0～255；对于字，是 0～65 535；对于双字，是 $0 \sim 2^{32}-1$；对于四字，是 $0 \sim 2^{64}-1$。

2. 有符号整数

有符号整数包含字节、字、双字和四字的有符号二进制定点整数。所有有符号整数的数据类型都以补码形式表示，符号位是最高位（MSB）。正数的符号位为“0”，负数的符号位为“1”。有符号整数的范围，对于字节，是–128～+127；对于字，是–32 768～+32 767；对于双字，是 $-2^{31} \sim +2^{31}-1$；对于四字，是 $-2^{63} \sim +2^{63}-1$。

3. 浮点数

IA-32 结构定义和操作 3 种浮点数据类型：单精度浮点数（短浮点数）、双精度浮点数（长浮点数）和扩展精度浮点数（临时浮点数）。

这些数据类型的格式与 IEEE754 标准所规定的格式直接对应，在此不再重复。

4. 数据串

串是位、字节、字或双字的连续序列。串数据包括位串和字节串。位串是指连续的位，它能从任一字节的任一位置开始，位串长度可达 $2^{32}-1$ 位。字节串包含连续的字节、字或双字，长度为 $0 \sim 2^{32}-1$ 字节（4GB）。

5. BCD 数

IA-32 结构中所指的 BCD 码实际上是指 8421 码。BCD 数又分成未压缩的 BCD（UBCD）数和压缩的 BCD 数两种。UBCD 数的一个字节仅包含一位十进制数，在 3～0 位上；而经过压缩的 BCD 数，一个字节可包含两位十进制数，其低位在 3～0 位上，高位在 7～4 位上。

2.7 数据校验码

数据在存取和传输过程中，会因为多种原因而出现错误。为了防止出错，除了提高计算机硬件本身的可靠性，减少传输中各环节的差错外，还需要在数据编码上想办法。原始数据经过某种形式的编码后，使之具有发现自身错误的功能，甚至能给出错误的准确位置，然后借助于逻辑线路自动进行纠错。这种方法对提高计算机的可靠性是十分有效的。

数据校验码是指那些能够发现错误或能够指出错误位置从而自动纠正错误的数据编码，也称之为“检错纠错编码”。任何一种编码都由许多码字构成，任意两个码字之间最少变化的二进制数位数，被称为数据校验码的码距。例如，用 4 位二进制数编码，可以有 16 个不同的码字，此时码距为 1，即两个码字之间最少仅有一个二进制位不同（如 0000 与 0001 之间）。这种编码没有检错纠错能力，因为当某一个合法码字中有一位或几位出错，就变成为另一个合法码字了。

具有检、纠错能力的数据校验码的实现原理是：在编码中，除去合法的码字外，再加进一些非法的码字，当某个合法码字出现错误时，就变成为非法码字。合理地安排非法码字的数量和编码规则，就能达到检、纠错的目的。例如，若用 4 位二进制数，表示 8 个状态，其中 16 个码字中只有 8 个码字是合法的，而另 8 个码字为非法码字，此时码距为 2。对于码距≥2 的数据校验码，开始具有检错的能力。码距越大，检、纠错能力就越强，而且检错能力总是大于或等于纠错能力。

常用的数据校验码有奇偶校验码、循环冗余校验码和海明校验码等，奇偶校验码、循环冗余校验码主要用于检错，而海明码一般用作纠错码。

2.7.1 奇偶校验码

1. 奇偶校验的概念

奇偶校验码是一种最简单的数据校验码，它的码距等于 2，可以检测出一位错误（或奇数位错误），但不能确定出错的位置，也不能检测出偶数位错误。事实上一位出错的概率比多位同时出错的概率要高得多，所以虽然奇偶校验码的检错能力很低，但还是一种应用最广泛的校验码，常用于存储器读、写检查或 ASCII 字符传送过程中的检查。

奇偶校验码的编码方法为：

由若干位有效信息（如一个字节），再加上一个二进制位（校验位）组成校验码，如图 2-10 所示。校验位的取值（0 或 1）将使整个校验码中“1”的个数为奇数或偶数，所以有两种可供选择的校验规律。

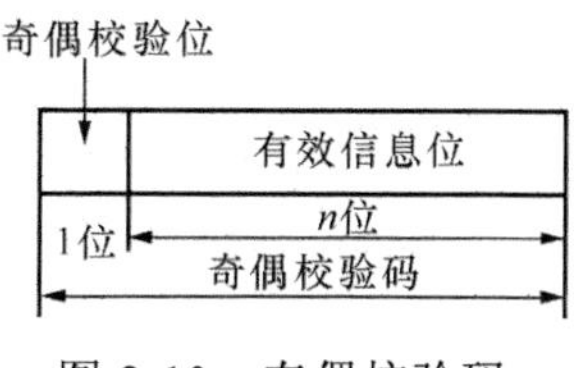

图 2-10　奇偶校验码

奇校验——整个校验码（有效信息位和校验位）中“1”的个数为奇数。

偶校验——整个校验码中“1”的个数为偶数。

2. 简单奇偶校验

简单奇偶校验仅实现横向的奇偶校验，表 2-6 给出几个字节的奇偶校验码的编码结果。

表 2-6 奇偶校验码实例

有效信息（8位）	奇校验码（9位）	偶校验码（9位）
00000000	100000000	000000000
01010100	001010100	101010100
01111111	001111111	101111111
11111111	111111111	011111111

在表 2-6 所示的奇校验码或偶校验码中，最高一位为校验位，其余 8 位为信息位。在实际应用中，多采用奇校验，因为奇校验中不存在全“0”代码，在某些场合下更便于判别错误。

奇偶校验码的编码和校验实现过程很简单，可以通过异或表达式直接计算出来。

设 n 位有效信息位为 $X_0X_1\cdots X_{n-2}X_{n-1}$，则偶校验位 C 为：

$$C=X_0\oplus X_1\oplus\cdots X_{n-2}\oplus X_{n-1}$$

奇校验位是偶校验位的反值，即 $C=X_0\oplus X_1\oplus\cdots X_{n-2}\oplus X_{n-1}\oplus 1$。

校验时，只要利用下面的校验方程，则很容易判断数据是否有错，即数据校验码满足校验方程说明无错，或有偶数位错误（判断不出）；若不满足校验方程，则说明有错误。

偶校验方程：$C\oplus X_0\oplus X_1\oplus\cdots X_{n-2}\oplus X_{n-1}=0$

奇校验方程：$C\oplus X_0\oplus X_1\oplus\cdots X_{n-2}\oplus X_{n-1}\oplus 1=0$

3. 交叉奇偶校验

计算机在进行大量字节（数据块）传送时，不仅每一个字节有一个奇偶校验位做横向校验，而且全部字节的同一位也设置一个奇偶校验位做纵向校验，这种横向、纵向同时校验的方法称为交叉校验。

例如，4 个字节组成的一个信息块，纵、横向均约定为奇校验，各校验位取值如表 2-7 所示。

表 2-7 交叉奇偶校验示例

	A_7	A_6	A_5	A_4	A_3	A_2	A_1	A_0	横向校验位
第一字节	1	1	0	0	1	0	1	1	0
第二字节	0	1	0	1	1	1	0	0	1
第三字节	1	0	0	1	1	0	1	0	1
第四字节	1	0	0	1	0	1	0	1	1
纵向校验位	0	1	1	0	0	1	1	1	0

交叉校验可以发现两位同时出错的情况，假设第二个字节的 A_3、A_1 两位均出错，第二个字节的横向校验位无法检出错误，但是第 A_3、A_1 位所在列的纵向校验位会显示出错，这与前述的简单奇偶校验相比要保险多了。

2.7.2　海明校验码

海明码是 Richard Hamming 于 1950 年提出的，目前仍是广泛采用的一种有效的校验码，主存的 ECC（Error Correcting Code）采用的就是与此类似的校验码。海明码实际上是一种多重奇偶校验码，其实现原理是：在有效信息位中加入若干个校验位形成海明码，使码距比较均匀地拉大，并把海明码的每一个二进制位分配到几个奇偶校验组中。当某一位出错后，就会引起有关的几个校验位的值发生变化，这不但可以发现错误，而且能指出错误的位置，为自动纠错提供了依据。

下面仅介绍能检测和自动纠正一位错，并能发现两位错的海明码的编码原理。此时校验位的位数 K 和信息位的位数 N 应满足下列关系：

$$2^K \geqslant N+K+1$$

这一不等式也称为海明公式。如 $N=2\sim4$，则 K 至少要等于 3；$N=5\sim11$，则 K 至少要等于 4。

1. 编码规则

若海明码的最高位号为 m，最低位号为 1，即有 $H_mH_{m-1}\cdots H_2H_1$，则此海明码的编码规则通常为：

（1）校验位和信息位之和为 m，每个校验位 P_i 在海明码中被分到位号为 2^{i-1} 的位置上（位号为 2 的权值），即 P_1 的位号为 1，P_2 的位号为 2，P_3 的位号为 4…。其余各位（如位号为 3、5、7…）为信息位，并按从低向高依次排列的关系分配各数据位。

例如，$N=7$，$K=4$，$m=11$，相应海明码的排列如下。

位号：　11　10　9　8　7　6　5　4　3　2　1

内容：　×　×　×　P_3　×　×　×　P_4　×　P_2　P_1

其中，×为有效信息位。

（2）每一位海明码 H_i（包括信息位和校验位）都由多个校验位校验，其关系是被校验的每一位位号等于校验它的各校验位的位号之和，即海明码的位号实质上是参与校验的各校验位位号（2 的权值）之和。这样安排的目的，是希望校验的结果能正确地反映出错位的位号。

根据这一规则，可得出上例的校验位任务分配表，如表 2-8 所示。

表 2-8　校验位任务分配表

海明码位号	位号分解为2的权值之和	使用的校验位位号
1	1	1
2	2	2
3	2+1	2，1
4	4	4
5	4+1	4，1
6	4+2	4，2

续表

海明码位号	位号分解为2的权值之和	使用的校验位位号
7	4+2+1	4，2，1
8	8	8
9	8+1	8，1
10	8+2	8，2
11	8+2+1	8，2，1

从表中可以清楚地看到某一位是由哪几位所校验的。反过来说，每个校验位，校验着一些确定位置上的信息，并包括它自身。归纳如下。

校验位 P_1 校验：H_1（P_1）、H_3、H_5、H_7、H_9、H_{11} 位

校验位 P_2 校验：H_2（P_2）、H_3、H_6、H_7、H_{10}、H_{11} 位

校验位 P_3 校验：H_4（P_3）、H_5、H_6、H_7 位

校验位 P_4 校验：H_8（P_4）、H_9、H_{10}、H_{11} 位

根据校验时采用奇校验还是偶校验，可以写出相应的校验方程。

偶校验的方程为：

$P_1 \oplus H_3 \oplus H_5 \oplus H_7 \oplus H_9 \oplus H_{11} = 0$

$P_2 \oplus H_3 \oplus H_6 \oplus H_7 \oplus H_{10} \oplus H_{11} = 0$

$P_3 \oplus H_5 \oplus H_6 \oplus H_7 = 0$

$P_4 \oplus H_9 \oplus H_{10} \oplus H_{11} = 0$

如采用奇校验，则校验方程为：

$P_1 \oplus H_3 \oplus H_5 \oplus H_7 \oplus H_9 \oplus H_{11} = 1$

$P_2 \oplus H_3 \oplus H_6 \oplus H_7 \oplus H_{10} \oplus H_{11} = 1$

$P_3 \oplus H_5 \oplus H_6 \oplus H_7 = 1$

$P_4 \oplus H_9 \oplus H_{10} \oplus H_{11} = 1$

2. 编码过程

按以上编码原则，根据校验方程，即可求得校验位 P_i，然后根据编码规则（1）的顺序把信息位和校验位排列好即可。

【例 2-14】设有一个 7 位信息 0110001，求它的海明码。

解：根据海明公式可求得 K 至少为 4，即至少需要添加 4 个校验位。故海明码的总位数为 11 位，可表示为：

	H_{11}	H_{10}	H_9	H_8	H_7	H_6	H_5	H_4	H_3	H_2	H_1
位号：	11	10	9	8	7	6	5	4	3	2	1
内容：	0	1	1	P_4	0	0	0	P_3	1	P_2	P_1

4 个校验位 P_4～P_1 对应的海明码分别为：H_8、H_4、H_2、H_1。

若采用偶校验，根据校验方程，可得：

$P_1 = H_1 = H_3 \oplus H_5 \oplus H_7 \oplus H_9 \oplus H_{11} = 1 \oplus 0 \oplus 0 \oplus 1 \oplus 0 = 0$

$P_2=H_2=H_3 \oplus H_6 \oplus H_7 \oplus H_{10} \oplus H_{11}=1 \oplus 0 \oplus 0 \oplus 1 \oplus 0=0$

$P_3=H_4=H_5 \oplus H_6 \oplus H_7=0 \oplus 0 \oplus 0=0$

$P_4=H_8=H_9 \oplus H_{10} \oplus H_{11}=1 \oplus 1 \oplus 0=0$

所以海明码为：$011\underline{0}000\underline{0}1\underline{00}$（画线部分为校验位）。

3. 校验过程

校验过程比较简单，将接收到的海明码重新代入校验方程。若采用的是偶校验，即有：

$E_1=H_1 \oplus H_3 \oplus H_5 \oplus H_7 \oplus H_9 \oplus H_{11}$

$E_2=H_2 \oplus H_3 \oplus H_6 \oplus H_7 \oplus H_{10} \oplus H_{11}$

$E_3=H_4 \oplus H_5 \oplus H_6 \oplus H_7$

$E_4=H_8 \oplus H_9 \oplus H_{10} \oplus H_{11}$

通常把 $E_4E_3E_2E_1$ 称为指误字，它能反映海明码各位的出错情况。

（1）当 $E_4E_3E_2E_1=0000$ 时，表明收到的信息正确，可以从海明码中直接提取有效信息。

（2）当 $E_4E_3E_2E_1$ 中至少有一位不为 0 时，表明有错，出错位的位号由 $E_4E_3E_2E_1$ 四位代码值指明，此时不仅能检查出 位错，而且能准确地定位，因此可以纠正这个错误（将该位取反）。

对于［例 2-14］的海明码，假设传输后接收方收到的码字为 01100100100，这时把它们代入指误字等式后，可得到

$E_1=H_1 \oplus H_3 \oplus H_5 \oplus H_7 \oplus H_9 \oplus H_{11}=0 \oplus 1 \oplus 0 \oplus 0 \oplus 1 \oplus 0=0$

$E_2=H_2 \oplus H_3 \oplus H_6 \oplus H_7 \oplus H_{10} \oplus H_{11}=0 \oplus 1 \oplus 1 \oplus 0 \oplus 1 \oplus 0=1$

$E_3=H_4 \oplus H_5 \oplus H_6 \oplus H_7=0 \oplus 0 \oplus 1 \oplus 0=1$

$E_4=H_8 \oplus H_9 \oplus H_{10} \oplus H_{11}=0 \oplus 1 \oplus 1 \oplus 0=0$

因此 $E_4E_3E_2E_1=0110$，说明 H_6 出了错，这时只要把 H_6 取反，就可以恢复到正确值 0。纠错后就可以得到正确的海明码。

【例 2-15】若接收到的海明码为 0110111，请问这一码字是否有错？

解：由海明公式可知，7 位码字中包括 4 个信息位，3 个校验位。各位的对应关系如下。

	H_7	H_6	H_5	H_4	H_3	H_2	H_1
位号：	7	6	5	4	3	2	1
内容：	0	1	1	0	1	1	1
				↓		↓	↓
				P_3		P_2	P_1

计算后可得指误字：

$E_1=H_1 \oplus H_3 \oplus H_5 \oplus H_7=1 \oplus 1 \oplus 1 \oplus 0=1$

$E_2=H_2 \oplus H_3 \oplus H_6 \oplus H_7=1 \oplus 1 \oplus 1 \oplus 0=1$

$E_3=H_4 \oplus H_5 \oplus H_6 \oplus H_7=0 \oplus 1 \oplus 1 \oplus 0=0$

$E_3E_2E_1$=011，说明 H_3 出了错，接收到的码字是错误的，可以通过把 H_3 取反来纠正，正确的码字为 0110011。

2.7.3 循环冗余校验码

除了奇偶校验码和海明码外，在计算机网络、同步通信及磁表面存储器中广泛使用的是循环冗余校验码（Cyclic Redundancy Check，CRC）。

循环冗余校验码是通过除法运算来建立有效信息位和校验位之间的约定关系的。假设，待编码的有效信息以多项式 $M(X)$ 表示，将它左移若干位后，用另一个约定的多项式 $G(X)$ 去除，所产生的余数 $R(X)$ 就是校验位。有效信息和检验位相拼接就构成了 CRC 码。当整个 CRC 码被接收后，仍用约定的多项式 $G(X)$ 去除，若余数为 0，表明该代码是正确的；若余数不为 0，则表明某一位出错，再进一步由余数值确定出错的位置，以便进行纠正。

1．循环冗余校验码的编码方法

循环冗余校验码由两部分组成的，如图 2-11 所示。

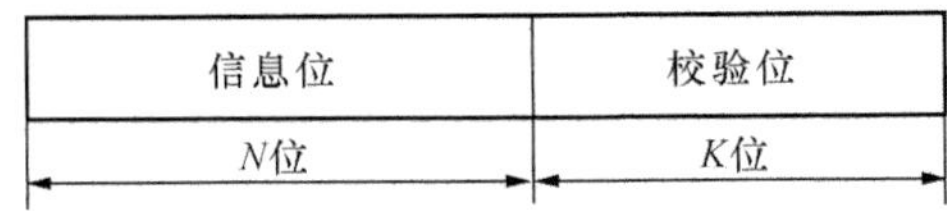

图 2-11　循环冗余校验码的格式

左边为信息位，右边为校验位。若信息位为 N 位，校验位为 K 位，则该校验码被称为（$N+K$，N）码。循环冗余校验码编码规律如下。

（1）把待编码的 N 位有效信息表示为多项式 $M(X)$。

（2）把 $M(X)$ 左移 K 位，得到 $M(X)\times X^K$，这样空出了 K 位，以便拼装 K 位余数（即校验位）。

（3）选取一个 $K+1$ 位的生成多项式 $G(X)$，对 $M(X)\times X^K$ 作模 2 除，即：

$$\frac{M(X)\times X^K}{G(X)}=Q(X)+\frac{R(X)}{G(X)}$$

（4）把左移 K 位以后的有效信息与余数 $R(X)$ 作模 2 加，拼接为 CRC 码，此时的 CRC 码共有 $N+K$ 位。

$$M(X)\times X^K+R(X)=Q(X)\times G(X)$$

【例 2-16】 生成多项式为 $G(X)=X^3+X+1$（系数为 1011），把 4 位有效信息 1100 编成 CRC 码。

解： $M(X)=X^3+X^2$

$M(X)\times X^3=X^6+X^5$

模 2 除的过程如下：

$$1011\overset{\displaystyle 1110}{\overline{\big)1000000}}$$

```
 1011
  1110
  1011
   1010
   1011
    010
```

$$M(X) \times X^K + R(X) = 1100000 + 010 = 1100010$$

所以 CRC 码为 1100010，这种 CRC 码称为（7，4）码。

2．循环冗余校验码的校验与纠错

把接收到的 CRC 码用约定的生成多项式 $G(X)$ 去除，如果余数为 0，则说明码字正确；如果余数不为 0，则说明某一位出错。不同的出错位，其余数不同，余数和出错位序号之间有唯一的对应关系。表 2-9 列出了（7，4）码的出错模式。

表 2-9　（7，4）码的出错模式［$G(X)$：1011］

	H_1	H_2	H_3	H_4	H_5	H_6	H_7	余数	出错位
正确码	1	1	0	0	0	1	0	000	无
错误码	1	1	0	0	0	1	1	001	7
	1	1	0	0	0	0	0	010	6
	1	1	0	0	1	1	0	100	5
	1	1	0	1	0	1	0	011	4
	1	1	1	0	0	1	0	110	3
	1	0	0	0	0	1	0	111	2
	0	1	0	0	0	1	0	101	1

可以证明：更换不同的有效信息位，余数与出错位的对应关系不会发生变化，它只与码制和生成多项式 $G(X)$ 有关。

由表可见：若 CRC 码某一位出错，则余数不为 0，对此余数补 0 后，当作被除数再继续除下去，余数将出现循环。例如，第 7 位（H_7）出错，余数为 001，把其补 0 后再除以 $G(X)$，第二次余数为 011，以后依次分别为 111、101，然后又回到 001，反复循环，这就是“循环码”一词的来源。余数为 101 时左起第 1 位出错，余数非 0 又非 101 时，继续做模 2 除法，若除 P 次后得到余数 101，则左起第 $P+1$ 位出错，将出错的位取反即得到正确的 CRC 码。例如，当余数为 001 时，经过 6 次除法后余数变为 101，因此出错位是第 6+1 位，即左数第 7 位；而当余数为 111 时，只要经过 1 次除法余数就变为 101，因此 H_2 出错。

3．生成多项式的选择

生成多项式被用来生成 CRC 码，并不是任何一个 $K+1$ 位多项式都可以作生成多项式用，它应满足下列要求：

（1）任何一位发生错误都应使余数不为 0。

（2）不同位发生错误应当使余数不同。

（3）对余数作模 2 除法，应使余数循环。

常用的生成多项式有很多，读者可从有关资料上查到可选生成多项式。在计算机和通信系统中广泛使用下述两种标准生成多项式：

CCITT（国际电报电话咨询委员会）推荐的生成多项式：

$$G(X)=X^{16}+X^{15}+X^{2}+1$$

IEEE（美国电子和电气工程师协会）推荐的生成多项式：

$$G(X)=X^{16}+X^{12}+X^{5}+1$$

习　　题

1. 设机器数的字长为 8 位（含一位符号位），分别写出下列各二进制数的原码、补码和反码。

+0，−0，0.1001，−0.1001，0.1011，−0.1011

2. 写出下列各数的原码、补码和反码（机器字长为 8 位）。

5/16，−1/16，±7/16

3. 已知：$X=0.1011$，$Y=-0.0101$，求：

$[X]_{补}$，$[-X]_{补}$，$[0.5X]_{补}$，$[0.25X]_{补}$，$[Y]_{补}$，$[-Y]_{补}$、$[-0.25Y]_{补}$

4. 已知下列数的补码表示，分别写出它们的真值。

$[X]_{补}=0.10100$，$[X]_{补}=1.10111$

5. 设一个二进制小数 $X\geqslant 0$，表示成 $X=0.A_1A_2A_3A_4A_5A_6$，其中 $A_1\sim A_6$ 取“1”或“0”：

（1）若要 $X>1/2$，$A_1\sim A_6$ 要满足什么条件？

（2）若要 $X\geqslant 1/8$，$A_1\sim A_6$ 要满足什么条件？

（3）若要 $1/4\geqslant X>1/16$，$A_1\sim A_6$ 要满足什么条件？

6. 设 $[X]_{补}=1.A_1A_2A_3A_4A_5A_6$，

（1）若要 $X>1/2$，$A_1\sim A_6$ 要满足什么条件？

（2）若要 $-1/8\geqslant X\geqslant -1/4$，$A_1\sim A_6$ 要满足什么条件？

7. 一个 n 位字长的二进制定点整数，其中一位为符号位，分别写出在补码和反码两种情况下：

①最大的正数；②最负的数；③−1 的表示形式；④0 的表示形式。

8. 某机器字长为 16 位，简述下列几种情况下所能表示数值的范围。

（1）无符号整数。

（2）用原码表示的定点小数。

（3）用补码表示的定点小数。

（4）用原码表示的定点整数。

（5）用补码表示的定点整数。

9. 某浮点数字长为 16 位，其中阶符 1 位，阶码数值 5 位，数符 1 位，尾数数值 9 位，阶码以 2 为底，阶码和尾数均用补码表示。它所能表示的最大正数是多少？最小规格化正数是多少？绝对值最大的负数是多少？

10. 一浮点数，其阶码部分为 k 位，尾数部分为 n 位，各包含一位符号位，均用补码表示，阶码以 2 为底，该浮点数格式所能表示数的上限、下限及非零的最小正数是多少？写出表达式。

11. 试将下列各数用 IEEE754 短浮点数格式表示出来。

7.125，–0.3125，85.25，–1001.125

12. 将下列 IEEE754 短浮点数转换为十进制数：

（1）11000000 11110000 00000000 00000000

（2）00111111 00010000 00000000 00000000

（3）01000011 10011001 00000000 00000000

（4）00000000 00000000 00000000 00000000

13. 什么是区位码？什么是国标码？什么是内码？简述它们之间的关系和各自使用的场合。

14. 海明校验码的编码规则有哪些？

15. 求有效信息位为 0110110 的海明校验码。

16. 假定被校验的数据为 10011B，生成多项式为 $G(X)=X^3+X+1$，则其 CRC 校验码是什么？

第 3 章　运算方法和运算器

运算器是计算机进行算术运算和逻辑运算的主要部件，运算器的逻辑结构取决于机器的指令系统、数据表示方法和运算方法等。本章主要讲述定点运算方法、定点运算器的组成，浮点运算方法和浮点运算器的组成。

3.1　定点补码加减法运算及其实现

定点数的加减法运算包括原码、补码和反码三种带符号数的加减法运算，其中补码加减运算实现起来最方便。为此，本书只介绍补码加减法运算及其实现，有关原码和反码的加减法运算请参看其他相关书籍。

3.1.1　补码加减运算规则

1. 补码的加法

补码运算是把符号位和数值位一样对待进行处理，即把符号位当作数据参与运算。

补码加法的公式：

$$[X+Y]_{补}=[X]_{补}+[Y]_{补} \tag{3.1}$$

公式证明如下：

假设 X，Y 都是定点小数，因此证明的先决条件是：$|X|<1$，$|Y|<1$，$|X+Y|<1$。下面分四种情形给予证明。

（1）$X>0$，$Y>0$，则 $X+Y>0$。

即如果相加的两个数都是正数，故其和也一定是正数。

由补码的定义：$[X]_{补}= X$，$[Y]_{补}=Y$，$[X+Y]_{补}=X+Y$

所以：$$[X]_{补}+[Y]_{补}=X+Y=[X+Y]_{补} \quad (\mathrm{mod}\ 2)$$

（2）$X>0$，$Y<0$，则 $X+Y>0$ 或 $X+Y<0$。

即如果相加的两数一个为正数，另一个为负数，那么相加结果有正数和负数两种情况。

根据补码定义有$[X]_{补}=X$，$[Y]_{补}=2+Y$

所以$[X]_{补}+[Y]_{补}=X+2+Y=2+(X+Y)$分两种情况：

当 $X+Y>0$ 时，$2+(X+Y)>2$，进位 2 必丢失，

又因为$(X+Y)>0$，所以

$$[X]_{补}+[Y]_{补}=X+Y=[X+Y]_{补} \quad (\mathrm{mod}\ 2)$$

当 $X+Y<0$ 时，$2+(X+Y)<2$，

又因为 $X+Y<0$，因此

$$[X]_{补}+[Y]_{补}=2+(X+Y)=[X+Y]_{补} \qquad (\text{mod } 2)$$

（3）$X<0$，$Y>0$，则 $X+Y>0$ 或 $X+Y<0$。

同（2），把 X 和 Y 的位置对调即可。

（4）$X<0$，$Y<0$，则 $X+Y<0$。

即如果相加两数都是负数，则其和也一定是负数。

因为：$[X]_{补}=2+X$，$[Y]_{补}=2+Y$

所以：$[X]_{补}+[Y]_{补}=2+X+2+Y=2+(2+X+Y)$

由于：$|X+Y|<1$

所以：$1<(2+X+Y)<2$

$2+(2+X+Y)$ 的进位 2 必丢失。

又因为：$X+Y<0$，所以

$$[X]_{补}+[Y]_{补}=2+(X+Y)=[X+Y]_{补} \qquad (\text{mod } 2)$$

至此证明了在模 2 方式下，任意两个定点小数之和的补码等于该两数的补码之和。这是补码加法的理论基础，其结论也适用于定点整数。

【例 3-1】 $X=0.1001$，$Y=0.0101$，求 $X+Y$。

解：$[X]_{补}=0.1001$，$[Y]_{补}=0.0101$

$$\begin{array}{rr} [X]_{补} & 0.1001 \\ +\ [Y]_{补} & 0.0101 \\ \hline [X+Y]_{补} & 0.1110 \end{array}$$

所以：$X+Y=+0.1110$

【例 3-2】 $X=0.1011$，$Y=-0.0101$，求 $X+Y$。

解：$[X]_{补}=0.1011$，$[Y]_{补}=1.1011$

$$\begin{array}{rr} [X]_{补} & 0.1011 \\ +\ [Y]_{补} & 1.1011 \\ \hline [X+Y]_{补} & \boxed{1}0.0110 \end{array}$$

在模 2 方式下，$\boxed{1}$ 中的“1”将被舍去。

所以：$X+Y=0.0110$

2. 补码的减法

负数的加法要利用补码化为加法来做，减法运算当然也要设法化为加法来做。之所以使用这种方法而不使用直接减法，是因为它可以和常规的加法运算使用同一加法器电路，从而简化了计算机硬件的设计。

根据补码加法公式可推出补码减法运算的公式为：

$$[X-Y]_{补}=[X+(-Y)]_{补}=[X]_{补}+[-Y]_{补} \qquad (3.2)$$

从式（3.2）可看出，只要求得$[-Y]_{补}$，就可以将减法运算化为加法运算。

因为：　$[X+Y]_{补}=[X]_{补}+[Y]_{补}$

所以：　$[Y]_{补}=[X+Y]_{补}-[X]_{补} \qquad (3.3a)$

又：　　$[X-Y]_{补}=[X+(-Y)]_{补}=[X]_{补}+[-Y]_{补}$

所以：　　$[-Y]_{补}=[X-Y]_{补}-[X]_{补}$　　（3.3b）

将式（3.3a）与式（3.3b）相加，得：

$$\begin{aligned}[Y]_{补}+[-Y]_{补}&=[X+Y]_{补}+[X-Y]_{补}-[X]_{补}-[X]_{补}\\&=[X+Y+X-Y]_{补}-[X]_{补}-[X]_{补}\\&=[X+X]_{补}-[X]_{补}-[X]_{补}=0\end{aligned}$$

所以：　　$[-Y]_{补}=-[Y]_{补}$　　（3.4）

因此，从$[Y]_{补}$求$[-Y]_{补}$的法则是：对$[Y]_{补}$包括符号位在内各位取反且最末位加 1，即可得$[-Y]_{补}$。

【例 3-3】 $X=0.0110$，$Y=-0.0110$，求$[-X]_{补}$和$[-Y]_{补}$。

解：$[X]_{原}=0.0110$，$[X]_{补}=0.0110$，$[-X]_{补}=1.1010$

$[Y]_{原}=1.0110$，$[Y]_{补}=1.1010$，$[-Y]_{补}=0.0110$

3. 补码加减法规则

从式（3.1）和式（3.2）可得出补码加减法规则如下：

（1）参与运算的两个操作数均用补码表示。

（2）符号位要作为数的一部分一起参加运算。

（3）若做加法，则两数直接相加，若做减法，则将被减数与减数的机器负数相加。

（4）大于模的进位要丢掉。

（5）运算结果仍是补码数。

【例 3-4】 $X=+0.1101$，$Y=+0.0110$，求 $X-Y$。

解：$[X]_{补}=0.1101$，$[Y]_{补}=0.0110$，$[-Y]_{补}=1.1010$

$$\begin{array}{lr}[X]_{补} & 0.1101\\ +\ [-Y]_{补} & 1.1010\\ \hline [X-Y]_{补} & \boxed{1}0.0111\end{array}$$

所以：$X-Y=0.0111$

【例 3-5】 $X=-0.1101$，$Y=-0.0110$，求 $X-Y$。

解：$[X]_{补}=1.0011$，$[Y]_{补}=1.1010$，$[-Y]_{补}=0.0110$

$$\begin{array}{lr}[X]_{补} & 1.0011\\ +\ [-Y]_{补} & 0.0110\\ \hline [X-Y]_{补} & 1.1001\end{array}$$

所以：$X-Y=-0.0111$

3.1.2 补码运算的溢出与检测方法

1. 溢出的概念

先看看下面两个例子。

【例 3-6】 $X=0.1011$，$Y=0.1001$，求 $X+Y$。

解：$[X]_{补}=0.1011$，$[Y]_{补}=0.1001$

$$\begin{array}{lr} & [X]_{补} \quad 0.1011 \\ + & [Y]_{补} \quad 0.1001 \\ \hline & [X+Y]_{补} \quad 1.0100 \end{array}$$

两个正数相加的结果变成了负数，这显然是错误的。

【例 3-7】 $X=-0.1101$，　$Y=-0.1011$，　求 $X+Y$。

解： $[X]_{补}=1.0011$　　$[Y]_{补}=1.0101$

$$\begin{array}{lr} & [X]_{补} \quad 1.0011 \\ + & [Y]_{补} \quad 1.0101 \\ \hline & [X+Y]_{补} \quad 0.1000 \end{array}$$

两个负数相加的结果成为正数，这同样是错误的。

这是因为，在［例 3-6］中，X 与 Y 均大于 0.5，它们相加之和，一定大于 1，而大于 1 的数是不属于定点小数表示范围的，［例 3-7］也是同样的理由。

当运算结果超出机器数所能表示的范围时，称为溢出。显然，两个异号数相加或两个同号数相减，其结果是不会溢出的。仅当两个同号数相加或者两个异号数相减时，才有可能发生溢出的情况，一旦溢出，运算结果就不正确了。

两个正数相加，如果和大于机器所能表示的最大正数，则称为上溢，或者正溢。［例 3-6］的情形就属于正溢。两个负数相加时，如果和小于机器所能表示的最小负数，则称为下溢，或者负溢。［例 3-7］的情形就属于负溢。

2. 溢出的检测方法

究竟如何判断溢出？实现时有多种方法可供选择，根据实现的方便，可采用其中任一种方法。

（1）单符号位判别法。

假设，被操作数为：　$[X]_{补}=X_s.X_1X_2\cdots X_n$

操作数为：　$[Y]_{补}=Y_s.Y_1Y_2\cdots Y_n$

其和（差）为：　$[S]_{补}=S_s.S_1S_2\cdots S_n$

从［例 3-6］和［例 3-7］可以看出，采用符号位检测溢出时，当 $X_s=Y_s=0$，$S_s=1$ 时，产生上溢；当 $X_s=Y_s=1$，$S_s=0$ 时，产生下溢。

则溢出判断的条件为：

$$V=\overline{X_s}\,\overline{Y_s}\,S_s+X_sY_s\overline{S_s} \tag{3.5}$$

（2）进位位判别法。假设两数运算时，各位产生的进位为：

$$C_s.C_1C_2\cdots C_n$$

其中，C_s 为符号位产生的进位，C_1 为最高数值位产生的进位。

从［例 3-6］和［例 3-7］可以看出，两个正数相加，当最高有效位产生进位（$C_1=1$），而符号位不产生进位（$C_s=0$）时，发生上溢；两个负数相加，当最高有效位不产生进位（$C_1=0$），而符号位产生进位（$C_s=1$）时，发生下溢。

因此溢出条件为：

$$V=\overline{C_s}C_1+C_s\overline{C_1}=C_s\oplus C_1 \tag{3.6}$$

此逻辑表达式可用异或门实现。

（3）双符号位判别法。一个符号位只能表示正、负两种情况，当产生溢出时，符号位的含义就会发生混乱。如果将符号位扩充为两位（S_{s1} 和 S_{s2}），其所能表示的信息量将随之扩大，既能判别是否溢出，又能指出运算结果的符号。

双符号位法也称为“变形补码”或“模 4 补码”。

变形补码定义：

$$[X]_{补}=\begin{cases} X & 0\leqslant X<1 \\ 4+X & -1\leqslant X<0 \end{cases} \pmod 4 \tag{3.7}$$

或用同余式表示为：$[X]_{补}=4+X \pmod 4$

采用变形补码后，数的表示分为以下两种情形，一是任何小于 1 的正数其两个符号位都是“0”，即 $00.X_1X_2\ldots X_n$；二是任何大于−1 的负数其两个符号位都是“1”，即 $11.X_1X_2\ldots X_n$。其他两种情形均属于溢出。

模 4 补码加法公式为：

$$[X]_{补}+[Y]_{补}=[X+Y]_{补} \pmod 4 \tag{3.8}$$

这说明两数变形补码之和等于两数和的变形补码。

双符号位的含义如下：

$S_{s1}\,S_{s2}=00$	结果为正数，无溢出
01	结果正溢
10	结果负溢
11	结果为负数，无溢出

也就是说结果的两个符号位的代码不一致，表示溢出；结果的两个符号位的代码一致，表示没有溢出。但是不管溢出与否，最高符号位 S_{s1} 永远表示结果的正确符号。

溢出的逻辑表达式为：

$$V=S_{s1}\oplus S_{s2} \tag{3.9}$$

式中 S_{s1} 和 S_{s2} 分别为最高符号位和第二符号位，此逻辑表达式可用异或门实现。

【例 3-8】 $X=0.1100$，$Y=0.1000$，采用变形补码求 $X+Y$。

解：$[X]_{补}=00.1100$，$[Y]_{补}=00.1000$

$$\begin{array}{lcr} & [X]_{补} & 00.1100 \\ + & [Y]_{补} & 00.1000 \\ \hline & [X+Y]_{补} & 01.0100 \end{array}$$

符号位出现“01”，表示已溢出，正溢。即结果大于+1。

【例 3-9】 $X=-0.1100$，　$Y=-0.1000$，采用变形补码求 $X+Y$。

解：$[X]_{补}=11.0100$，$[Y]_{补}=11.1000$

$$\begin{array}{lcr} & [X]_{补} & 11.0100 \\ + & [Y]_{补} & 11.1000 \\ \hline & [X+Y]_{补} & 10.1100 \end{array}$$

符号位出现“10”，表示已溢出，负溢出。即结果小于−1。

在定点机中，当运算结果发生溢出时，机器通过逻辑电路自动检查出溢出，并进行中断处理。

3.1.3　补码定点加减运算的实现

基本的二进制补码加减法的逻辑图如图 3-1 所示。使用 n 个 1 位的全加器（FA）级联成一个 n 位的行波进位加法器。M 为方式控制输入线，当 $M=0$ 时，做加法（$A+B$）运算；当 $M=1$ 时，做减法（$A-B$）运算。在做减法运算时，$A-B$ 运算转化成$[A]_{补}+[-B]_{补}$运算，求补过程由 $\overline{B}+1$ 来实现。因此，图中最右边的全加器的起始进位输入端被连接到功能方式线 M 上，做减法时 $M=1$，相当于在加法器的最低进位位上加 1。另外，图中左边还给出了使用进位位判别法的溢出检测逻辑：当 $C_n=C_{n-1}$ 时，运算无溢出，而当 $C_n \neq C_{n-1}$ 时，运算有溢出，经异或门产生溢出信号。

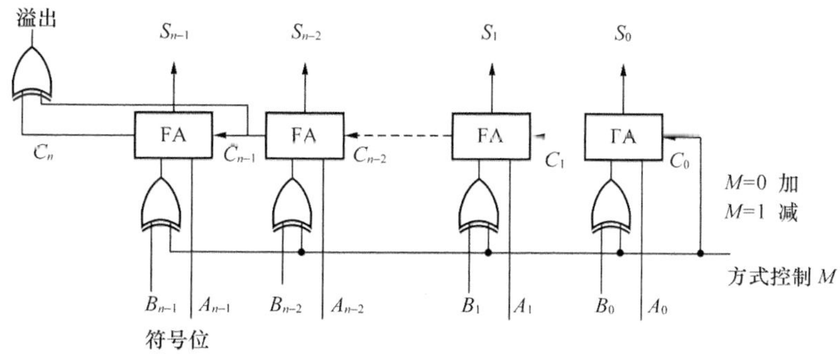

图 3-1　行波进位补码加法/减法器

从图 3-1 可以看出，行波进位加法 / 减法器进行加 / 减运算时所用的时间较长，因为进位是串行传输的，高位的运算要等待低位进位到来时才能进行，实际运算时间与参加运算的数的位数有关。因此计算机中实用的加法 / 减法器必须对上述逻辑电路进行改进，以提高加法器的速度。这部分内容详见 3.6 节的“运算器组成与结构”。

此外，目前通用性较强的计算机直接用十进制表示数据，直接进行十进制计算，所以还需要使用十进制加法器，十进制加法器也是在二进制加法器的基础上增加少量硬件电路构成的，有关内容可参阅其他资料。

3.2　定点乘法运算及其实现

在计算机中，实现乘法运算的方法可归纳为两种：一种是软件方法，即利用机器的基本加法、移位等指令编写乘法子程序，当需要做乘法运算时通过调用子程序来实现。二是硬件方法，在功能较强的机器中，以加法器为核心，增加移位和控制硬件来实现乘法运算，要求更高的机器中也可采用大规模集成电路构成的阵列乘法模块实现。

3.2.1 原码一位乘法

1. 乘法的手工算法

在定点计算机中，两个原码表示的数相乘的运算规则是：

乘积的符号位由两个数的符号位按异或运算得到，而乘积的数值部分则是两个正数相乘之积。

设 $n+1$ 位被乘数和乘数用定点小数表示为：

被乘数 $[X]_{原}=X_f.X_1X_2\ldots X_n$

乘数 $[Y]_{原}=Y_f.Y_1\ Y_2\ldots Y_n$

则乘积 $[Z]_{原}=[X\cdot Y]_{原}=[X]_{原}\cdot[Y]_{原}$

$$=(X_f\oplus Y_f)\mid(0.X_1X_2\cdots X_n)(0.Y_1\ Y_2\cdots Y_n) \tag{3.10}$$

式中，X_f为被乘数符号，Y_f为乘数符号，符号“|”表示把符号位和数值位邻接起来。

乘积符号的运算规则是，同号相乘为正，异号相乘为负。由于被乘数和乘数的符号位组合只有四种情况，即 X_fY_f=00，01，10，11，因此积的符号位可按“异或”（按位加）运算得到。

数值部分的运算方法与普通的十进制小数乘法类似，不过对于用二进制表示的数来说，其乘法规则更为简单一些。

为了说明在计算机中如何实现定点原码一位乘法，我们先从手工计算开始，下面通过例子来说明手工运算的过程。

【例 3-10】 设 $X=0.1101$，$Y=0.1011$，求 $X\cdot Y$。

解：

	0.1101	（X）
×	0.1011	（Y）
	1101	部分积
	1101	部分积
	0000	部分积
+	1101	部分积
	0.10001111	（乘积 Z）

即 $Z=X\cdot Y=0.10001111$，符号为正。

在计算时，逐次按乘数每一位上的值是 1 还是 0，决定相加数是取被乘数的值，还是取零值，而且相加数逐次向左偏移一位，最后一起求和。

2. 适合计算机的算法

在计算机中实现乘法，不能直接照搬上述的手工算法，这是因为：

（1）计算机中的加法器很难实现多个数据相加（一般只配置两个操作数相加的加法器）。

（2）加法器的位数一般与寄存器位数相同，而不是寄存器位数的两倍。

所以，在计算机中，通常把 n 位乘法转化为 n 次“累加与移位”，［例 3-10］的 $X\cdot Y$ 改写成下面形式：

$$
\begin{aligned}
X\cdot Y&=X\cdot(0.1011)\\
&=0.1\cdot X+0.00\cdot X+0.001\cdot X+0.0001\cdot X\\
&=0.1\cdot\{X+0.1[0+0.1\cdot(X+0.1\cdot X)]\}\\
&=2^{-1}\{X+2^{-1}[0+2^{-1}(X+2^{-1}X)]\}
\end{aligned}
$$

根据此式，可按式中括号表达的层次，从内向外逐次进行移位累加。

一般而言，对于机器字长为 $n+1$ 位的操作数 X 和 Y，有：

$$|X|=0.X_1X_2\cdots X_n<1$$
$$|Y|=0.Y_1Y_2\cdots Y_n<1$$

其乘积为：

$$
\begin{aligned}
|X|\cdot|Y|&=|X|(0.Y_1Y_2\cdots Y_n)\\
&=|X|(2^{-1}Y_1+2^{-2}Y_2+\cdots+2^{-n}Y_n)\\
&=2^{-1}(Y_1|X|+2^{-1}(Y_2|X|+2^{-1}(\cdots+2^{-1}(Y_{n-1}|X|+2^{-1}(Y_n|X|+0))\cdots)))
\end{aligned}
$$

这样就得到如下形式的递推公式，令 P_i 表示第 i 次部分积，Y_nX 为第 n 位的位积，根据从内到外的原则有：

$$
\begin{aligned}
&P_0-0\\
&P_1=2^{-1}(Y_n|X|+P_0)\\
&P_2=2^{-1}(Y_{n-1}|X|+P_1)\\
&\cdots\\
&P_i=2^{-1}(Y_{n-i+1}|X|+P_{i-1}) \qquad (3.11)\\
&\cdots\\
&P_n=|X|\cdot|Y|=2^{-1}(Y_1|X|+P_{n-1})
\end{aligned}
$$

上述算法的特点是：每次只需要进行两个数相加，然后右移一位，且相加的两个数（部分积和位积）都只有 n 位，因而不需要 $2n$ 位的加法器。

3. *原码一位乘法规则*

由前面的讨论，我们可以得到定点原码一位乘法的规则为：

（1）参与运算的操作数取其绝对值，符号位单独处理。

（2）在进行相加时，为防止溢出，被乘数取双符号位，部分积的长度与被乘数位数相同，初值为 0。

（3）将乘数的最低位作为判断位，若为“1”，则加被乘数；若为“0”，则不加被乘数，而加 0。

（4）累加后的部分积与乘数一起右移一位。

（5）重复 n 次（3）和（4）。

（6）被乘数和乘数为 $n+1$ 位，乘积字长为 $2n+1$ 位（包括 1 位符号位）。

图 3-2 为定点原码一位乘法规则对应的算法流程图。图中 i 用于计数，它表示循环次数（相加/移位次数）。

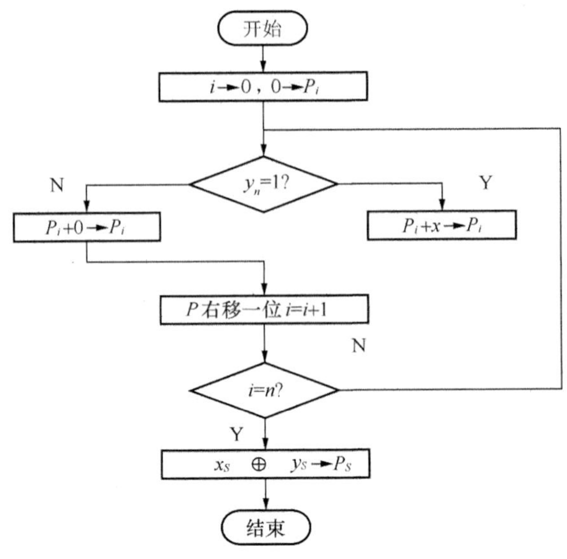

图 3-2　原码一位乘法算法流程图

【例 3-11】 $X=-0.1101$，　$Y=0.1011$，求 $X\cdot Y$。

解： $[X]_原=1.1101$，$[Y]_原=0.1011$，$|X|=00.1101$，$|Y|=0.1011$

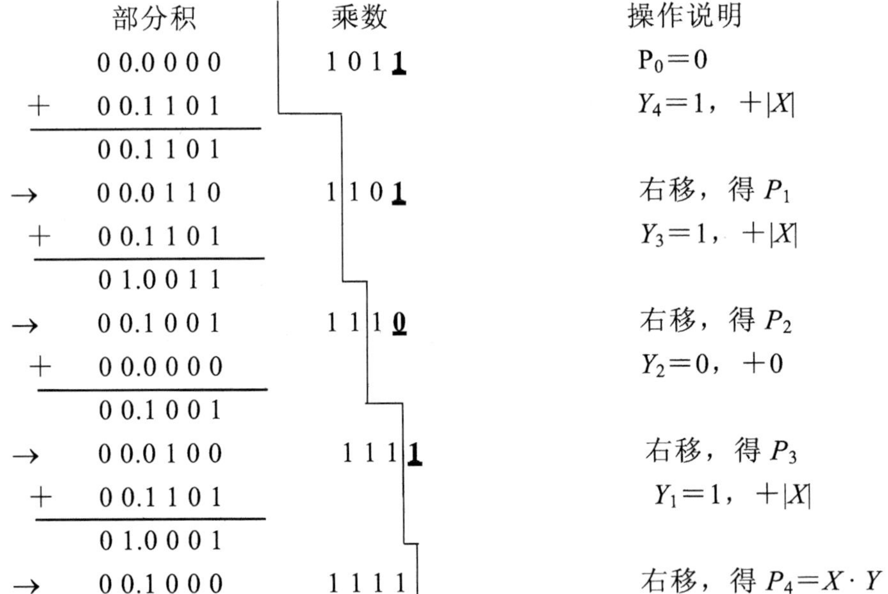

	部分积	乘数	操作说明
	00.0000	101**1**	$P_0=0$
+	00.1101		$Y_4=1$，$+\lvert X\rvert$
	00.1101		
→	00.0110	1101	右移，得 P_1
+	00.1101		$Y_3=1$，$+\lvert X\rvert$
	01.0011		
→	00.1001	1110	右移，得 P_2
+	00.0000		$Y_2=0$，$+0$
	00.1001		
→	00.0100	1111	右移，得 P_3
+	00.1101		$Y_1=1$，$+\lvert X\rvert$
	01.0001		
→	00.1000	1111	右移，得 $P_4=X\cdot Y$

因为：$Z_f=X_f\oplus Y_f=1\oplus 0=1$

所以：$[X\cdot Y]_原=1.10001111$，$X\cdot Y=-0.10001111$

4. 原码一位乘法的逻辑实现

在计算机内实现原码一位乘法的硬件逻辑结构如图 3-3 所示。

其中寄存器 R_0 存放部分积，R_1 存放乘数，并且最低位 y_n 为判断位；R_0、R_1 具有右移功能并且是连通的；寄存器 R_2 存放被乘数，加法器用来完成部分积与位积的求和。计数器记录重复运算的次数。

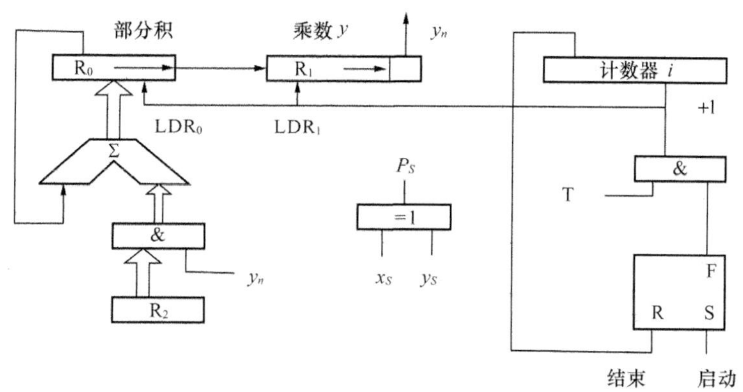

图 3-3　原码一位乘法的逻辑结构框图

乘法开始时，启动信号使计数器和 R_0 寄存器清零，并将控制触发器 F 置 1，开启乘法时序脉冲 T。判断乘数末位并给出相应的位积，加法器完成部分积与位积的相加，一旦第一个时序脉冲 T_1 到来，则在该脉冲的控制下 R_0 和 R_1 中的数据都右移一位形成 P_1，同时计数器加 1，即 $i=1$，接着对乘数的下一位进行判断，如此重复，直到 $i=n$（n 为乘数数值部分的位数）为止。计数器给出信号使控制触发器 F 清零，关闭时钟脉冲，运算结束，乘积的高 n 位数据在 R_0 中，低 n 位数据在 R_1 中，而符号位由异或电路产生。

3.2.2　补码一位乘法

虽然原码乘法比补码乘法容易实现，但因为补码加减法简单，在以加减运算为主的通用计算机中操作数都用补码表示，所以这类计算机在做乘法时常使用补码乘法。

校正法和比较法是较为常用的补码一位乘法，现介绍如下。

1. 校正法

所谓校正法是将$[X]_补$和$[Y]_补$当作普通的二进制数按原码乘法的方法直接运算，所得结果根据情况再加以校正，从而得到正确的$[X \cdot Y]_补$。

（1）补码与真值的转换关系。

设$[X]_补=X_f \cdot X_1X_2\cdots X_n$，当真值 $X\geqslant 0$ 时，$X_f=0$，那么

$$[X]_补=0.X_1X_2\cdots X_n=\sum_{i=1}^{n} X_i 2^{-i}=X$$

当真值 $X<0$ 时，$X_f=1$，那么

$$[X]_补=1.X_1X_2\cdots X_n=2+X$$

即
$$X=[X]_补-2=1.X_1X_2\cdots X_n-2=-1+0.X_1X_2\cdots X_n=-1+\sum_{i=1}^{n} X_i 2^{-i}$$

这样就可得出对 X 为正数与负数都适合的公式如下：

$$X=-X_f+\sum_{i=1}^{n} X_i 2^{-i}=-X_f+0.X_1X_2\cdots X_n \tag{3.12}$$

（2）补码的右移。在补码运算的机器中，一个数不论其正负，连同符号位向右移一位，并保持其符号位不变，相当于乘 1/2（或除 2）。现证明如下。

设$[X]_补=X_f \cdot X_1X_2\cdots X_n$，根据式（3.12）

$$X=-X_f+\sum_{i=1}^{n}X_i2^{-i}=-X_f+0.X_1X_2\cdots X_n$$

因此：

$$\frac{1}{2}X=-\frac{1}{2}X_f+\frac{1}{2}\sum_{i=1}^{n}X_i2^{-i}=-X_f+\frac{1}{2}X_f+\frac{1}{2}\sum_{i=1}^{n}X_i2^{-i}$$

$$=-X_f+\frac{1}{2}\left(X_f+\sum_{i=1}^{n}X_i2^{-i}\right)=-X_f+0.X_fX_1X_2\cdots X_n$$

写成补码的形式，即得：$\left[\frac{1}{2}X\right]_补=X_f \cdot X_fX_1X_2\cdots X_n$

一般来说，如果要想得到任意的$\left[2^{-i}X\right]_补$，只需将$[X]_补$连同符号位右移 i 位即可。

（3）补码的乘法规则。

设被乘数$[X]_补=X_f \cdot X_1X_2\cdots X_n$

乘数$[Y]_补=Y_f \cdot Y_1\ Y_2\cdots Y_n$

则有：

$$[X\cdot Y]_补=[X]_补\cdot\left(-Y_f+\sum_{i=1}^{n}Y_i2^{-i}\right) \tag{3.13}$$

①当乘数 $Y>0$ 时，不管被乘数 X 符号如何，都可直接按原码乘法运算，只是移位时按补码规则进行，即将$[X]_补$乘以 Y，得到的就是 $X\cdot Y$ 的补码形式。

②当乘数 $Y<0$ 时，可以先把$[Y]_补$的符号位丢掉，按原码乘法运算，最后再加上$[-X]_补$进行校正。

式（3.13）的证明如下：

①X 正负任意，Y 为正数。

根据补码定义及模 2 运算性质：

$$[X]_补=2+X=2^{n+1}+X \quad (\text{mod } 2)$$

$$[Y]_补=Y=0.Y_1Y_2\cdots Y_n$$

则：

$$[X]_补\cdot[Y]_补=2^{n+1}\cdot Y+X\cdot Y=2^{n+1}\cdot(0.Y_1Y_2\cdots Y_n)+X\cdot Y$$

$$=2\cdot(Y_1\ Y_2\cdots Y_n)+X\cdot Y$$

$$=2+X\cdot Y \quad (\text{mod } 2)$$

所以：

$$[X\cdot Y]_补=[X]_补\cdot[Y]_补$$

即：

$$[X\cdot Y]_补=[X]_补\cdot[Y]_补=[X]_补\cdot Y=[X]_补\cdot\left(-Y_f+\sum_{i=1}^{n}Y_i2^{-i}\right)$$

$$=[X]_补\cdot\left(\sum_{i=1}^{n}Y_i2^{-i}\right)$$

$$=[X]_补\cdot(0.\ Y_1\ Y_2\cdots Y_n)$$

②X 正负任意，Y 为负数。

$$[X]_补=X_f.X_1X_2\cdots X_n$$

$$[Y]_补=1.Y_1\ Y_2\cdots Y_n=2+Y$$

得

$$Y=[Y]_补-2=0.Y_1\ Y_2\cdots Y_n-1$$

$$X\cdot Y=X（0.\ Y_1\ Y_2\cdots Y_n）-X$$

$$[X\cdot Y]_补=[X（0.\ Y_1\ Y_2\cdots Y_n）]_补+[-X]_补$$

因为 $0.Y_1\ Y_2\cdots Y_n>0$，所以

$$[X（0.\ Y_1\ Y_2\cdots Y_n）]_补=[X]_补（0.\ Y_1\ Y_2\cdots Y_n）$$

$$[X\cdot Y]_补=[X]_补（0.Y_1\ Y_2\cdots Y_n）+[-X]_补$$

即当 Y 为负数时，按①方法运算后，还需要补充进行加$[-X]_补$操作。

③X 和 Y 正负都任意。

将上述①与②两种情况综合起来，可得补码乘法的统一算法为：

$$[X\cdot Y]_补=[X]_补（0.Y_1\ Y_2\cdots Y_n）-[X]_补\cdot Y_f$$

$$=[X]_补（-Y_f+0.Y_1\ Y_2\cdots Y_n）$$

$$=[X]_补\left(-Y_f+\sum_{i=1}^{n}Y_i\times 2^{-i}\right)$$

$$=[X]_补\left(-Y_f+\sum_{i=1}^{n}Y_i\times 2^{-i}\right)$$

【例 3-12】 $X=0.1101$，$Y=-0.011$，用补码校正乘法，求 $X\cdot Y$。

解：$[X]_补=00.1101$，$[-X]_补=11.0011$，$[Y]_补=1.101$，计算过程如下：

	部分积	乘数	操作说明
	00.0000	10**1**	初始值 $P_0=0$
+	00.1101		$Y_3=1$，$+[X]_补$
	00.1101		
→	00.0110	1 1**0**	右移 1 位，得 P_1
+	00.0000		$Y_2=0$，+0
	00.0110		
→	00.0011	0 1 **1**	右移 1 位，得 P_2
+	00.1101		$Y_1=1$，$+[X]_补$
	01.0000		
→	00.1000	001	右移 1 位，得 P_3
+	11.0011		$Y_f=1$，$+[-X]_补$
	11.1011	001	

$[X\cdot Y]_补$ 乘积高位 乘积低位

所以： $[X\cdot Y]_补=1.1011001$

$X\cdot Y=-0.0100111$

2. 比较法——Booth 乘法

校正法用在乘数为负的情况下，需要进行校正，控制起来比较复杂，因此希望有一个对于正数和负数都一致的算法，这就是比较法。比较法是英国的 Booth 夫妇提出来的，因此又称为 Booth 法。

根据校正法的公式有：

$$
\begin{aligned}
[X\cdot Y]_{补} &= [X]_{补}\cdot(0.Y_1 Y_2\cdots Y_n)+[-X]_{补}\cdot Y_f \\
&= [X]_{补}\cdot(2^{-1}Y_1+2^{-2}Y_2+\cdots+2^{-n}Y_n)+[-X]_{补}\cdot Y_f \\
&= [X]_{补}\cdot\{-Y_f+(Y_1-2^{-1}Y_1)+(2^{-1}Y_2-2^{-2}Y_2)+\cdots+(2^{-(n-1)}Y_n-2^{-n}Y_n)+0\} \\
&= [X]_{补}\cdot\{(Y_1-Y_f)+2^{-1}(Y_2-Y_1)+\cdots+2^{-n}(0-Y_n)\} \\
&= [X]_{补}\cdot\{(Y_1-Y_f)+2^{-1}(Y_2-Y_1)+\cdots+2^{-n}(Y_{n+1}-Y_n)\}
\end{aligned}
$$

其中，Y_f代表符号位，Y_{n+1}是附加位，它的初值为 0，增加附加位不会影响运算结果。根据上式可写出每一步的部分积。

$$
\begin{aligned}
&[P_0]_{补}=0 \\
&[P_1]_{补}=2^{-1}\{[P_0]_{补}+(Y_{n+1}-Y_n)[X]_{补}\},\quad Y_{n+1}=0 \\
&[P_2]_{补}=2^{-1}\{[P_1]_{补}+(Y_n-Y_{n-1})[X]_{补}\} \\
&\cdots \\
&[P_i]_{补}=2^{-1}\{[P_{i-1}]_{补}+(Y_{n-i+2}-Y_{n-i+1})[X]_{补}\} \\
&\cdots \\
&[P_n]_{补}=2^{-1}\{[P_{n-1}]_{补}+(Y_2-Y_1)[X]_{补}\} \\
&[P_{n+1}]_{补}=\{[P_n]_{补}+(Y_1-Y_f)[X]_{补}\}=[X\cdot Y]_{补}
\end{aligned}
$$

式中，$[P_0]_{补}$为初始部分积，$[P_1]_{补}$～$[P_n]_{补}$依次为各次求得的累加并右移之后的部分积。

由上式可以看到，每次运算操作取决于乘数相邻两位 Y_i、Y_{i+1} 的值，把它们称为乘法的判断位。这种运算是根据乘数相邻两位的比较结果值（$Y_{i+1}-Y_i$）来确定运算操作，因此称为比较法。

Booth 乘法规则如下：

（1）参加运算的数用补码表示，符号位参与运算；被乘数一般取双符号位参加运算，部分积初值为 0。

（2）乘数最低位后面增加一位附加位，其初值为 0。

（3）由于每求一次部分积后，部分积和乘数均要右移一位，所以乘数的最低两位 Y_{i+1}、Y_i 的值决定了每次应进行的操作。具体操作如表 3-1 所示。

表 3-1　Booth 乘法运算操作

判断位 Y_i、Y_{i+1}	$Y_{i+1}-Y_i$ 值	操　作
0 0	0	部分积+0，右移一位
0 1	1	部分积+$[X]_{补}$，右移一位
1 0	−1	部分积−$[X]_{补}$，右移一位

续表

判断位 Y_i、Y_{i+1}	$Y_{i+1}-Y_i$ 值	操　作
1 1	0	部分积+0，右移一位

（4）共需做 $n+1$ 次累加，n 次移位，第 $n+1$ 次不移位。

（5）移位时，按补码规则进行，即要保持符号位不变。

Booth 乘法的流程如图 3-4 所示。

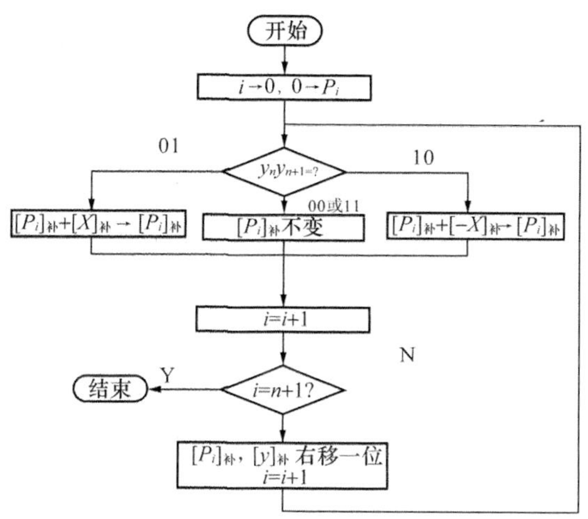

图 3-4　Booth 乘法的流程图

【例 3-13】 $X=0.1101$，$Y=-0.0111$，用补码乘法求 $X\cdot Y$。

解：$[X]_补=00.1101$，$[-X]_补=11.0011$，$[Y]_补=1.1001$，计算过程如下。

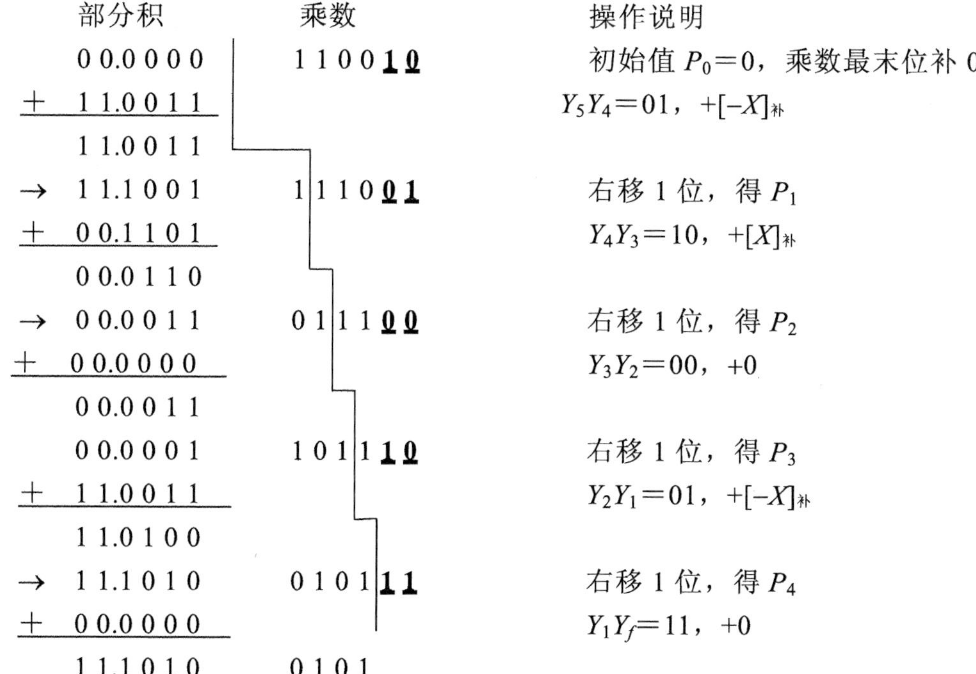

部分积	乘数	操作说明
0 0.0 0 0 0	1 1 0 0 **1 0**	初始值 $P_0=0$，乘数最末位补 0
+ 1 1.0 0 1 1		$Y_5Y_4=01$，$+[-X]_补$
1 1.0 0 1 1		
→ 1 1.1 0 0 1	1 1 1 0 **0 1**	右移 1 位，得 P_1
+ 0 0.1 1 0 1		$Y_4Y_3=10$，$+[X]_补$
0 0.0 1 1 0		
→ 0 0.0 0 1 1	0 1 1 1 **0 0**	右移 1 位，得 P_2
+ 0 0.0 0 0 0		$Y_3Y_2=00$，+0
0 0.0 0 1 1		
0 0.0 0 0 1	1 0 1 1 **1 0**	右移 1 位，得 P_3
+ 1 1.0 0 1 1		$Y_2Y_1=01$，$+[-X]_补$
1 1.0 1 0 0		
→ 1 1.1 0 1 0	0 1 0 1 **1 1**	右移 1 位，得 P_4
+ 0 0.0 0 0 0		$Y_1Y_f=11$，+0
1 1.1 0 1 0	0 1 0 1	

$[X\cdot Y]_{补}$　　乘积高位　　乘积低位

所以：　$[X\cdot Y]_{补}=1.10100101$

$X\cdot Y=-0.01011011$

3.2.3　阵列乘法器

为了提高乘法的速度，可选用两位乘法的方案。所谓两位乘法，就是每次处理乘数中的两位，从而使乘法的速度提高了一倍。详细内容请读者参考相关资料。下面介绍阵列乘法器，该方案采用类似于人工计算的方法。

设有两个不带符号的二进制整数：

$$A=a_{m-1}\cdots a_1a_0\,,\quad B=b_{n-1}\cdots b_1b_0$$

它们的数值分别为 a 和 b，即

$$a=\sum_{i=0}^{m-1}a_i2^i \qquad b=\sum_{j=0}^{n-1}b_j2^j$$

在二进制乘法中，被乘数 A 与乘数 B 相乘，产生 $m+n$ 位乘积 P：

$$P=ab=\left(\sum_{i=0}^{m-1}a_i2^i\right)\left(\sum_{j=0}^{n-1}b_j2^j\right)=\sum_{i=0}^{m-1}\sum_{j=0}^{n-1}\left(a_ib_j\right)2^{i+j}=\sum_{k=0}^{m+n-1}p_k2^k$$

当 $m=n=4$ 时，实现这个乘法的过程如下：

				a_3	a_2	a_1	a_0	$=A$
			$\times$	b_3	b_2	b_1	b_0	$=B$
				a_3b_0	a_2b_0	a_1b_0	a_0b_0	
			a_3b_1	a_2b_1	a_1b_1	a_0b_1		
		a_3b_2	a_2b_2	a_1b_2	a_0b_2			
$+$	a_3b_3	a_2b_3	a_1b_3	a_0b_3				
P_7	P_6	p_5	p_4	p_3	p_2	p_1	p_0	$=P$

这一过程和人们的习惯算法非常类似。在 m 位与 n 位不带符号整数的阵列乘法中，每一个部分乘积项（位积）a_ib_j 叫做一个被加数，这 $m\times n$ 个被加数（$a_ib_j|0\leqslant i\leqslant m-1$ 和 $0\leqslant j\leqslant n-1$）可以用 $m\times n$ 个“与”门并行地产生。

如图 3-5 所示为 4 位×4 位绝对值相乘的阵列乘法器原理图。其中 FA 表示一位全加器，FA 的斜线方向为进位输出，竖线方向为和输出。图中虚线框中是具有并行进位链的并行加法器。这种结构可同时得到各项部分积，并一次将其相加就得到乘积，因此运算速度很快。

这种乘法器要实现 n 位×n 位的乘法时，需要 n（$n-1$）全加器和 n^2 个与门，可见该方案所用加法器和与门的数量很多。但由于其内部结构规则性强，适于用超大规模集成电路实现。

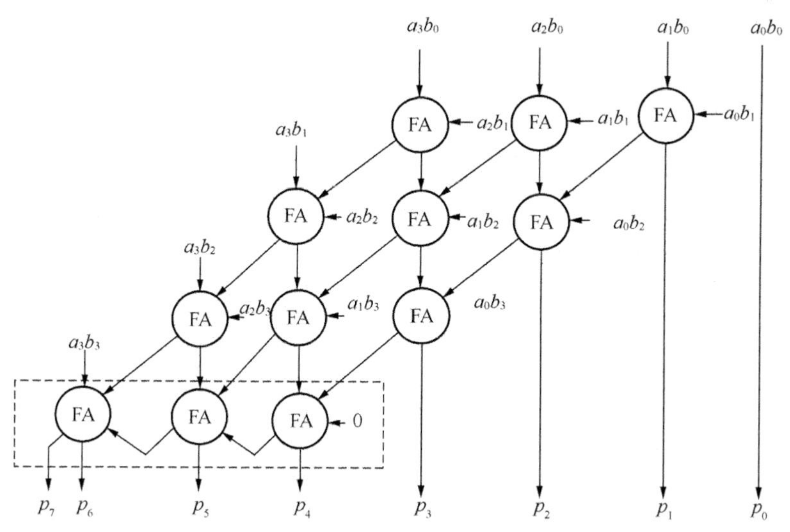

图 3-5　4 位×4 位绝对值相乘的阵列乘法器原理图

3.3　定点除法运算及其实现

3.3.1　原码除法

除法运算与乘法运算的处理方法相似，将 n 位除法转换为若干次“加、减和移位”，然后通过硬件或软件来实现。

1. 原码除法运算原理

两原码表示的数相除时，商的符号由两数的符号按位相加求得，商的数值部分由两数的数值部分相除求得。

设 n 位被除数和除数均用定点小数表示，则

被除数　$[X]_{原}=X_f \cdot X_1X_2\cdots X_n$

除数　$[Y]_{原}=Y_f \cdot Y_1Y_2\cdots Y_n$

那么商　$Q=X/Y$，其原码为：

$$[Q]_{原}=(X_f\oplus Y_f)\mid(0.X_1X_2\cdots X_n/0.Y_1Y_2\cdots Y_n) \tag{3.14}$$

式中，X_f 为被除数符号，Y_f 为除数符号，符号“|”表示把符号位和数值位邻接起来。商的符号运算 $Q_f=X_f\oplus Y_f$ 与原码乘法一样，用模 2 求和得到。商的数值部分的运算，实际上是两个正数求商的运算。根据我们所熟知的十进制除法运算方法，很容易得到二进制数的除法运算方法，所不同的只是在二进制中，商的每一位不是“1”，就是“0”，其运算方法则更简单一些。

手工运算时，先比较被除数与除数的大小，如果被除数大于除数，则商 1，计算余数（$R_1=x-y$），否则商 0，余数还是被除数（$R_1=x$），并把除数右移一位作为新除数；然后比较余数和新除数的大小，如果余数大于新除数，则商 1，同时计算余数（R_{i+1}，$i=1，2，\cdots，n$），否则商 0，余数不变（$R_{i+1}=R_i$），并把除数右移一位作为新除数，重复该步直到满足精度为止。

用计算机实现上述手工算法时，将除数右移一位改为余数左移一位。而且，计算机的运算过程和人毕竟不同，人会心算，一看就知道够不够减。但机器不会心算，必须先作减

法，若余数为正，才知道够减；若余数为负，才知道不够减。不够减时必须恢复原来的余数，以便再继续往下运算。这种方法称为恢复余数法。要恢复原来的余数，只要当前的余数加上除数即可。但由于要恢复余数，使除法进行过程的步数不固定，因此控制比较复杂。实际应用中常用不恢复余数法，又称加减交替法。其特点是运算过程中如出现不够减，则不必恢复余数，根据余数符号，可以继续往下运算，因此步数固定，控制简单。

2. *原码加减交替法规则*

设在除法的运算过程中，若第 $i-1$ 次求商的余数为 R_{i-1}，下一次求商（i 步）的余数为 R_i，则：

$$R_i=2R_{i-1}-Y$$

如果 $R_i>0$，商的第 i 位商上 1，并执行操作：将余数左移一位，再减 Y，得新余数 R_{i+1}。其过程可用公式表示如下：

$$R_{i+1}=2R_i-Y$$

如果 $R_i<0$，商的第 i 位商上 0，并执行操作：恢复余数（$+Y$），并将余数左移一位，再减 Y，得 R_{i+1}。其过程可用公式表示如下：

$$R_{i+1}=2（R_i+Y）-Y=2R_i+2Y-Y=2R_i+Y$$

可见，某步除法 $R_i<0$ 时，不必恢复余数也可以得到新余数，只要将 $R_i<0$ 视为真余数，左移一位，再加上 Y 就得到 R_{i+1}。

为此我们得到加减交替法的规则如下：

符号位不参加运算，并要求$|X|<|Y|$；

先用被除数减去除数，当余数为正时，商上 1，求下一位商的办法是余数左移一位，再减去除数；当余数为负时，商上 0，求下一位商的办法是余数左移一位，再加上除数。

当 $n+1$ 步上商为 0，而又需要得到正确的余数，则在这最后一次仍需要恢复余数。最后的余数为 $R_i\cdot 2^{-n}$（余数与被除数同号）。

原码加减交替法的算法流程如图 3-6 所示。

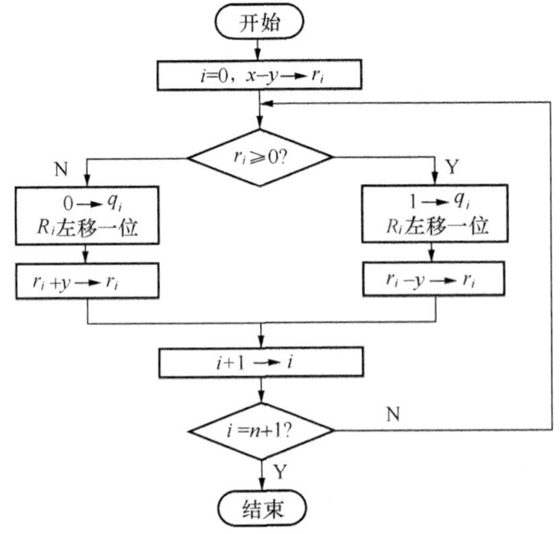

图 3-6　原码加减交替法的算法流程图

【例 3-14】 设被除数 X＝0.101001，除数 Y＝0.111，用加减交替法求 X/Y。

解：$[X]_{原}$＝00.101001， $[Y]_{原}$＝00.111，$[|X|]_{补}$＝00.101001， $[|Y|]_{补}$＝00.111，$[-|Y|]_{补}$＝11.001

	被除数（余数）	商	操作说明
	00.1 0 1 0 0 1		被除数 X
$+[-\|Y\|]_{补}$	11.0 0 1		$+[-\|Y\|]_{补}$
	11.1 1 0 0 0 1	$q_0=0$	余数为负，商 0
←	11.1 0 0 0 1 0		左移 1 位
$+[\|Y\|]_{补}$	00.1 1 1		$+[\|Y\|]_{补}$
	00.0 1 1 0 1 0	$q_1=1$	余数为正，商 1
←	00.1 1 0 1 0 0		左移 1 位
$+[-\|Y\|]_{补}$	11.0 0 1		$+[-\|Y\|]_{补}$
	11.1 1 1 1 0 0	$q_2=0$	余数为负，商 0
←	11.1 1 1 0 0 0		左移 1 位
$+[\|Y\|]_{补}$	00.1 1 1		$+[\|Y\|]_{补}$
	00.1 1 0 0 0 0	$q_3=1$	余数为正，商 1

原码除法和原码乘法一样，符号位是单独处理的。

所以

$$Q_f=X_f\oplus Y_f=0\oplus 0=0$$

故得

$$商\ Q=q_0.q_1q_2q_3=0.101，余数\ R=0.110000\times 2^{-3}$$

需要注意的是：

（1）余数每次左移相当于乘以 2，在求得 n 位商后，相当于多乘了 2^n，所以最后余数应乘以 2^{-n} 才是正确的值。

（2）在定点小数除法运算时，为了防止溢出，要求被除数的绝对值小于除数的绝对值，且除数不能为 0。因此第一次减法肯定是不够减的，如果采用先移位后减除数的方法，得到的结果也是相同的。

（3）在做加法和减法时采用补码运算方法，而且由于符号位单独处理，所以操作数是 $|X|$和$|Y|$，减$|Y|$转化为加$[-|Y|]_{补}$

3. 原码加减交替法的逻辑实现

实现原码加减交替法运算的逻辑框图如图 3-7 所示，寄存器 R_0 在除法开始前存放被除数，运算过程中存放余数。每次获得的商是在余数加上或减去除数后由加法器的状态来定的，即把加法器的最高位（符号位）求反。商放在寄存器 R_1 中，R_0 和 R_1 都具有左移功能，上商位固定在 q_n 位进行。在运算过程中，经过 $n+1$ 步获得 $n+1$ 位商，其中 n 为有效数位数。首先获得的一位商一般为 0，最后由异或电路求得商的符号。

当 $q_n=1$ 时，除数求补，以$[-Y]_{补}$形式送入加法器，作减 y 运算。

当 $q_n=0$ 时，以$[+Y]_{补}$形式送入加法器，作加 y 运算。

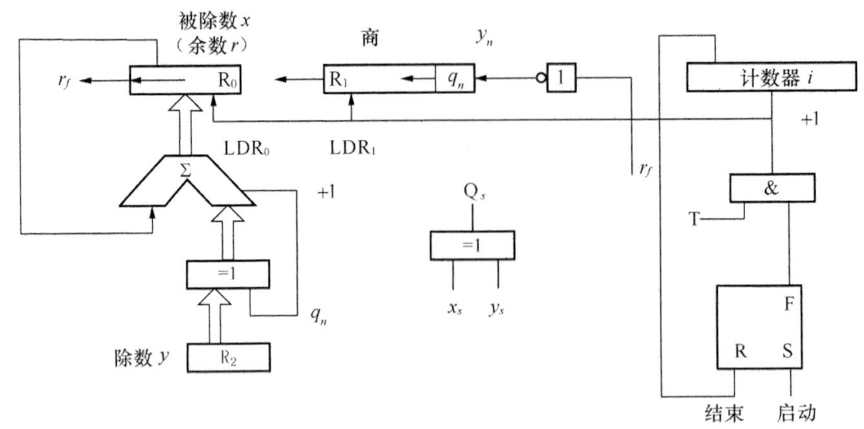

图 3-7　原码加减交替法的运算框图

比较图 3-3 和图 3-7 会发现，原码乘法和除法的运算实现硬件电路很相似，如果 R_0 和 R_1 既有左移功能也有右移功能，那么就可以用同一逻辑电路实现原码的乘、除法运算。

3.3.2　补码除法

与补码乘法类似，也可以用补码完成除法操作。这时被除数和除数都用补码表示，符号位也参加运算，商和余数也用补码表示。补码除法也分恢复余数法和加减交替法，后者用得较多，在此只讨论加减交替法。

1. 补码加减交替法运算规则

由于补码除法其符号位和数值部分是一起参加运算的，因此在算法上不像原码除法那样直观，主要需要解决四个问题：①如何确定商值；②如何形成商符；③如何获得新的余数；④商的校正。

（1）商值的确定。欲确定商值，必须先比较被除数和除数的大小，然后才能求得商值。为此我们首先讨论比较被除数（余数）和除数的大小。

补码除法的操作数均为补码，其符号又是任意的，因此要比较被除数$[X]_补$和除数$[Y]_补$的大小就不能简单的用$[X]_补$减去$[Y]_补$。实质上比较$[X]_补$和$[Y]_补$的大小就是比较它们所对应的绝对值的大小；同样在求商的过程中，比较余数$[R_i]_补$与除数$[Y]_补$的大小，也是比较它们所对应的绝对值。这种比较的算法可归纳为以下两点：

第一，当被除数与除数同号时，作减法，若得到的余数与除数同号，表示“够减”，否则表示“不够减”。

第二，当被除数与除数异号时，作加法，若得到的余数与除数异号，表示“够减”，否则表示“不够减”。

在被除数（余数）和除数的大小清楚之后，下面讨论商值的确定。

补码除法的商也是用补码表示的，如果我们约定商的末位用“恒置 1”的舍入规则，那么除末位商外，其余各位的商值对正商和负商而言，上商规则是不同的。因为在负商的情况下，除末位商以外，其余任何一位的商与真值都正好相反。因此，上商的算法可归纳为以下两点：

第一，如果$[X]_{补}$与$[Y]_{补}$同号，商为正，则“够减”时上商“1”，“不够减”时上商“0”。

第二，如果$[X]_{补}$与$[Y]_{补}$异号，商为负，则“够减”时上商“0”，“不够减”时上商“1”。

（2）商的符号形成。在补码除法中，商符是在求商的过程中自动形成的。

同原码定点小数除法一样，在补码的定点小数除法中，被除数的绝对值必须小于除数的绝对值，否则由于商大于 1 而溢出。因此，当$[X]_{补}$与$[Y]_{补}$同号时，$[X]_{补}-[Y]_{补}$所得的余数$[R_0]_{补}$必与$[Y]_{补}$异号，商上“0”，恰好与商的符号一致；当$[X]_{补}$与$[Y]_{补}$异号时，$[X]_{补}-[Y]_{补}$所得的余数$[R_0]_{补}$必与$[Y]_{补}$同号，商上“1”，这也与商的符号一致。可见，商符是在求商值过程中自动形成的。

商的符号还可用来判断商是否溢出。例如，当$[X]_{补}$与$[Y]_{补}$同号时，$[R_0]_{补}$与$[Y]_{补}$同号，商上“1”，即溢出。当$[X]_{补}$与$[Y]_{补}$异号时，若$[R_0]_{补}$与$[Y]_{补}$异号，商上“0”，即溢出。

当然，对于小数补码运算，商等于“–1”应该是允许的，但这需要特殊处理，为简化问题，一般情况下不予考虑。

（3）余数$[R_{i+1}]_{补}$的获得。余数$[R_{i+1}]_{补}$的获得方法与原码加减交替法极为相似，其算法规则为：

当$[R_i]_{补}$与$[Y]_{补}$同号时，商上“1”，新余数为

$$[R_{i+1}]_{补}=2[R_i]_{补}-[Y]_{补}=2[R_i]_{补}+[-Y]_{补}$$

当$[R_i]_{补}$与$[Y]_{补}$异号时，商上“0”，新余数为

$$[R_{i+1}]_{补}=2[R_i]_{补}+[Y]_{补}$$

（4）商的校正。在进行补码一位除法时，一般都是在商的末位“恒置 1”，这种方法操作简单，易于实现，但此算法存在误差，这样引起的最大误差是 2^{-n}。在对计算精度没有特殊要求的情况下，一般就采用商的末位“恒置 1”的办法。如果需要进一步提高商的精度，可按上述方法多求一位，再用以下方法进行校正：

第一种情形，刚好能除尽时，若除数为正，商不必校正；若除数为负，则商加 2^{-n}。

第二种情形，不能除尽时，若商为正，则不必校正；若商为负，则商加 2^{-n}。

2. 补码加减交替法举例

【例 3-15】设 $X=0.0100$，$Y=-0.1000$，求$[X/Y]_{补}$。

解：

$[X]_{补}=00.0100$，$[Y]_{补}=11.1000$，$[-Y]_{补}=00.1000$

	被除数（余数）	商	操作说明
	00.0100		被除数 X
$+[Y]_{补}$	11.1000		$+[Y]_{补}$
	11.1100	$q_0=1$	余数与除数同号，上商 1
←	11.1000		左移 1 位
$+[-Y]_{补}$	00.1000		上次商 1，$+[-Y]_{补}$
	00.0000	$q_1=0$	余数与除数异号，上商 0

←	00.0000		左移 1 位
$+[Y]_{补}$	11.1000		上次商 0，$+[Y]_{补}$
	11.1000	$q_2=1$	余数与除数同号，上商 1
←	11.0000		左移 1 位
$+[-Y]_{补}$	00.1000		上次商 1，$+[-Y]_{补}$
	11.1000	$q_3=1$	余数与除数同号，上商 $q_3=1$
←	11.0000		左移 1 位
$+[-Y]_{补}$	00.1000		上次商 1，$+[-Y]_{补}$
	11.1000	$q_4=1$	余数与除数同号，上商 $q_4=1$
$+[-Y]_{补}$	00.1000		恢复，$+[-Y]_{补}$
	00.0000		

故得　$[X/Y]_{反}=1.0111$，校正　$[X/Y]_{补}=[X/Y]_{反}+0.0001=1.1000$

余数为 0，表示除尽。

上例中没有采用恒置 1 的方法，而是采用商加 2^{-n} 的方法；如果采用商的最低位恒置 1 的方法，则得$[X/Y]_{补}=1.0111$，其误差为 $2^{-n}=2^{-4}$。

3.3.3 阵列除法器

和阵列乘法器相似，阵列除法器也是一种并行运算部件，采用大规模集成电路制造。与早期的串行除法器相比，阵列除法器不仅所需的控制线路少，而且能提供令人满意的高速运算速度。图 3-8 是一个实现加减交替除法的阵列除法器原理框图。

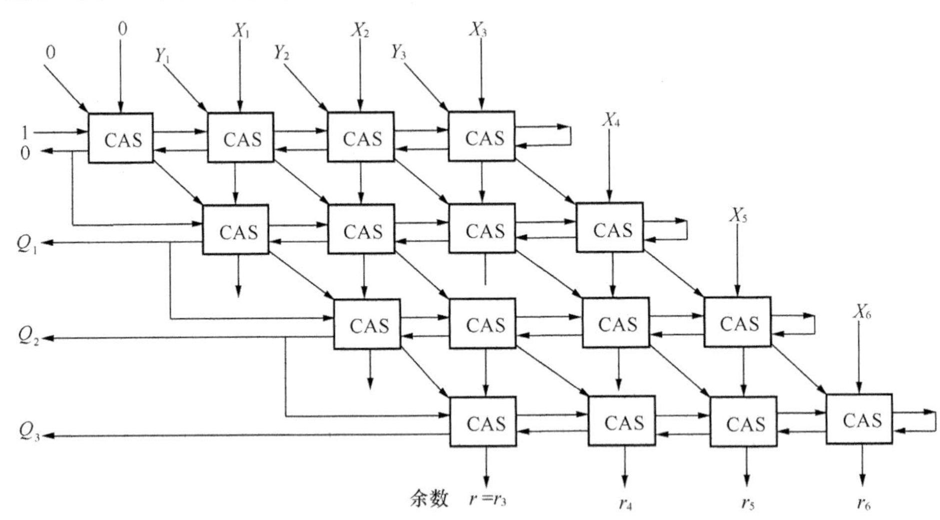

图 3-8　阵列除法器原理图

在图中，设被除数 $X=0.X_1X_2X_3X_4X_5X_6$，除数 $Y=0.Y_1Y_2Y_3$，商 $Q=0.Q_1Q_2Q_3$，余数 $R=0.00\,r_3\,r_4\,r_5\,r_6$。图中的每一个方框为一个可控加法和减法（CAS）单元，当其输入控制端等于 0 时，CAS 做加法运算；当输入控制端等于 1 时，CAS 做减法运算。

在加减交替法的除法阵列中，每一行所执行的操作究竟是加法还是减法，取决于前一行输出的符号与被除数的符号是否一致。当不够减时，部分余数相对于被除数来说要改变符号。这时应该产生一个商位“0”，除数首先沿对角线右移，然后加到下一行的部分余数上。当部分余数不改变它的符号时，即产生商位“1”，下一行的操作应该是减法。

3.4　浮点数的算术运算

在第 2 章中已经讨论了浮点数的表示方法，这里将进一步讨论尾数的基值为 2 的浮点数的四则运算。

浮点数的表示形式为：$N=M\cdot 2^E$

其中，M 为浮点数的尾数，一般为绝对值小于 1 的规格化二进制数，且用原码或补码形式表示；E 为浮点数的阶码，一般是用移码或补码表示的整数。

3.4.1　浮点数的加法、减法运算

设有两个浮点数 X 和 Y，它们分别为

$$X=2^{E_X}\cdot M_X$$

$$Y=2^{E_Y}\cdot M_Y$$

其中 E_X 和 E_Y 分别为数 X 和 Y 的阶码，M_X 和 M_Y 为数 X 和 Y 的尾数。

两浮点数进行加法和减法的运算规则是

$$X\pm Y=2^{E_X}\cdot M_X\pm 2^{E_Y}\cdot M_Y=\begin{cases}(M_X\pm M_Y\times 2^{E_Y-E_X})2^{E_X} & E_X\leqslant E_Y\\(M_X\times 2^{E_X-E_Y}\pm M_Y)2^{E_Y} & E_X\geqslant E_Y\end{cases}\tag{3.15}$$

1. 浮点数的加减运算步骤

完成浮点加减运算的操作过程大体分为四步：第一步，零操作数的检查；第二步，进行“对阶”操作；第三步，尾数进行加或减运算；第四步，尾数规格化并进行舍入处理。

（1）零操作数检查。浮点加减运算过程比定点运算过程复杂。如果判知两个操作数 X 或 Y 中有一个数为 0，即可得知运算结果而没有必要再进行后续的一系列操作，以节省运算时间。零操作数检查步骤则用来完成这一功能。

（2）“对阶”操作。两浮点数进行加减，首先要看两数的阶码是否相同，即小数点位置是否对齐。若两数阶码相同，表示小数点是对齐的，就可以进行尾数的加减运算。反之，若两数的阶码不同，表示小数点位置没有对齐，此时必须使两数阶码相同，这个过程叫作“对阶”。要对阶，首先应求出两数阶码 E_X 和 E_Y 之差，即

$$\Delta E=E_X-E_Y$$

若 $\Delta E=0$，表示两数阶码相等，即 $E_X=E_Y$；若 $\Delta E<0$，表示 $E_X<E_Y$；若 $\Delta E>0$，表示 $E_X>E_Y$。

当 $E_X\neq E_Y$ 时，要通过尾数的移动以改变 E_X 或 E_Y，使之相等。原则上，既可以通过 M_X 移位以改变 E_X 来达到 $E_X=E_Y$，也可以通过 M_Y 移位以改变 E_Y 来实现 $E_X=E_Y$。但是，由于浮点表示的数多是规格化的，尾数左移会引起最高有效位的丢失，造成数据出错。尾数右移虽引起最低有效位的丢失，但造成误差较小。因此，“对阶”操作规定使尾数右移，尾

数右移后阶码作相应增加，其数值保持不变。显然，一个增加后的阶码与另一个阶码相等，增加阶码的一定是小阶。因此在“对阶”时，总是使“小阶向大阶看齐”，即小阶的尾数向右移位（相当于小数点左移）每右移一位，其阶码加 1，直到两数的阶码相等为止，右移的位数等于阶差ΔE。

（3）尾数的加或减运算。对阶结束后，即可进行尾数的求和运算。不论加法运算还是减法运算，都按加法进行操作，其方法与定点加减法运算完全一样。

（4）尾数规格化。对二进制浮点数而言，规格化的浮点数的尾数 M 应满足

$$\frac{1}{2} \leqslant |M| < 1$$

对于双符号位补码尾数运算的结果，可能出现下列 6 种情况，即

$$[M]_{补}=00.1\phi\phi\cdots\phi \qquad ①$$
$$[M]_{补}=11.0\phi\phi\cdots\phi \qquad ②$$
$$[M]_{补}=00.0\phi\phi\cdots\phi \qquad ③$$
$$[M]_{补}=11.1\phi\phi\cdots\phi \qquad ④$$
$$[M]_{补}=10.\ \phi\phi\cdots\phi \qquad ⑤$$
$$[M]_{补}=01.\ \phi\phi\cdots\phi \qquad ⑥$$

其中 ϕ 代表 1 或 0，①、②符合规格化数的定义，是规格化数；③、④不是规格化数，需要使尾数左移以实现规格化。尾数每左移 1 位，阶码相应减 1，直到尾数的符号位与最高数值位不等时为止，通常把尾数左移以实现规格化的过程称之为左规。只要满足下列条件就要进行左规，可以进行多次。

$$左规=\overline{M_{S1}M_{S2}M_1}+M_{S1}M_{S2}M_1$$

式中，M_{S1}、M_{S2} 和 M_1 分别代表尾数的两个符号位和最高数值位。

⑤、⑥的情形出现在定点加减法中时，为溢出，但在浮点运算中只表明尾数之和绝对值大于 1。在这种情形下，将尾数右移，阶码相应增大，直至符合规格化定义为止，通常把尾数右移以实现规格化的过程称之为右规。右规的条件为

$$右规=M_{S1}\oplus M_{S2}$$

但右规最多只进行一次。

（5）舍入处理。舍入处理还是针对尾数来说的，在对阶或向右规格化时，尾数要向右移位，这样被右移的尾数的低位部分会被丢掉，从而造成一定误差，因此要进行舍入处理。简单的舍入方法有两种：一种是“0 舍 1 入”法，即如果右移时被丢掉数位的最高位为 0 时，则舍去，为 1 时，则将尾数的末位加“1”。另一种是“恒置 1”法，即只要数位被移掉，就在尾数的末尾恒置“1”。

（6）溢出判断。与定点加减法一样，浮点加减运算最后一步也需判溢出。在浮点规格化中已指出，当尾数之和（差）出现 $10.\phi\phi\cdots\phi$ 或 $01.\phi\phi\cdots\phi$ 时，并不表示溢出，只有将此数右规后，再根据阶码来判断浮点运算结果是否溢出。

浮点数的溢出与否可由阶码的符号决定，若阶码也采用双符号位补码表示，当出现下列情形就表示溢出了。

情形 1：阶码$[E]_{补}=01.\phi\phi\cdots\phi$ 为上溢，此时，浮点数真正溢出，机器需停止运算，做溢出中断处理。

情形 2：阶码$[E]_{补}=10.\phi\phi\cdots\phi$ 为下溢，浮点数值趋于零，机器不做溢出处理，而是按机器零处理。

2. 浮点数的加减运算举例

【例 3-16】 设 $X=0.110100\times2^{-011}$，$Y=-0.101110\times2^{-100}$，用补码运算规则求 $X+Y$ 和 $X-Y$。

解：假设浮点数的阶码和尾数均用补码，其中阶码 5 位（含 2 位符号位），尾数 7 位（含 1 位符号位），即

阶码　尾数

$$[X]_{浮}=11，101；0.110100$$

$$[Y]_{浮}=11，100；1.010010$$

（1）无 0 操作数，需要进行逐步运算。

（2）求阶差，对阶

$$\Delta E=E_X-E_Y=1$$

$\Delta E=1$，表示 $E_X>E_Y$。也就是 Y 的阶码小于 X 的阶码，按照对阶规则应将 Y 的尾数右移 1 位，阶码加 1。

$$[Y']_{浮}=11，101；1.101001（0）$$

其中（0）表示 M_Y 右移 1 位后移出去而保留的附加位。

（3）尾数加减。

$$[M_X]+[M'_Y]=00.110100+11.101001（0）=00.011101（0）$$

$$[M_X]-[M'_Y]=00.110100+00.010111（0）=01.001011（0）$$

（4）尾数规格化。

$$[M_X]+[M'_Y]=00.011101（0）$$

执行左规处理为

$$[X+Y]_{浮}=11，100；0.111010$$

而

$$[M_X]-[M'_Y]=01.001011（0）$$

执行右规处理为

$$[X-Y]_{浮}=11，110；0.100101（10）$$

（5）舍入处理。尾数规格化后，$X+Y$ 尾数不存在附加位，不需要舍入处理；但 $X-Y$ 经对阶和尾数右规后附加位为（10），所以需进行舍入处理。由于附加位最高位为 1，在所得结果的最低位+1，得到新结果是

$$[X-Y]_{浮}=11，110；0.100110$$

（6）判溢出。阶码符号位为 11，故不溢出，最终结果为

$$X+Y=0.111010\times2^{-100}$$

$$X-Y=0.100110\times2^{-010}$$

3.4.2 浮点数的乘法、除法运算

设有两个浮点数 X 和 Y 分别为

$$X=2^{E_X}\cdot M_X$$
$$Y=2^{E_Y}\cdot M_Y$$

两浮点数进行乘法的运算规则是

$$X\cdot Y=2^{(E_X+E_Y)}\cdot(M_X\cdot M_Y) \tag{3.16}$$

即乘积的尾数是相乘两数的尾数之积，乘积的阶码是相乘两数的阶码之和。

两浮点数进行除法的运算规则是

$$X\div Y=2^{(E_X-E_Y)}\cdot(M_X\div M_Y) \tag{3.17}$$

可见，商的尾数是相除两数的尾数之商，商的阶码是相除两数的阶码之差。

同浮点数的加减运算一样，浮点数的乘除运算大体分为四步，依次为零操作数检查、阶码加或减操作、尾数相乘或相除操作、结果规格化及舍入处理。

阶码的加、减运算同与定点数的加减运算。当阶码和尾数两个部分并行操作时，可另设一个加法器专门实现阶码的加减运算。

尾数的乘、除可按前面介绍的定点数乘除法进行，结果规格化及舍入处理与浮点加、减法处理相同。在此不再赘述。

【例 3-17】设有浮点数 $X=2^{-5}\times0.0110011$，$Y=2^{3}\times(-0.1110010)$，阶码用 4 位补码表示，尾数（含符号位）用 8 位补码表示，求$[X\cdot Y]_{浮}$。

要求用补码完成尾数乘法运算，运算结果尾数保留高 8 位（含符号位），并用尾数低位字长值处理舍入操作。

解：移码采用双符号位，尾数补码采用单符号位，则有

$[M_X]_{补}=0.0110011$，　$[M_Y]_{补}=1.0001110$，

$[E_X]_{补}=11，011$，　$[E_Y]_{补}=00，011$，

$[X]_{浮}=00，011；0.0110011$，$[Y]_{浮}=11，011；1.0001110$

①求阶码和。

$$[E_X+E_Y]_{补}=[E_X]_{补}+[E_Y]_{补}=11，011+00，011=11，110，值为-2。$$

②尾数乘法运算。可采用补码乘法实现，即有

$$[M_X]_{补}\cdot[M_Y]_{补}=[0.0110011]_{补}\times[1.0001110]_{补}=[1.10100101001010]_{补}$$

③规格化处理。乘积的尾数符号位与最高数值位符号相同，不是规格化的数，需要左规，阶码变为 00，101（–3），尾数变为 1.0100101 0010100。

④舍入处理。尾数为负数，取尾数高位字长，按舍入规则，舍去低位字长，故尾数为 1.0100101。

最终相乘结果为

$$[X\cdot Y]_{浮}=00，101；1.0100101$$

其真值为

$$X\cdot Y=2^{-3}\times(-0.1011011)$$

3.4.3 浮点运算器的实现

浮点数的加、减、乘、除四则运算比定点数的四则运算要复杂得多，如果用硬件实现，其造价也会高很多。分析上述的浮点四则运算可以发现，对于阶码只有加、减运算，对于尾数则有加、减、乘、除 4 种运算。可见浮点运算器可以由两个定点运算部件组成，一个是阶码运算部件，用来完成阶码加、减，以及控制对阶时小阶的尾数右移次数和规格化时对阶码的调整；另一个是尾数运算部件，用来完成尾数的四则运算以及判断尾数是否已规格化。此外，还需要有溢出判断电路等。

计算机发展的初期，中央处理器（CPU）只能实现定点数据的运算，浮点数据的运算则交给软件去做。这种方案降低了硬件成本，同时也降低了运算速度。随着集成电路工艺的进步，出现了专门用于浮点数据运算的协处理器，它接受 CPU 的委托，专门完成浮点数据的运算，并把结果返回给 CPU。所谓协处理器只能协助主处理器工作，不能单独工作。随着集成电路工艺的进一步发展，目前协处理器的全部功能都已集成到 CPU 之中。由此可见，计算机的功能可以在硬件和软件之间作适当的分配，其依据是当时的工艺制造条件和设计者追求的性能价格比。

3.5 逻辑运算

逻辑运算是指逻辑非、逻辑或、逻辑与这三种基本运算或由这三种基本运算复合而成的如与非、与或非、异或等等的逻辑组合。所谓逻辑数，是指不带符号的二进制数。

在非数值运算的领域中，经常使用逻辑运算，例如利用逻辑运算进行两数的比较，或者从某个数中选取某几位等操作。再比如当利用计算机做过程控制时，我们可以利用逻辑运算对一组输入的开关量做出判断，以确定哪些开关是闭合的，哪些开关是断开的。总之，在非数值应用的广大领域中，逻辑运算是非常有用的。

计算机中的逻辑运算，主要是指逻辑非、逻辑加（或）、逻辑乘、逻辑异或四种基本运算。

1. 逻辑非

逻辑非又称为取反操作，若对某数进行取反操作就是指按位取反，常用变量上方加一横表示。

若一个数 X 表示成

$$X = X_n X_{n-1} \cdots X_1 X_0$$

对 X 求逻辑非，则有

$$\overline{X} = \overline{X_n X_{n-1}} \cdots \overline{X_1 X_0}$$

【例 3-18】 若 X_1＝010110，X_2＝110101，求 $\overline{X_1}$ 和 $\overline{X_2}$ 。

解： $\overline{X_1}$ ＝101001

$\overline{X_2}$ ＝001010

2. 逻辑加

对两数的逻辑加运算就是按位求它们的或操作，故逻辑加又称之为逻辑或。常用记号“∨”、“∪”或者“＋”来表示。

若两个数 X、Y 分别为

$$X=X_nX_{n-1}\cdots X_1X_0,\quad Y=Y_nY_{n-1}\cdots Y_1Y_0$$

对 X、Y 求逻辑加，则

$$X\vee Y=Z=Z_nZ_{n-1}\cdots Z_1Z_0$$

其中：$Z_i=X_i\vee Y_i$（$i=0$，1，2，…，n）

【例 3-19】$X=100101$，$Y=101101$，求 $X\vee Y$。

解：

$$\begin{array}{cc} & X \quad 1\,0\,0\,1\,0\,1 \\ \vee & Y \quad 1\,0\,1\,1\,0\,1 \\ \hline & 1\,0\,1\,1\,0\,1 \end{array}$$

即

$$X\vee Y=101101$$

3. 逻辑乘

对两个数逻辑乘就是按位求它们的与操作，故逻辑乘又称之为逻辑与，常用记号“∧”、“∩”或“·”表示。

若两个数 X、Y 分别为

$$X=X_nX_{n-1}\cdots X_1X_0,\quad Y=Y_nY_{n-1}\cdots Y_1Y_0$$

则

$$X\wedge Y=Z=Z_nZ_{n-1}\cdots Z_1Z_0$$

其中：$Z_i=X_i\wedge Y_i$ （$i=0$，1，2，…，n）

【例 3-20】$X=100101$，$Y=101101$，求 $X\wedge Y$。

解：

$$\begin{array}{cc} & X \quad 1\,0\,0\,1\,0\,1 \\ \wedge & Y \quad 1\,0\,1\,1\,0\,1 \\ \hline & 1\,0\,0\,1\,0\,1 \end{array}$$

即

$$X\wedge Y=100101$$

4. 逻辑异或

对两个数进行异或操作就是按位求它们的模 2 和，故异或逻辑又有“按位加”之称，常用记号“⊕”来表示。

若两个数 X、Y 分别为

$$X=X_nX_{n-1}\cdots X_1X_0,\quad Y=Y_nY_{n-1}\cdots Y_1Y_0$$

则

$$X \oplus Y = Z = Z_n Z_{n-1} \cdots Z_1 Z_0$$

其中 $Z_i = X_i \oplus Y_i$（$i=0, 1, 2, \cdots, n$）

【例 3-21】 $X=100101$，$Y=101101$，求 $X \oplus Y$。

解：

$$\begin{array}{lr} X & 100101 \\ \oplus\ \underline{Y} & \underline{101101} \\ & 001000 \end{array}$$

即

$$X \oplus Y = 001000$$

5. 逻辑运算中的变换

各种逻辑运算可以相互转换，这种转换存在等价关系。

例如：逻辑加可通过逻辑非、逻辑乘再逻辑非来实现。

即

$$Z_i = X_i \vee Y_i = \overline{\overline{X_i} \wedge \overline{Y_i}} \quad (i=0, 1, 2, \cdots, n)$$

逻辑乘也可以用逻辑非和逻辑加再逻辑非来实现。

即

$$Z_i = X_i \wedge Y_i = \overline{\overline{X_i} \vee \overline{Y_i}} \quad (i=0, 1, 2, \cdots, n)$$

异或逻辑可通过逻辑非和逻辑乘和逻辑加来实现。

即

$$Z_i = X_i \oplus Y_i = X_i \overline{Y_i} + \overline{X_i} Y_i \quad (i=0, 1, 2, \cdots, n)$$

上述的逻辑运算间的等效变换表明：在运算器中，为了实现各种逻辑运算，不必设置各种逻辑门电路，仅设置一些较为基本的门电路（例如与门、或门、非门等），就可以实现所需的各种逻辑运算或操作。

3.6　运算器的组成与结构

运算器是数据加工处理部件，是计算机的重要组成部分。尽管各种计算机的运算器结构可能有这样或那样的不同，但是它们的最基本结构必须有算术逻辑运算单元（ALU）、数据寄存器和数据总线等部件，而 ALU 中最基本的部件便是加法器。

3.6.1　加法器及进位系统

早期计算机中最基本的算术运算是加法运算，不论是加、减运算，还是乘、除运算最终都可以归结为加法运算，所以我们先讨论最基本的运算部件加法器以及并行加法器的进位问题。

1. 全加器

加法器中最基本的部件是全加器（FA）。

全加器（FA）有 3 个输入量：操作数 X_n、Y_n 和低位传来的进位 C_{n-1}，两个输出量：本位和 F_n、向高位的进位 C_n。表 3-2 列出了一位全加器的输入输出真值表。

根据表 3-2，可得到它们的逻辑表达式为：

$$F_n = X_n\overline{Y_n C_{n-1}} + \overline{X_n} Y_n \overline{C_{n-1}} + \overline{X_n Y_n} C_{n-1} + X_n Y_n C_{n-1} \quad (3.18)$$

$$C_n = X_n Y_n \overline{C_{n-1}} + X_n \overline{Y_n} C_{n-1} + \overline{X_n} Y_n C_{n-1} + X_n Y_n C_{n-1} \quad (3.19)$$

将上式整理和化简可得到全加器的逻辑表达式为：

$$F_n = X_n \oplus Y_n \oplus C_{n-1} \quad (3.20)$$

$$C_n = X_n Y_n + (X_n \oplus Y_n) C_{n-1} \quad (3.21)$$

表 3-2　一位全加器真值表

输入			输出	
X_n	Y_n	C_{n-1}	F_n	C_n
0	0	0	0	0
0	0	1	1	0
0	1	0	1	0
0	1	1	0	1
1	0	0	1	0
1	0	1	0	1
1	1	0	0	1
1	1	1	1	1

按此表达式组成的一位全加器如图 3-9 所示，求和部分 F_n 由两个异或门组成，进位部分 C_n 由 3 个与非门组成。

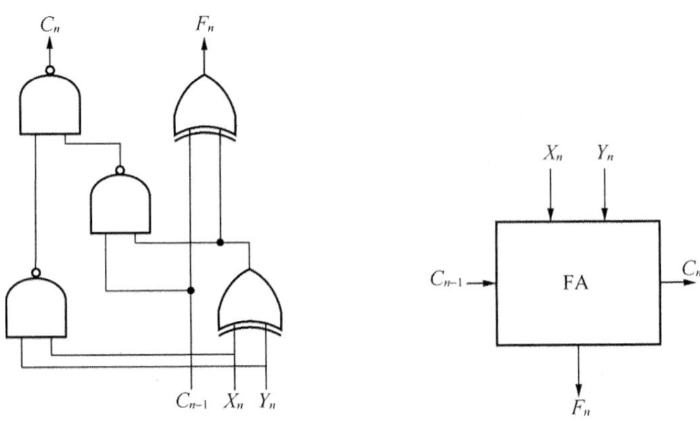

图 3-9　一位全加器

对一位全加器来说，数据从输入到输出将会有时间上的延迟。假设将一级“与门”、“或门”的延迟时间定为 t_y，从全加器的逻辑图可以看出，每一级全加器的进位延迟时间为 $2t_y$。

2. 串行进位的并行加法器

把 n 个全加器串接起来，就可以同时进行两个 n 位数的相加。这种连接的加法器称为串行进位的加法器，也称为行波进位的加法器。其特点是每一级的进位直接依赖于前一级的进位，即进位信号是逐级形成的。

图 3-10 是由 4 个全加器构成的最简单的加法器——串行进位加法器，它是将 4 个全加器的前一级的进位输出端与后一级的进位输入端相连得到的。但串行进位加法器的加法完成时间长。这是因为其位间进位是串行传送的，本位全加和 F_i 必须等到低位进位 C_{i-1} 来到后才能进行。加法时间与位数有关，串行进位加法器的总延迟时间与字长成正比，字长越长，总延迟时间就越长。假如在字长为 n 位的情况下，如果设 C_0 为加法器最低位的进位输入，C_n 为加法器最高位的进位输出，那么从 $C_0 \rightarrow C_n$ 的最长延迟时间为 $2nt_y$。这在高速计算时显然是不利的。

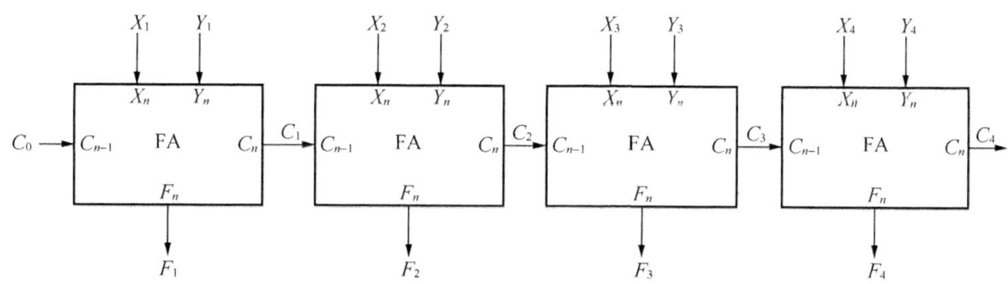

图 3-10　串行进位加法器

3. 快速进位的并行加法器

只有改变进位逐位传送的路径，才能提高并行加法器的工作速度。解决办法之一是采用“超前进位产生电路”来同时形成各位进位，从而实现快速加法。我们称这种加法器为超前进位加法器或快速进位加法器，它的特点是各级进位信号同时形成。

将进位 C_n 的表达式进行整理，可得到各位进位的形成条件，即：

$$C_n = X_nY_n + (X_n \oplus Y_n)C_{n-1} \tag{3.22}$$

可见，只要满足下述两个条件中任意一个，就可形成进位 C_n。

（1）X_n、Y_n 均为 1。

（2）X_n、Y_n 任意一个为 1，且进位 C_{n-1} 为 1。

为此，引入两个函数：进位产生函数 G_i 和进位传递函数 P_i

$$G_i = X_i \cdot Y_i \tag{3.23}$$

$$P_i = X_i \oplus Y_i \tag{3.24}$$

G_i 的意义是：当 X_i，Y_i 均为“1”时，不管有无进位输入，定会产生向高位的进位。称为进位发生输出。

P_i 的意义是：当 X_i，Y_i 中有一个为“1”时，若有进位输入，则本位向高位传送进位。这个进位可看成是低位进位越过本位直接向高位传递的，称为进位传送输出。

由此，可写出各位进位的表达式为：

$$C_1 = G_1 + P_1C_0 \tag{3.25}$$

$$C_2 = G_2 + P_2G_1 + P_2P_1C_0 \tag{3.26}$$

$$C_3 = G_3 + P_3G_2 + P_3P_2G_1 + P_3P_2P_1C_0 \tag{3.27}$$

$$C_4 = G_4 + P_4G_3 + P_4P_3G_2 + P_4P_3P_2G_1 + P_4P_3P_2P_1C_0 \tag{3.28}$$

上述各式中所有的进位输出仅由 G_i、P_i 及最低进位输入 C_0 决定，而不再依赖于其他低位进位输入 C_{i-1}，所以，只要 $X_1 \sim X_4$、$Y_1 \sim Y_4$ 和 C_0 同时到来，就可以同时产生 $P_1 \sim P_4$、$G_1 \sim G_4$，这样就可以同时形成 $C_1 \sim C_4$ 和 $F_1 \sim F_4$，因此各级进位输出可以同时产生。这种进位方式是快速的，从根本上改变了串行进位加法器在级间进位上所产生的时间延迟。

在不考虑 G_i、P_i 形成时间的情况下，$C_0 \rightarrow C_n$ 的最长延迟时间仅为 $2t_y$，而与加法器的字长无关。但是随着加法器位数的增加，C_i 的逻辑表达式会变得越来越长，输入变量会越来越多，这会使实现电路的结构变得很复杂。

所以完全用上述方法实现长位数的加法器还是不现实的，通常采用分组并行进位方式。

4. 分组并行进位方式

这种进位方式是把 n 位字长的并行加法器分为若干个小组，在组内各位之间实行并行快速进位，在组间既可以采用串行进位方式，也可以采用并行快速进位方式。

（1）组内并行、组间串行的进位方式（单级先行进位方式）。以 16 位加法器为例，可分为四组，每组 4 位。第一小组内的进位逻辑函数 $C_1 \sim C_4$ 的表达式与前述相同，$C_1 \sim C_4$ 信号是同时产生的，实现上述进位逻辑函数的电路称为 4 位先行进位电路 CLA（Carry Look Ahead），如图 3-11（a）所示，其延迟时间为 $2t_y$。

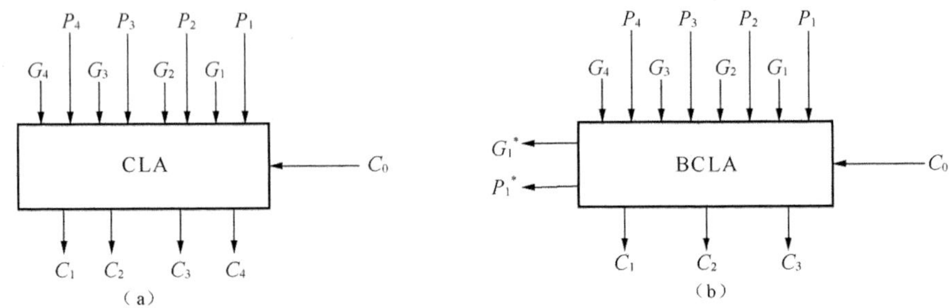

图 3-11　CLA 和 BCLA

利用这种 4 位的 CLA 电路以及进位产生/传递电路和求和电路就可以构成 4 位的 CLA 加法器。用 4 个这样的 CLA 加法器，很容易构成 16 位的单级先行进位加法器，如图 3-12 所示。

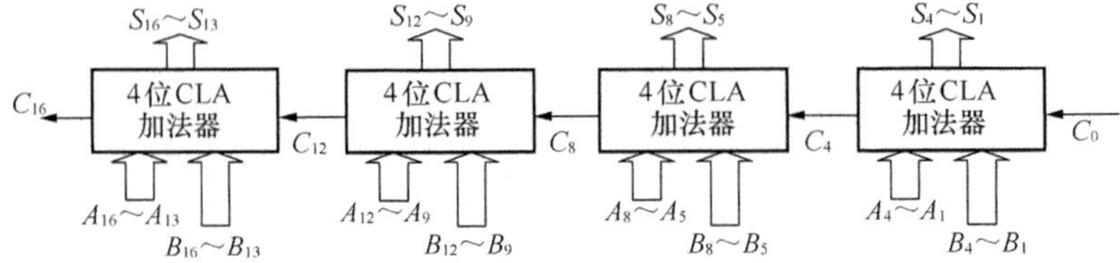

图 3-12　16 位单级先行进位加法器

若不考虑 G_i、P_i 的形成时间，$C_0 \rightarrow C_n$ 的最长延迟时间为 $2mt_y$，其中 m 为分组的组数。16 位单级先行进位加法器 $C_0 \rightarrow C_{16}$ 的最长延迟时间为 $4 \times 2t_y = 8t_y$。

（2）组内并行、组间并行的进位方式（多级先行进位方式）。在单级先行进位电路中，进位的延迟时间是和组数成正比的，组数越多，进位延迟时间就越长，因此当加法器的字长较长（$n>16$）时，为了加快进位传递时间，就有必要采用多级先行进位方式。

依照分析每一位进位信号的方法，将每个小组最高位的进位信号分成进位传递函数和进位生成函数两个部分，即：

$$C_4 = G_4 + P_4G_3 + P_4P_3G_2 + P_4P_3P_2G_1 + P_4P_3P_2P_1C_0$$

在组成 C_4 的五项中，只有最后一项依赖于低位小组的进位信号，称这一项为第一组传送进位，其中 $P_4P_3P_2P_1$ 为小组的传递函数，记作 P_i^*。而前面的四项与 C_0 无关，只与本小组内的 G_i、P_i 有关，所以称它为小组的进位产生函数，记作 G_i^*位，即：

$$G_i^* = G_4 + P_4G_3 + P_4P_3G_2 + P_4P_3P_2G_1$$

$$P_i^* = P_4P_3P_2P_1$$

因此：

$$C_4 = G_1^* + P_1^*C_0 \quad (3.29)$$

依此类推，可以得到：

$$C_8 = G_2^* + P_2^*C_4 = G_2^* + P_2^*G_1^* + P_2^*P_1^*C_0 \quad (3.30)$$

$$C_{12} = G_3^* + P_3^*C_8 = G_3^* + P_3^*G_2^* + P_3^*P_2^*G_1^* + P_3^*P_2^*P_1^*C_0 \quad (3.31)$$

$$C_{16} = G_4^* + P_4^*C_{12} = G_4^* + P_4^*G_3^* + P_4^*P_3^*G_2^* + P_4^*P_3^*P_2^*G_1^* + P_4^*P_3^*P_2^*P_1^*C_0 \quad (3.32)$$

用逻辑电路实现展开后的这组表达式，就可以构成组间并行的进位电路。这样就可以较快地得到每个小组最高的进位信号，省去了高位小组等待低位小组进位信号所占用的时间。

式（3.29）～式（3.32）与式（3.25）～式（3.28）形式完全相同，完全可以利用 CLA，只是输入变量不同。同时，为了产生组进位函数，需要对原来的 CLA 电路进行修改：

第一小组内产生 G_1^*、P_1^*、C_1、C_2、C_3，不产生 C_4；

第二小组内产生 G_2^*、P_2^*、C_5、C_6、C_7，不产生 C_8；

第三小组内产生 G_3^*、P_3^*、C_9、C_{10}、C_{11}，不产生 C_{12}；

第四小组内产生 G_4^*、P_4^*、C_{13}、C_{14}、C_{15}，不产生 C_{16}。

这种电路称为组先行进位电路 BCLA（Block Carry Look Ahead），如图 3-11（b）所示。其延迟时间也是 $2t_y$。利用这种 4 位的 BCLA 电路以及进位产生与传递电路和求和电路就可以构成 4 位的 BCLA 加法器。16 位的两级先行进位加法器可由 4 个 BCLA 加法器和 1 个 CLA 电路组成，如图 3-13 所示。

从图 3-13 可见，若不考虑 G_i、P_i 的形成时间，C_0 经过 $2t_y$ 产生第一小组的 C_1、C_2、C_3 以及所有组进位产生函数 G_i^*和组进位传递函数 P_i^*；再经过 $2t_y$，由 CLA 电路产生 C_4、C_8、C_{12}、C_{16}；再经过 $2t_y$ 后，才能产生第二、三、四小组内的 $C_5 \sim C_7$、$C_9 \sim C_{11}$、$C_{13} \sim C_{15}$。此时加法器的最长延迟时间为 $6t_y$。

用同样的方法可以扩展到多于两级的先行进位加法器，如用三级先行进位结构设计 64 位加法器。这种加法器的字长对加法时间影响甚小，但造价较高。

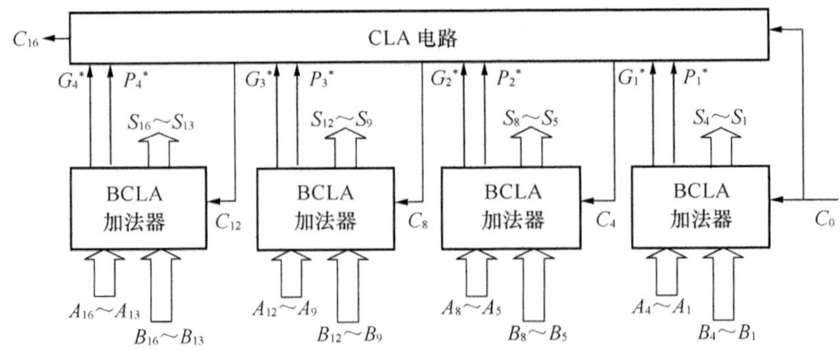

图 3-13　16 位两级先行进位加法器

注意：4 位 CLA 加法器和 4 位 BCLA 加法器的区别仅在于其中的进位逻辑电路上，前者产生进位输出信号 $C_4\sim C_1$，后者产生进位输出信号 $C_3\sim C_1$ 及组进位产生和传递函数 G_1^*、P_1^*。

3.6.2　算术逻辑运算单元（ALU）举例

1. SN74181

算术逻辑单元简称 ALU，是在超前进位加法器的基础上发展起来的一种功能较强的组合逻辑电路。它能进行多种算术运算和逻辑运算。可以利用 ALU 按搭积木的方式构成运算器。常用的产品如 SN74181，它是四位 ALU，能完成 4 位数的算术和逻辑运算。下面就以 SN74181 为例来介绍 ALU 的原理。

SN74181 是中规模集成电路，图 3-14 是 SN74181 ALU 的逻辑方框图，在逻辑图中 M 是状态控制端，由它控制进行逻辑运算或算术运算，$S_0\sim S_3$ 是运算选择控制端，$A_0\sim A_3$、$B_0\sim B_3$ 是参加运算的两个操作数，C_n 是 ALU 的最低位进位输入，C_{n+4} 是 ALU 向高位的进位输出，$F_0\sim F_3$ 是运算结果，注脚 3 表示最高位。$A=B$ 输出端可指示两个操作数相等。P 为组进位传递函数输出，G 为组进位产生函数输出，用于多片 SN74181 的级联。

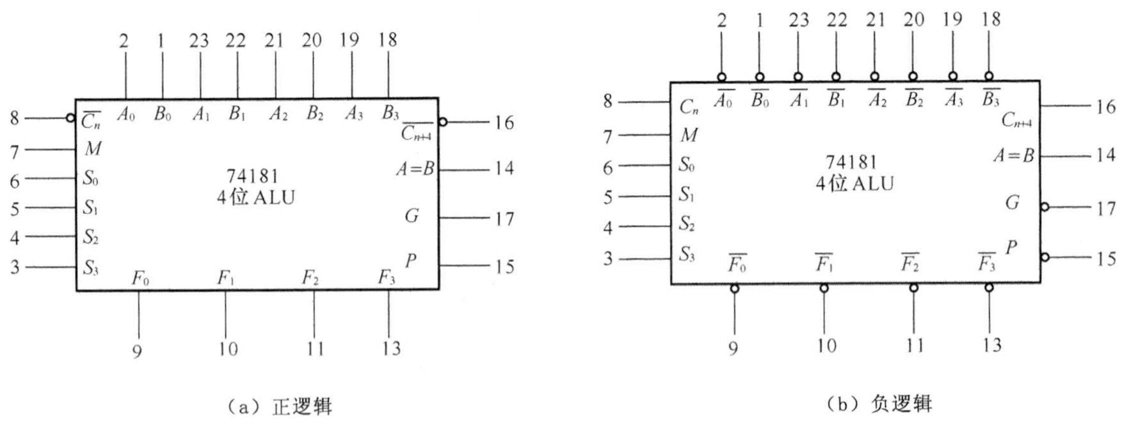

（a）正逻辑　　（b）负逻辑

图 3-14　SN74181ALU 的两种工作方式

74181ALU 有两种工作方式：正逻辑和负逻辑。工作于正逻辑或负逻辑的框图分别如图 3-14（a）、图 3-14（b）所示。对正逻辑操作数来说，算术运算称高电平操作，逻辑运算称正逻辑操作，即高电平为“1”，低电平为“0”。对于负逻辑操作数来说，正好相反，即高电平为“0”，低电平为“1”。由于 S_0～S_3 有 16 种状态组合，因此对正逻辑输入与输出而言，有 16 种算术运算功能和 16 种逻辑运算功能。同样，对于负逻辑输入与输出而言，也有 16 种算术运算功能和 16 种逻辑运算功能。

表 3-3 是 SN74181 在正逻辑下的功能表，当 $M=1$ 时执行逻辑运算，$M=0$ 时执行算术运算。“加”表示算术加，算术运算操作是用补码表示来进行的，并且运算时要考虑进位；而符号“＋”表示逻辑加，运算时不考虑进位。减法同样也是用补码方法进行的，其中数的反码是内部产生的，而结果输出“A 减 B 减 1”，因此做减法时须在最末位产生一个强迫进位，即加 1，以便产生“A 减 B”的结果。

例如要进行两个数相加，就要用表中的“$F=A$ 加 B”功能，这时应取 $M=0$，确定为算术运算，取 S_3、S_2、S_1、S_0 分别为 1、0、0、1，并设置 C_n 为 0，则完成了两数相加。要进行两个逻辑数相与操作，就要用表中的“$F=AB$”功能，这时应取 $M=1$，设置为逻辑运算，取 S_3、S_2、S_1、S_0 分别为 1、0、1、1，则完成了两数相与。如果要完成数的直传，就要使用 $F=A$ 或 $F=B$。

需要注意的是表中“$F=$减 1”实际上是“$F=-1$”，而定点整数中-1 的补码就是“1111”。

表 3-3　SN74181 在正逻辑下的功能表

功能选择	原码输入　　原码输出		
	$M=1$	$M=0$	算术运算
S_3　S_2　S_1　S_0	逻辑运算	$\overline{C_n}=1$　无进位	$\overline{C_n}=0$　有进位
0　0　0　0	$F=\overline{A}$	$F=A$	$F=A$ 加 1
0　0　0　1	$F=\overline{A+B}$	$F=A+B$	$F=(A+B)$ 加 1
0　0　1　0	$F=\overline{A}B$	$F=A+\overline{B}$	$F=(A+\overline{B})$ 加 1
0　0　1　1	$F=0$	$F=$减 1	$F=0$
0　1　0　0	$F=\overline{AB}$	$F=A$ 加 $A\overline{B}$	$F=A$ 加 $A\overline{B}$ 加 1
0　1　0　1	$F=\overline{B}$	$F=(A+B)$ 加 $A\overline{B}$	$F=(A+B)$ 加 $A\overline{B}$ 加 1
0　1　1　0	$F=A\oplus B$	$F=A$ 减 B 减 1	$F=A$ 减 B
0　1　1　1	$F=A\overline{B}$	$F=A\overline{B}$ 减 1	$F=A\overline{B}$
1　0　0　0	$F=\overline{A}+B$	$F=A$ 加 AB	$F=A$ 加 AB 加 1
1　0　0　1	$F=\overline{A\oplus B}$	$F=A$ 加 B	$F=(A$ 加 $B)$ 加 1
1　0　1　0	$F=B$	$F=(A+\overline{B})$ 加 AB	$F=(A+\overline{B})$ 加 AB 加 1
1　0　1　1	$F=AB$	$F=AB$ 减 1	$F=AB$
1　1　0　0	$F=1$	$F=A$ 加 A^*	$F=A$ 加 A^*加 1

续表

功能选择				原码输入		原码输出
				M=1	M=0	算术运算
S_3	S_2	S_1	S_0	逻辑运算	$\overline{C_n}$ =1　无进位	$\overline{C_n}$ =0　有进位
1	1	0	1	$F=A+\overline{B}$	$F=$（$A+B$）加 A	$F=$（$A+B$）加 A 加 1
1	1	1	0	$F=A+B$	$F=$（$A+\overline{B}$）加 A	$F=$（$A+\overline{B}$）加 A 加 1
1	1	1	1	$F=A$	$F=A$ 减 1	$F=A$

说明：①1 代表高电平，0 代表低电平。②$A^*=2A$，表示 A 每一位均移到下一个更高位。

2. SN74182

用 4 片 74181 电路可以组成 16 位 ALU，如图 3-15 所示。图中片内进位是快速并行的，但片间进位是逐片串行传递的，因此形成 F_0～F_{15} 的时间还是比较长的。

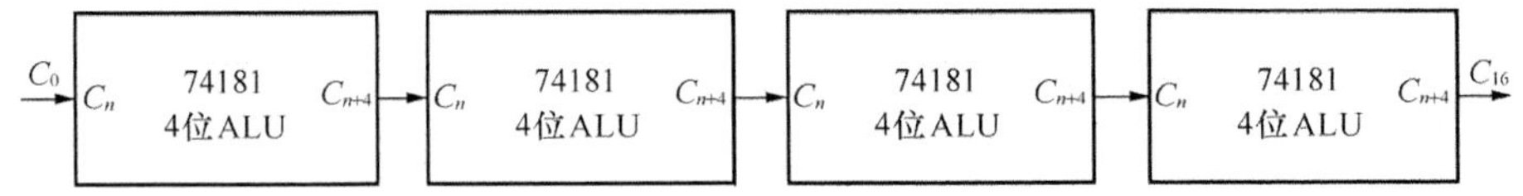

图 3-15　用 4 片 ALU 构成的 16 位 ALU

SN74181 不仅具有组内并行进位链，同时还提供了小组进位函数 G^*、P^*，供组间进位链使用，用它实现组间并行进位，就可以大大缩短运算时间。这时需要增加一片 SN74182 芯片。SN74182 是与 SN74181 配套的 CLA。

SN74182 可产生三个进位信号：$\overline{C_{n+4}}$、$\overline{C_{n+8}}$、$\overline{C_{n+12}}$，并且还可以产生进位产生函数和进位传递函数，以便组成更高级的进位系统。

图 3-16 给出了用 74181 和 74182 电路组成的 16 位快速 ALU，图中已把 P_{N0}、P_{N1}、P_{N2}、G_{N0}、G_{N1}、G_{N2}，分别用 P_0、P_1、P_2、G_0、G_1、G_2 表示。

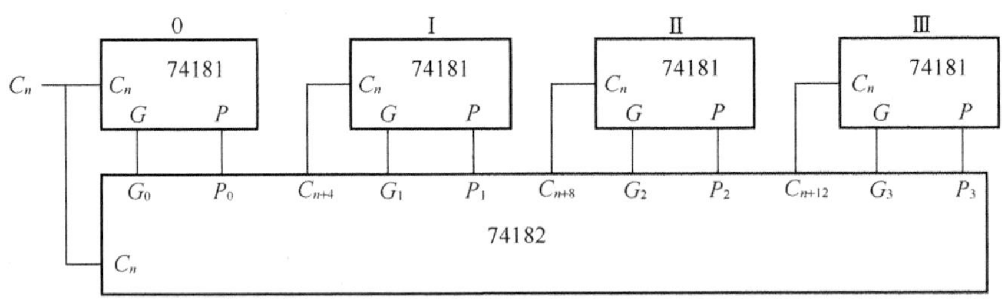

图 3-16　16 位快速 ALU

3.6.3　定点运算器

1. 定点运算器的基本结构

各种计算机中的运算器的结构虽然有区别，但它们都必须包含以下几个基本部分：加法器、数据缓冲寄存器、通用寄存器、输入数据选择电路、输出数据控制电路和内部总线等。

运算器内的各个模块之间的连接广泛采用总线结构，这个总线称为运算器的内部总线，ALU 和各寄存器都挂在上面。运算器的设计，主要是围绕着 ALU 和寄存器同内部总线之间如何传送操作数和运算结果而进行的。在决定方案时，需要考虑数据传送的方便性和操作速度，在微型计算机和单片机中还要考虑在硅片上制作总线的工艺。计算机的运算器大体有以下三种结构形式。

（1）单总线结构的运算器。单总线结构的运算器如图 3-17（a）所示。由于所有部件都接到同一双向总线上，所以数据可以在任何两个寄存器之间，或者在任一个寄存器和 ALU 之间传送。如果具有阵列乘法或除法器，那么它们所处的位置应与 ALU 相当。

对这种结构的运算器来说，在同一时间内，只能有一个操作数放在单总线上。为了把两个操作数输入到 ALU，需要分两次来做，而且还需要设置两个缓冲寄存器。例如执行一个加法操作时，第一个操作数先放入 A 缓冲寄存器，然后再把第二个操作数放入 B 缓冲寄存器。只有两个操作数同时出现在 ALU 的两个输入端，ALU 才执行加法。当加法结果出现在单总线上时，是不会干扰输入数的（输入数已保存在缓冲寄存器中），然后，再由第三个传送动作把加法的“和”送到目的寄存器中。由此可见，这种结构的主要缺点是操作速度较慢。

虽然在这种结构中输入数据和输出操作结果需要三次串行的选通操作，但它并不会对每种指令都增加很多执行时间。例如，如果有一个输入数是从存储器来的，且运算结果又送回存储器，那么限制数据传送速度的主要因素是存储器的访问时间。只有在对全都是 CPU 的寄存器中的两个操作数进行操作时，单总线结构的运算器才会造成一定的时间损失。但是由于它只有一条总线，因此控制电路比较简单。

（2）双总线结构的运算器。双总线结构的运算器如图 3-17（b）所示。两组总线均采用双向总线。在这种结构中，两个操作数可以同时加到 ALU 输入端进行运算，只需要一次操作控制，而且马上就可以得到运算结果。图中，特殊寄存器分成两组，它们分别与一条总线交换数据。这样，通用寄存器中的数就可以进入到任意一组特殊寄存器中，从而使数据传送更为灵活。但 ALU 的输出不能直接加到总线上。这是因为，当形成操作结果的输出时，两条总线都已被输入数占据，因而必须在 ALU 输出端设置缓冲寄存器。为此，操作的控制要分两步来完成：

第一步，在 ALU 的两个输入端输入操作数，形成运算结果并送入缓冲寄存器；

第二步，把结果送入目的寄存器。假如在总线 1、2 和 ALU 输入端之间再各加一个输入缓冲寄存器，并把两个输入数先放至这两个缓冲寄存器，那么，ALU 输出端就可以直接把操作结果送至总线 1 或总线 2 上去。

（3）三总线结构的运算器。三总线结构的运算器如图 3-17（c）所示。在三总线结构中，总线 1 可用单向总线，而总线 2、总线 3 采用双向总线。ALU 的两个输入端分别由两条总线供给，而 ALU 的输出则与第三条总线相连。这样，算术逻辑操作就可以在一步控制之内完成。由于 ALU 本身有时间延迟，所以控制输出结果的选通脉冲必须考虑到这个延迟。另外，设置一个总线旁路器。如果一个操作数不需要修改，而直接从总线 2 传送到总线 3，那么可以通过控制总线旁路器把数据传出；如果一个操作数传送时需要修改，那么就借助于ALU。很显然，三总线结构运算器的特点是操作速度快，但结构复杂。

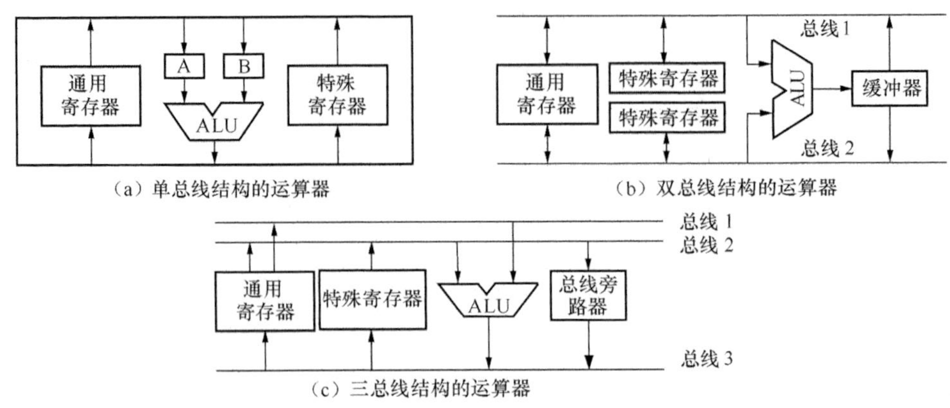

图3-17　运算器的三种基本结构形式

2. 定点运算器举例

AM2901是4位双极型位片式运算器，图3-18是它的内部逻辑结构示意图，它将ALU、通用寄存器组、多路开关、移位器等逻辑构件集成在一个芯片内。

（1）算术/逻辑运算单元ALU。它有两个数据输入端R和S，可实现3种算术运算（R加S，S减R，R减S）和5种逻辑运算（$R+S$，$R\cdot S$，$\overline{R}\cdot S$，$R\oplus S$，$\overline{R\oplus S}$），这8种运算功能的选择控制是通过CPU控制部件送入的3位编码值$I_5I_4I_3$的8种状态（000～111）来实现的，ALU的最低位C_n则接收从更低位片送来的进位信号。

ALU的输出有4位的运算结果值F，最高位为F_3（可用做符号位）；超前进位信号$\overline{G}$和$\overline{P}$；运算器产生的向更高位的进位信号C_{n+4}；运算结果溢出信号OVR，运算结果为零信号F_0。

（2）通用寄存器。通用寄存器组含有有16个4位字长的寄存器，具有双端口输出功能，每一个寄存器都可以用A地址或B地址选择，将寄存器中的内容读出后分别送到端口A或端口B（各用一个锁存器暂存）。当A和B地址不同时，在输出端口A、B将得到两个不同寄存器中的内容。寄存器组的写入只能用B地址实现。写入的数据是由ALU的输出，经过移位器送到寄存器组的输入端，在外部写命令控制下，可将写入数据存入B地址指定的某一寄存器中。此外，还有一个4位的Q寄存器，它可以通过一个多路开关实现自己左移一位或右移一位的操作，还可以接收ALU输出的F值。Q寄存器的输出可以经三选一多路开关送入ALU的S输入端，Q寄存器在进行乘、除法时用做乘商寄存器。

（3）移位器。ALU的输出F值送到移位器后，可执行直送、左移一位或右移一位的操作，使加、减运算和移位操作可在同一操作时序中完成，移位器还有接收与送出移位数值的引线RAM_3和RAM_0，它们是用三态门组成的具有双向传送功能的线路实现的。

（4）多路开关。ALU的输入端采用R、S两个多路开关来选择运算的数据来源。其中，R 是二选一多路开关，接收外部送入运算器的数据 D、寄存器组的 A 端口输出数据或接收逻辑 0 值。S 是三选一多路开关，接收寄存器组 A 端口输出数据、B 端口输出数据以及 Q 寄存器数据。为此使用由控制部件送来的 3 位控制码 $I_2I_1I_0$ 来统一选择 ALU 的输入数据。

运算器的 4 位输出为 Y_3～Y_0，它可以是 ALU 的运算结果，也可以是寄存器组 A 端口的输出，采用了二选一多路开关，且用三态门电路来实现，仅当控制信号$\overline{\text{OE}}$为低电平时，Y 的值才是可用的，否则，Y 输出处于高阻状态。

数据传送控制功能，即控制数据发送的去向以及是否进行移位操作，是用另外 3 位控制码 $I_8I_7I_6$ 的编码来实现的。

AM2901 采用了 4 位的位片式结构，当要设计不同位数的运算器时，需要多片 AM2901 串接起来使用。例如，采用 4 片 AM2901 连接，可构成 16 位字长的定点运算器。

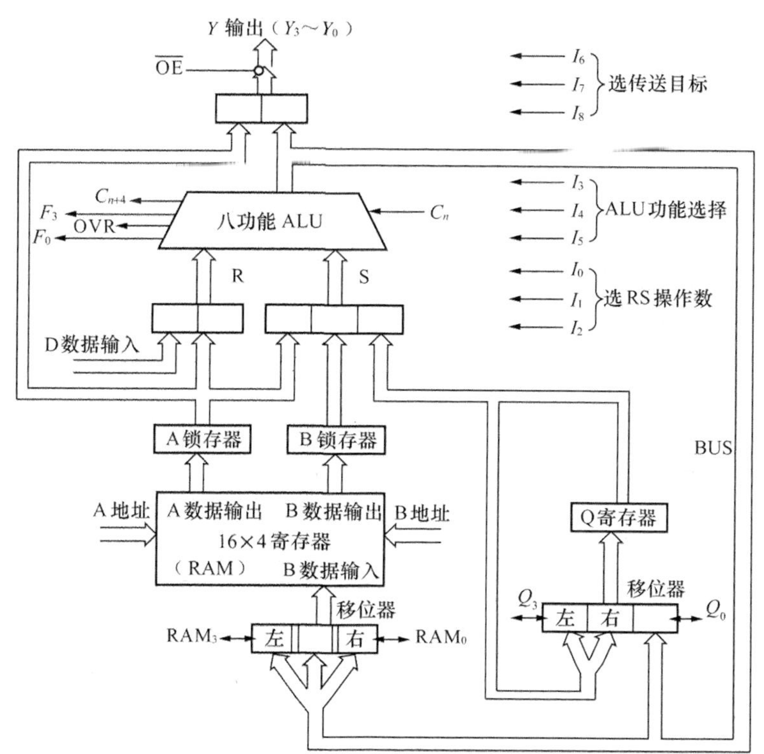

图 3-18　AM2901 位片式运算器的内部逻辑结构示意图

3.6.4　浮点运算器

根据浮点运算算法，浮点运算部件一般包含阶码运算器和尾数运算器两部分。

阶码运算器是一个定点整数运算部件。它的功能包括：阶码大小的比较、阶码加法部件、阶码调整时的增量与减量。

尾数运算器是一个定点小数运算部件。它的功能包括：左移、右移、尾数加法部件、尾数乘除部件。为了实现快速对阶，往往专门设置一个尾数移位器。

根据 CPU 的技术发展过程，浮点运算器分为两个不同阶段，即可增选的浮点协处理器部件和包含在 CPU 之内的浮点运算器。如 PC 系列微机中的 80x87 就是浮点协处理器。对于 486SX 以下的微机，80x87 是任选件；而对于 486DX 及其以上的微机，80x87 已被集成在 CPU 芯片之中了。它可以协同 CPU 一起工作，不但扩充和增加了新的数据处理类型，而且有效地提高了计算机进行数值运算的速度。

现以 80x87 为例，说明浮点运算器的特点和内部结构。

1. 80x87 的特点

80x87 相当于 80x86 的一个 I/O 部件，它本身有自己的指令，但不能单独使用，只能作为 80x86 主 CPU 的协处理器才能运算。因为真正的读写主存的工作不是由 80x87 完成，而是由 80x86 执行的。如果主 CPU 从主存读取的指令是 80x87 浮点运算指令，则它们以输出的方式把该指令送到 80x87，80x87 接收后进行译码并执行浮点运算。80x87 进行运算期间，主 CPU 可取下一条其他指令予以执行，因而实现了并行工作。如果在 80x87 执行浮点运算指令过程中主 CPU 又取来了一条 80x87 指令，则 80x87 以给出“忙”标志信号加以拒绝，使主 CPU 暂停向 80x87 发送命令。只有待 80x87 完成浮点运算而取消“忙”标志信号以后，主 CPU 才可以进行一次发送指令操作。

2. 80x87 的数据格式

80x87 可处理包括二进制整数、二进制浮点数、压缩十进制数串三大类型的数据，其中浮点数的格式符合 IEEE754 标准。

（1）整数。80x87 CPU 处理的整数有 3 种：字型整数、短型整数及长型整数。它们都是有符号二进制数，用补码表示。

字型整数的格式为：

15	0
S	数　码

其数值范围为：-32768（-2^{15}）～$+32767$（$+2^{15}-1$）

短型整数的格式为：

31	0
S	数　　码

其数值范围为：-2147483648（-2^{31}）～$+2147483647$（$+2^{31}-1$）

长型整数的格式为：

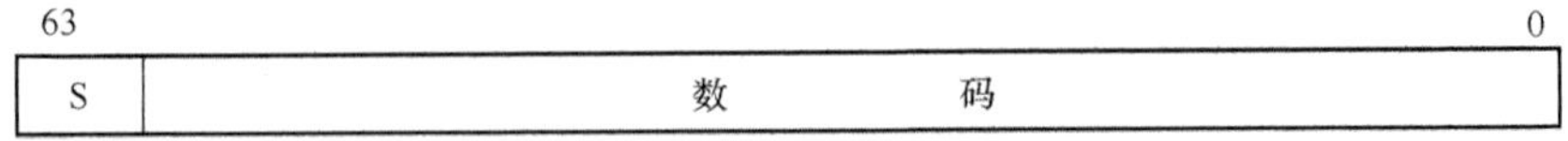

其数值范围为：-9×10^{18}（-2^{63}）～$+9\times10^{18}$（$+2^{63}-1$）

（2）实数。在计算机中，实数用规格化的二进制浮点数表示，规格化的二进制浮点数由三部分组成：数的符号位、阶码和有效数字（简称尾数）。

实数的具体形式有以下三种。

短实数的格式为：

短实数表示数值的范围为：$-3.4\times10^{38}\sim3.4\times10^{38}$

长实数的格式为：

长实数表示数值的范围为：$-1.8\times10^{308}\sim+1.8\times10^{308}$

暂时实数的格式为：

一个暂时实数占 80 位，其表示数值的范围为：

$$-1.2\times10^{4932}\sim+1.2\times10^{4932}$$

（3）压缩十进制数串。十进制数用 8421BCD 码表示，数据在内存中占 80 位，共 10 个字节。其最高字节用来表示数的正负号，其余 9 个字节，每个字节内含两个 BCD 码，所以，一个十进制数串可表示 18 位十进制数。压缩十进制数串的格式为：

79　72	71　16	15　12	11　8	7　4	3　0
S	…	BCD	BCD	BCD	BCD

符号字节

关于 BCD 码的正负数，有如下规定：

若最高位字节的值为 00H，则表示该十进制数为正数；若最高位字节的值为 80H，则表示该十进制数为负数。

浮点数有 32 位、64 位、80 位 3 种格式。80x87 从存储器取数和向存储器写数时，均用 80 位的暂时实数和其他 6 种数据类型执行自动转换。全部数据在 80x87 中均以 80 位暂时数据的形式表示。因此 80x87 具有 80 位字长的内部结构，并有 8 个 80 位字长、按“后进先出”方式管理的寄存器组，又称寄存器堆栈。

3. 80x87 的内部结构

图 3-19 给出了 80x87 的内部结构框图，它由总线控制逻辑部件、数据接口与控制部件、浮点运算部件 3 个主要功能模块组成。

在 80x87 的浮点运算部件中，分别设置了阶码（指数）运算部件与尾数运算部件，并设有加速移位操作的移位器。它们通过指数总线和尾数总线与 8 个 80 位字长的寄存器堆栈相连接。

80x87 与主 CPU 协同工作，主 CPU 执行所有的常规指令，而 80x87 只执行专门的算术运算协处理器指令。

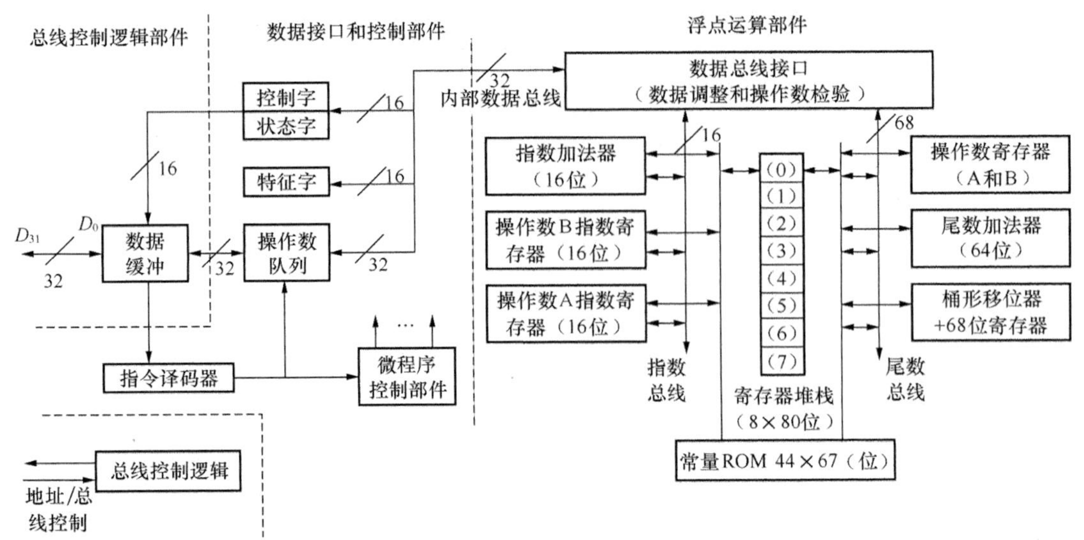

图 3-19　80x87 算术协处理器的内部结构

习　　题

1. 若浮点数用补码表示，则判断运算结果是否为规格化数的方法是________。

A. 阶符与数符相同为规格化数

B. 阶符与数符相异为规格化数

C. 数符与尾数小数点后第一位数字相异为规格化数

D. 数符与尾数小数点后第一位数字相同为规格化数

2. 在定点二进制运算器中，减法运算一般通过________来实现。

A. 原码运算的二进制减法器

B. 补码运算的二进制减法器

C. 补码运算的十进制加法器

D. 补码运算的二进制加法器

3. 运算器的核心部分是________。

A. 数据总线　　B. 多路开关

C. 算术逻辑运算单元　　D. 累加寄存器

4. 下列有关运算器的描述中，________是正确的。

A. 只做算术运算，不做逻辑运算　　B. 只做加法

C. 能暂时存放运算结果　　D. 既做算术运算，又做逻辑运算

5. 定点运算器用来进行_______。

A. 十进制数加法运算　　B. 定点数运算

C. 浮点数运算　　D. 既进行定点数运算也进行浮点数运算

6. 在定点运算器中，无论采用双符号位还是单符号位，必须有_______，它一般用

________来实现__________。

A. 译码电路　与非门　　B. 编码电路　或非门

C. 溢出判断电路　异或门　　D. 移位电路　与或非门

7. 按其数据流的传送过程和控制节拍来看，阵列乘法器可认为是________。

A. 全串行运算的乘法器　　B. 全并行运算的乘法器

C. 串—并行运算的乘法器　　D. 并—串行运算的乘法器

8. 算术/逻辑运算单元 74181 可完成________。

A. 16 种算术运算和 16 种逻辑运算功能

B. 16 种算术运算和 8 种逻辑运算功能

C. 8 种算术运算和 16 种逻辑运算功能

D. 8 种算术运算和 8 种逻辑运算功能

9. 浮点运算器的描述中，正确的说法是________。

A. 阶码部件可实现加、减、乘、除四种运算

B. 阶码部件只进行阶码相加、相减和比较操作

C. 阶码部件只进行阶码相加、相减操作

D. 尾数部件只进行乘法和除法运算

10. 已知 X 和 Y，用变形补码计算 $X+Y$，并指出结果是否溢出。

（1）$X=0.11011$，$Y=0.11111$

（2）$X=0.11011$，$Y=-0.10101$

（3）$X=0.10110$，$Y=-0.00001$

（4）$X=0.11011$，$Y=0.11110$

11. 已知 X 和 Y，用变形补码计算 $X-Y$，并指出结果是否溢出。

（1）$X=0.11011$，　$Y=-0.11111$

（2）$X=0.10111$，　$Y=0.11011$

（3）$X=0.11011$，　$Y=-0.10011$

（4）$X=-0.10110$，$Y=0.00001$

12. 分别用原码和补码一位乘法计算 $X \cdot Y$。

（1）$X=0.10101$，　$Y=0.11010$

（2）$X=-0.10101$，$Y=0.10011$

（3）$X=0.10001$，　$Y=-0.01110$

（4）$X=-0.10110$，$Y=-0.11011$

13. 分别用原码和补码除法计算 $X \div Y$。

（1）$X=0.10101$，　$Y=0.11011$

（2）$X=-0.10101$，$Y=0.11011$

（3）$X=0.10001$，　$Y=-0.10110$

14. 设浮点数的阶码和尾数部分均用补码表示，按照浮点数的运算规则，计算下列各题。

（1）$X=2^{101}\times(-0.100010)$，$Y=2^{100}\times(-0.111110)$

（2）$X=2^{-101}\times0.101100$，$Y=2^{-100}\times(-0.101000)$

（3）$X=2^{-011}\times0.101100$，$Y=2^{-001}\times(-0.111100)$

求：$X+Y$，$X-Y$。

15. 设浮点数的阶码和尾数部分均用补码表示，按照浮点数的运算规则，计算下列各题：

（1）$X=2^3\times\frac{13}{16}$，$Y=2^4\times\left(-\frac{9}{16}\right)$

求：$X\cdot Y$。

（2）$X=2^3\times\left(-\frac{13}{16}\right)$，$Y=2^5\times\left(\frac{15}{16}\right)$

求：X/Y。

16. 如何判断浮点运算的溢出？

17. 某加法器采用组内并行、组间并行的进位链，4 位一组，写出进位信号 C_6 的逻辑表达式。

18. 由加法器、移位寄存器、必要的门电路、控制器等逻辑部件完成原码一位乘法和原码除法（加减交替法）的逻辑设计。

19. 余 3 码编码的十进制加法规则如下：两个一位十进制数的余 3 码相加，如结果无进位，则从和数中减去 3（加上 1101）；如结果有进位，则把和数加上 3（加上 0011），即得到和数的余 3 码。试设计余 3 码编码的十进制加法器单元电路。

20. 利用二进制加法器设计 8421 码的十进制运算器，采用的方法是：

（1）对某一个操作数预加 6 后，与另一个操作数一起送入二进制加法器。

（2）有进位产生时，直接得到和的 8421 码。

（3）没有进位时，反减 6 再得到和的 8421 码。

试设计+6、–6 的校正逻辑。

21. 利用 SN74181 和 SN74182 设计一个 64 位的 ALU，采用多级分组并行进位链（要求速度尽可能快）。

第4章 存 储 系 统

存储系统是计算机系统的重要组成部分，它是由几个容量、速度、价格和介质各不相同的存储器构成的一个多级系统。设计一个容量大、速度快、价格低的存储系统是计算机系统设计的重要目标。本章重点讨论主存储器的工作原理、组成方式以及运用半导体存储芯片组成主存储器的一般原则和方法。此外，还介绍了提高存储系统性能的技术以及高速缓冲存储器和虚拟存储器的基本原理。

4.1 概 述

存储器和存储系统是两个不同的概念。存储器是计算机中的记忆部件，它是计算机硬件系统的重要组成部分，有了存储器，计算机才能把程序及数据的代码保存起来，才能使计算机系统脱离人的干预，自动完成信息处理的功能。而存储系统是为了解决存储器速度、容量和价格之间的矛盾，把各种不同存储容量、不同存取速度的存储器，按一定的体系结构组织起来，形成的一个统一的整体。存储系统由硬件或软件进行辅助管理，对应用程序员透明，并且从应用程序员的角度看它是一个存储器，这个存储器的速度接近速度最快的那个存储器，存储容量与容量最大的那个存储器相等或接近，而单位容量的价格接近最便宜的那个存储器。

4.1.1 存储器的基本概念

（1）存储元：存储器的最小组成单位，用于存储1位二进制信息。

（2）存储单元：是CPU访问存储器的基本单位，由若干个具有相同操作属性的存储元组成。存储单元的长度一般为字节的整数倍。

（3）存储单元地址：在存储器中用以标识存储单元的唯一编号，CPU通过该编号访问相应的存储单元。

（4）存储体：许多存储单元的集合。

（5）字存储单元：存放一个字的存储单元，相应的单元地址叫字地址。

（6）字节存储单元：存放一个字节的存储单元，相应的单元地址叫字节地址。

（7）按字寻址计算机：可编址的最小单位是字存储单元的计算机。

（8）按字节寻址计算机：可编址的最小单位是字节的计算机。

4.1.2 存储器的分类

1．按存储介质分类

按存储介质可以把存储器分为：磁芯存储器、半导体存储器、磁表面存储器和光盘存储器等。

（1）磁芯存储器。磁芯存储器是采用具有矩形磁滞回线的铁氧体磁性材料，利用两种不同的剩磁状态来表示“1”或“0”。一颗磁芯存放一个二进制位，成千上万颗磁芯组成磁芯体。磁芯存储器的特点是信息可以长期存储，不会因断电而丢失；但磁芯存储器的读出是破坏性读出，即不论磁芯原存的内容为“0”还是“1”，读出之后磁芯的内容一律变为“0”，因此需要再重写一次，这就额外地使存储器增加了操作时间。从20世纪50年代开始，磁芯存储器曾一度是计算机中主存储器的主要材料，但因磁芯存储器容量小、速度慢、体积大、可靠性低，从20世纪70年代开始，逐渐被半导体存储器取代。

（2）半导体存储器。采用半导体器件制造的存储器，主要有MOS型存储器和双极型（TTL电路或ECL电路）存储器两大类。MOS型存储器具有集成度高、功耗低、价格便宜、存取速度较慢等特点；双极型存储器具有存取速度快、集成度较低、功耗较大、成本较高等特点。

（3）磁表面存储器。在金属或塑料基体上，薄薄涂上一层磁性材料，用磁层存储信息，常见的有磁盘、磁带等。由于它的容量大、价格低、存取速度慢，故多用作辅助存储器。

（4）光存储器。采用激光技术控制访问的存储器，一般分为只读式、一次写入式、可读写式三种，它们的存储容量都很大，也是目前使用非常广泛的辅助存储器。

2. 按信息存取方式分类

按信息存取方式可以把存储器分为：随机存取存储器、只读存储器、顺序存取存储器和直接存取存储器等。

（1）随机存取存储器。随机存取存储器RAM（Random Access Memory）又称读写存储器，指能够通过指令随机地、个别地对其中各个单元进行读或写操作的一类存储器。按照存放信息原理的不同，随机存储器又可分为静态和动态两种。静态RAM是以双稳态部件作为基本的存储单元来保存信息的，因此，其保存的信息在不断电的情况下，是不会被破坏的；而动态RAM是靠电容的充、放电原理来存放信息的，由于保存在电容上的电荷会随着时间的推移而泄漏，因而会使得这种器件中存放的信息丢失，必须定时进行刷新。

（2）只读存储器。只读存储器ROM（Read Only Memory）是那些当计算机系统在线时，存储器的内容只能随机读出而不能写入的一类存储器。只读存储器电路比RAM简单，故集成度高，成本也低。其最大优点是所存信息能长期保存，当电源断电时，ROM中的信息不会消失，通电后立即可以使用，是非易失性的存储器。因此，通常用ROM存放引导装入程序，系统每次加电立即进入ROM的程序区，在执行引导装入程序时把存在磁盘或其他外存储器上的程序和数据装入内存并启动其他程序运行。ROM还可以存放一些固定不变的程序、汉字字型库、字符及图形符号等。随着半导体技术的发展，只读存储器也出现了不同的种类，如可一次性编程的只读存储器PROM，可擦除的可编程只读存储器EPROM和EEPROM以及掩模型只读存储器MROM等，还有近年来发展起来的快擦型存储器（FPROM）。

（3）顺序存取存储器。顺序存取存储器SAM（Sequential Access Memory）的存取方式与前两种完全不同。顺序存取存储器的内容只能按某种顺序存取。存取时间的长短与信息在存储体上的物理位置有关，所以顺序存取存储器只能用平均存取时间作为衡量存取速度的指标。磁带机就是这样一类存储器。

（4）直接存取存储器。直接存取存储器 DAM（Direct Access Memory）既不像 RAM 那样能随机地访问任一个存储单元，也不像 SAM 那样完全按顺序存取，而是介于两者之间。当要存取所需的信息时，第一步直接指向整个存储器中的某个小区域（如磁盘上的磁道）；第二步在小区域内顺序检索或等待，直至找到目的地后再进行读/写操作。这种存储器的存取时间也是与信息所在的物理位置有关，但比 SAM 的存取时间要短。磁盘机就属于这类存储器。

由于 SAM 和 DAM 的存取时间都与存储体的物理位置有关，所以又可以把它们统称为串行访问存储器。

3. 按在计算机系统中的作用分类

根据存储器在计算机系统中所起的作用，可分为主存储器、高速缓冲存储器和辅助存储器等。

（1）主存储器。主存储器又称内存储器或内存，它直接与 CPU 相连，CPU 可以直接对其中的单元进行读/写操作，由于 CPU 要频繁地访问主存，所以主存的性能在很大程度上影响了整个计算机的性能。

主存储器是主机不可缺少的部分，它用来存储计算机运行时所需的程序和各种数据。主存一般由超大规模的半导体集成存储器芯片组成，存取速度快，但容量相对较小。目前，随机存取存储器和只读存储器共同组成了主存储器。

（2）高速缓冲存储器。高速缓冲存储器（Cache）位于主存与 CPU 之间，用来存放正在执行的程序段和数据，以便 CPU 能高速地使用它们。Cache 存取速度比主存快，但存储容量比主存小，用来解决存取速度与存储容量之间的矛盾，提高整个计算机系统的运行速度。

（3）辅助存储器。辅助存储器又称外存储器，也可简称为辅存或外存，它用来存放当前暂不参与运行的程序、数据和一些需要永久性保存的信息。辅存容量大成本低，但其存取速度也较低。而且，CPU 不能直接访问它，必须把辅存的内容调入主存后 CPU 才能使用。

4. 按信息的可保存性分类

断电后信息即消失的存储器，称为易失性存储器。断电后仍能保存信息的存储器，称为非易失性存储器。磁性材料做成的存储器是非易失性存储器，半导体只读存储器也是非易失性存储器。而半导体读写存储器 RAM 便是易失性存储器。

4.1.3　存储系统的层次结构

计算机对存储器的要求是容量大、速度快、成本低，但是在一个存储器中要求同时兼顾这三方面是困难的。为了解决这三方面的矛盾，目前在计算机系统中，通常采用多级存储器构成的存储系统来实现，即使用高速缓冲存储器、主存储器和辅助存储器等体系结构构成存储系统，如图 4-1 所示。

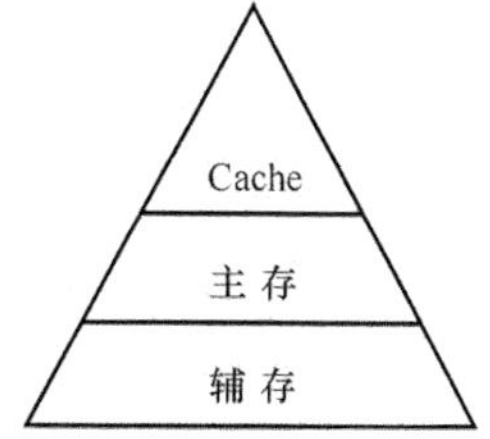

图 4-1　存储器系统的层次结构

上述三种类型的存储器形成计算机的多级存储系统，各级存储器的职能各不相同。其中 Cache 主要强调快速存取，以便使存取速度和 CPU 的运算速度相匹配；辅助存储器主要解决存储容量问题，以满足计算机的大容量存储要求；主存储器介于 Cache 与辅存之间，要求选取适当的存储容量和存取周期，使它能容纳系统的核心软件和较多的用户程序。

由 Cache、主存、辅存构成的三级存储系统，从整体看，其速度接近高速缓存的速度，其容量接近辅存的容量，而其成本也接近廉价慢速的辅存。

存储系统的概念早在 20 世纪 60 年代就运用于大型计算机系统之中。随着集成电路技术的飞速发展，许多大型计算机甚至巨型计算机的成熟技术已经逐步下移至微型计算机。存储系统就是其中一项主要技术。

4.2 半导体存储器

4.2.1 半导体随机读写存储器

目前广泛使用的半导体存储器是 MOS 型随机读写存储器（Random Access Memory，RAM），其特点是可以随机地对其中的各个存储单元进行读/写操作，并且具有集成度高、功耗低、价格便宜等优势。根据存储信息的原理不同，半导体随机读写存储器又可分为静态随机读写存储器（Static RAM，SRAM）和动态随机读写存储器（Dynamic RAM，DRAM）两种。

1. RAM 芯片的基本结构

一个半导体 RAM 存储器芯片由存储体、地址译码器、片选与读/写控制、I/O 等电路组成，其框图如图 4-2 所示。

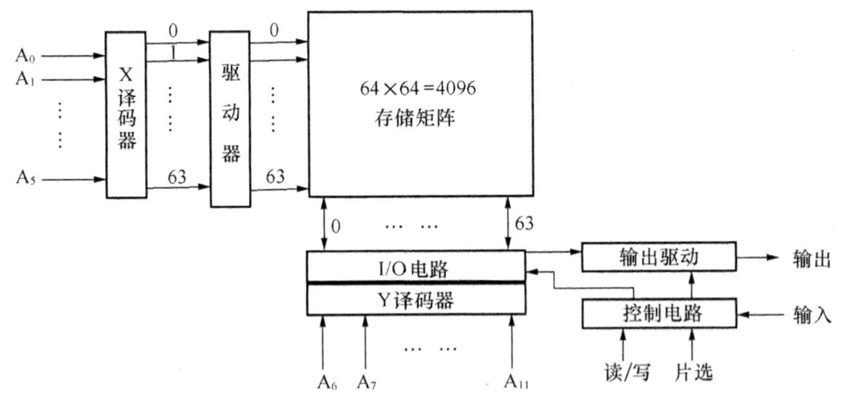

图 4-2 SRAM 存储器结构框图

（1）存储体。存储体是存储单元的集合，而存储单元又由若干有序排列的存储元组成，每一个存储元存储一位二进制信息，它是构成存储器的最小单位。存储元大都排列成矩阵形式，因此，存储体又称为存储阵列或存储矩阵。图中的存储矩阵为 64×64，共有 4096 个存储元。地址码相同的存储元称为一个存储单元。

根据存储体的结构特点，可以把存储器芯片分为位片结构和字片结构两种类型。所谓位片结构，就是组成存储单元的存储元只有一位，因此译码选中一个存储单元，只能进行一位信息的读写，即字长等于 1 位。而字片结构的存储器字长大于 1 位，可以为 4 位或 8 位。因此，存储芯片的容量一般用字数×字长表示。例如，同样是 1K 位容量的芯片，对于位片结构，存储容量为 1K×1 位。若采用字长为 8 位的字片结构，则为 128×8 位，即该存储芯片内部共有 128 个存储单元，每个单元为 8 位。

SRAM 常采用字片结构，而 DRAM 采用位片结构。

（2）地址译码器。由于半导体存储器是由许多存储单元构成的，每个存储单元存放一定数量位数的二进制信息，为了加以区分，我们必须首先为这些存储单元编号，即给这些存储单元分配不同的地址。地址译码器的作用就是接收 CPU 送来的地址信号并对它进行译码，选择与此地址码相对应的存储单元，以便对该单元进行读/写操作。

存储器地址译码有两种方式，通常称为单译码方式与双译码方式。

单译码方式又称字结构，适用于小容量存储器。在这种方式中，地址译码器只有一个，译码器的输出叫字选线，而字选线选择某个字（某存储单元）的所有位。例如，地址输入线 $n=6$，经地址译码器译码，可译出 $2^6=64$ 个状态，分别对应 64 个字地址。

为了节省驱动电路，存储器中通常采用双译码方式。采用双译码结构，可以减少选择线的数目。在这种译码方式中，将地址译码器分成两部分，即行译码器（又叫 X 译码器）和列译码器（又叫 Y 译码器）。X 译码器输出行地址选择信号，Y 译码器输出列地址选择信号。行地址选择线、列地址选择线的交叉处即为所选中的存储单元。假如一个存储器的地址为 n 位，如果平均分配，则每个译码器的输入端有 $n/2$ 位地址线，它可以译出 $2^{n/2}$ 个输出状态，那么两个译码器交叉译码的结果，共可译出 $2^{n/2}\times2^{n/2}=2^n$ 个输出状态。但此时译码输出线却只有 $2\times2^{n/2}$ 根。若取 $n=12$，双译码输出状态为 $2^{12}=4\ 096$ 个，而译码线仅有 $2\times2^6=128$ 根。

采用双译码结构的 4096×1 的存储器芯片内部结构如图 4-3 所示。4 096 个字排成 64×64

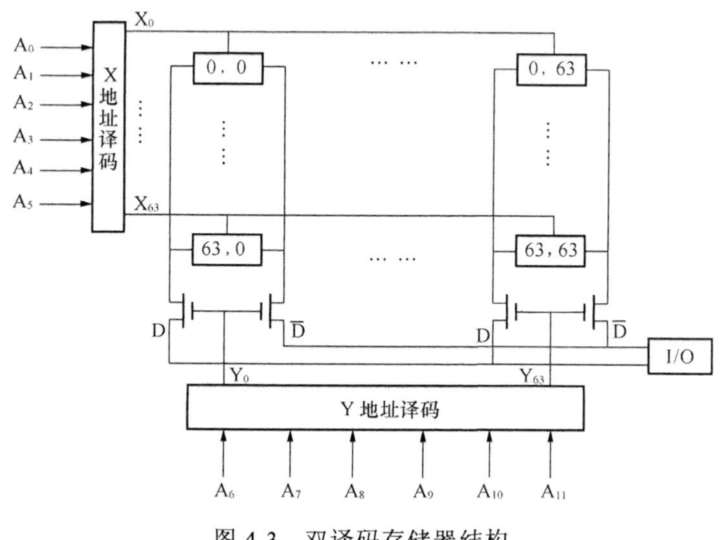

图 4-3 双译码存储器结构

的存储矩阵，它需要 12 根地址线 A_0～A_{11}。其中 A_0～A_5 输入至 X 地址译码器，它输出 64 条选择线，分别选择 0～63 行；A_6～A_{11} 输入至 Y 地址译码器，它也输出 64 条选择线，分别选择 0～63 列，控制各列的位线控制门。例如，输入地址为 000000000000，X 方向的 000000 由 A_0～A_5 输入，则行选择线 X_0 为高电平，X_1～X_{63} 均为低电平，这样译码器就选中了第 0 行。因 X_0 控制的 64 个存储元分别与各自的位线相连，但能否与 I/O 线接通，还要受各列的位线控制门控制。当 A_6～A_{11} 全为 0 时，列选择线 Y_0 为高电平，Y_1～Y_{63} 均为低电平，从而选中第 0 列，这样第 0 列的位线控制门打开。故最后译码的结果选中了左上角的（0，0）这个存储单元。

（3）驱动电路。由于在双译码结构中，一条选择线要控制挂在其上的所有存储元电路，例如，4096×1 中要控制 64 个电路，故其所带的电容负载很大。为此，需要在译码器输出后加驱动器，由驱动器驱动挂在各条选择线上的所有存储元电路。

（4）片选与读/写控制电路。目前每一个存储器芯片的存储容量终究是有限的，所以需要把一定数量的芯片按一定方式进行连接后才能组成一个满足要求的存储器。在地址选择时，首先要选中芯片。通常用地址译码器的输出和一些控制信号来形成片选信号。只有当片选信号有效时，才能选中某一芯片，此芯片所连的地址线才有效。这样才能对这一芯片上的存储单元进行读操作或写操作。至于是读还是写，还要取决于 CPU 所给的命令是读命令还是写命令。

（5）I/O 电路。I/O 电路位于系统数据总线与被选中的存储单元之间，用来控制信息的读出与写入，还包含有对 I/O 信号的驱动及放大等功能。

（6）输出电路。为了扩充存储器系统的容量，常常需要将几片 RAM 芯片的数据线并联使用或与双向的数据线相连，这就要用到集电极开路门或三态输出缓冲器。

（7）其他外围电路。对不同类型的存储器系统，有时，还专门需要一些特殊的外围电路，如动态 RAM 中的预充电及刷新操作控制电路等，这也是存储器芯片的重要组成部分。

2. SRAM 芯片举例

（1）SRAM 存储器芯片实例。2114 是一个 1K×4 位的 SRAM，图 4-4 给出了 Intel 2114

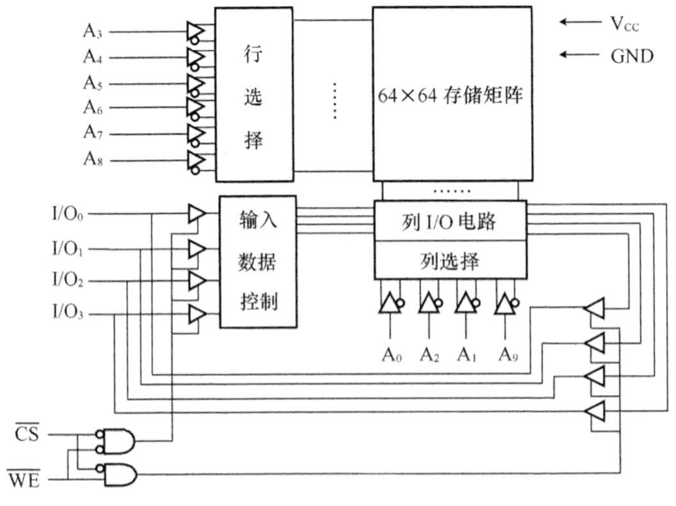

图 4-4　Intel 2114 芯片逻辑结构框图

存储器芯片的逻辑结构框图。该芯片共有 4096 个六管存储元电路，排成 64×64 的矩阵。因为是 1K 字，故需要 10 位地址线（A_0～A_9），并采用双译码结构，其中 6 根（A_3～A_8）用于行译码，产生 64 根行选择线；4 根（A_0、A_1、A_2、A_9）用于列译码，产生 16 条列选择线，每条列选择线同时接至四位。

$\overline{WE}$ 是读/写控制输入信号，低电平有效，I/O_0～I/O_3 为 4 根双向数据输入/输出信号，$\overline{CS}$ 为片选信号，低电平有效。由于片选信号 $\overline{CS}$ 和写允许信号 $\overline{WE}$ 一起控制输入/输出的三态门，在片选信号 $\overline{CS}$ 有效的情况下，当 $\overline{WE}$ 为低电平时，使输入三态门导通，信息由数据总线通过输入数据控制电路写入被选中的存储单元；反之，当 $\overline{WE}$ 为高电平时，使输出三态门导通，并从所选中的存储单元中读出信息送到数据总线。由于读操作与写操作是分时进行的，读时不写，写时不读，因此，输入三态门与输出三态门是互锁的，数据总线上的信息才不至于造成混乱。

当对某个基本单元进行读/写操作时，该单元必须被行、列地址共同选中。例如，当 A_0～A_9 为全 0 时，对应行地址 A_3～A_8 为 000000，列地址 A_0、A_1、A_2、A_9 也为 0000，则第 0 行的第 0、16、32、48 这 4 个基本存储元的电路被选中。此刻，若进行读操作，则需 $\overline{CS}$ 为低电平，$\overline{WE}$ 为高电平，在读写电路的输出端 I/O_0～I/O_3 便输出第 0 行的第 0、16、32、48 这四个存储元电路所存的信息。若要完成写操作，将写入信息送至 I/O_0～I/O_3 端口，并使 $\overline{CS}$ 和 $\overline{WE}$ 均为低电平，同样这四位输入信息将分别写入到第 0 行的第 0、16、32、48 四个存储元之中。

除 2114 外，常用的 SRAM 芯片还有 2142（1K×4）、6116（2K×8）、6232（4K×8）、6264（8K×8）和 62256（32K×8）等。

（2）SRAM 存储器的读、写周期。存储器芯片与 CPU 连接时，CPU 的控制信号与存储器的读、写周期之间的配合问题是非常重要的。

①读周期时序。图 4-5 是 2114 RAM 芯片读周期时序，由于在整个读周期中 $\overline{WE}$ 始终

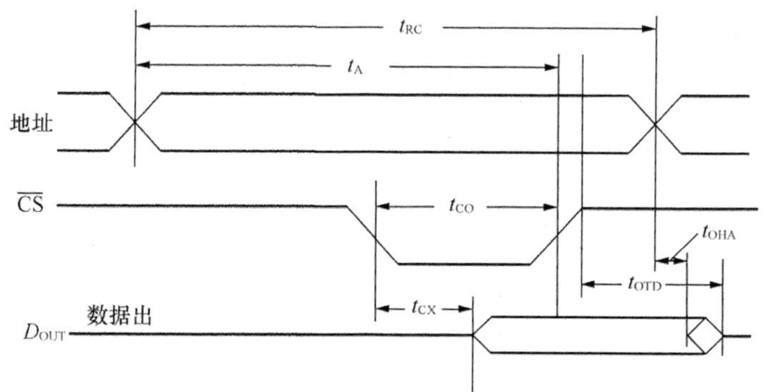

图 4-5 2114 RAM 芯片读周期时序

为高电平，故图中省略。读周期 t_{RC} 是指对芯片进行两次连续读操作的最小间隔时间，读出时间 t_A 表示从地址有效到数据稳定所需的时间，显然读出时间小于读周期。t_{CO} 是从片选有效到数据稳定输出的时间，可见只有当地址有效经 t_A 后，且当片选有效经 t_{CO} 后，数据才能稳定输出，这两者必须同时具备。根据 t_A 和 t_{CO} 的值，便可知当地址有效后，经 t_A-t_{CO}

时间必须给出片选有效信号，否则输出信号不能出现在数据线上。从片选失效到输出高阻需一段时间 t_{OTD}，故地址失效后，数据线上的有效数据有一段维持时间 t_{OHA}，以保证所读数据可靠，t_{CX} 是指从片选有效到输出有效所需要的时间。

需要注意的是，读周期与读出时间是两个不同的概念。读出时间是指从给出有效地址到外部数据总线上稳定地出现所读出的数据信息所经历的时间，而读周期时间则是指存储器进行两次连续读操作时所必须间隔的最小时间，它总是大于或等于读出时间。

由图可见，读周期过程是：地址有效→ $\overline{CS}$ 有效→数据输出→ $\overline{CS}$ 复位→地址撤销。

②写周期时序。图 4-6 是 2114RAM 写周期时序。写周期 t_{WC} 是对芯片进行连续两次写操作的最小间隔时间，写周期包括滞后时间 t_{AW}、写入时间 t_W 和写恢复时间 t_{WR}。在有效数据出现之前，RAM 的数据线上存在着前一时刻的数据 D_{OUT}，故在地址线发生变化后，$\overline{CS}$、$\overline{WE}$ 均需滞后 t_{AW} 再有效，以避免将无效数据写入到 RAM 的错误。但写允许 $\overline{WE}$ 失效后，地址必须保持一段时间 t_{WR} 之后，才能消失，这段时间叫做写恢复时间。此外，RAM 数据线上的有效数据，即 CPU 送至 RAM 的写入数据 D_{IN}，必须在 $\overline{CS}$、$\overline{WE}$ 失效前的 t_{DW} 时刻出现，并延续一段时间 t_{DH}，此刻地址线仍有效，以保证数据可靠写入。

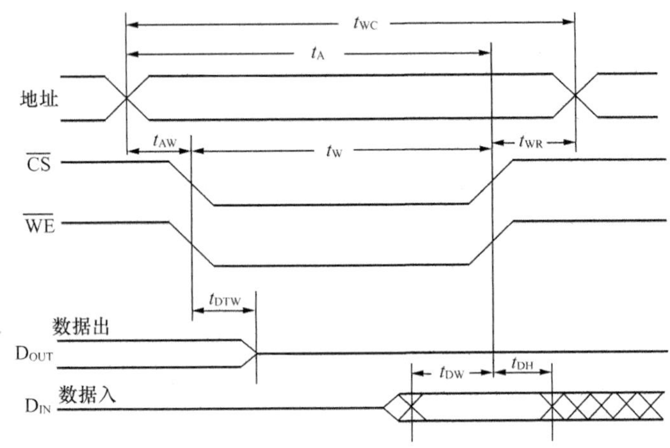

图 4-6 2114RAM 写周期时序

要使数据总线上的信息能够可靠地写入存储器，要求 $\overline{CS}$ 信号和 $\overline{WE}$ 信号相“与”的宽度至少应为 t_W，并且地址有效的时间至少应为 $t_{WC}=t_{AW}+t_W+t_{WR}$。

由图 4-6 可见，写周期过程是：地址有效→ $\overline{CS}$、$\overline{WE}$ 有效→数据有效→ $\overline{CS}$、$\overline{WE}$ 复位（数据输入）→地址撤销。

成品的 RAM 芯片其读/写时序关系已被确定，因此，将它与 CPU 连接时，必须注意它们相互间的时序匹配关系，否则 RAM 将无法正常工作。

上述时序图中参数的具体数值，请参考有关的技术手册。

3. DRAM 芯片举例

（1）DRAM 存储器芯片实例。DRAM 结构特点与 SRAM 一样，都是由许多基本存储元电路按行、列排列组成二维存储矩阵，DRAM 芯片都设计成位结构形式，即每个存储单元只有一位数据位，一个芯片上含有若干字。如 4K×1 位、8K×1 位、16K×1 位、64K×

1 位和 256K×1 位等，DRAM 芯片集成度高，单片存储容量大，因而需要的地址线引脚数量也多，为此 DRAM 芯片常将地址输入信号分成两组，采用两路复用锁存方式，即分两次把地址送入芯片内部锁存起来，以减少引脚数量。

Intel 2164A 是一种 64K×1 位的动态 RAM 存储器芯片，它的基本存储元采用单管存储电路，其他的典型芯片有 Intel 2116、 Intel 21256 等。

Intel 2164A 的内部结构如图 4-7 所示，其主要组成有以下几部分。

①存储体：64K×1 的存储体由 4 个 128×128 的存储阵列构成。

②地址锁存器：Intel 2164A 是 64K×1 位的存储芯片，应该有 16 根地址线，但为了减少芯片的引脚数，地址线只用 8 根。因此，地址信息分两次传送，先送 8 位行地址，再送 8 位列地址，芯片内部有两个能保存 8 位地址信息的地址锁存器，分别是行地址锁存器和列地址锁存器。芯片内有时序电路，它受 $\overline{RAS}$ 、$\overline{CAS}$ 以及写允许信号 $\overline{WE}$ 的控制。其中，$\overline{RAS}$ 为行地址选通信号输入，低电平有效，兼作芯片选择信号，当 $\overline{RAS}$ 为低电平时，表明芯片当前接收的是行地址；$\overline{CAS}$ 为列地址选通信号输入，低电平有效，表明当前正在接收的是列地址（此时 $\overline{RAS}$ 应保持为低电平）；$\overline{WE}$ 写允许控制信号输入，当其为低电平时，执行写操作；否则，执行读操作。

③数据输入缓冲器：用于暂存通过 D_{IN} 输入的数据。

④数据输出缓冲器：用于暂存要通过 D_{OUT} 输出的数据。

⑤1/4 的 I/O 门电路：由行地址和列地址信号的最高位控制，能从相应的 4 个存储矩阵中选择一个进行输入/输出操作。

⑥时钟缓冲器：电路中有行时钟缓冲器和列时钟缓冲器，分别用于协调行地址和列地址的选通信号，而写允许时钟缓冲器用于控制芯片的数据传送方向。

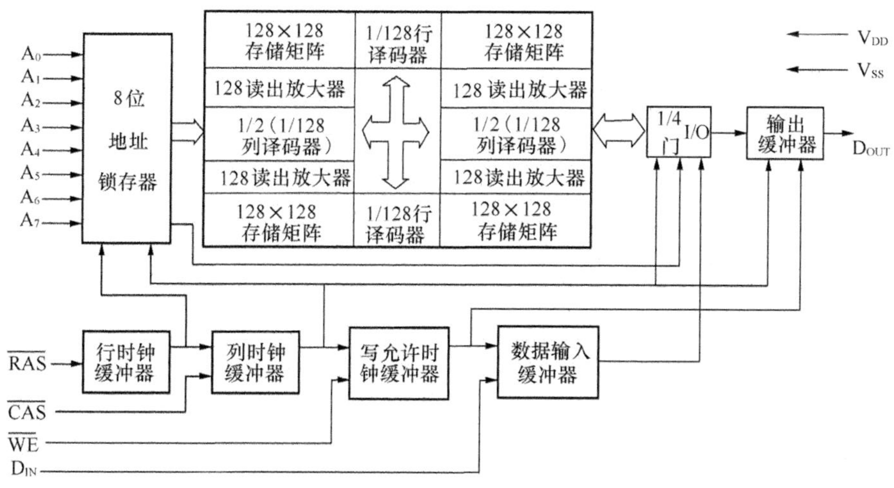

图 4-7　Intel 2164A 内部结构

⑦128 读出放大器：与 4 个 128×128 存储阵列相对应，共有 4 个 128 读出放大器。在读出时，能接收由行地址选通的 4×128 个存储单元的信息。经放大后输出，或者再自动写回原存储单元，所以读出放大器还用作刷新放大器。

⑧1/128 译码器：电路中有两个 1/128 行地址译码器和两个 1/128 列地址译码器，分别用来接收 7 位的行地址和列地址，经译码后，从 128×128 个存储单元中选择一个确定的存储单元，以便对其进行读/写操作。

（2）Intel 2164A 的工作方式与时序。

①读操作。在 Intel 2164A 的读操作过程中，它要接收来自 CPU 的地址信号，经过译码选中相应的存储单元，再把其中保存的一位信息通过 D_{OUT} 数据输出引脚送至系统数据总线。

Intel 2164A 的读操作时序如图 4-8 所示。

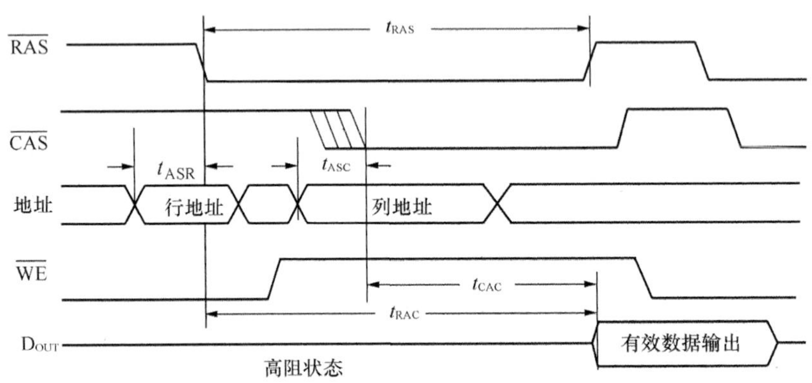

图 4-8　Intel 2164A 读操作的时序

从时序图中可以看出，读周期是由行地址选通信号 $\overline{RAS}$ 有效开始的，要求行地址要先于 $\overline{RAS}$ 信号有效，并且必须在 $\overline{RAS}$ 有效后再维持一段时间。同样，为了保证列地址的可靠锁存，列地址也应领先于列地址锁存信号 $\overline{CAS}$ 有效，且列地址也必须在 $\overline{CAS}$ 有效后再保持一段时间。

要从指定的单元中读取信息，必须在 $\overline{RAS}$ 有效后，使 $\overline{CAS}$ 也有效。由于从 $\overline{RAS}$ 有效起到指定单元的信息读出送到数据总线上需要一定的时间，因此，存储单元中信息读出的时间就与 $\overline{CAS}$ 开始有效的时刻有关。

存储单元中信息的读写，取决于控制信号 $\overline{WE}$。为实现读出操作，要求 $\overline{WE}$ 控制信号无效，且必须在 $\overline{CAS}$ 有效前变为高电平。

由图可见，读周期过程是：行地址有效→行地址选通→列地址有效→列地址选通→数据输出→行选通、列选通信号撤销。

②写操作。在 Intel 2164A 的写操作过程中，它同样通过地址总线接收 CPU 发来的行地址、列地址信号，选中相应的存储单元后，把 CPU 通过数据总线发来的数据信息，保存到相应的存储单元中去。Intel 2164A 的写操作时序如图 4-9 所示。

由图可见，写周期过程是：行地址有效→行地址选通→列地址有效→数据有效→列地址选通→数据输入→行选通、列选通信号撤销。

③读-修改-写操作。这种操作的性质类似于读操作与写操作的组合，但它并不是简单地由两个单独的读周期与写周期组合起来，而是在 $\overline{RAS}$ 和 $\overline{CAS}$ 同时有效的情况下，由 $\overline{WE}$ 信号控制，先实现读出，待修改之后，再实现写入。其操作时序如图 4-10 所示。

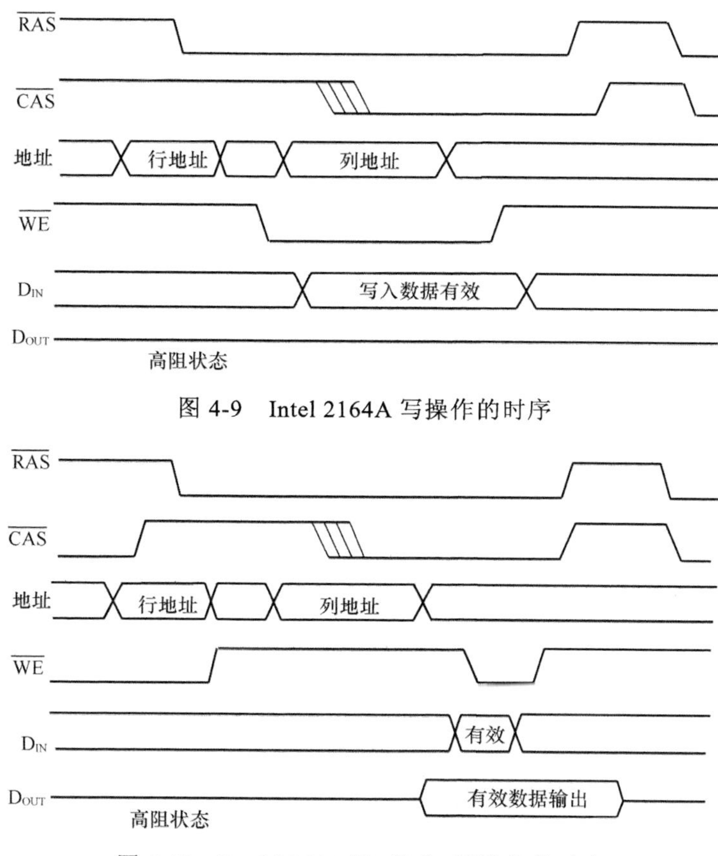

图 4-9 Intel 2164A 写操作的时序

图 4-10 Intel 2164A 读-修改-写操作的时序

④刷新操作。Intel 2164A 内部有 4×128 个读出放大器，在进行刷新操作时，芯片只接收从地址总线上发来的行地址（其中 A_7 不起作用），由 A_0～A_6 共 7 根行地址线在 4 个存储矩阵中各选中一行，共 4×128 个单元，分别将其中所保存的信息输出到 4×128 个读出放大器中，经放大后，再写回到原单元，即可同时实现 512 个单元的刷新操作。这样，经过 128 个刷新周期就可完成整个存储体的刷新。Intel 2164A 的刷新操作时序如图 4-11 所示。

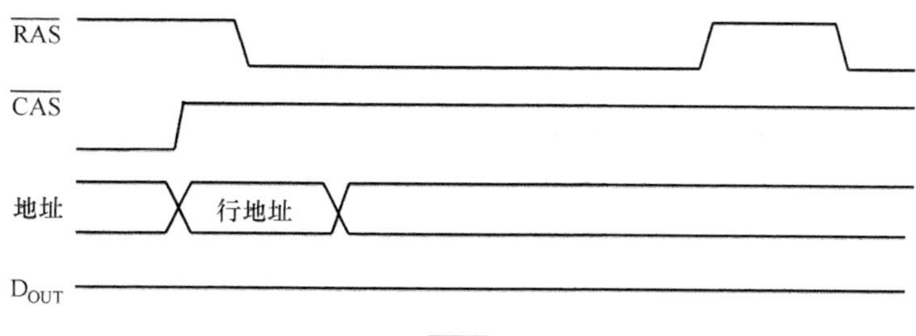

图 4-11 Intel 2164A $\overline{RAS}$ 有效刷新操作的时序

⑤数据输出。数据输出具有三态缓冲器，它由 $\overline{CAS}$ 控制，当 $\overline{CAS}$ 为高电平时，输出 D_{OUT} 呈高阻抗状态，在各种操作时的输出状态有所不同。

⑥页模式操作。在这种方式下，维持行地址不变（$\overline{RAS}$ 不变），由连续的 $\overline{CAS}$ 脉冲对不同的列地址进行锁存，并读出不同列的信息，而 $\overline{RAS}$ 脉冲的宽度有一个最大的上限值。

在页模式操作时，可以实现存储器读、写以及读-修改-写等操作。

4. DRAM 的刷新

（1）DRAM 的刷新。不管是哪一种动态 RAM，都是利用电容存储电荷的原理来保存信息的，但是随着时间的增加，电容上电荷会逐渐漏掉，从而使存储的信息丢失。为了保证存储的信息不遭破坏，必须在电荷漏掉之前就进行充电，以恢复原来的状态，我们把这一过程称为再生，或者刷新。存储器两次刷新的最大时间间隔叫刷新周期。一般为 2ms、4ms、8ms。

DRAM 采用“读出”方式进行再生。对单管存储元的读出是一种破坏性读出，若存储元中原来充有电荷，读出时，电容放电，而接在存储元数据线上的读出放大器是一个再生放大器，在读出的同时，读出放大器又使该单元的存储信息自动得以恢复。由于 DRAM 每列都有自己的读出放大器，因此，只要依次改变行地址，轮流对存储矩阵的每一行所有存储元进行读出，当把所有行全部读出一遍，就完成了对整个存储器的再生。也就是说，在再生过程中只需改变行地址，每次再生一行，所以这种再生被称行地址再生。

（2）刷新方式。常用的刷新方式有 3 种：集中式刷新、分散式刷新和异步式刷新。

①集中式刷新：集中式刷新是指在整个刷新周期内，前一段时间重复进行读/写周期或保持周期（在保持周期内，不进行读写，存储单元保持原有信息不变），等到需要进行刷新操作时，便暂停读/写或保持周期，而逐行刷新整个存储器。

集中式刷新的时间分配如图 4-12 所示。

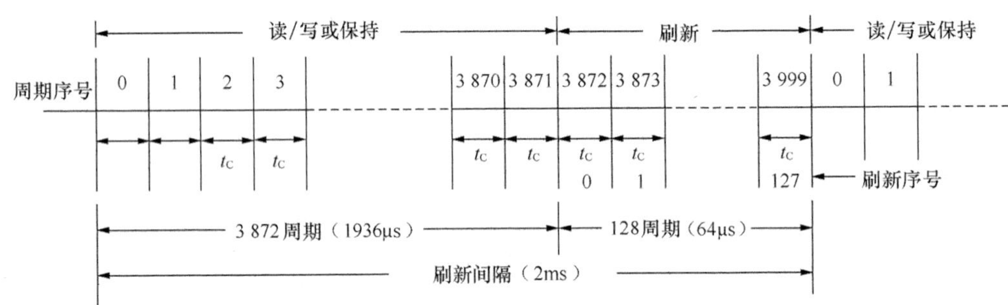

图 4-12　集中式刷新方式

在图 4-12 中，假如要对 128 行矩阵的存储器进行刷新，采用按行刷新，需要刷新 128 行，那么全部刷新一遍的时间相当于 128 个读周期。假设刷新周期为 2ms，存储器读/写周期为 0.5μs，则在 2ms 内，总共可以安排 4 000 个存取周期，第 0～3 871 个周期（1 936 μs）用来读/写或保持信息，而从 3 872～3 999 的 128 个周期（64 μs）用来进行刷新操作，不能进行存取操作，因此把用于刷新的这段时间称为死区。

集中式刷新方式的优点是读/写操作时不受刷新工作的影响，系统的存取速度比较高。但是存在不能进行读写操作的死区时间，而且存储容量越大，死区时间越长。所以这种刷新方式适用于小容量的高速存储器。

②分散式刷新。分散式刷新是指把每行的刷新操作分散到每个存取周期内进行，此时系统的存取周期 t_C 被分为两部分，周期前半段时间 t_m 用来读/写操作或保持信息，周期后半段时间 t_r 作为刷新操作时间。假如，还是要对 128 行矩阵的存储器刷新，这样，每经过

128个系统周期时间，整个存储器便全部刷新一遍。

这种刷新方式延长了系统的存取周期，如存储芯片的存取周期为0.5μs，则系统在分散式刷新方式下的存取周期变为1μs。仍以前述的128行矩阵为例，整个存储芯片刷新一遍需要128μs，如图4-13所示。

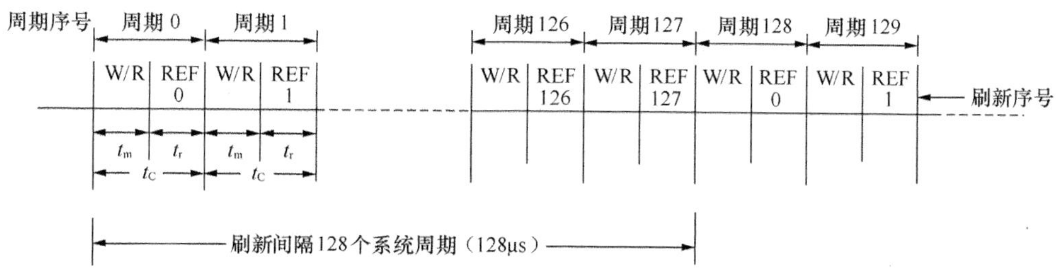

图4-13 分散式刷新方式

从图4-13中可以看出，这种刷新方式没有死区，但是，它也有很明显的缺点，一是延长了系统的存取周期，降低了整机的速度；二是刷新过于频繁，本例中每128μs就重复刷新一遍。

③异步式刷新。异步式刷新可以看成是前述两种方式的结合，它充分利用了最大刷新间隔时间，把刷新操作平均分配到整个最大刷新间隔时间内进行。

因此：相邻两行的刷新间隔＝最大刷新间隔时间／行数

对于128行矩阵的存储器，在2ms内需要将128行刷新一遍，所以相邻两行的刷新时间间隔为2ms/128≈15.5μs，即每隔15.5μs安排一个刷新周期，如图4-14所示。当然在刷新时封锁存储器的读写操作。

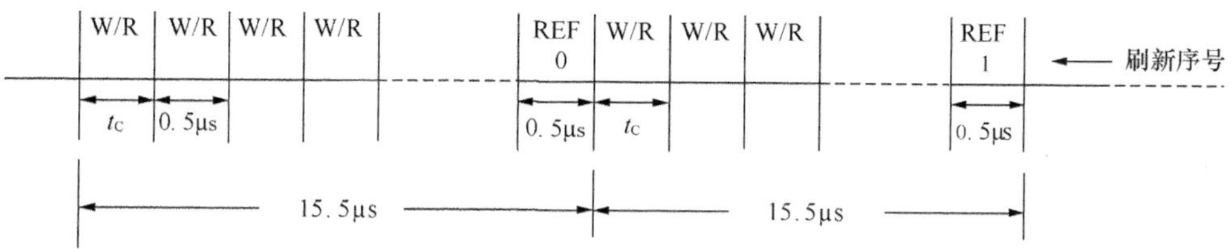

图4-14 异步刷新方式

异步刷新方式虽然也有死区，但比集中刷新方式的死区小得多，仅为0.5μs。这样可以避免使CPU连续等待过长的时间，而且减少了刷新次数，是比较实用的一种刷新方式。

消除“死区”的方法，还可采用不定期的刷新方式。其基本做法是：把刷新操作安排在CPU不访问存储器的空闲时间里，如利用CPU取出指令后进行译码的这段时间，这时，刷新操作对CPU是透明的，故又称透明刷新。这种方式既不会出现死区，又不会降低存储器的存取速度。但是控制比较复杂，实现起来比较困难。

（3）刷新操作种类。

①只用$\overline{RAS}$信号的刷新。在这种刷新操作中，基本上只用$\overline{RAS}$信号来控制刷新，$\overline{CAS}$信号不适用。为了确保在一定范围内对所有行都刷新，需要使用一种外部计数器。

②$\overline{CAS}$在$\overline{RAS}$之前的刷新。这种方式是在$\overline{RAS}$有效之前使$\overline{CAS}$有效，启动内部刷新

计数器，产生需要刷新的行地址，而忽略外部地址线上的信号。目前 256K 位以上的 DRAM 芯片通常都具有这种功能。

（4）刷新控制。为了进行刷新控制，往往需要增加刷新控制电路。刷新控制电路的主要任务是解决刷新和 CPU 访问存储器之间的矛盾。通常，当刷新请求和访存请求同时发生时，应优先进行刷新操作。也有些 DRAM 芯片本身具有自动刷新功能，即刷新控制电路集成在芯片内部。

DRAM 的刷新要注意以下问题：

①无论是由外部刷新控制电路产生刷新地址逐行循环地刷新，还是芯片内部的刷新地址计数器自动地控制刷新，都不依赖于外部的访问，刷新对 CPU 是透明的。

②刷新通常是一行一行地进行的，每一行中各存储元同时被刷新，故刷新操作时仅需要行地址，不需要列地址。

③刷新操作类似于读出操作，但又有所不同。因为刷新操作仅是给栅极电容补充电荷，不需要信息输出。另外，刷新时不需要加片选信号，即整个存储器中的所有芯片同时被刷新。

④因为存储器中所有芯片同时被刷新，所以在考虑刷新问题时，应当从单个芯片内的存储阵列结构着手，而不是从整个存储器的容量着手。

5. DRAM 与 SRAM 的比较

目前，动态 RAM 的应用比静态 RAM 要广泛得多。其原因是：①在同样大小的芯片中，动态 RAM 的集成度远高于静态 RAM，如动态 RAM 的基本单元电路为一个 MOS 管，静态 RAM 的基本单元电路为 6 个 MOS 管。②动态 RAM 行、列地址按先后顺序输送，减少了芯片引脚，因此封装尺寸也减小。③动态 RAM 的功耗仅为静态 RAM 的 1/6。④动态 RAM 每位的价格仅为静态 RAM 的 1/4。因此，随着动态 RAM 容量不断扩大，速度不断提高，它被广泛用做计算机的内存。

但动态 RAM 也有缺点，包括：①由于使用动态元件电容，因此它的速度比静态 RAM 低；②动态 RAM 需要再生，因此需配置再生电路，也需要消耗一部分功率。通常，容量不大的高速存储器大多用静态 RAM 实现。

4.2.2 半导体只读存储器

半导体只读存储器 ROM 的特点是其内容一旦设定就不能改变，至少不借助于特别的设备是不能改变的。由于它不需要写入电路，所以结构比较简单，位密度高。 ROM 是非易失性存储器，而且十分可靠。因此大部分半导体存储器系统既含有 RAM 模块，又含有 ROM 模块。一般在 ROM 中存放诸如引导装入程序和不变的数据表之类的信息，有时用 ROM 存入常驻监控程序，甚至可存放永久性的语言解释程序。

ROM 中内容的建立过程有时称为编程，但与产生指令序列的编程不是一回事。

1. ROM 的类型

（1）MROM（掩膜式只读存储器）。掩膜式 ROM 中的信息是厂家根据用户给定的程序和数据对芯片图形进行 2 次光刻而决定的。根据制造工艺不同，掩膜式 ROM 又可分为 MOS 型和双极型两种。MOS 型功耗小、速度慢、成本低，在微机系统中主要使用这种类型的

ROM。双极型速度比 MOS 型快，但功耗大、成本高，常用在对速度要求较高的系统中。掩膜式只读存储器出厂后只能读取数据，不能写入新的数据，一般用于存放固定程序而且生产批量较大的产品。

（2）PROM（可编程只读存储器）。对于 PROM，产品在出厂时并未固化信息，写过程用特殊设备的电信号写入，用户在使用前根据自己的需要一次性写入信息。信息一旦写入便成为永久性的，只能读出而不能进行修改。目前使用的典型 PROM 是双极型产品。

（3）EPROM（可擦除可编程只读存储器）。它是可以进行重复擦除和重写的 ROM。在重写时，先要擦除原来写入的信息。擦除时应把器件从应用系统上拆卸下来，放在紫外线下照射约 20min，然后用专门的设备——编程器（写入器）进行写入。EPROM 的写入速度较慢，但由于它可以多次改写，特别适合科研工作的需要。

（4）EEPROM（电擦除可编程只读存储器）。电擦除的 EPROM（Electric Erasable Programmable ROM）简称 EEPROM（即 E^2PROM）。它是一种可以可用电信号进行擦除的 PROM。这种存储器在任何时候都可写入，而无需专用设备来擦除原有内容，擦除时也不必将器件从应用系统上拆卸下来，而是直接进行（称为在线）擦除和写入。一次可以擦除一字，也可以全部擦除，然后写入新数据。EEPROM 在线擦除和写入的特点，比 EPROM 使用起来更加灵活，因而应用越来越广泛。

（5）Flash Memory（快闪存储器）。Flash Memory 技术是 1980 年日本东芝公司申请的专利，经过二十多年的发展，Flash Memory 技术经过了多次变革，但其变化的总体趋势一直都是存储容量越来越大、数据读写速度越来越快、性价比越来越高。

与 EEPROM 相似，快闪存储器使用电擦除技术，整个快闪存储器可以在几秒钟内擦除完毕，速度比 EPROM 快得多。另外，它可以以块为单位擦除，而不是整块芯片。像 EPROM 一样，快闪存储器每位只使用一个晶体管，因此能获得与 EPROM 一样高的存储密度。目前价格已略低于 DRAM，芯片容量已接近于 DRAM，是目前唯一具有大存储量、非易失性、低价格、可在线改写和高速度等特性的存储器，广泛应用于闪盘（优盘）等移动存储中。

2. EPROM 芯片举例

Intel 2716 是一种 2K×8 的 EPROM 存储器芯片，双列直插式封装，24 个引脚。其他的典型芯片还有 Intel 2732、Intel 27128 和 Intel 27512 等。

如图 4-15 所示为 Intel 2716 存储器芯片的内部结构框图。

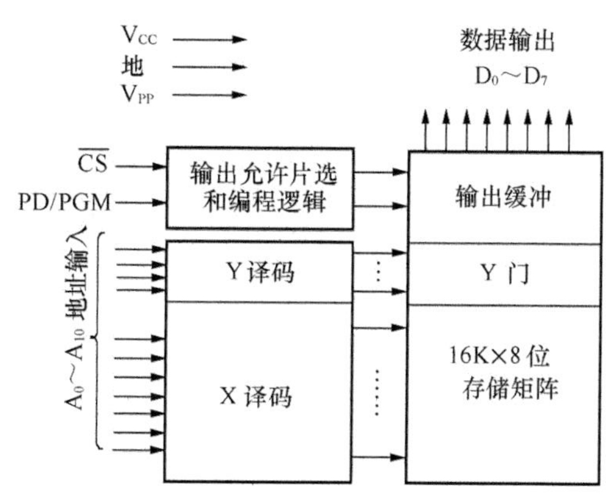

图 4-15 Intel 2716 的内部结构

由图可见，Intel 2716 存储器芯片的存储阵列由 2K×8 个带有浮动栅的 MOS 管构成，共可保存 2K×8 位二进制信息；共有（A_0～A_{10}）11 位地址，其中 7 位行地址是 A_0～A_6，4 位列地址是 A_7～A_{10}；D_0～D_7 是 8 位双向的输入/输出数据信号；有两个电源输入 V_{CC} 和 V_{PP}，V_{CC} 接+5V，

而 V_{PP} 正常工作时接＋5V，要进行编程时接＋25V；$\overline{CS}$ 为片选端，读出操作时为低电平，编程输入时为高电平。PD/PGM 是功率下降/编程输入端，在读出操作时为低电平；当 PD/PGM 端接高电平时，可以使功耗由 525mW 降至 132mW；当要进行编程操作时，此端需加宽度为 50～55ms、＋5V 的脉冲。

4.2.3 半导体存储器的主要技术指标

半导体存储器技术性能指标主要有以下几项：

1. 存储容量

存储容量是存储器的首要性能指标。存储容量越大，系统能够保存的信息量就越多，相应计算机系统的功能就越强。存储容量是指存储器可以存储的二进制信息量，它一般是以能存储的字数乘以字长表示的。即存储容量＝字数×字长。如一个存储器能存 4 096 个字，字长 16 位，则存储容量可用 4 096×16 表示。若改用字节数表示，则可记为 8 192 字节（8 192B），或者 8KB。

微型计算机中的存储器几乎都是以字节（8 位）进行编址的，也就是说总认为一个字节是“基本”的字长，所以常常只用可能存储的字节数来表示存储容量。

然而，存储器存储的字节数通常很大，如 16 384、32 768、65 536，为了表示方便，通常以 KB 为存储容量的单位，1024 即为 1K。这样上述 3 个存储器的存储容量可分别表示为 16 KB、32 KB 和 64 KB。现在像 KB 这样的单位也已经太小了，我们用 MB、GB，甚至 TB、PB 等单位。其中，1KB＝2^{10} B ＝1 024B，1MB＝2^{10} KB＝1 024KB，1GB＝2^{10} MB＝1 024 MB，1TB＝2^{10} GB。

2. 存取时间

存取时间又称为访问时间或读写时间，它是指从启动一次存储器操作到完成该操作所经历的时间。具体地讲，从一次读命令发出到该操作完成，将数据读入数据缓冲寄存器为止所经历的时间，即为存储器的存取时间。

通常手册上给出这个参数的上限值，称为最大存取时间。显然，它是说明存储器工作速度的指标。最大存取时间越短，计算机的工作速度就越快。半导体存储器的最大存取时间为几个 ns 到几百 ns。

3. 存储周期

存取周期又可称作读写周期、访内周期，它是指主存进行一次完整的读写操作所需的全部时间，即连续两次访问存储器操作之间所需要的最短时间。显然，一般情况下，存取周期略大于存取时间。这是因为对于任何一种存储器，在读写操作之后，总要有一段恢复内部状态的复原时间。对于破坏性读出的 RAM，存取周期往往比存取时间要大得多，甚至可以达到 2 倍的存取时间，这是因为存储器中的信息读出后需要马上进行重写（再生）。

4. 存储器带宽

与存取周期密切相关的指标是存储器的带宽，又称为数据传输率，它表示每秒从存储器进出信息的最大数量，单位为字/秒或字节/秒或位/秒。目前，主存提供信息的速度还跟不上 CPU 处理指令和数据的速度，所以，主存的带宽是影响计算机系统性能的一个关键因素。

存取时间、存储周期和存储器带宽都是反映主存速度的指标。

5. 可靠性

可靠性是指在规定的时间内，存储器无故障读写的概率。通常，用平均无故障时间（Mean Time Between Failures，MTBF）来衡量可靠性。MTBF 可以理解为两次故障之间的平均时间间隔。MTBF 越长，说明存储器的可靠性越高。

4.3 主存储器的组成与控制

目前生产的半导体存储器芯片的容量是有限的，它在字数或字长方面与实际计算机主存储器的要求都有很大的差距，所以需要在字向和位向两方面进行扩充才能满足实际存储器的容量要求。而且由若干芯片构成的主存还需要与 CPU 连接，才能在 CPU 的正确控制下完成读/写操作。

4.3.1 主存储器的编址方式

位是二进制数的最基本单位，也是存储器存储信息的最小单位。一个二进制数由若干位组成。当这个二进制数作为一个整体存入或取出时，这个数称为存储字。存放存储字或存储字节的主存空间称为存储单元或主存单元，大量存储单元的集合构成一个存储体。为了区别存储体中的各个存储单元，必须将它们逐一编号。存储单元的编号称为地址，地址和存储单元之间有一对一的对应关系，就像一座大楼的每个房间都有房间号一样。

一个存储单元可能存放一个字，也可能存放一个字节，这是由计算机的结构确定的。对于字节编址的计算机，最小寻址单位是一个字节，相邻的存储单元地址指向相邻的存储字节；对于字编址的计算机，最小寻址单位是一个字，相邻的存储单元地址指向相邻的存储字。所以，存储单元是 CPU 对主存可访问操作的最小存储单位，如图 4-16 所示。

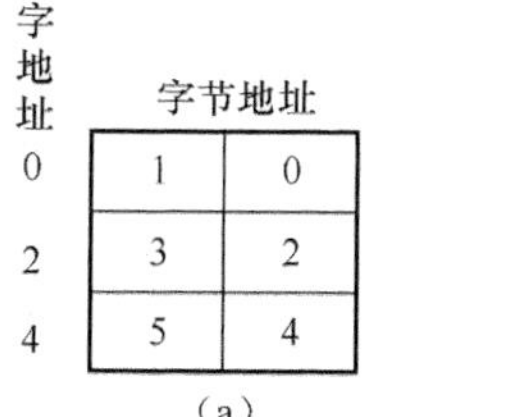

(a)

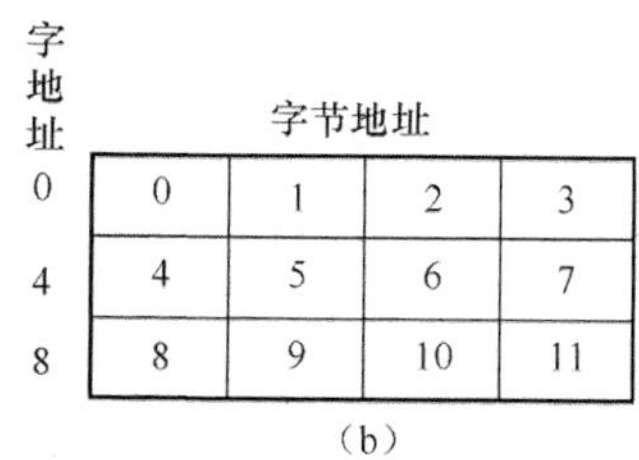

(b)

图 4-16 字节编址计算机的地址安排方案

例如，PDP-11 是字长为 16 位的计算机。主存按字节编址，每一个存储字包含 2 个单独编址的存储字节，其地址安排如图 4-16（a）所示。字地址等于最低有效字节地址，且字地址总是等于 2 的整数倍，正好用地址码的最末一位来区分同一个字的两个字节，因此被称为小端方案。IBM 370 机是字长为 32 位的计算机，主存也按字节编址，每一个存储字包含 4 个单独编址的存储字节，其地址安排如图 4-16（b）所示。它被称为大端方案，即字地址等于最高有效字节地址，且字地址总是等于 4 的整数倍，正好用地址码的最末两位来区分同一个字的 4 个字节。

目前计算机所用数据字长一般为 32 位。存储器的地址，一般按字节编排。计算机的指令系统可支持对字节、半字、字、双字的运算，有些计算机有位处理指令。为便于硬件实现，一般要求多字节数据对准边界如图 4-17（a）所示。当所存数据不能满足此要求时，则填充一个至多个空白字节。也有的计算机不要求对准边界，但可能增加访问存储器次数。假如存储器与运算部件间数据通路的宽度为 32 位（一个字），在不按边界对准的计算机中，访存指令所要求存取的数据，可能在两个存储单元中，因此需要访问两次存储器，而且还要对高低字节的位置进行调整，图 4-17（b）的阴影部分即属这种情况。在数据对准边界的计算机中，当以二进制来表示地址时，半字地址的最低位恒为零，字地址的最低两位为零，双字地址的最低三位为零。

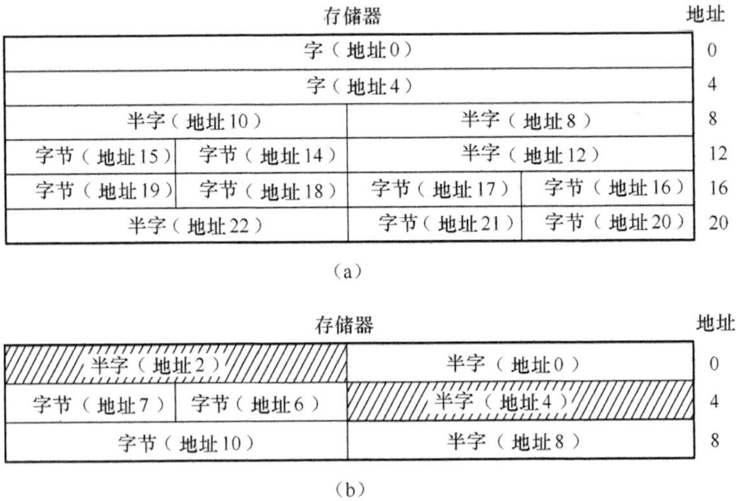

存储器				地址
字（地址0）				0
字（地址4）				4
半字（地址10）		半字（地址8）		8
字节（地址15）	字节（地址14）	半字（地址12）		12
字节（地址19）	字节（地址18）	字节（地址17）	字节（地址16）	16
半字（地址22）		字节（地址21）	字节（地址20）	20

（a）

存储器			地址
半字（地址2）		半字（地址0）	0
字节（地址7）	字节（地址6）	半字（地址4）	4
字节（地址10）		半字（地址8）	8

（b）

图 4-17　存储器中数据的存放示例

4.3.2　主存储器的组织

要组成一个主存，首先要考虑选片的问题，然后就是如何把芯片与 CPU 连接起来。

1. 存储器芯片的扩展

由于单个存储器芯片的容量有限，所以存储器往往是由一定数量的芯片构成的。根据存储器所要求的容量和选定的存储芯片的容量，就可以计算出总的芯片数，即

$$总片数=\frac{总容量}{容量/片}$$

例如，要用 1K×4 的存储芯片构成 4K×8 的存储器，则需要的 1K×4 存储芯片数量为：

$$\frac{4K}{1K}\times\frac{8}{4}=8片$$

根据实际情况存储器芯片的扩展方法可分为：位扩展法、字扩展法和字位同时扩展法。

（1）位扩展法。在应用系统中，往往会出现单片的存储器的数据线位数不能满足系统的数据总线位数要求，这时就需要进行位扩展。位扩展只在位数方向扩展（加大字长），而芯片的字数和存储器的字数是一致的。位扩展的连接方式是将各存储芯片的地址线、片选线和读/写线相应地并联起来，而将各芯片的数据线单独列出。

【例 4-1】 用 64K×1bit 的 DRAM 芯片组成 64K×8bit 的存储器。

解：所需芯片数为：64K×8bit/64K×1bit＝8（片）

在这种情况下，CPU 将提供 16 根地址线（2^{16}＝64K）、8 根数据线与存储器相连；而存储芯片仅有 16 根地址线，1 根数据线。具体的连接方法是：8 个芯片的地址线 A_{15}～A_0 分别连在一起，各芯片的片选信号 $\overline{CE}$ 以及读/写控制信号线也都分别连到一起，只有数据线 D_7～D_0 各自独立，每片代表一位，如图 4-18 所示，常把用于位扩展的芯片称为一组芯片。

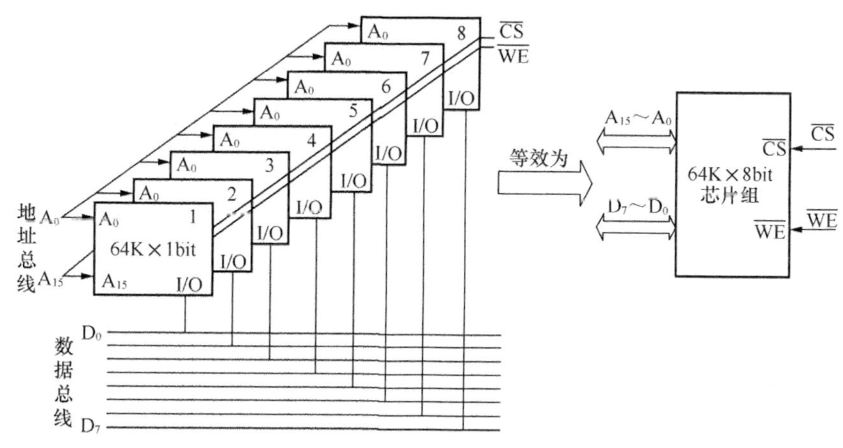

图 4-18 位扩展连接举例

当 CPU 访问该存储器时，其发出的地址和控制信号同时传给 8 个芯片，选中每个芯片的同一单元，其单元的内容被同时读至数据总线的相应位，或将数据总线上的内容分别同时写入相应位。

（2）字扩展。字扩展是指仅在字数方向扩展，而位数不变。字扩展将芯片的地址线、数据线、读/写线并联。由片选信号来区分各个芯片。

【例 4-2】 用 l6K×8bit 的 SRAM 组成 64K×8bit 的存储器。

解：所需芯片数为：64K×8bit/l6K×8bit＝4（片）

在这种情况下，CPU 将提供 16 根地址线、8 根数据线与存储器相连；而存储芯片仅有 14 根地址线，8 根数据线。4 个芯片的地址线 A_{13}～A_0、数据线 D_7～D_0 及读/写控制信号 $\overline{WE}$ 等都是同名信号并联在一起，高位地址线 A_{14}、A_{15} 经过一个 2:4 地址译码器产生 4 个片选信号 $\overline{CS_i}$，分别选中 4 个芯片中的一个，如图 4-19 所示。

在同一时间内 4 个芯片中只能有一个芯片被选中。4 个芯片的地址分配如表 4-1 所示。

（3）字和位同时扩展。当构成一个容量较大的存储器时，往往需要在字数方向和位数方向上同时扩展，这时需要将前两种扩展组合起来，实现起来也是很容易的。

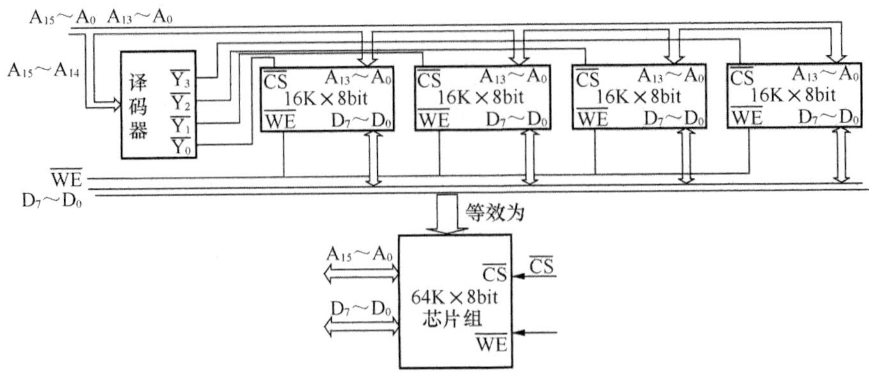

图 4-19 字扩展连接举例

表 4-1 字扩展举例的芯片地址分配

芯片	$A_{15}A_{14}$	A_{13}～A_0	地址范围（空间）
1#	00	0000…0 1111…1	0000H～3FFFH
2#	01	0000…0 1111…1	4000H～7FFFH
3#	10	0000…0 1111…1	8000H～BFFFH
4#	11	0000…0	C000H～FFFFH

图 4-20 所示为用 8 片 16K×4bit 的 SRAM 芯片组成 64K×8bit 存储器的示意图。

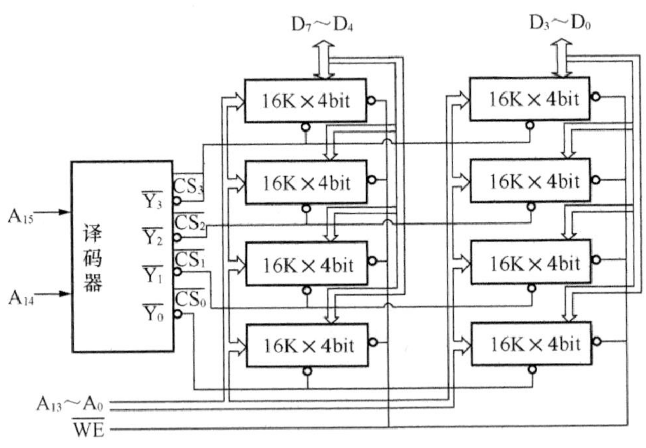

图 4-20 字和位同时扩展的连接举例

不同的扩展方法可以得到不同容量的存储器。在选择存储芯片时，一般应尽可能使用集成度高的存储芯片来满足总的存储容量要求，这样可以减少成本，还可以减轻系统负担，缩小存储器模块的尺寸。

2. *存储芯片的地址分配和片选*

CPU 与存储器连接时，特别是在扩展存储容量的场合下，主存的地址分配是一个重要的问题；确定地址分配后，又有一个产生选择存储芯片的片选信号的问题。

CPU 要实现对存储单元的访问，首先要选中存储芯片，即进行片选；然后再从选中的芯片中依据地址码选择出相应的存储单元，以进行数据的存取，这称为字选。片内的字选是由 CPU 送出的 N 条低位地址线完成的，地址线直接接到所有存储芯片的地址输入端（N 由片内存储容量 2^N 决定），而片选信号则是通过高位地址得到的。实现片选的方法可分为 3 种，即线选法、全译码法和部分译码法。

（1）线选法。线选法就是用除了片内寻址外的高位地址线直接（或经反相器）接至各个存储芯片的片选端，当某条地址线信息为“0”时，就选中与之对应的存储芯片。要注意的是，这些片选地址线每次寻址时只能有一位有效，不允许同时有多位有效，这样才能保证每次只选中一个芯片（或组）。图 4-21 所示为 4 片 2K×8bit 芯片用线选法构成的 8K×8bit 存储器的连接图。各芯片的地址范围如表 4-2 所示，设 CPU 的地址总线有 20 位（A_{19}～A_0）。

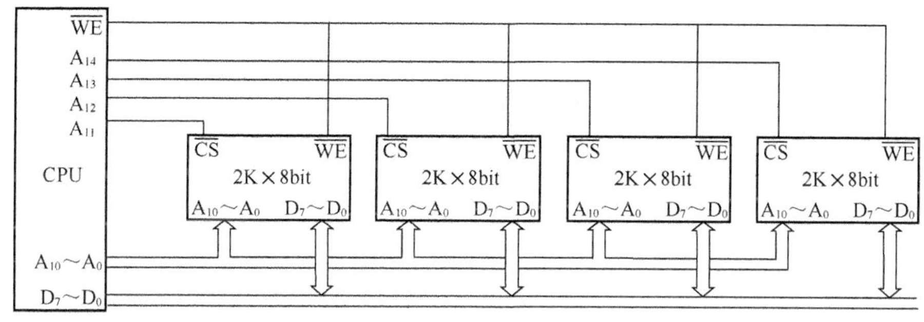

图 4-21　线选法构成的 8K×8bit 存储器的连接图

线选法的优点是不需要地址译码器，线路简单，选择芯片不需外加逻辑电路。但从表 4-2 中可看出 4 个芯片的地址空间不连续，而且每个存储单元的地址不唯一（A_{19}～A_{15} 不确定）。因此，线选法不能充分利用系统的存储器空间，且把地址空间分成了相互不连续的区域，给编程带来了一定的困难。它仅适用于连接存储芯片较少的场合。

表 4-2　线选法的地址分配

芯片	A_{19}～A_{15}	A_{14}～A_{11}	A_{10}～A_0	地址范围（空间）
1#	00000	1110	0000…0	07000H～077FFH
			1111…1	
2#	00000	1101	0000…0	06800H～06FFFH
			1111…1	
3#	00000	1011	0000…0	05800H～05FFFH
			1111…1	
4#	00000	0111	0000…0	03800H～03FFFH
			1111…1	

（2）全译码法。全译码法将片内寻址外的全部高位地址线作为地址译码器的输入，把经过译码器译码后的输出作为各芯片的片选信号，将它们分别接到存储芯片的片选端，以实现对存储芯片的选择。如前述 4 片 2K×8bit 的存储芯片用全译码法构成 8K×8bit 存储器，如图 4-22 所示。各芯片的地址范围如表 4-3 所示。

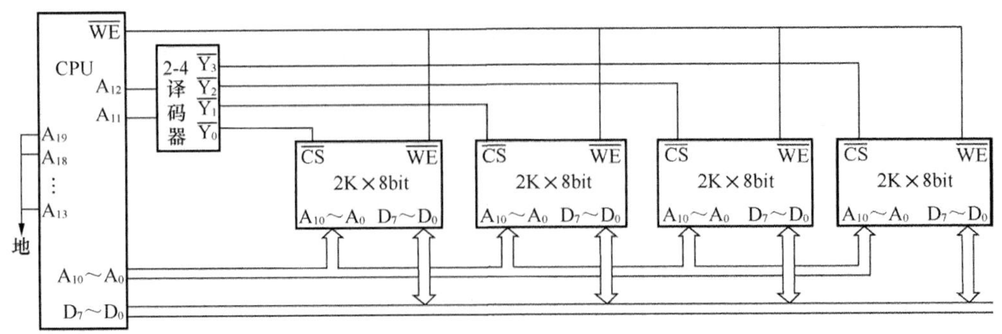

图 4-22　全译码法构成的 8K×8bit 存储器的连接图

图 4-22 中采用了一个 2-4 译码器，并简单地把 A_{19}～A_{13} 全部接地。也可以用 A_{19}～A_{13} 控制译码器的工作，使得只有 A_{19}～A_{13} 全为低电平时译码器才可以工作。

表 4-3　全译码法的地址分配

芯片	A_{19}～A_{13}	A_{12}～A_{11}	A_{10}～A_0	地址范围（空间）
1#	0000000	00	0000…0 1111…1	00000H～007FFH
2#	0000000	01	0000…0 1111…1	00800H～00FFFH
3#	0000000	10	0000…0 1111…1	01000H～017FFH
4#	0000000	11	0000…0 1111…1	01800H～01FFFH

全译码法的优点是每片（或组）芯片的地址范围是唯一的，而且是连续的，也便于扩展，不会产生地址重叠的存储区，但全译码法对译码电路的要求较高，如在上例中，A_{11}～A_{19} 共 9 根地址线都要参与译码。

（3）部分译码。在系统中如果不要求提供 CPU 可直接寻址的全部存储单元，则可采用线选法和全译码法相结合的方法，这就是部分译码法。所谓部分译码，是用除了片内寻址外的高位地址的一部分来译码产生片选信号。用 4 片 2K×8bit 的存储芯片组成 8K×8bit 存储器，需要 4 个片选信号，因此只要用两位地址线来译码产生。

上例中因为寻址 8K×8bit 存储器时未用到高位地址 A_{19}～A_{13}，所以只要 $A_{12}=A_{11}=0$，而无论 A_{19}～A_{13} 取何值，均选中第一片，只要 $A_{12}=0$，$A_{11}=1$，而无论 A_{19}～A_{13} 取何值，均选中第二片，……，也就是说，8KB RAM 中的任意一个存储单元，都对应有 $2^{(20-13)}=128$ 个地址。这种一个存储单元出现多个地址的现象称为地址重叠。

从地址分布来看，这 8KB 存储器实际上占用了 CPU 的全部空间（1MB）。每片 2K×8bit 的存储芯片有 1MB/4=256KB 的地址重叠区，如图 4-23 所示。令未用到的高位地址全为 0，这样确定的存储器地址称为基本地址。

本例中 8K×8bit 存储器的基本地址即 00000H～01FFFH。部分译码法较全译码法简单，但存在地址重叠区。在实际应用中，存储芯片的片选信号可根据需要使用上述某种方法，或几种方法并用。

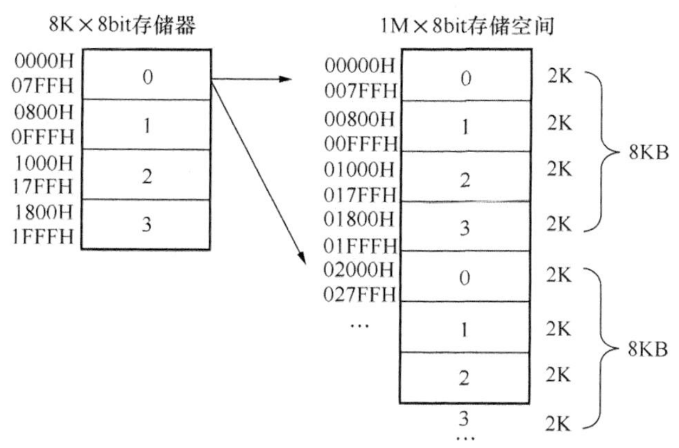

图 4-23 地址重叠区示意图

3. 存储器芯片与 CPU 的连接

在计算机系统中，CPU 对存储器进行读写操作，首先要由地址总线给出地址信号，选择要进行读/写操作的存储单元，然后通过控制总线发出相应的读/写控制信号，最后才能在数据总线上进行数据交换。所以，存储器芯片与 CPU 之间的连接，实质上就是其与系统总线的连接，它包括：地址线的连接，数据线的连接和控制线的连接。在连接中要考虑的问题有以下几个方面：

（1）CPU 总线的负载能力。在设计 CPU 芯片时，一般考虑其输出线的直流负载能力为带一个 TTL 负载。而现在的存储器一般都是 MOS 电路，直流负载很小，主要的负载是电容负载，故在小型系统中，CPU 是可以直接与存储器相连的；在较大的系统中，若 CPU 的负载能力不能满足要求，可以考虑由缓冲器输出后再带负载。

（2）CPU 的时序和存储器的存取速度之间的配合。CPU 在取指和存储器读或写操作时，是有固定时序的，用户要根据这些来确定对存储器存取速度的要求，或在存储器已经确定的情况下，考虑是否需要增加等待周期以及如何实现。

（3）存储器的地址分配和片选问题。内存通常分为 RAM 和 ROM 两大部分，而 RAM 又分为系统区（即机器的监控程序或操作系统占用的区域）和用户区，用户区又要分成数据区和程序区，ROM 的分配也类似，所以内存的地址分配是一个重要的问题。另外，目前生产的存储器芯片，单片的容量仍然是有限的，通常总是要由许多片才能组成一个存储器，这里就有一个如何产生片选信号的问题。

（4）控制信号的连接。CPU 在与存储器交换信息时，通常有以下几个控制信号（以 8088/8086 来说）：$IO/\overline{M}$、$\overline{RD}$、$\overline{WR}$ 及 WAIT 等。这些信号如何与存储器要求的控制信号相连，以实现所需的控制功能。

4. 存储器组织与连接的综合示例

【例 4-3】 用 1K×4 的 2114 芯片组成 2K×8 的存储器系统。

解：由于芯片的字长为 4 位，因此首先需要采用位扩充的方法，用两个芯片组成 1K×8

的存储器。再采用字扩充的方法来扩充容量，使用两组经过上述位扩充的芯片组来完成。

设计要点：

每个芯片的 10 根地址信号引脚直接接至系统地址总线的低 10（A_0～A_9）位，每组两个芯片的 4 位数据线分别接至系统数据总线的高、低四位。地址码的 A_{10}、A_{11} 经译码后的输出，分别作为两组芯片的片选信号，每个芯片的 $\overline{WE}$ 控制端直接接到 CPU 的读/写控制端上，以实现对存储器的读/写控制。硬件连线如图 4-24 所示。

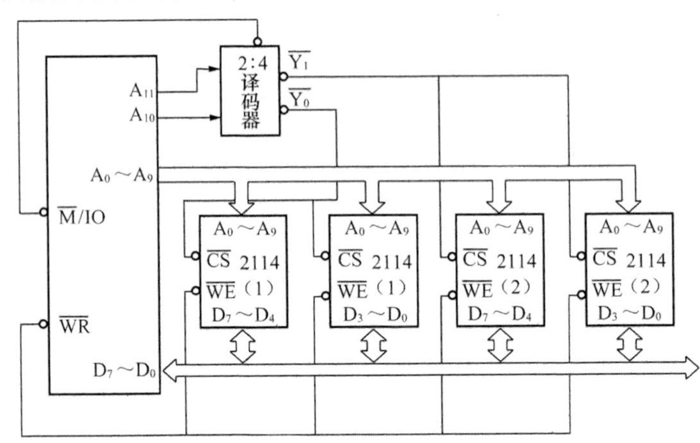

图 4-24 用 2114 组成 2K×8 的存储器连线

当存储器工作时，根据高位地址的不同，系统通过译码器分别选中不同的芯片组，低位地址码则同时到达每一个芯片组，选中它们的相应单元。在读/写信号的作用下，选中芯片组的数据被读出，送上系统数据总线，产生一个字节的输出，或者将来自数据总线上的字节数据写入芯片组。

同样，根据硬件连线图，我们也可以进一步分析出该存储器的地址分配范围，如表 4-4 所示（假设只考虑 16 位地址）。

表 4-4 ［例 4-3］中 2114 地址分配范围

A_{15} ··· A_{12}	A_{11} A_{10}	A_9 A_8 ··· A_0	芯片组的地址范围	对应芯片编号
× ··· ×	0 0	0 0 ··· 0	0000H	2114-1
···	···	···	···	
× ··· ×	0 0	1 1 ··· 1	03FFH	
× ··· ×	0 1	0 0 ··· 0	0400H	2114-2
···	···	···	···	
× ··· ×	0 1	1 1 ··· 1	07FFH	

注 表中×表示可以任选值，在这里均选 0。

从以上地址分析可知，此存储器的地址范围是 0000H～07FFH。如果系统规定存储器的地址范围从 0800H 开始，并要连续存放，对以上硬件连线图该如何改动呢？

由于低位地址仍从 0 开始，因此低位地址仍直接接至芯片组。那么，要改动的是译码器和高位地址的连接。我们可以将两个芯片组的片选输入端分别接至译码器的 Y_2 和 Y_3 输出端，即当 A_{11}、A_{10} 为 10 时，选中 2114-1，则该芯片组的地址范围为 0800H～0BFFH，而当 A_{11}、A_{10} 为 11 时，选中 2114-2，则该芯片组的地址范围为 0C00H～0FFFH。同时，保证高位地址为 0（即 A_{15}～A_{12} 为 0）。这样，此存储器的地址范围就是 0800H～0FFFH 了。

【例 4-4】一个存储器系统包括 2K RAM 和 8K ROM，分别用 1K×4 的 2114 芯片和 2K×8 的 2716 芯片组成。要求 ROM 的地址从 1000H 开始，RAM 的地址从 3000H 开始。完成硬件连线及相应的地址分配表。

解：该存储器的设计可以参考本节的图 4-22 和［例 4-3］。所不同的是，要根据题目的要求，按规定的地址范围，设计各芯片或芯片组片选信号的连接方式。整个存储器的硬件连线如图 4-25 所示。

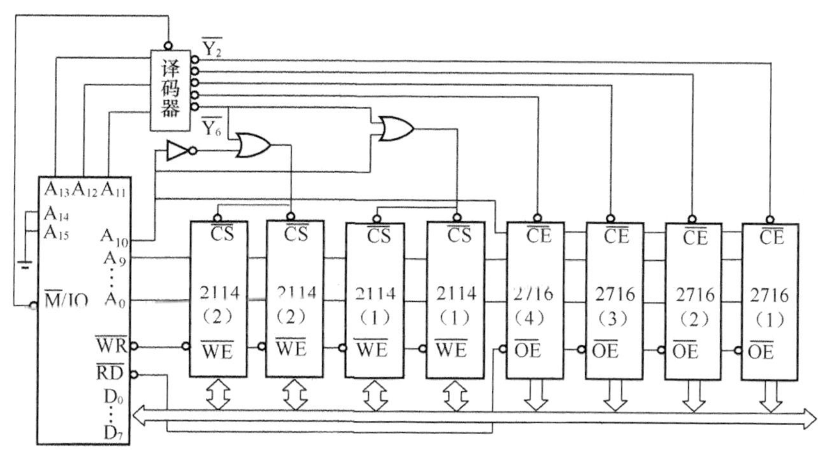

图 4-25　2K RAM 和 8K ROM 存储器系统连线图

根据硬件连线图，我们可以分析出该存储器的地址分配范围如表 4-5 所示（假设 CPU 只能提供 16 位地址）。

表 4-5　［例 4-4］中各个芯片地址分配范围

A_{15}	A_{14}	A_{13}	A_{12}	A_{11}	A_{10}	A_9	A_8	…	A_0	芯片的地址范围	对应芯片编号
0	0	0	1	0	0	0	0	…	0	1000 H	2716-1
…		…						…		…	
0	0	0	1	0	1	1	1	…	1	17FF H	
0	0	0	1	1	0	0	0	…	0	1800 H	2716-2
…		…						…		…	
0	0	0	1	1	1	1	1	…	1	1FFF H	
0	0	1	0	0	0	0	0	…	0	2000 H	2716-3
…		…						…		…	
0	0	1	0	0	1	1	1	…	1	27FF H	
0	0	1	0	1	0	0	0	…	0	2800 H	2716-4
…		…						…		…	
0	0	1	0	1	1	1	1	…	1	2FFF H	

续表

A_{15}	A_{14}	A_{13}	A_{12}	A_{11}	A_{10}	A_9	A_8	···	A_0	芯片的地址范围	对应芯片编号
0	0	1	1	0	0	0	0	···	0	3000 H	
···			···		···			···		···	2114-1
0	0	1	1	0	0	1	1	···	1	33FF H	
0	0	1	1	0	1	0	0	···	0	3400 H	
···			···		···			···		···	2114-2
0	0	1	1	0	1	1	1	···	1	37FF H	

【例 4-5】某 8 位机采用单总线结构，地址总线 16 根（A_{15}～A_0），双向数据总线 8 根（D_7～D_0），控制总线与主存有关的$\overline{MREQ}$（允许访问，低电平有效）、R/$\overline{W}$（高电平为读命令，低电平为写命令）。

主存地址空间分配如下：0～8191 为系统程序区，由只读存储器芯片组成；8192～32767 为用户程序区；最后（最大地址）2K 地址空间为系统程序工作区，上述地址为十进制，按字节编址，现有如下存储器芯片。

ROM：8K×8 位（控制端仅有$\overline{CS}$）

RAM（静态）：16K×1 位，2K×8 位，4K×8 位，8K×8 位

请从上述芯片中选择适当的芯片设计该计算机的主存储器，画出主存储器逻辑框图，注意画出选片逻辑（可用门电路及 3:8 译码器 74LS138）与 CPU 的连接，并说明选哪些存储器芯片，选多少片。

解：0～8191 为 8KB 大小，8192～32767 为 24KB 大小。主存地址空间为 2^{16} 字节，即 64KB，所以主存中还有 30KB 的空闲地址空间。

根据给定条件，选用 ROM：8K×8 位芯片 1 片。RAM：8K×8 位芯片 3 片，2K×8 位芯片 1 片。3:8 译码器 Y_0 、Y_1 、Y_2 、Y_3 和 Y_7 输出作为片选信号，且对最后的 2K×8 位选片还需加门电路二次译码。

主存储器的组成与 CPU 连接逻辑图如图 4-26 所示。

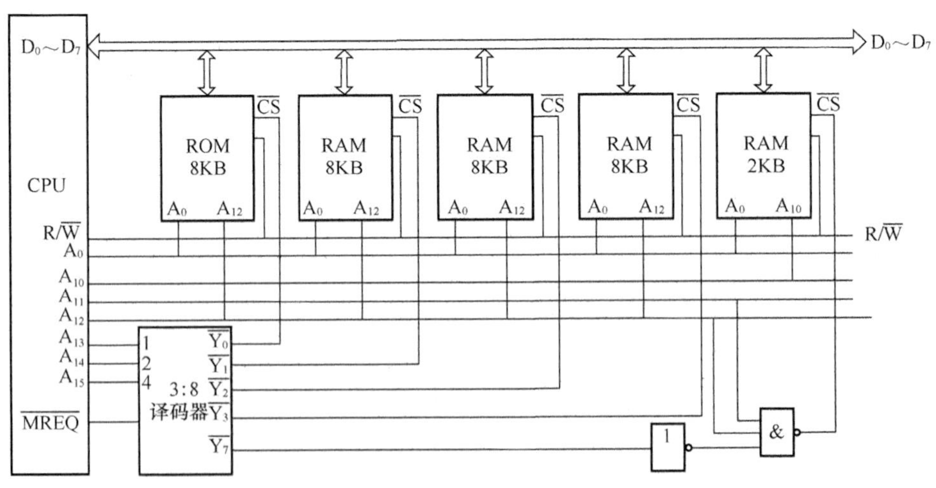

图 4-26　主存储器的组成与 CPU 连接逻辑图

4.3.3 PC系列微型计算机的存储器组织

8088、8086、80386和Pentium微处理器的外部数据总线分别是8位、16位、32位和64位，下面介绍它们的主存组织。

1. 8位机存储器组织

如果数据总线为8位（如微机系统中的PC总线），而主存按字节编址，则匹配关系比较简单。对于8位的微处理器，典型的时序安排是占用4个CPU时钟周期，称为T_1～T_4，构成一个总线周期。对于微型计算机来说，存储器就接在总线上，故总线周期就等于存取周期，一个总线周期可读写8位数据。

8位微处理器8088提供$\overline{RD}$（写选通）、$\overline{WR}$（读选通）和IO/$\overline{M}$等控制信号（最小模式）去控制存储器系统，或者提供IO/$\overline{M}$与$\overline{RD}$一起产生的$\overline{MRDC}$（存储器读命令）、IO/$\overline{M}$与$\overline{WR}$一起产生的$\overline{MWTC}$（存储器写命令）等控制信号（最大模式）去控制存储器系统。

2. 16位机存储器组织

对于16位的微处理器8086（或80286），在一个总线周期内最多可读写两个字节，即从偶地址开始的字（规则字）。同时读写这个偶地址单元和随后的奇地址单元，用低8位数据总线传送偶地址单元的数据，用高8位数据总线传送奇地址单元的数据。如果读写的是非规则字，即是从奇地址开始的字，则需要安排两个总线周期才能实现。

为了实现这样的传送，需要将存储器分为两个存储体，如图4-27所示。一个存储体的地址均为偶数，称为偶地址（低字节）存储体，它与低8位数据总线相连；另一个存储体的地址均为奇数，称为奇地址（高字节）存储体，它与高8位数据总线相连。

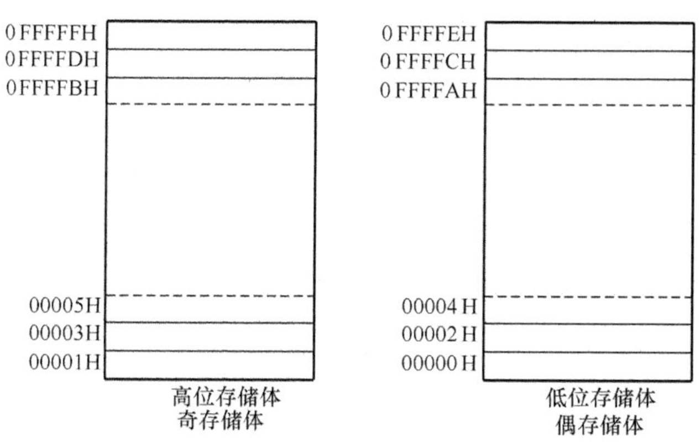

图4-27 16位系统中的存储器组织

8086微处理器的地址线A_{19}～A_0同时送至两个存储体，$\overline{BHE}$（高位存储体）和最低位地址线A_0用来选择一个或两个存储体进行数据传送。$\overline{BHE}$和A_0的选择如表4-6所示。

表 4-6 16 位存储体选择编码表

$\overline{BHE}$	A_0	功　　能	所用数据引脚
0	0	允许 2 个存储体进行 16 位数据传送（偶地址）	AD_{15} ～ AD_0
0	1	允许高位存储体进行 8 位数据传送（奇地址）	AD_{15} ～ AD_8
1	0	允许低位存储体进行 8 位数据传送（偶地址）	AD_7 ～ AD_0
1	1	两个存储体都未选中	……

8086 和主存之间可以传送一个字节（8 位）数据，也可以传送一个字（16 位）数据。任何两个连续的字节都可以作为一个字来访问，地址值较低的字节是低位有效字节，地址值较高的字节是高位有效字节。

3. 32 位机存储器组织

由于 80386/80486 微处理器要保持与 8086 等微处理器兼容，这就要求在进行存储器系统设计时必须满足单字节、双字节和四字节等不同访问。为了实现 8 位、16 位和 32 位数据的访问，80386 / 80486 微处理器设有 4 个引脚 $\overline{BE_3}$ ～ $\overline{BE_0}$，以控制不同数据的访问。

32 位存储器组织如图 4-28 所示。80386/80486 微处理器有 32 位地址线，但是直接输入 A_{31}～A_2，低两位 A_1、A_0 由内部编码产生 $\overline{BE_3}$ ～ $\overline{BE_0}$，以选择不同字节。主存由 4 个存储体组成，每个存储体的存储空间可达 1GB。如果要访问一个 32 位数，那么 4 个存储体都被选中；若要访问一个 16 位数，则有两个存储体（通常是 $\overline{BE_3}$ 和 $\overline{BE_2}$ 或者 $\overline{BE_1}$ 和 $\overline{BE_0}$）被选中；若访问的是 8 位数，只有一个存储体被选中。

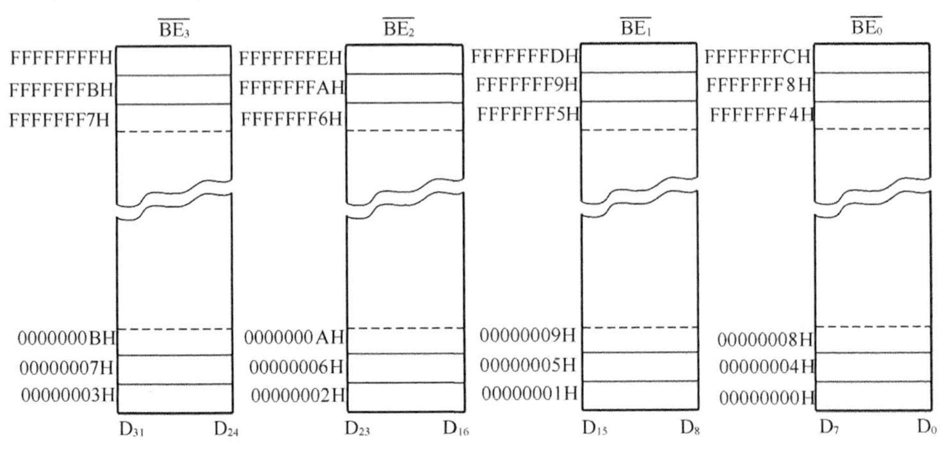

图 4-28 32 位系统中的存储器组织

4. 64 位机存储器组织

64 位存储器系统由 8 个存储体组成，每个存储体的存储空间为 512MB（Pentium）或 8GB（Pentium Pro）。存储体选择通过选择信号 $\overline{BE_7}$ ～ $\overline{BE_0}$ 实现，如果要传送一个 64 位数，那么 8 个存储体都被选中；如果要传送一个 32 位数，那么 4 个存储体被选中；若要传送一个 16 位数，则有两个存储体被选中；若传送的是 8 位数，只有一个存储体被选中。

64 位存储器组织与前述 32 位存储器组织相似，在此不再赘述。

4.4　并行存储器

随着计算机应用领域的不断扩大，处理的信息量也越来越多，对存储器的工作速度和容量要求越来越高。此外，由于 CPU 的功能不断增强，输入/输出设备的数量不断增多，致使主存的存取速度已成为计算机系统的瓶颈。为了解决这个问题，除了采用层次结构的存储系统（用高速缓冲存储器来提高速度，用虚拟存储器技术来扩大容量）、采用高速组件外，调整主存的组织结构、采用并行读写的控制方式也是提高存储器性能（主要是速度指标）的有效手段。如相联存储器、双端口存储器和多体交叉存储器都是通过重复设置硬件的方法实现并行存取，从而达到提高整体存取速度的目。

4.4.1 模块交叉存储器

1. 单体多字存储器

要想提高存储器的数据传输速率，在同样器件的条件下，只有设法提高存储器的字长。单体是指只有一套地址寄存器和地址译码器，多字是指有多个容量相同的存储模块（例如有 N 个存储模块）。在一个读/写周期中 N 个存储模块 $M_0 \sim M_{N-1}$ 同时工作，对 N 个存储模块中地址相同的单元进行读写。若每个存储模块每次读出 W 位，那么 N 个存储模块就可同时读出 $N \times M$ 位。这 N 个字可同时或分时送往 CPU，CPU 感觉到存储器的速度提高了 N 倍。这就是单体多字存储器，图 4-29 就是单体四字的存储器示意图。

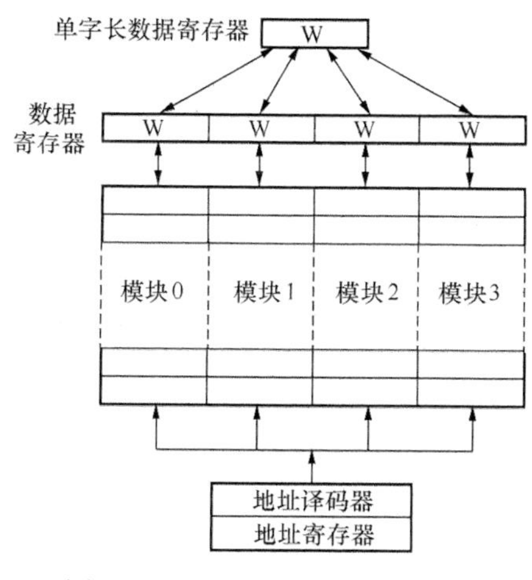

图 4-29　单体四字结构存储器

单体多字存储器的优点是实现简单，缺点是访问冲突概率大。当单体多字并行存储器一次取出多个指令字时，就能很好地支持程序的顺序执行。但是，当一个存储字中有一条转移指令字时，那么存储字中转移指令后面被同时预取的几个指令字只能作废。在读操作数时，单体多字并行存储器一次取出的多个数据字不一定都是要执行的指令所需要的操作数，而当前执行指令需要的全部操作数也可能不包含在一个存储字中，因而不能被一次取出。在写数据时，单体多字并行存储器必须是凑齐了多个数据字之后才能作为一个存储字一次写入存储器。因此，需要先把属于一个存储字的多个数读到数据寄存器中，然后再把整个存储字写回存储器。所以，单体多字存储器存在着比较大的局限性。

2. 多模块（多体单字）交叉存储器

由多个存储模块组成一个更大容量的主存时，对多个存储体的存储单元采用交叉编址方式，组成多模块交叉存储器。多模块交叉存储器通常有两种交叉编址方式，一是地址码的高位交叉编址，二是地址码的低位交叉编址。高位交叉编址存储器目前使用很普遍，这种编址方式能很方便地扩展常规主存的容量，但只有低位地址码交叉编址存储器才能作为并行存储器的一种。地址码的低位字段经过译码选择不同的模块，而高位字段地址码指向相应模块内的存储字。

低位交叉编址存储器是将连续地址分布在相邻的不同模块内，同一个模块内的存储单元地址都是不连续的。每个模块有相同的容量和存取速度，各模块都有独立的地址寄存器、地址译码器、驱动电路和读写电路，它们既能并行工作，又能交叉工作。

所谓的并行工作即同时访问多个模块，同时启动，同时读出。不过，同时读出的多个字在总线上需要分时传送。对连续字的成块传送可实现多模块流水式并行存取，大大提高存储器的带宽。

图 4-30 是按低位交叉编址的四个模块结构示意图。程序/数据连续存放在相邻存储体中，显然低位地址用来表示体号，高位地址为体内地址。这种编址方法又叫做模 N 编址，N 等于模块数，表 4-7 列出了模 4 交叉编址的地址号。一般模块数 N 取 2 的整数次幂，可以使硬件电路比较简单。有的机器为了减少存储器冲突，采用质数个模块，如我国银河机的 N 为 31，其硬件实现比较复杂。

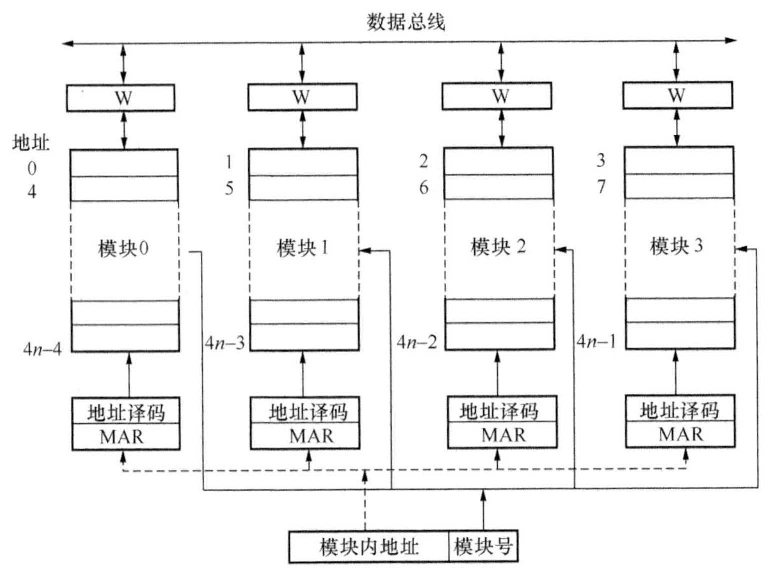

图 4-30　按低位交叉编址的四个模块存储器结构

表 4-7　模 4 交叉编址

模块号	模块内地址序号	最低两位地址
N_0	0，4，8，12，…，4i+0	00
N_1	1，5，9，13，…，4i+1	01
N_2	2，6，10，14，…，4i+2	10
N_3	3，7，11，15，…，4i+3	11

多体模块结构的存储器采用交叉编址后，可以在不改变每个模块存取周期的前提下，提高存储器的带宽。图 4-31 示意了四个存储模块交叉访问的时间关系，负脉冲为启动每个

存储体的工作信号。虽然对每个模块而言，存取周期均未缩短，但由于 CPU 交叉访问各个模块，最终在一个存取周期的时间内，实际上向 CPU 提供了 4 个存储字。如果每个模块存储字长为 32 位，则在一个存取周期内，存储器向 CPU 提供 32×4＝128 位二进制代码，大大加宽了存储器的带宽。

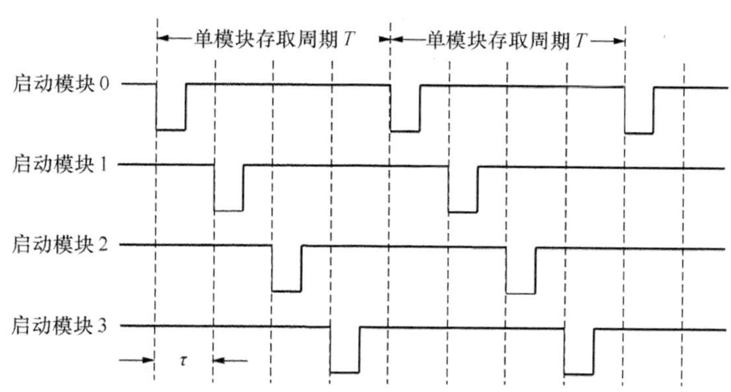

图 4-31　四个存储模块交叉访问的时间关系

多体模块不仅要与 CPU 交换信息，还要与各种辅助存储器、外围设备乃至 I/O 处理机交换信息。因此，在某一时刻，决定主存究竟与哪个部件交换信息，必须由存储器控制部件来承担，存储器控制部件具有合理安排各部件请求访问的顺序以及控制主存读写操作的功能，它由排队器、控制线路、节拍发生器及标记触发器等组成。

下面做定量分析：假如各模块字长等于数据总线宽度，模块存取一个字的存储周期为 T，总线传送周期为 τ，存储器的交叉模块数为 N，为了实现流水线方式存取，应当满足

$$T=N\tau$$

即成块传送可按 τ 间隔流水方式进行，也就是每经过 τ 时间延迟后启动下一个模块。$N=T/\tau$ 称为交叉存取度。交叉存储器要求其模块数必须大于或等于 N，以保证启动某模块后经 $N\tau$ 时间再次启动该模块时，它的上次存取操作已经完成。这样，连续读取 N 个字所需的时间为：

$$t_1=T+(N-1)\tau$$

而常规存储器中连续读取 N 个字所需时间为：

$$t_2=NT$$

显然，$t_1>t_2$。可见，多体交叉存储器的带宽确实大大提高了。

【例 4-6】设存储器容量为 32 字，字长 64 位，模块数 $N=4$，分别用常规方式和交叉方式进行存储器组织。存储周期 $T=200$ns，数据总线宽度为 64 位，总线传送周期 $\tau=50$ns。问常规存储器和交叉存储器的带宽各是多少？

解：常规存储器和交叉存储器连续读出 $N=4$ 个字的信息总量都是：

$$q=64\text{ 位}\times 4=256\text{ 位}$$

常规存储器和交叉存储器连续读出 4 个字所需的时间分别是：

$$t_2=NT=4\times 200\text{ns}=800\text{ns}=8\times 10^{-7}\text{s}$$

$$t_1=T+(N-1)\tau=200\text{ns}+3\times 50\text{ns}=350\text{ns}=3.5\times 10^{-7}\text{s}$$

常规存储器和交叉存储器的带宽分别是：

$$W_2=q/t_2=256\div(8\times 10^{-7})=32\times 10^{7}\ (\text{b/s})$$

$$W_1=q/t_1=256\div(3.5\times 10^{-7})=73\times 10^{7}\ (\text{b/s})$$

4.4.2 相联存储器

前面介绍的存储器都是按地址访问的存储器，而相联存储器是按内容访问的存储器。

按内容访问方式与按地址访问方式不同，这种访问方式并不提供要被访问的存储器单元地址，而是给出要被访问的内容。显然采用这种访问方式，存储器的结构形式就要作相应的变化。为了加快访问速度，必须采用并行访问方式，而相应的存储器就称为相联存储器，由于这种存储器的价格比较昂贵，因此其容量通常不可能做得很大。

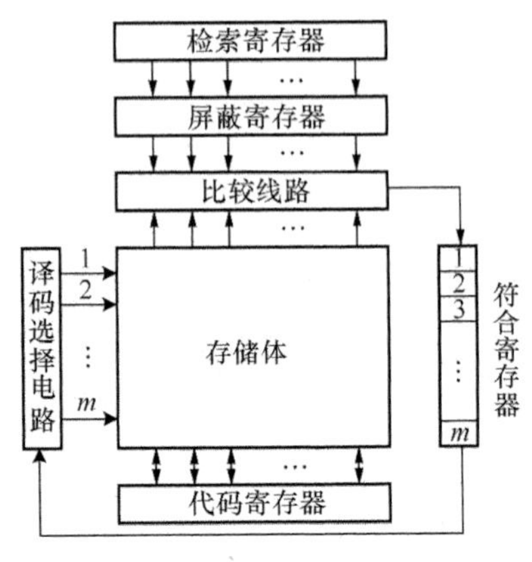

图 4-32　相联存储器的基本结构

相联存储器的主要特点是以并行方式查找所需信息内容。相联存储器的基本结构如图 4-32 所示。

相联存储器由存储体、检索寄存器、屏蔽寄存器、符合寄存器、比较线路、代码寄存器、控制线路等部分组成。检索寄存器用来存放检索字，其位数和相联存储器的存储单元位数相等；屏蔽寄存器用来存放屏蔽码，其位数和检索寄存器位数相同；符合寄存器用来存放按检索项内容检索存储体中与之符合的单元地址，其位数等于相联存储器的存储单元位数，每一位对应一个存储单元，位的序数即为相联存储器的单元地址；比较线路是把检索项和从存储体中读出的所有单元内容的相应位进行比较，如果有某个存储单元内容和检索项符合，就把符合寄存器的相应位置“1”，表示该字已被检索；代码寄存器用来存放存储体中读出的代码，或者存放向存储体中写入的代码；存储体由高速半导体存储器构成，以求快速存取。

下面通过一个例子来说明相联存储器的工作情况。假定在相联存储器中已存放了一张高校考生的登记表，如图 4-33 所示。现在要检索出所有考分大于或等于 520 分而又低于 540 分的考生名字。在进行这一特定的检索时，在检索寄存器中所设置的“考分”关键词是 540，与所有相应内容作小于比较，找出低于 540 分的所有考生，并在相应的符合寄存器的相应位置“1”，再将其送往暂存寄存器。接着进行第二次检索，将在检索寄存器中设置的“考分”关键词改为 520，然后作大于等于（或不小于）的查询比较，并将结果在符合寄存器的相应位作标志。最后把符合寄存器和暂存寄存器中的相应内容作一次“与”操作，就可得到最后所需的查询结果。凡相应位带标志“1”的考生应在输出名单中。

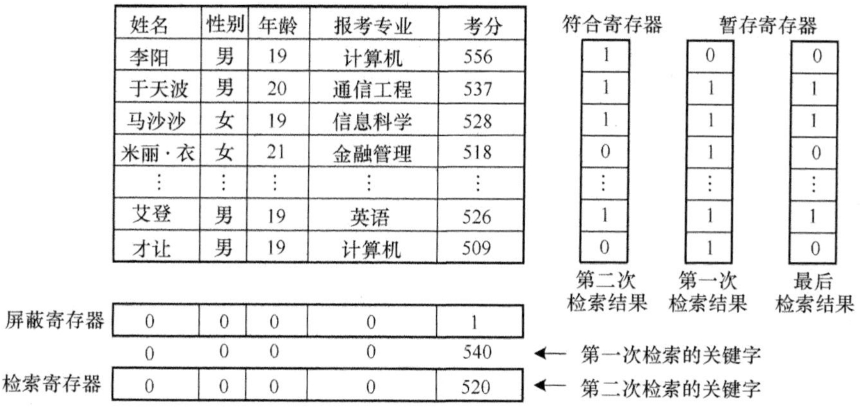

姓名	性别	年龄	报考专业	考分
李阳	男	19	计算机	556
于天波	男	20	通信工程	537
马沙沙	女	19	信息科学	528
米丽·衣	女	21	金融管理	518
⋮	⋮	⋮	⋮	⋮
艾登	男	19	英语	526
才让	男	19	计算机	509

符合寄存器（第二次检索结果）	暂存寄存器（第一次检索结果）	暂存寄存器（最后检索结果）
1	0	0
1	1	1
1	1	1
0	1	0
⋮	⋮	⋮
1	1	1
0	1	0

屏蔽寄存器	0	0	0	0	1	
	0	0	0	0	540	← 第一次检索的关键字
检索寄存器	0	0	0	0	520	← 第二次检索的关键字

图 4-33 相联存储器检索示例

在相联存储器中，由于要求每个基本存储单元都具有比较功能，因此相应的存储单元电路及相互间的连线要比一般的存储器复杂得多，因此成本较高，特别是当存储容量较大的时候更为明显。在早期的存储系统中相联存储器用做地址变换的旁路缓冲器（Translation Look aside Buffer，TLB），容量都比较小。但随着 VLSI 技术的发展，相联存储器已开始得到更多的应用。如在 Intel Pentium 处理器中用来构成转移目标缓冲器（Branch Target Buffer，BTB）。这是因为在这两种应用中，都需要快速查找。

实用的相联存储器，一般除有按内容访问能力外，还有按地址访问的能力。故仍保留有地址寄存器、译码电路和读写寄存器。此外，相联存储器的每个基本单元除了有存储能力和相等比较功能外，还可实现≠、<、≤、≥、MAX、MIN、BETWEEN、NEXT、HIGHER、NEXT、NEXT-LOWER 等比较功能。

4.4.3 双端口存储器

双端口存储器是一个存储体具有 2 组相互独立的读/写操作电路，2 组相互独立的数据输入输出端口，分别用 L 和 R 表示左边的端口和右边的端口。由于两个端口都可以独立地对存储体中任意一单元进行读/写操作，从而提高了存储器的吞吐率。

当两个端口的地址不同时，它们各自的读/写操作不会发生冲突；当两个端口的地址相同时，它们两个的读/写操作会发生冲突，因而需要一个仲裁电路确定谁的优先级更高，令优先级较低的操作推迟进行。

4.5 高速缓冲存储器

4.5.1 程序访问的局部性原理

CPU 访问存储器时，无论是取指令还是存取数据，所访问的存储单元都趋于聚集在一个较小的连续区域中。这种对局部范围的存储器地址频繁访问，而对此范围以外的地址单元则访问甚少的现象就称为程序访问的局部性原理。这种局部性既表现在时间上，也表现在空间上。时间局部性是指如果一个信息项正在被访问，那么在近期它很可能还会被再次访问。如程序循环、堆栈等。空间局部性是指在最近的将来将用到的信息很可能与现在正在使用的信息在空间地址上是临近的，如指令顺序执行、数组存放等。

程序访问的局部性主要表现在，程序地址的分布是连续的，加上循环程序段和子程序段重复执行多次，因此，对程序地址的访问具有相对集中的倾向。数据分布的这种集中倾向不如指令明显，但对数组的存储和访问以及工作单元的选择都可以使存储器地址相对集中。

4.5.2 “Cache-主存”存储体系

根据程序访问的局部性原理，可以在主存和 CPU 之间设置一个高速的、容量相对较小的存储器，如果当前正在执行的程序和数据存放在这个存储器中，当程序运行时，不必从主存储器取指令和取数据，只需访问这个高速存储器，以提高程序运行速度。这个存储器称作高速缓冲存储器 Cache。

Cache 由高速的 SRAM 组成，它的工作速度数倍于主存，全部功能由硬件实现，并且对程序员是透明的。

采用了“Cache-主存”存储体系以后，整个存储器的容量及单位成本能够与主存相当，而存取速度可以与 Cache 的读写速度相当，这就很好地解决了存储器系统的容量、存取速度及单位成本三个方面性能之间的矛盾。

在“Cache-主存”存储体系中，所有的程序代码和数据仍然都存放在主存中，Cache 存储器只是在系统运行过程中，动态地存放了主存中的一部分程序块和数据块的副本。

假设主存的地址为 n 位，则其共有 2^n 个单元，将主存分块，每块有 B 个字节，则一共可以分成 $2^n/B$ 块。Cache 也由同样大小的块组成，由于其容量小，所以块的数目小得多，也就是说，主存中只有一小部分块的内容可存放在 Cache 中，如图 4-34 所示。

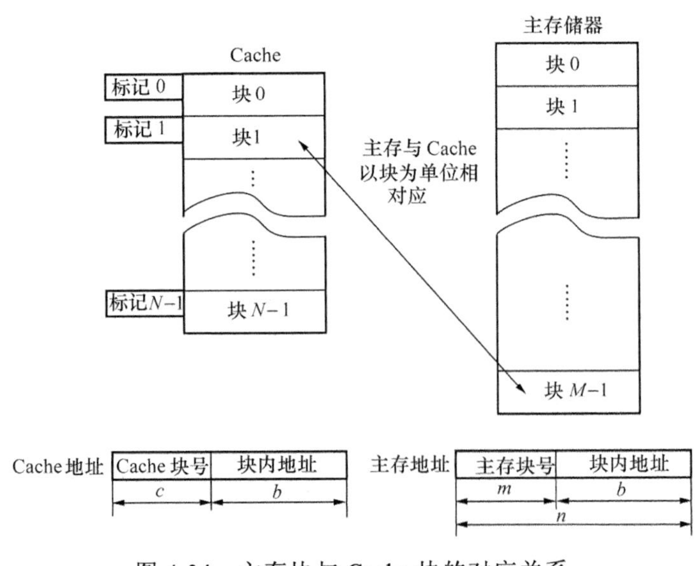

图 4-34　主存块与 Cache 块的对应关系

在 Cache 中，每一块外加有一个标记，指明它是主存中哪一块的副本，所以该标记的内容包含了相应的主存中块的编号等相关信息。假定主存地址为 $n=m+b$ 位，其中 m 称为主存的块地址，而 b 则称为主存的块内地址，即：主存的块数为 $M=2^m$，块内字节数为 2^b；同样，假定 Cache 地址为 $c+b$ 位，其中 c 为 Cache 块地址，而 b 为 Cache 的块内地址，即 Cache 的块数为 $C=2^c$，块内字节数也为 2^b，通常使主存与 Cache 的块内地址码数量相同。

管理“主存–Cache”存储体系的部件称为 Cache 控制器，如图 4-35 所示。CPU 与主存之间的数据传输必须经过 Cache 控制器进行。

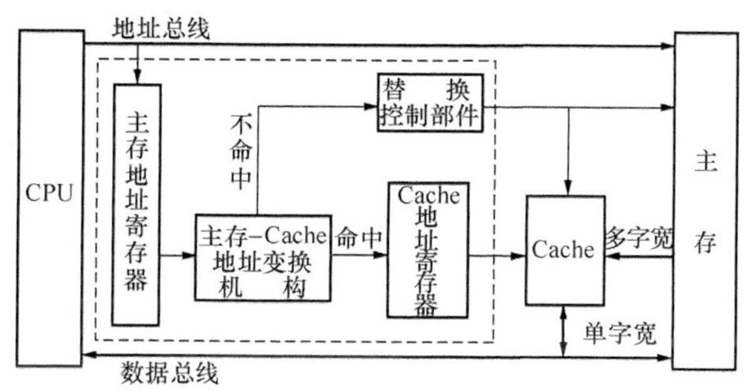

图 4-35 Cache 存储系统基本结构

当 CPU 发出读请求时，Cache 控制器将来自 CPU 的数据读/写请求转向 Cache 存储器，将主存地址的 m 位与 Cache 中块的标记在地址变换机构中相比较，根据其比较结果是否相等而分为两种情况，当比较结果相等时，说明需要的数据已在 Cache 中，称为“命中”，那么直接访问 Cache 就行了。在 CPU 与 Cache 之间，通常一次传送一个字，由于 Cache 速度与 CPU 速度相匹配，因此不需要插入等待状态，故 CPU 处于零等待状态。也就是说 CPU 与 Cache 达到了同步，为此，有时称高速缓存为同步 Cache。当比较结果不相等时，说明需要的数据尚未调入 Cache，称为“未命中”。则 CPU 需要对主存操作，那么就要把该数据所在的整个字块从主存一次调入 Cache 中。这时，CPU 必须在其总线周期中插入等待周期。

4.5.3 “Cache-主存”结构的命中率

命中率指 CPU 所要访问的信息在 Cache 中的比率，相应地将所要访问的信息不在 Cache 中的比率称为失效率。

从 CPU 来看，增加一个 Cache 的目的就是在性能上使主存的平均读出时间尽可能接近 Cache 的读出时间。为了达到这个目的，在所有的存储器访问中由 Cache 满足 CPU 需要的部分应占很高的比例，即 Cache 的命中率应接近于 1。由于程序访问的局部性，实现这个目标是可能的。

在一个程序执行期间，设 N_c 表示 Cache 完成存取的总次数，N_m 表示主存完成存取的总次数，h 定义为命中率。

则有

$$h=\frac{N_c}{N_c+N_m}$$

若 t_c 表示命中时 Cache 的访问时间，t_m 表示未命中时主存的访问时间，$1-h$ 表示未命中率，则 Cache/主存系统的平均访问时间 t_a 为

$$t_a=ht_c+（1-h）t_m$$

我们追求的目标是，以较小的硬件代价使 Cache/主存系统的平均访问时间 t_a 越接近 t_c 越好。

设 $r=t_m/t_c$ 表示主存慢于 Cache 的倍率，e 表示访问效率，则有

$$e=\frac{t_c}{t_a}=\frac{t_c}{ht_c+(1-h)t_m}=\frac{1}{h+(1-h)r}=\frac{1}{r+(1-r)h}$$

由上式看出，为提高访问效率，命中率 h 越接近 1 越好，r 值以 5～10 为宜，不宜太大。命中率与程序的属性、Cache 的容量、组织方式、块的大小有关。

【例 4-7】 CPU 执行一段程序时，Cache 完成存取的次数为 1 900 次，主存完成存取的次数为 100 次，已知 Cache 存取周期为 50ns，主存存取周期为 250ns，求 Cache/主存系统的效率和平均访问时间。

解：

$$h=\frac{N_c}{N_c+N_m}=\frac{1900}{1900+100}=0.95$$

$$r=\frac{t_m}{t_c}=\frac{250\text{ns}}{50\text{ns}}=5$$

$$e=\frac{1}{r+(1-r)h}=\frac{1}{5+(1-5)\times 0.95}=83.3\%$$

$$t_a=\frac{t_c}{e}=\frac{50\text{ns}}{0.833}=60\text{ns}$$

目前，Cache 的存储器容量主要有 256KB、512KB 和 1MB 等。这些大容量的 Cache，使 CPU 访问 Cache 的命中率高达 90%～99%，大大提高了 CPU 访问数据的速度，提高了系统的性能。

微型机中为了进一步提高 Cache 的命中率，在硬件上采用了两级“Cache-主存”存储结构，即 CPU 内部的 Cache 与主机板上的 Cache 就形成两级 Cache 结构。

CPU 工作时，首先在第一级 Cache（微处理器内的 Cache）中查找数据，如果找不到，则在第二级 Cache（主机板上的 Cache）中查找，若数据在第二级 Cache 中，Cache 控制器在传输数据的同时，修改第一级 Cache；如果数据既不在第一级 Cache 也不在第二级 Cache 中，Cache 控制器则从主存中获取数据，同时将数据提供给 CPU 并修改两级 Cache。两级 Cache 结构提高了命中率，加快了处理速度，使 CPU 对 Cache 的操作命中率高达 98%以上。

4.5.4 主存与 Cache 的地址映射方式

前面讲过，与主存容量相比，Cache 的容量很小，它保存的内容只是主存内容的一个子集，且 Cache 与主存的数据交换是以块为单位。为了把主存块放到 Cache 中，必须应用某种方法把主存地址定位到 Cache 中，这一过程称为地址映射。“映射”一词的物理含义是确定位置的对应关系，并用硬件来实现。这样当 CPU 访问存储器时，它所给出的一个字的存储器地址就会自动变换成 Cache 的地址。由于采用硬件，这个地址变换过程很快，软件人员丝毫感觉不到 Cache 的存在。

地址映射的方式通常有直接映射方式、全相联映射方式和组相联映射方式 3 种。

1. 直接映射方式

直接映射方式是指主存中的每一个块只能被放置到 Cache 中唯一的一个指定位置，若这个位置已有内容，则产生块冲突，原来的块将无条件地被替换出去。直接映射方式是最简单的地址映射方式，成本低，易实现，地址变换速度快，而且不涉及其他两种映射方式中的替换算法问题。但这种方式不够灵活，Cache 的块冲突概率最高，空间利用率最低。

直接映射的规则如图 4-36 所示。如主存的第 0 块、第 8 块，只能映射到 Cache 的第 0 块；而主存的第 1 块、第 9 块，只能映射到 Cache 的第 1 块，依次类推。

直接映射的关系可定义为：

$$j=i \qquad (\bmod N)$$

其中 j 是 Cache 中的块号，i 是主存中的块号，N 为 Cache 的块数。

【例 4-8】 设有一个 Cache 的容量为 2K 字，每个块为 16 字，求：

（1）该 Cache 可容纳多少个块？

（2）如果主存的容量是 256K 字，则有多少个块？

（3）主存的地址有多少位？Cache 地址有多少位？

（4）在直接映射方式下，主存中的第 i 块映射到 Cache 中哪一个块中？

（5）进行地址映射时，存储器的地址分成哪几段？各段分别有多少位？

解：

（1）Cache 中有 2 048/16＝128 个块。

（2）主存有 256K/16＝16 384 个块。

（3）主存的容量是 256K＝2^{18} 字，所以主存字地址为 18 位。Cache 容量为 2K＝2^{11} 字，所以 Cache 字地址为 11 位。

（4）主存中的第 i 块映射到 Cache 中第 i（mod 128）个块中。

（5）存储器的字地址分成三段：区号、块号、块内字地址。区号的长度为 18－11＝7 位，块号为 7 位，块内字地址为 4 位。

2. 全相联映射方式

如图 4-37 所示，全相联映射方式允许主存中的任意一个块映射到 Cache 存储器的任何一个字块位置上，也允许从已被占满的 Cache 存储器中替换出任何一个旧块，当访问一个块中的数据时，块地址要与 Cache 块表中的所有地址标记进行比较以确定是否命中。在调入数据块时，存在着一个比较复杂的替换策略问题，即决定将数据块调入 Cache 中的什么位置，将 Cache 中哪一块数据调出到主存。

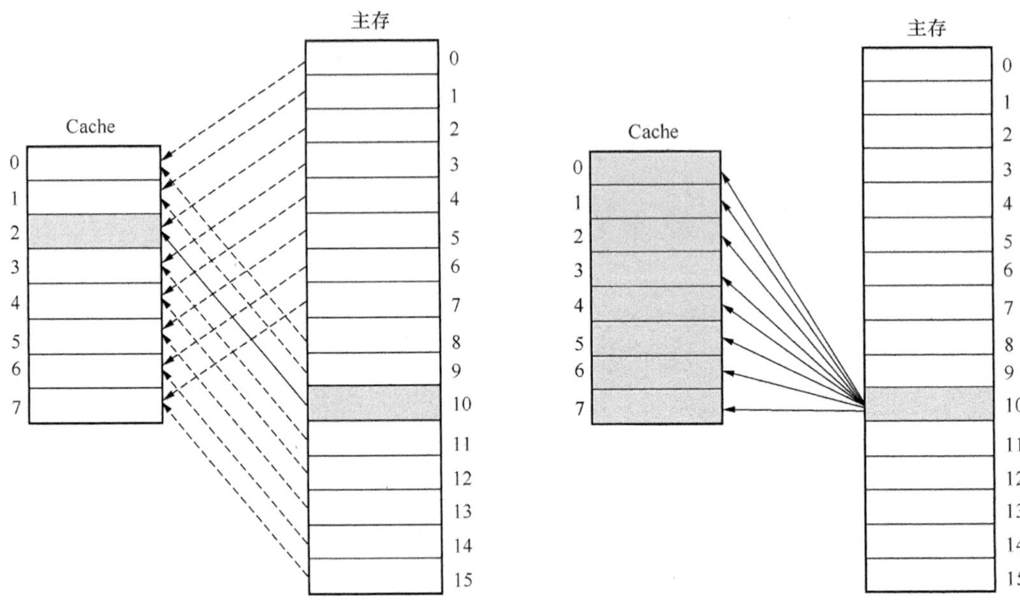

图 4-36　直接映射方式　　　　图 4-37　全相联映射方式

这只是一个理想的方案，实际上很少采用。主要由于采用全相联映射方式时标记的位数增加比较多，使 Cache 标记容量加大，当访问 Cache 时，需要和 Cache 的全部标记进行比较才能判断出所访主存地址的内容是否已在 Cache 中。由于 Cache 速度要求高，通常由按内容寻址的相联存储器完成，所需硬件逻辑电路很复杂，以至于无法用于 Cache 中。这种方式的优点是灵活，Cache 的块冲突概率小，空间利用率高，但是地址变换速度慢，而且成本高，实现起来比较困难。

3. 组相联映射方式

组相联映射方式是将主存空间按 Cache 大小等分成区后，再将 Cache 空间和主存空间中的每一区都等分成大小相同的组。让主存各区中某组中的任何一块，均可直接映射到 Cache 中对应组的任何一块位置上，即组间采取直接映射，而组内采取全相联映射。

组相联映射实际上是全相联映射和直接映射的折衷方案，也可以说是上述两种映射方式的一般形式，当组的大小为 1 时就变成了直接映射，反之，当组的大小为整个 Cache 的大小时就变成了全相联映射。所以其优点和缺点介于全相联和直接映射方式的优缺点之间。

组相联映射规则如图 4-38 所示。主存分成 2 区，每区 4 组，每组 2 块；Cache 分为 4 组，每组 2 块。主存的第 9 块将可以映射到 Cache 的第 0 块或第 1 块的位置上。

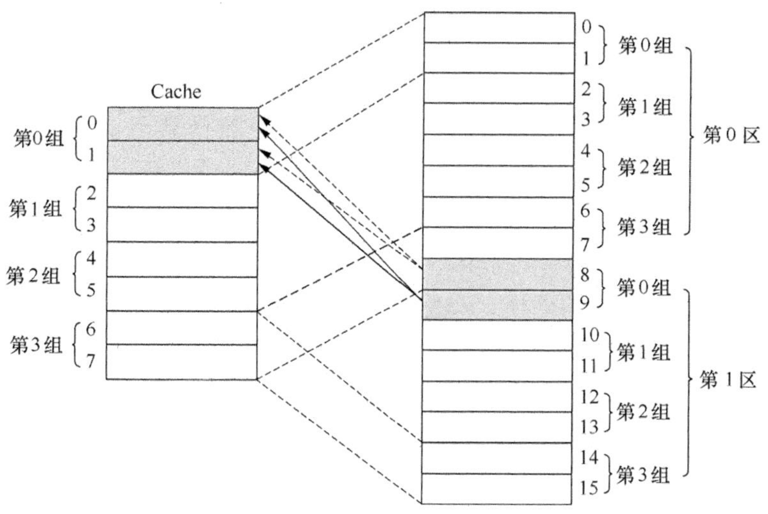

图 4-38 组相联映射方式

4.5.5 替换策略

当 CPU 用一个主存地址访问多级存储系统时，对于 Cache 来说必然存在“命中”或“不命中”两种可能性。对于“不命中”的情况，必须用一个适当的方法在 Cache 中选择一个即将被置换的旧块，然后用新块置换旧块，这称为替换策略或替换算法。对于直接映射方式来说，可以作为被置换的旧块只有唯一的一个，只有唯一的一种选择。全相联映射和组相联映射方式则存在多中选一的问题，常用的替换策略有以下 3 种。

1. 先进先出（FIFO）策略

FIFO（First In First Out）策略总是把一组中最先调入 Cache 的字块替换出去，它不需要随时记录各个字块的使用情况，所以实现容易，开销小。缺点是此策略的效果不佳。

2. 使用次数最少（LFU）策略

LFU（Least Frequently Used）策略算法是将迄今为止使用次数最少的字块作为被替换的旧块。LFU 算法需要统计每一块被使用的次数，需要较多的硬件资源，效果比 FIFO 策略好。

3. 近期最少使用（LRU）策略

LRU（Least Recently Used） 策略是把一组中近期最少使用的字块替换出去，这种替换策略需随时记录 Cache 中各个字块的使用情况，以便确定哪个字块是近期最少使用的字块。LRU 替换策略的平均命中率比 FIFO 和 LFU 要高，并且当分组容量加大时，能提高该替换策略的命中率。

实现 LRU 的一种方法是，把组中各块的使用情况记录在一张表上，如图 4-39 所示，并把最近使用过的块放在表的最上面，设组内有 8 个信息块，其地址编号为 0，1，…，7。当要求替换时，首先更新 7 号信息块的内容；如要访问 7 号信息块，则将 7 写到表的顶部，其他号向下顺移。接着访问 5 号信息块，如果此时命中，不需要替换，也要将 5 移到表的顶部，其他号向下顺移。6 号数据块是以后要首先被替换的。

实现 LRU 策略的另一种方法是，对 Cache 存储器中的每一个字块都附设一个计数器，记录其被使用的情况。每当 Cache 中的一块信息被命中时，比命中块计数值少的信息块的计数器均加 1，而命中块的计数器则清 0。显然，采用这种计数方法，各信息块的计数值总是不相同的。一旦不命中的情况发生，新信息块就要从主存调入 Cache，以替换计数值最大的那片存储区。这时，新信息块的计数值为 0，而其余信息块的计数值均加 1，从而保证了那些活跃的信息块（即经常被命中或最近被命中的信息块）的计数值要小，而近来越不活跃的信息块的计数值越大。这样，系统就可以根据信息块的计数值来决定先替换谁。

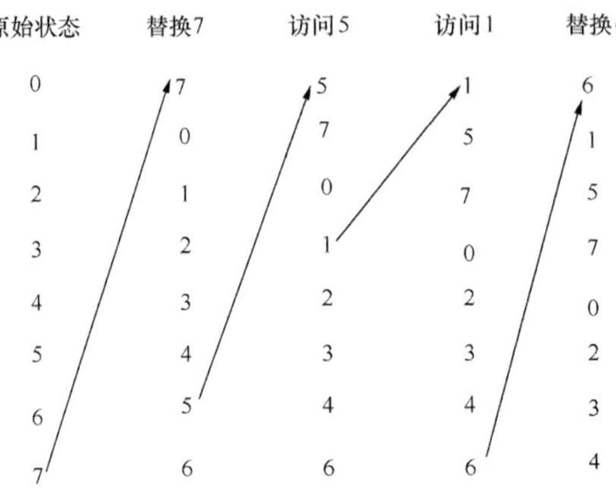

图 4-39　LRU 算法替换登记表

4.5.6　Cache 的更新策略

因为 Cache 的内容是部分主存内容的副本，应该与主存内容保持一致。而 CPU 对 Cache 的写入更改了 Cache 内容，如何与主存内容保持一致有多种写操作工作方式可供选择，这些写操作方式统称为更新策略。事实上，多级存储系统的访问源可能不止一家。例如某些外围设备以及多 CPU 计算机系统中的其他 CPU 都可能成为该存储系统的访问源，这就使更新策略增添了复杂性。

（1）写直达法（write through）。CPU 执行写操作时，必须把数据同时写入主存和缓存。写直达法保证了主存与缓存数据的一致性，但增加了访问主存的次数，降低了存取速度。80486 处理器片内 Cache 采用的就是写直达法。

（2）写回法（write back）。CPU 执行写操作时，当时只把数据写入 Cache 而不写入主存，写入主存的时机一直拖到此块被换出时才写回主存。写回法的目的是为了减少访问主存的次数，但同时还得保持主存与缓存数据的一致性，为此需要增添一些硬件设施和合理的更新策略。在 Cache 每一块上都有一个块标记，为了实现拖后写，需要在块标记中再增加一个“已修改”标志位。在执行写操作时，需要将该块的“已修改”标志位置 1，表示此块的内容已经和主存不一致。如果某块的“已修改”标志位为 0，表示该块末被修改过，其内容与主存一致。

当有另外的 CPU 或外设执行读操作时，需要根据访问主存的地址检查该块是否在 Cache 中。如果在 Cache 中，还要检查该块的“已修改”标志位是否为 1，若为 1 则需要暂停此读操作，将此块写回主存后再启动被暂停的读操作。

当 Cache 中某块被选做替换块时，先检查其“已修改”标志是否为 1，若为 1 则需要先将此旧块整块写回主存，然后再换入新块。

（3）写一次法（write once）。写一次法是一种基于写回法又结合了写直达法的写策略，即写命中和写未命中的处理与写回法基本相同，只是第一次写命中时要同时写入主存。

这种策略主要用于某些处理器的片内 Cache，例如 Pentium 处理器的片内数据 Cache 就采用的是写一次法。因为片内 Cache 写命中时，写操作就在 CPU 内部高速完成，若没有内存地址及其他指示信号送出，就不便于系统中的其他 Cache 监听。

在第一次片内 Cache 写命中时，CPU 要在总线上启动一个存储器写周期。其他 Cache 监听到此主存块地址及写信号后，即可把它们各自保存可能有的该块拷贝及时作废（无效处理）。此后若有对片内 Cache 此块的再次或多次写命中，则按回写法处理，无需再送出信号了。这样虽然第一次写命中时花费了一个存储周期，但对维护系统全部 Cache 的一致性有利。而大多的 Cache 写操作不涉及到片外，对指令流水执行有利。

4.5.7 Pentium 微型计算机中的 Cache 技术

Pentium PC 采用两级 Cache 结构，分别为 L_1 和 L_2。L_1 集成在 CPU 内，其容量是 16KB，采用的也是两路组相联映射方式，每行是 32 字节。L_2 安装在主板上，其容量是 256KB 或 512KB，采用两路组相联映射方式，每行可以是 32、64 或 128 字节。L_2 的内容是 4～32MB 容量主存的子集，L_1 又是 L_2 的子集，从而使 L_1 未命中处理时间大为缩短，为 L_1 的高速使用提供了支持。CPU 中的 L_1 分为 8KB 的指令 Cache 和 8KB 的数据 Cache。通过对某些程序进行跟踪研究，得到的统计结果是：取指令占 63%，取数占 25%，写数占 12%。这一结果表明将指令 Cache 与数据 Cache 分开是有好处的。

指令 Cache 是只读的，单端口 256 位（32 字节）向指令预取缓冲器提供指令代码；数据 Cache 是读/写的，双端口，每端口 32 位（4 字节），向两条流水线的整数运算单元和寄存器提供数据或接收数据，两个端口还可组合成一个 64 位端口与浮点运算单元相接；两个 Cache 与 64 位数据、32 位地址的 CPU 内部总线相连。

4.6 虚拟存储系统

虚拟存储器最早是由英国曼彻斯特大学的 Kilbrm 等人提出的，并于 1961 年在该校 Atras 计算机上予以实现。20 世纪 70 年代以来，这一技术不仅被中、大型计算机采用，而且在当今的微型机上得到了普遍应用。

4.6.1 虚拟存储器的基本概念

一个高级语言程序经过编译后生成目标代码程序，目标代码程序只有装入内存，程序才能执行。我们把目标代码程序指令和数据占用的地址空间称为程序地址空间，或称为逻辑地址空间。将主存储器的存储空间称为物理地址空间，或称为实存地址空间。

虚拟存储器是主存容量的扩展，它是借助于磁盘等辅助存储器扩大主存容量，是一个容量非常大的存储器的逻辑模型，不是任何实际的物理存储器。在这个大空间的模型里，用户自由编程，完全不必考虑程序在主存中是否装得下，或者放在辅助存储器中的程序将来在主存中的位置，编好的程序由计算机操作系统装入辅助存储器，程序运行时附加的辅助硬件机构和存储管理软件会把辅助存储器的程序一块块自动调入内存由 CPU 执行或调出内存，用户感觉到的是不再处处受到主存容量限制的存储系统，而是具有一个容量充分大的存储器，这样的存储体系称为“虚拟存储器”。

简单地说，虚拟存储器只是一个容量非常大的存储器的逻辑模型，不是任何实际的物理存储器。它借助于磁盘等辅助存储器来扩大主存容量，使之为更大或更多的程序所使用。它能使计算机具有辅助存储器的容量，而接近于主存的速度。

引入虚拟存储器的基本思想是，实现多用户软件共享宝贵的主存资源。虚拟存储器技术的实现，是基于程序访问的局部性原理的。

虚拟存储器中有三种地址空间：一是虚拟地址空间，它是用户编程时的指令地址允许涉及的空间范围，这种指令地址称为“虚拟地址”（虚地址）或“逻辑地址”，对应的存储空间称为“虚拟地址空间”或“逻辑空间”。二是物理地址空间，它是实际的主存储器空间，相应的主存储器单元地址则称为 “物理地址”（实地址）。三是联机辅存地址空间，通常是磁盘存储器地址空间。

虚拟存储器管理的主要任务是利用软、硬件的方法，实现虚拟地址空间到物理地址空间（包括辅存地址空间）的映射和变换。地址映射就是把多用户的虚拟地址编写的程序按照某种规则装入主存储器中，并建立多用户虚地址与主存实地址之间的对应关系。

虚拟存储器的用户程序采用虚拟地址编址并存放在辅存中，程序运行时 CPU 以虚地址访问主存，由地址映射部件给出虚地址和物理地址的对应关系，判断这个虚地址指示的存储单元是否已装入主存，如果在主存，CPU 就直接执行已在主存的程序；如果不在，要进行辅存向主存的调度，这种调度以块为单位进行，存储管理软件和相应的硬件把访问单位所在的程序块从辅存调入主存，且把程序虚地址变换成实地址，然后由 CPU 访问主存。

根据虚拟存储器所采用的地址映射和地址变换方法不同，有多种不同的虚拟存储器。常用的有 3 种，即段式虚拟存储器、页式虚拟存储器和段页式虚拟存储器。

下面分别介绍这 3 种虚拟存储器。

4.6.2 段式虚拟存储器

段式虚拟存储器中的段是程序结构上相对独立的模块，如主程序段、公共子程序段、数据段、表格段、向量段等。它是按照程序的逻辑结构划分的，各个段的长度因程序而异。为了把程序虚地址变换成主存实地址，需要一个段表。段表中每一行记录着某个段对应的若干信息，包括段号、装入位、段起点和段长等。段表一般驻留在主存中，这里段号指虚拟段号，装入位为“1”，表示该段已调入主存；装入位为“0”，则表示该段不在主存中。如果装入位给出的信息表示要访问的这个程序段不在主存储器中，则段表中的起始地址和访问方式字段等均无用。由于段的大小可变，所以在段表中要给出各段的起始地址与段的长度。段表实际上是程序的逻辑结构段与其在主存中所存放的位置之间的关系对照表，如图 4-40 所示。

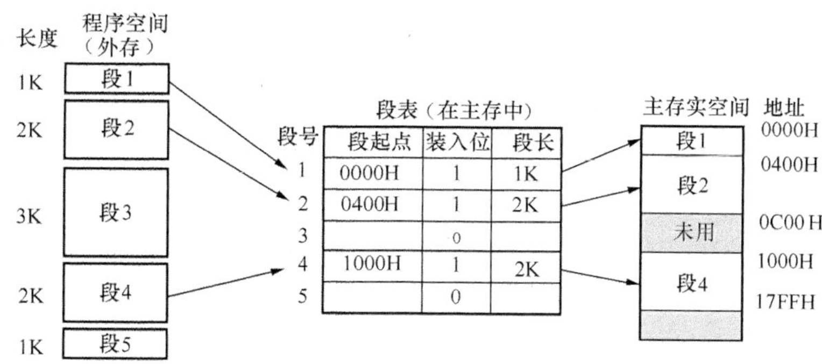

图 4-40　程序在主存中的分配及其段表

根据需要还可以在段表中增加访问方式、修改标志字段等。

段表中的段长和访问方式是用来保护程序段的。可以根据程序段的起始地址和段长计算出本次访问主存储器的地址是否越界。访问方式可以指出本程序段是否需要保护和保护的级别。例如，对于子程序段，通常只能执行，不能改写；对于一些常数段或数据库中的数据段，一般用户程序只能读，不能改写，不能执行；对于有些需要保密的表格，一般用户应禁止访问等。

根据需要还可以在段表中增加其他字段，例如，增加一个修改标志字段。表示本程序段是否被修改过。如果这个程序段从装入主存储器起一直没有被修改过，则在需要把它替换出主存储器时，不必把这个程序写回到外部的磁盘存储器中，只要用新调入的程序段把它覆盖掉即可。如果这个程序段被修改过，则必须先把这个程序段全部写回到磁盘存储器中，并存放在这个程序段的原来位置上。

图 4-41 是虚-实地址变换的示意图。虚地址来自 CPU，虚地址被分为两部分，高位是段号，低位是段内地址。CPU 根据虚地址访存时，首先将段号与段表基地址相加，形成访问段表对应的地址，然后根据段表内装入位判断该段是否已调入主存。若已调入主存，从段表读出该段在主存中的起始地址，与段内地址（偏移量）相加，得到对应的主存实地址。

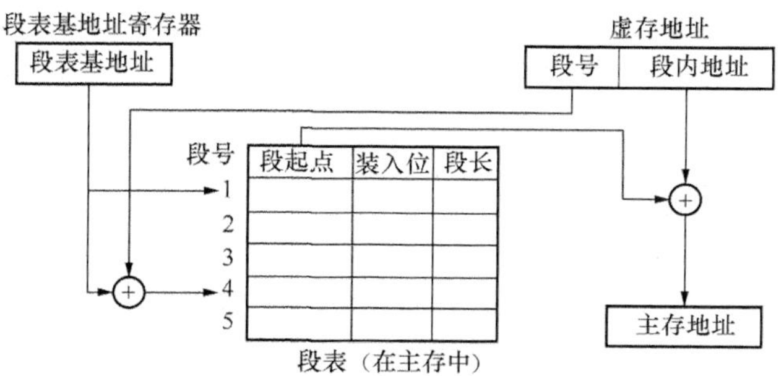

图 4-41　段式虚拟存储器的地址变换

段表本身也是一个段，一般常驻在主存储器中。如果段表太长，也可以把暂时不用的一部分段表放在磁盘存储器中，当需要时再把有用的段表调入主存储器。

段式虚拟存储器的主要优点如下：

（1）程序的模块化性能好。对于大程序，可以划分成多个程序段，每个程序段赋予不同的名字，由多个程序员并行编写，分别编译和调试，从而可以缩短程序的编制和调试时间。

（2）便于程序和数据的共享。当某个程序段需要被共享时，只要在主存储器中装入一份，同时在需要调用这个程序段的那些程序（或用户）被共享时，在需要调用这个程序段的那些程序（或用户）的段表中都使用这个程序段的主存起始地址和段长等信息，就能很方便地实现程序段的共享。

（3）便于实现信息保护。在一般情况下，一段程序是否需要保护是根据这个段程序的功能来决定的。由于段式虚拟存储器本身就是按照功能划分程序段的，因此，只要在段表中设置一个信息保护字段，就能根据需要很方便地实现对该程序段的保护。

段式虚拟存储器的主要缺点如下：

（1）地址变换所花费的时间比较长。从虚地址变换到主存实地址不但需要查表，而且还要做两次加法运算。

（2）主存储器的利用率往往比较低。由于每个程序段的长度是不同的，程序段在主存储器不断地调入、调出，有些程序段在执行过程中还要动态地增加长度，从而使得主存储器中有很多的空隙存在。

（3）对辅存的管理比较困难。磁盘存储器通常是按固定大小的块来访问的，如何把不定长度的程序段映射到固定长度的磁盘存储器中，需要做一次地址变换。

4.6.3 页式虚拟存储器

页式虚拟存储器是把虚拟地址空间和主存地址空间等分成大小相同的页，页是一种逻辑上的划分，它可以由系统管理软件任意指定。由于磁盘存储器的物理块大小是 0.5KB，为了与外部存储器，特别是磁盘存储器相配合，虚拟存储器中页的大小通常也指定为 0.5KB 的整倍数。目前在一般计算机系统中，一个页面的大小通常为 1KB～16KB。

CPU 访问主存时送出的是程序的虚地址，计算机必须判断出该地址单元的内容是否已在主存中：如果在，就要找出在主存的哪一页；如果不在，需要将所在页的内容调入指定的主存页后才能被 CPU 执行。为此，需要建立一张虚地址页号与实地址页号对照表，用于记录程序的虚页面调入主存时被安排在主存的位置。这张表叫页表。

页表是存储管理软件根据主存运行情况自动建立的，内存中有固定区域存放页表。每个程序都有一张页表。页表的长度等于该程序虚页数。页面的起点和终点地址是固定的，这给编制页表带来了方便。主存即实存的页称为实页，也称物理页；虚存的页称为虚页，也称逻辑页。显然，虚拟空间的虚页数要比主存空间的实页数多很多。

假设逻辑页号为 0，1，2，…，m，物理页号为 0，1，…，n，显然有 $m>n$。虚存地址分为两个字段：高位字段为逻辑页号，低位字段为页内地址。实存地址也分两个字段：

高位字段为物理页号，低位字段为页内地址。由于两者的页面大小一样，所以页内地址是相等的。

虚拟地址到主存实地址的变换是由放在主存的页表来实现的。在页表中，对应每一个虚存逻辑页号有一个表目，表目内容至少要包含该逻辑页所在的主存页面地址（物理页号），用它们作为实存地址的高字段，与虚存地址的页内地址字段相拼接，就产生了完整的实存地址，据此来访问主存。页式管理的地址变换如图 4-42 所示。

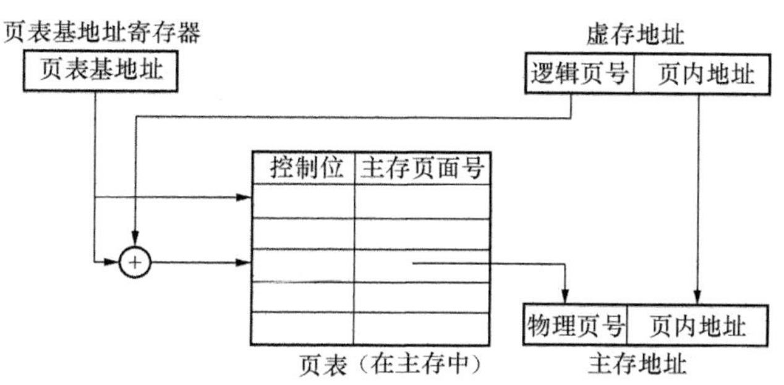

图 4-42 页式虚拟存储器实地址变换

通常，在页表的表项中还包括装入位、修改位、替换控制位及其他保护位等组成的控制字段。如装入位为“1”，表示该逻辑页已从外存调入主存；如装入位为“0”则表示对应的逻辑页尚未调入主存。如访问该页就要产生页面失效中断，启动输入输出子系统，根据页表项目中查得的外存地址，由磁盘等外存中读出新的页到主存中来。修改位指出主存页面中的内容是否被修改过，替换时是否要写回外存，替换控制位指出需替换的页等。

页式管理系统的基本信息传送单位是定长的页。新页调入主存也很容易掌握，只要有空白页面就可容纳。唯一可能造成浪费的是程序最后一页的零头的页内空间，它比段式管理系统的段外空间浪费要小得多。页式管理系统的缺点正好和段式管理系统相反。由于页不是逻辑上独立的实体，所以处理、保护和共享都不及段式来得方便。

需要注意以下两点，一是虚页内容若没有调入主存，则计算机启动输入输出系统，把虚地址指示的一页内容从辅存调入主存，再提供 CPU 访问。

二是虚地址和辅存地址不是一回事，程序员按虚存空间编址，虚地址由虚页号和页内地址组成，辅存实际地址以磁盘为例，地址由磁盘机号、磁头号、柱面号、块号、块内地址组成，因此从辅存调页时还需要进行虚存地址空间到辅存地址的变换。这个变换也可以采用前述类似的页表方式。此表称为外页表。

CPU 访问主存页面失效时，调用外页表把程序的虚地址变换成辅存的实际地址，从辅存调出该虚页，而后根据页表指出的实页号再把虚页内容调入主存。

4.6.4 段页式虚拟存储器

段式存储管理和页式存储管理各有其优缺点，可以采用分段和分页结合的段页式管理方式，即段页式虚拟存储器。它是将程序按其逻辑结构分段，每段再划分为若干个大小相等的页；主存空间也划分为若干同样大小的页，即进入主存仍以页为基本信息传送单位。段页式虚拟存储器采用段表和页表（每段一个页表）进行两级定位管理。每个段的大小可以不相等，有的甚至事先无法知道。

虚存和实存之间以页为基本传送单位，每个程序对应一个段表，每段对应一个页表。CPU 访问时，虚地址包含段号、段内页号、页内地址 3 部分。首先将段表起始地址与段号合成，得到段表地址；然后从段表中取出该段的页表起始地址，与段内页号合成，得到页表地址；最后从页表中取出实页号，与页内地址拼接形成主存实地址。段页式存储器综合了前两种结构的优点，但要经过两级查表才能完成地址转换，费时要多些。段页式虚拟存储器综合了段式和页式结构的优点，是一种较好的虚拟存储器信息块的划分方案，也是目前大中型计算机系统中普遍采用的一种方式。

如果有多个用户程序在机器上运行，即称为多道程序，多道程序的每一道需要一个基号，也就是每个用户需要一个用户标志号，可由它指明该道程序的段表起始地址（存放在基址寄存器中）。这样，虚拟地址就包括基号、段号、页号、页内地址。

每道程序可由若干段组成，而每段又由若干页组成，由段表指明该段页表的起始地址，由页表指明该段各页在主存中的位置以及是否已装入等控制信息。

4.6.5 加速地址变换的方法

在虚拟存储器中，如果不采取有效的措施，访问主存的速度将要降低几倍，这是因为在页式或段式虚拟存储器中，必须先查页表或段表；在段页式虚拟存储器中，既要查段表又要查页表。如果页表和段表都在主存中，那么，包括访问主存本身这一次在内，主存的访问速度将要降低 2～3 倍。

要想使访问虚存的速度接近于访问主存的速度，必须加快查表的速度。根据程序局部性原理，且对页表的访问并不完全是随机的。在一段时间内，对页表的访问只是局限在少数几个存储器字内。为了将访问的时间降低到最低限度，我们可以把表的最活跃部分放在高速存储器组成的块表中，这是减少时间开销的一种方法。此外，在一些影响工作速度的关键部分引入硬件的支持，例如，采用按内容查找的相联存储器来并行查找，也是可供选择的技术途径。

快表由硬件组成，它比页表小得多，因为快表只是原来页表的一个小副本。查表时，由逻辑页号同时去查快表和慢表，当快表中有此逻辑页号时。就能很快地找到对应的物理页号送入主存地址寄存器，并使慢表的查找作废，从而就能做到虽然采用虚拟存储器但访主存速度几乎没有下降。如果在快表中查不到，那就要花费一个周期的访主存时间查慢表，从中查到物理页号送入主存地址寄存器，并将此逻辑页号和对应的物理页号送入快表，替换快表中应该移掉的内容，这也要用到替换算法。

4.6.6 替换算法

当 CPU 要用到的数据或指令不在主存时，产生页面失效，即缺页，此时要求从外存调入包含有这条指令或数据的页面。假如主存页面已全部被占满。那么用什么规则来替换主存的哪一页以接纳要调入的页面呢？

虚拟存储器中的页面替换策略和 Cache 中的块替换策略有很多相似之处。但有三点显著不同：①缺页至少要涉及一次磁盘存取，以读取所缺的页面，因此缺页使系统蒙受的损失要比 Cache 未命中大得多；②页面替换是由操作系统软件实现的；③页面替换的选择余地很大，属于一个进程的页面都可替换。为了以较多的 CPU 时间和硬件为代价来换取更高的命中率，虚拟存储器中的替换策略一般采用 LRU 算法、LFU 算法、FIFO 算法，或将两种算法结合起来使用。

对于将被替换出去的页面是否要进行某些处理呢？由于在主存中的每一页在外存中留有副本，假如该页调入主存后没有被修改过，那么就不必进行处理，否则就应该把该页重新写入外存，以保证外存中数据的正确性。为此在页表的每一行可设置一个修改位，当该页刚调入主存时，此位为“0”，当对该页内任一地址进行写入时，就把该位修改为“1”。在该页被替换时，检查其修改位，如为“1”，则先将该页内容从主存写入外存，然后再从外存接收新的一页。

4.6.7　存储管理部件（MMU）

现代计算机一般都有辅助存储器，但具有辅存的存储系统不一定是虚拟存储系统。虚拟存储系统有两大特点：

（1）允许用户用比主存空间大得多的空间来访问主存。

（2）每次访存都要进行虚实地址的转换。

为了实现逻辑地址到物理地址的转换，并在页面失效时进入操作系统环境，设置了由硬件实现的存储管理部件 MMU，而整个虚拟存储器的管理是由 MMU 部件与操作系统共同完成的。

4.6.8　Pentium 微型计算机的虚拟存储器

Pentium 微型机的虚拟地址被称为逻辑地址，其长度为 48 位，由 16 位段地址和 32 位偏移地址构成。段地址中有 2 位用于存储保护，真正属于段地址的是 14 位，所以有效的逻辑地址为 46 位，虚拟空间为 2^{46}B。

Pentium 微型机采用段页式地址转换机制，通过段地址查阅段表，将表中地址与偏移地址相加后得到 32 位线性地址，然后通过页面转换得物理地址。页面转换是通过页目录和页表实现的，线性地址由页目录（10 位）、页号（10 位）和偏移地址（12 位）组成，页面大小为 4KB。Pentium 微型机还允许将页面大小设置为 4MB，此时页面转换只要查一次页表即可。

Pentium 微型机的存储器结构有很大灵活性，根据其段表和页表是否设置可以有 4 种组合情况：无段表和无页表的非虚拟存储器，其逻辑地址即为物理地址，可减少复杂性，在高性能的控制机中经常被采用；无段表和有页表的页式虚拟存储器，此时存储器的管理和保护是通过页面转换实现的；有段表和无页表的段式虚拟存储器以及有段表和有页表的段页式虚拟存储器。

习　　题

1. 填空题

（1）半导体随机存储器可分为___________和___________两种。

（2）非易失性半导体存储器有___________、___________、___________、___________和___________。

（3）主存储器的性能指标主要是____________、____________、存储周期和存储器带宽。

（4）闪速存储器能提供高性能、低功耗、高可靠性及____________能力，为现有的体系结构带来巨大变化，因此作为______________用于便携式电脑中。

2. 选择题

（1）存储器是计算机系统的记忆设备，主要用于________。

A. 存放程序　　B. 存放软件

C. 存放微程序　　D. 存放程序和数据

（2）计算机的存储器系统是指________。

A. RAM 存储器　　B. ROM 存储器

C. 主存储器　　D. 主存储器和外存储器

（3）存储单元是指________。

A. 存放一个机器字的所有存储元

B. 存放一个二进制信息位的存储元

C. 存放一个字节的所有存储元的集合

D. 存放两个字节的所有存储元的集合

（4）存储周期是指________。

A. 存储器的读出时间

B. 存储器的写入时间

C. 存储器进行连续读和写操作所允许的最短时间间隔

D. 存储器进行连续写操作所允许的最短时间间隔

（5）外存储器与内存储器相比，外存储器________。

A. 速度快，容量大，成本高　　B. 速度慢，容量大，成本低

C. 速度快，容量小，成本高　　D. 速度慢，容量大，成本高

（6）EPROM 是指________。

A. 读写存储器　　B. 只读存储器

C. 可编程的只读存储起器　　D. 光擦除可编程的只读存储器

（7）闪速存储器称为________。

A. 光盘　　B. 固态盘　　C. 硬盘　　D. 软盘

（8）在主存和 CPU 之间增加 Cache 存储器的目的是________。

A. 增加内存容量

B. 提高内存可靠性

C. 解决 CPU 和主存之间的速度匹配问题

D. 增加内存容量，同时加快存取速度

(9) 某单片机的系统程序，不允许用户在执行时改变，则可以选用________作为存储芯片。

A. SRAM　　B. 闪速存储器　　C. Cache　　D.辅助存储器

(10) 某计算机字长 32 位，其存储容量为 4MB，若按半字编址，它的寻址范围是________。

A. 0～4MB　　B. 0～2MB　　C.0～2M　　D. 0～1M

(11) 某 SRAM 芯片，其存储容量为 64×16 位，该芯片的地址线和数据线数目为________。

A. 64，16　　B. 16，64　　C. 6，16　　D. 16，6

(12) 某一 SRAM 芯片，其容量为 512×8 位，除电源端和接地端外，该芯片引出线的最小数目应为________。

A. 23　　B. 25　　C. 50　　D. 19

(13) 在虚拟存储器中，当程序正在执行时，由________完成地址映射。

A. 程序员　　B. 编译器　　C. 装入程序　　D. 操作系统

(14) 采用虚拟存储器的主要目的是________。

A. 提高主存储器的存取速度

B. 扩大存储器空间，并能进行自动管理

C. 提高外存储器的存取速度

D. 扩大外存储器的存储空间

(15) 常用的虚拟存储系统由________两级存储器组成，其中________是大容量的磁表面存储器。

A. 快存－辅存，辅存　　B. 主存－辅存，辅存

C. 快存－主存，辅存　　D. 通用寄存器－主存，主存

(16) 交叉存储器实质上是一种________存储器，它能________执行________独立的读写操作。

A. 模块式，并行，多个　　B. 模块式，串行，多个

C. 整体式，并行，一个　　D. 整体式，串行，多个

(17) 模 4 交叉存储器有 4 个存储模块，它们有各自的________。

A. 地址寄存器

B. 地址寄存器和指令寄存器

C. 地址寄存器和数据缓冲寄存器

D. 地址寄存器、数据缓冲寄存器和指令寄存器

(18) 以下四种类型的半导体存储器中，若以传输同样多的字为比较条件，则读出数

据传输率最高的是________。

A. DRAM　　B. SRAM　　C. 闪速存储器　　D. EPROM

（19）相联存储器是按________进行寻址的存储器。

A. 地址指定方式　　B. 堆栈存取方式

C. 内容指定方式　　D. 地址指定与堆栈存取方式结合

3. 设有一个具有 20 位地址和 32 位字长的存储器，问：

（1）该存储器能存储多少个字节的信息？

（2）如果用 512K×8 位的 SRAM 组成，需多少片？

（3）需要多少位地址作芯片选择？

4. 有一个 1024K×32 位的存储器，由 128K×8 位的 DRAM 构成，问：

（1）总共需要多少 DRAM 芯片？

（2）采用异步刷新，如果单元刷新间隔不超过 8ms，则刷新信号周期是多少？

5. 存储器容量为 32 字，字长 64 位，模块数 $m=8$，用交叉方式进行组织。存储周期 $T=200$ns，数据总线宽度为 64 位，总线传送周期 $\tau=50$ns。问该存储器的带宽是多少？

6. 某 CPU 提供 16 条地址线（A_0～A_{15}）、8 条数据线（D_0～D_7）及 $R/\overline{W}$ 控制信号，目前使用的存储器容量为 8KB，其中 4KB 为 ROM，采用 2K×8 位的芯片，其地址范围为 0000H～0FFFH；4KB 为 SRAM，采用 4K×2 位芯片，其地址范围为 4000H～4FFFH。问：

（1）需 RAM 和 ROM 芯片各多少?

（2）画出 CPU 与存储器之间的连接图（译码器自定）。

7. 某 CPU 有 16 条地址线和 8 条数据线。从 0 地址开始已有 40 KB 内存，现要在 40KB 地址空间之后再增加 8KBRAM（地址连续）。如用 4K×8 位 SRAM 芯片来扩容，试设计 CPU 与 8KBSRAM 的连接图（片选 $\overline{CS}$、写 $\overline{WE}$ 低电平有效）。

8. 16K×1 位 DRAM 芯片的行数和列数各是多少？如用这种规格的芯片构成一个 32K×8 的存储器需要多少片？设刷新周期为 1ms，存取周期为 50ns，求出该存储器在 1 个刷新周期内所占用的刷新时间以及两次刷新操作之间的时间间隔。

9. 某微机的寻址范围为 64 KB，由 8 片 8 KB 的芯片组成，每个芯片由 8 K×8 位组成。

（1）请写出每个芯片的寻址范围。

（2）如果运行时发现不论往哪个芯片存放 8 KB 数据，以 A000H 起始地址的存储芯片都有相同的数据，请分析故障原因。

（3）若发现译码器中的地址线 A_{13} 与 CPU 断线，并搭接到高电平的故障，问后果如何？

10. 现有 1024K×1 的存储芯片，若用它组成容量为 16K×8 的存储器。试求：

（1）实现该存储器所需的芯片数量是多少?

（2）若将这些芯片分装在若干块板上，每块板的容量为 4K×8，该存储器所需的地址线总位数是多少？其中几位用于选板？几位用于选片？几位用作片内地址?

11. 某计算机的存储系统由 Cache 和主存构成，Cache 的存取周期为 45ns，主存的存取周期为 200 ns。已知在一段给定的时间内，CPU 共访问内存 4 500 次，其中 340 次访问主存。问：

（1）Cache 的命中率是多少？

（2）CPU 访问内存的平均时间是多少纳秒？

（3）“Cache□主存”系统的效率是多少？

12. 假设可供用户程序使用的主存容量为 200KB，而某用户的程序和数据所占的主存容量超过 200KB，但小于逻辑地址所表示的范围。请问：具有虚存与不具有虚存对用户有何影响？

13. 某机器采用四体交叉存储器，今执行一段小循环程序，此程序放在存储器的连续地址单元中。假设每条指令的执行时间相等，而且不需要到存储器存取数据，请问在下面两种情况中（执行的指令数相等），程序运行的时间是否相等?

（1）循环程序由 6 条指令组成，重复执行 80 次。

（2）循环程序由 8 条指令组成，重复执行 60 次。

第5章 指 令 系 统

指令和指令系统是计算机中最基本的概念，设计计算机时首先就要确定指令系统，因为指令系统是计算机软件和硬件之间的分界面。但是，指令系统的设计是一个复杂的问题，有许多因素要考虑。这一章主要介绍计算机指令系统所涉及的基本概念，如指令格式、寻址方式、指令类型等，并说明确定计算机指令系统的基本原则，最后简要介绍典型的计算机指令系统。

5.1 指 令 系 统 概 述

5.1.1 指令系统的基本概念

指令是指示计算机执行某种操作的命令，而程序就是使计算机执行某个特定任务的一系列指令的集合。计算机的硬件只能识别由 0 和 1 组成的二进制代码，因此指令也必须是由 0 和 1 按照一定的格式组成的二进制编码。表示一条指令意义的二进制代码，被称为指令码，也可直接称为指令。指令码的编码规则称为指令格式。指令码中二进制码的位数称为指令长度。每条指令都具有一个确定的指令码，对应于计算机能执行的一种操作。在不同类型的计算机中，不同功能操作的指令之间、指令码有着各自的样式、特征和规则。在每个计算机中，指令码都是按照一种预先精心设计的、该机型共同约定好的编码规则来加以编排和设置的。

由 0 和 1 编码组成的指令是计算机唯一可以理解的“语言”，因此称为机器语言，所以也把指令码称为机器指令或机器码。

一台计算机所能执行的全部指令的集合称为指令系统，或称为指令集。不同型号的计算机有着不同的指令系统。从程序设计者的角度来看，指令系统是一台计算机的主要属性，是软、硬件的主要交界面。就目前来看，无论多么复杂、功能多么强大的软件，凡是能够在机器上直接运行的目标程序都是由一系列的机器指令组成的，都是程序设计者使用该机指令系统中的各种指令来编制的，而程序又利用指令系统所具有的各种指令去指挥计算机硬件进行各种操作。

一台计算机指令系统功能的强弱，对编制程序的支持程度，往往影响到该计算机能否获得较为广泛的应用。

指令系统要由计算机的硬件来支持和实现，从计算机硬件工程设计的角度来看，指令系统是设计计算机硬件的一个主要依据。指令系统一直是计算机系统结构设计者十分重视的一个方面。在研制每一种新的计算机时，设计者面临的一个基本问题就是如何巧妙而又富有创造性地设计它的指令系统。

5.1.2 指令系统的发展

在计算机发展的早期，由于计算机采用分立元件，价格昂贵，因此，大多数计算机的硬件结构比较简单，所支持的指令系统一般只有定点加减、逻辑运算、数据传输和转移等十几至几十条最基本的指令，而且寻址方式简单。到20世纪60年代中后期，随着集成电路的出现，组成计算机的硬件成本不断下降，硬件功能不断增强，指令系统也越来越丰富，除具有以上最基本的指令以外，还设置了乘除运算指令、浮点运算指令、十进制运算指令、字符串处理指令和特权指令等，一台计算机的指令数多达一二百条。

随着集成电路的发展和计算机应用领域的不断扩大，20世纪60年代后期开始出现系列计算机。所谓系列计算机，是指基本指令系统、基本体系结构相同的一系列计算机。如Pentium系列就是一种微型机系列。一个系列往往有多种型号，但由于推出时间、采用器件的不同，它们在结构和性能上往往都有不少差异。通常新机种在性能和价格方面比旧机种优越。系列机解决了各机种的软件兼容问题，其必要条件是同一系列的各机种有共同的指令集，而且新推出的机种指令系统一定包含所有旧机种的全部指令。因此旧机种上运行的各种软件可以不加任何修改地在新机种上运行，从而大大减少软件开发费用。

20世纪70年代末期，计算机硬件结构随着集成电路技术的飞速发展而越来越复杂化，计算机的指令系统为了适应程序的兼容性、编程的简洁性和硬件系统功能的完善性，把以前用软件（子程序）可以实现的功能改为用指令实现，使得同一系列的计算机指令系统越来越复杂，也使得指令系统的硬件实现越来越复杂，大多数计算机的指令系统多达几百条，我们称这些计算机为复杂指令系统计算机（Complex Instruction Set Computer，CISC）。但是，如此庞大的指令系统不仅使计算机的研制周期变长，正确性难以保证，不易调试维护，而且由于采用了大量使用频率很低的复杂指令造成了硬件资源的浪费。为此，人们又提出了便于VLSI技术实现的精简指令系统计算机（Reduced Instruction Set Computer，RISC）。

RISC的设计思想就是从传统的计算机指令系统中，选用使用频率最高的少数指令，从而使指令系统简化；并尽量使所有的指令周期相等，每条指令都能在一个机器周期内执行完，方便指令的流水执行。同时通过大量增加寄存器、高速缓冲存储器和优化编译程序技术来提高处理速度。

5.1.3 指令系统的性能要求

指令系统的性能决定了计算机的基本功能，指令系统的设计是计算机系统设计中的核心问题，它不仅与计算机的硬件结构紧密相关，而且直接关系到用户的使用需求。

一个完善的计算机指令系统必须满足以下几方面的要求。

（1）完备性。指令系统的完备性是指机器直接提供的指令足够使用，不必用软件方法来间接实现。一台计算机中最基本的、必不可少的指令构成了指令系统的完备性。而其他一些指令，如乘、除运算指令、浮点运算指令，可以直接用硬件实现，也可以用其他指令实现，即用软件的方法实现，两者只是在执行时间和编写程序的难易程度上有差别。之所以在指令系统中设计特殊指令，是为了提高程序执行的速度和便于用户编写程序。

（2）有效性。有效性是指利用该指令系统编制的程序能够高效率地运行。程序的效率主要表现在空间和时间两个方面，高效率就是指程序占用的存储空间小、执行速度快。通常，一个功能完善的指令系统必须有很好的有效性。

（3）规整性。规整性是指指令操作的对称性、匀齐性和指令格式与数据格式的一致性。

指令的对称性是指在指令系统中，所有的寄存器和存储单元都可同等对待，这对简化程序设计、提高程序的可读性非常有用。

指令的匀齐性是指一种操作性质的指令可以支持各种数据类型，如算术运算指令可支持字节、字和双字整数运算、十进制数运算和单、双精度浮点数运算等。指令的这种性质，可以使程序设计者无需考虑数据类型而选用指令，从而提高编程效率。

指令格式与数据格式的一致性是指指令长度与数据长度有一定关系，以方便存取和处理。

（4）兼容性。指令系统的兼容性指的是同一个软件可以不加修改地在系统结构相同的计算机中运行，获得相同的结果，差别在于运行的时间长短不同。软件兼容性不仅在同一厂家的系列机中存在，而且也出现在不同厂家所生产的具有相同系统结构的计算机系统中，这些计算机系统一般称为“兼容机”。如 IBM PC 机就是一个典型的例子。要做到所有软件都完全兼容是不可能的，一般只能做到“向上兼容”，即低档机上运行的软件可以在高档机上运行。

5.2 指令的格式

计算机的指令格式与计算机的字长、存储器容量及指令功能密切相关。为增强指令功能，增加基本操作并行性，指令中所包含的信息越多越好；但另一方面，指令太长又会增加存储空间的开销并降低机器指令的执行速度。因此，如何合理、科学地设计指令格式对整个计算机的设计是至关重要的。

5.2.1 指令的要素

通常，计算机执行指令来处理数据，为了更加明确地指出指令执行过程中数据的来源以及执行结果的去向，一条完整的指令应包括下列信息。

（1）操作码：说明本条指令进行操作的性质及功能，表示该指令所要完成的操作。CPU 每次从内存取出一条指令，指令中的操作码就告诉 CPU 应执行什么性质的操作。例如，用操作码“0000”表示“加法”操作，操作码“0001”表示“减法”操作等。

每条指令都要求它的操作码必须是独一无二的，指令不同，操作码也不同。操作码的长度取决于指令系统中的指令条数。例如，若操作码长度为 4 位，则指令系统中指令的个数不能多于 16 条。

（2）操作数的地址：也可称之为地址码。地址码用来描述该指令的操作对象，CPU 通过该地址可获得需要的操作数。在地址码中可以直接给出操作数本身，也可以直接指出操作数在存储器中的地址或寄存器地址，或间接给出操作数在存储器中的地址等。

（3）操作结果的存储地址：把本条指令执行完成之后产生的结果保存在这个存储地址中，以便于再次使用。

（4）下一条指令的地址：通常在程序顺序执行的情况下，下一条指令的地址由程序计数器给出，仅在程序的运行顺序改变时（如转移指令），下一条指令的地址才由指令给出。

计算机的指令格式与机器的字长、存储器的容量以及指令的功能都有很密切的关系。从提高指令功能的角度来看，指令中所包含的信息越多越好。但是这样会出现一个问题，就是在有些指令中，一部分信息没有被充分利用，造成指令存储空间的浪费，影响访问速度。因此，一条指令往往只包括两种信息：操作码和地址码（操作数），其格式如图 5-1 所示。

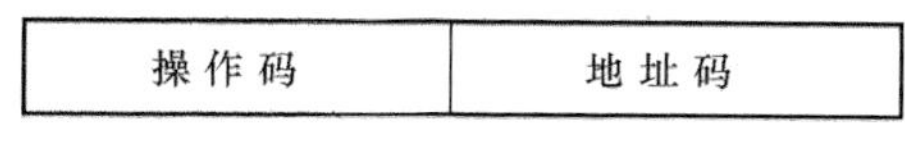

图 5-1 指令的组成

机器指令是 CPU 唯一能够直接识别并执行的指令。但是对使用者而言，机器指令在记忆、阅读和书写方面都是比较困难的。因此，在学习指令时都采用容易记忆的符号和格式来表示，也即助记符指令，或汇编语言指令。汇编语言指令的一般格式为：

[标号] 指令助记符 [操作数表] [；注释]

其中，标号部分是给指令或某一存储单元地址所起的名字；指令助记符表示指令所执行的操作，为了方便记忆，一般用英文单词缩写或几个单词的第一个字符组成，如 ADD 表示加法指令；操作数表示参与操作的对象，可以是立即数、寄存器和存储单元。操作数可以有一个或两个，写在左边的操作数为目标操作数，右边的操作数为源操作数（也可能相反），操作数之间用逗号隔开；注释部分通常是对指令或程序功能的简要说明，目的是提高程序的可读性，它必须以分号“；”开始。

用方括号括起来的部分，是可选项。每部分之间用空格（至少一个）分开。

由于汇编语言指令易读、易记，因此下面关于指令系统的介绍都采用这一格式。当然汇编语言指令计算机是不能直接执行的，必须翻译（汇编）成机器指令才能装入存储器被计算机自动执行。

5.2.2 指令的基本格式

一条指令中含有的操作数地址不一定只有一个。随着指令功能的不同，操作数地址可能是两个或多个。例如加减法运算，一般要求有两个操作数地址。但若再考虑操作运算结果的存放地址，就需要有 3 个地址，若继续考虑本条指令完成以后下一条指令的地址，则需要 4 个地址。

指令字中操作数地址字段的位数取决于指令操作所需要的操作数地址个数和每个操作数地址的位数。所以，一个指令的字长应满足下面的等式：

指令字长＝操作码的位数＋（操作数地址个数）×（操作数地址码位数）

根据指令中地址码部分所给出的地址个数，指令可分为以下几种。

1. 零地址指令格式

这是一种只有操作码（OP），而没有操作数地址部分的指令，如图 5-2 所示。

OP

图 5-2　零地址指令格式

这种指令有两种可能：

（1）无需任何操作数。如空操作指令、停机指令等。

（2）所需的操作数是默认的。如堆栈结构计算机的运算指令，所需的操作数默认在堆栈中，由堆栈指针隐含指出。

2. 一地址指令格式

一地址指令常称为单操作数指令，指令中只给出一个地址，如图 5-3 所示。

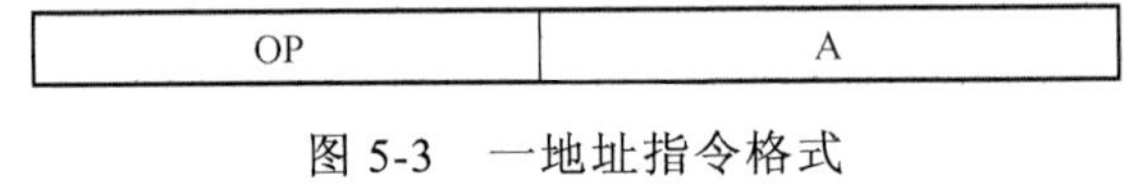

图 5-3　一地址指令格式

一地址指令也有两种可能：

（1）指令中给出的一个地址既是操作数的地址，又是操作结果的存储地址。

（2）在某些计算机中，指令中的一个地址提供一个操作数，另一个操作数是由机内硬件寄存器"隐含"自动提供的。所谓"隐含"是指此操作数在指令中不出现，而是按照事先约定由默认寄存器提供，运算结果仍送到寄存器中。因为这个寄存器在连续运算时，保存着多条指令连续操作的累计结果，故称为累加器（ACC）。

3. 二地址指令格式

二地址指令常称为双操作数指令，它有两个地址码字段 A_1 和 A_2，分别指明参与操作的两个数在存储器或寄存器中的地址，其中地址 A_1（也可能是 A_2）兼作存放操作结果的地址，如图 5-4 所示。

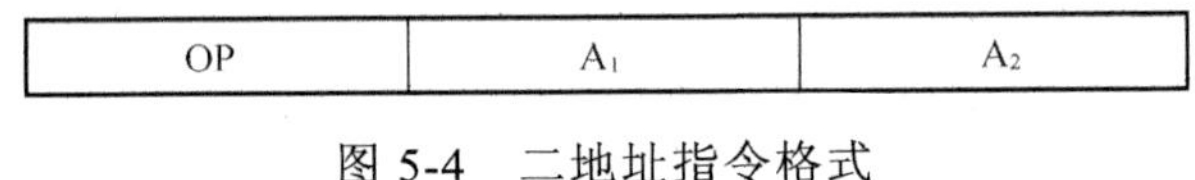

图 5-4　二地址指令格式

这是最常见的指令格式。常把保存操作前原来操作数的地址称为源点地址（SS）或源操作数地址，把保存指令执行结果的地址称为终点地址或目的地址（DD）。

4. 三地址指令格式

三地址指令字中有三个操作数地址 A_1、A_2 和 A_3，A_1 为一个操作数地址，A_2 为另一个操作数地址，A_3 为存放操作结果地址，如图 5-5 所示。

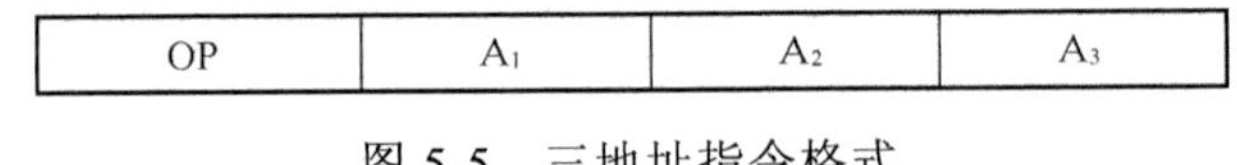

图 5-5　三地址指令格式

5. 多地址指令格式

这类指令有 3 个以上的操作数地址，指令码长，在某些性能较高的大、中型机中采用，如字符串处理指令、向量和矩阵运算指令等。为了描述一批数据，指令中需要多个地址来指出数据存放的首地址、长度等信息。例如 CDC-STAR-100 的矩阵运算指令，它有 7 个地址字段，用于指出运算的两个矩阵存储情况及结果的存放情况。

一台计算机选择怎样的指令格式，涉及多方面因素，一般要求指令的字长要尽量短一些，以得到时间和空间上的优势。指令字长越短，意味着要占用的存储器空间就越小，而且存取指令所需要的时间就可能越少。在同一个存储器的同一传输速率下，每秒钟从存储器中能读出的短指令数量肯定会比长指令的数量多，从而使处理器执行指令的速度加快。

指令也必须有足够的长度以利于增加信息量。一个指令码中包含的二进制代码位数，称为指令字长。尽管希望指令字长尽量短，但也必须满足指令系统的要求，即至少要具有必要的操作码位数与操作数地址字段的位数。随着指令字长的增加，操作码和操作数地址可使用的位数也成比例地增加，每条指令的内容也就越丰富。再者，指令字长一般应是机器字符长度的整数倍，以便于存储系统的管理。若机器中字符码长度是L位，则指令字长最好是L、2L、4L或8L等。目前普遍采用的ASCII字符编码（7位）加一个奇偶校验位，字符长度L为8位（一个字节）。指令字长一般为8位、16位、32位和64位。

另外，指令格式的设计还与如何选定指令中操作数地址的位数有关。例如，对同一容量（如64KB）的存储器，若取存储单元为一字节长，则需要16位地址码，若存储单元长度为32位，则只需14位地址码。对比一下会发现各有利弊：前者对字符操作方便，但地址码位数多，后者地址码位数少，但字符操作困难，分辨率低。

5.2.3 指令字长与扩展方法

1. 指令字长

机器字长是指计算机一次能直接处理的二进制数据的位数，它决定了计算机的运算精度。机器字长通常与主存单元的位数一致。指令字长等于机器字长的指令，称为单字长指令；指令字长等于半个机器字长的指令，称为半字长指令；指令字长等于两个机器字长的指令，称为双字长指令。例如，IBM370系列，它的指令格式有16位（半字）的，有32位（单字）的，还有48位（一个半字）的。在Pentium系列机中，指令字长也是可变的，有8位、16位、32位和64位等。使用多字长指令的目的在于提供足够的地址位来解决访问内存任何单元的寻址问题。但是使用多字长指令的一个主要缺点是必须两次或多次访问内存才能取出一条完整指令，这不仅降低了CPU的运算速度，同时也占用了更多的存储空间。

在一个指令系统中，如果各种指令字长相等，就称为等长指令字结构，它们可以都是单字长指令或半字长指令。这种指令结构简单，且指令字长是不变的。如果各种指令字长随指令功能而异，比如有的指令是单字长指令，有的指令是双字长指令，就称为变长指令字结构。这种指令字结构灵活，能充分利用指令长度，但指令的控制较复杂。

2. 指令扩展方法

指令操作码的长度决定了指令系统中完成不同操作的指令条数。指令操作码通常有两种编码格式。

（1）固定格式。在这种格式中操作码长度固定，且集中放在指令字的一个字段中。这种格式对于简化硬件设计、减少指令译码时间非常有利，在字长较长的大、中型计算机和超级小型机以及RISC上广泛采用，如IBM360和VAX-1系列机，操作码长度均为8位。

（2）可变格式。在这种格式中操作码长度可变，且分散在指令字的不同字段中。这种格式能有效地压缩指令的平均长度，在字长较短的微、小型计算机中广泛采用，如 Z80、Intel80x86 和 PDP-11 等。这种方法也称为扩展操作码方式。

扩展操作码方法的基本思想是：操作码位数不是单一固定不变的，而是随地址码个数而变化，对于一部分不需要某个地址的指令，可将操作码扩充到地址码字段。这样，既能充分利用指令字的各个字段，又能在不增加指令字长度的情况下扩展操作码的长度，使它能表示更多的指令。

假设一台计算机指令字长为 16 位，操作码与地址码都为 4 位，如图 5-6 所示。若采用操作码长度固定格式，则最多可以设计 16 条三地址指令，而采用扩展操作码的方法可以获得更大的灵活性，具体方法如下：

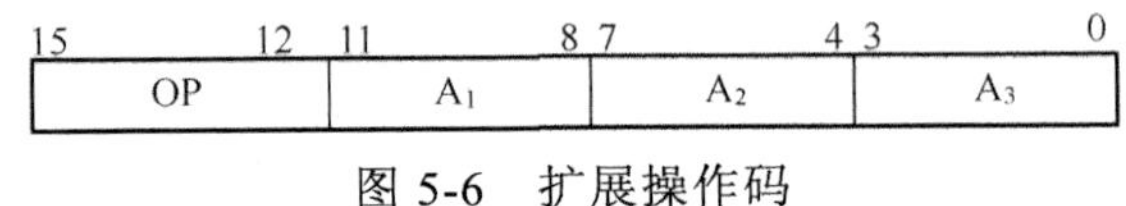

图 5-6 扩展操作码

①4 位操作码中用 0000～1110 定义 15 条三地址指令，剩下的一个编码 1111 作为扩展标志与下一个 4 位组成一个 8 位操作码，引出二地址指令。

②8 位操作码中用 11110000～11111110 定义 15 条二地址指令，剩下的一个编码 11111111 与下一个 4 位组成一个 12 位的操作码，引出一地址指令。

③12 位操作码中用 111111110000～111111111110 定义 15 条一地址指令，剩下的一个编码 111111111111 与下一个 4 位组成 16 位操作码，引出零地址指令。

④零地址指令最多有 16 种组合。

扩展操作码可以根据需要灵活设计。如在第（1）步中可以保留 0000～1101 总共 14 种编码作为三地址指令使用，留出 1110 和 1111 两个作为扩展标志引出更多的二地址指令等，依此类推。

小型机 PDP-11 就是采用这种扩展操作码方法的典型示例，操作码有 4、7、8、10、12、13 和 14 位多种。

扩展操作码的原则是：使用频度高的指令应尽可能分配短的操作码，使用频度低的指令应尽可能分配长的操作码。这样，不仅可以有效缩短操作码在程序中的平均长度，节省存储空间，而且缩短了经常使用的指令的译码时间，提高了指令的运行速度。

综上所述，扩展操作码技术是一种重要的指令优化技术，它可以缩短指令的平均长度，减少程序的总位数并增加指令字所能表示的操作信息。当然，这种技术需要更多的硬件支持。

【例 5-1】假设某计算机的指令字长为 20 位，具有双操作数、单操作数和无操作数三类指令形式，每个操作数地址规定用 6 位表示。若操作码字段固定为 8 位，现已设计出 m 条双操作数指令，n 条无操作数指令，在此情况下，这台计算机最多可以设计出多少条单操作数指令？若操作码字段长度不固定，在采用扩展操作码技术的情况下，最多可以设计出多少条单操作数指令？

解：

（1）双操作数指令地址字段占用 12 位，操作码字段是 8 位。由于假定全部指令采用 8 位固定的操作码，因此这台计算机最多的指令条数为 256 条。由于双操作数指令有 m 条，

无操作数指令有 n 条，因此单操作数指令最多还可以设计出（256－m－n）条。

（2）在操作码字段长度不固定的情况下，设最多可以设计的单操作数指令为 x 条，则有

$$[(256-m)\times 2^6-x]\times 2^6=n$$

因此，$x=(256-m)\times 2^6-n\times 2^{-6}$

可以看出，采用扩展操作码方法来设计指令系统，在指令字长同样的情况下，将获得更多的灵活性。

5.3 寻 址 方 式

在绝大多数计算机的存储器中，操作数和指令码的写入或读出都是采用地址指定方式的。要学习指令系统，首先要掌握指令码和操作数的寻址方式。确定本条指令的数据地址以及下一条要执行的指令地址的方法就称为寻址方式。一般把指令中直接给出的地址称为形式地址（D），而存放操作数或指令的存储单元地址称为有效地址（EA）。所谓寻址方式，就是寻找操作数或指令有效地址的方式，也就是从形式地址生成有效地址的各种方式，即：

$$\text{指令中的形式地址}\xrightarrow{\text{寻址方式}}\text{有效地址}$$

每种寻址方式都有一种对形式地址进行变换处理的运算规则。通常这些运算变换是由硬件自动实现的。

5.3.1 指令寻址方式

指令的寻址方式有两种，一种是顺序寻址方式，另一种是跳跃寻址方式。

（1）顺序寻址方式。由于指令地址在内存中按顺序安排，当执行一段程序时，通常是一条指令、一条指令地顺序进行。也就是说，从存储器取出第一条指令，然后执行这条指令；接着从存储器取出第二条指令，再执行第二条指令；接着再取出第三条指令……。这种程序顺序执行的过程，称为指令的顺序寻址方式。为此，必须使用程序计数器（又称指令指针寄存器）PC 来计数指令的顺序号，该顺序号就是指令在内存中的地址，如图 5-7 所示。

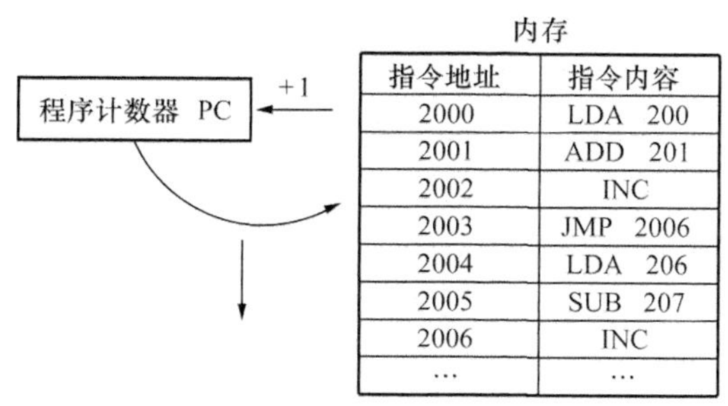

图 5-7 指令的顺序寻址方式

（2）跳跃寻址方式。当程序转移执行时，指令的寻址就采取跳跃寻址方式。所谓跳跃，是指下条指令的地址码不是由程序计数器给出，而是由本条指令给出，如图 5-8 所示。程

序跳跃后，按新的指令地址开始顺序执行。因此，指令计数器的内容也必须相应改变，以便及时跟踪新的指令地址。

采用指令跳跃寻址方式，可以实现程序转移或构成循环程序，从而能缩短程序长度，或将某些程序作为公共程序引用。指令系统中的各种条件转移或无条件转移指令，就是为了实现指令的跳跃寻址而设置的。

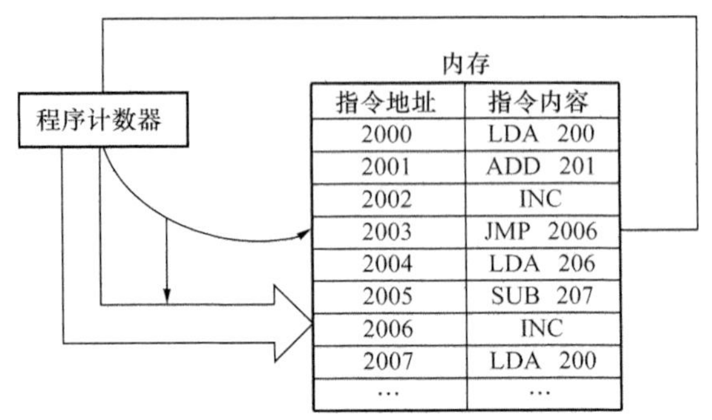

图 5-8 指令的跳跃寻址方式

5.3.2 操作数寻址方式

常用的操作数寻址方式有以下几种。

1. 立即寻址方式

若指令中操作数地址字段给出的不是通常的地址，而是可以立即使用的操作数实际值，这种寻址方式称为立即寻址方式，其指令格式如图 5-9 所示。

图 5-9 立即数寻址方式

这种寻址方式的特点是取指令时，操作码和操作数同时被取出，不必再次访问存储器，因此提供操作数最快，也就加快了指令的执行速度。但是，由于操作数是指令的一部分，不能被修改，而且操作数的大小受地址码长度的限制，所以这种寻址方式不灵活。立即提供的操作数称为立即数，它往往是计算过程中要使用的各种常数。

例如：MOV AX，0133H

这条指令的功能是将立即数 0133H 传到 AX 寄存器中。

2. 直接寻址方式

指令的地址码字段直接指明操作数在存储器内的地址，即形式地址等于有效地址：EA＝D，如图 5-10 所示。

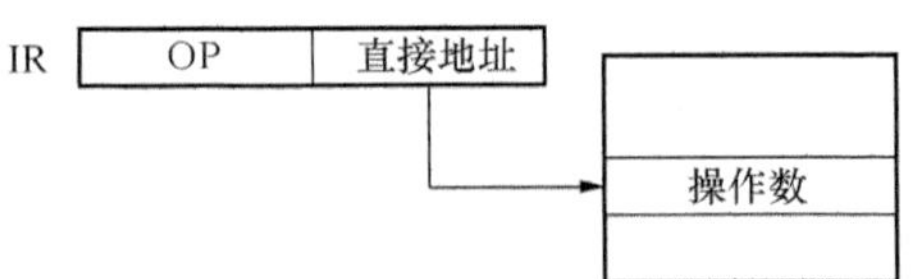

图 5-10 直接寻址方式

这种寻址方式简单、直观，便于硬件实现。但是，随着计算机的存储器容量不断增加，所需要的地址码越来越长，势必要增加指令字长。而且，操作数的地址是指令的一部分，不能修改，故这种寻址方式只能用来访问固定的存储器单元。

例如： MOV AX，[1000H]

这条指令的功能是将存放在有效地址为1000H存储单元的操作数取出，并传到AX寄存器中。

3. 间接寻址方式

间接寻址意味着指令中地址码字段所指向的存储单元保存的不是所需要的操作数，而是操作数的地址。即指令中地址码字段给出的不是操作数地址，而是操作数地址的地址，即EA=（D），如图5-11（a）所示。

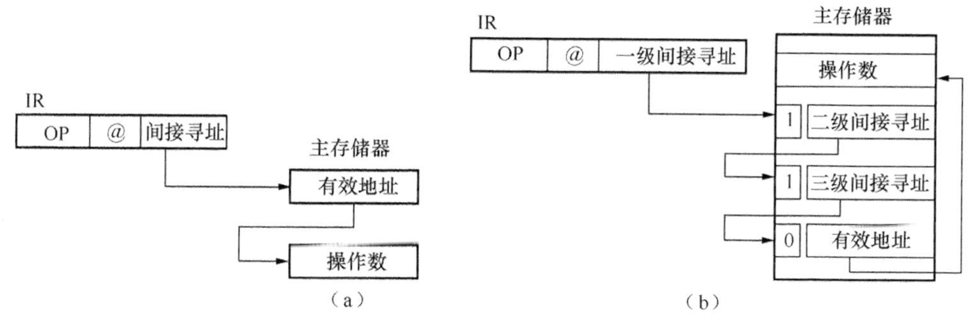

图5-11 间接寻址方式

间接寻址方式需要多次访问内存，明显地增加了指令的执行时间，同时又要占用主存储器的存储单元，这些都是它的缺点。但是这种寻址方式实现起来简便，给程序编制带来很大的灵活性。

间接寻址方式的指令可以访问大的存储空间，扩大了指令的寻址能力。尽管指令中的形式地址较短，但它所指向的存储单元的内容却可以足够大，即有效地址可以很大，从而保证可以访问全部主存储器。保存并能提供有效地址的主存单元（或寄存器）称为操作数地址指示器或间接地址指示器。

例如：某机器字长16位，指令地址码为10位，若采用直接寻址方式，则寻址空间只有1K单元；而采用间接寻址方式，由于间接地址指示器字长16位，其寻址空间可扩大到64K，用较短的指令地址长度就可以访问较大的存储器空间。

当操作数地址改变时，只需修改间接地址指示器的单元内容，而不必修改指令，原指令的功能照样实现，这给程序编制带来很大方便。

间接寻址可分为一级间接寻址和多级间接寻址。一级间接寻址中，按指令给出的地址码从主存中先取出操作数的有效地址，再根据有效地址取出操作数本身，如图5-11（a）所示。

而多级间接寻址为取得操作数需要多次访问主存，如图5-11（b）所示。

二次间接寻址：EA=（（D））

三次间接寻址：EA=（（（D）））

4. 变址和基址寻址方式

变址寻址方式与基址寻址方式有些类似，它把某个变址寄存器或基址寄存器的内容，加上指令中的形式地址而形成操作数的有效地址，如图 5-12 和图 5-13 所示。

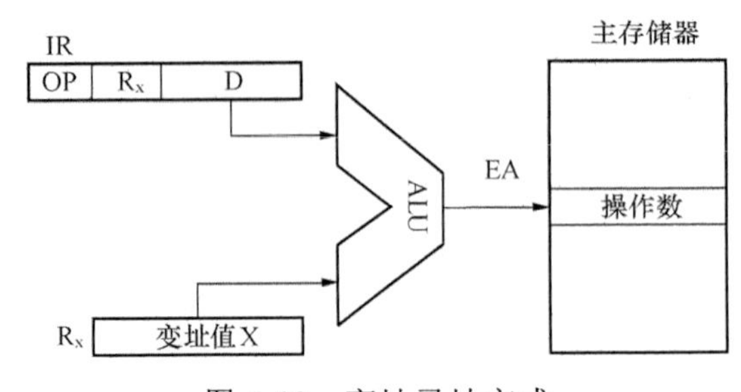

图 5-12　变址寻址方式

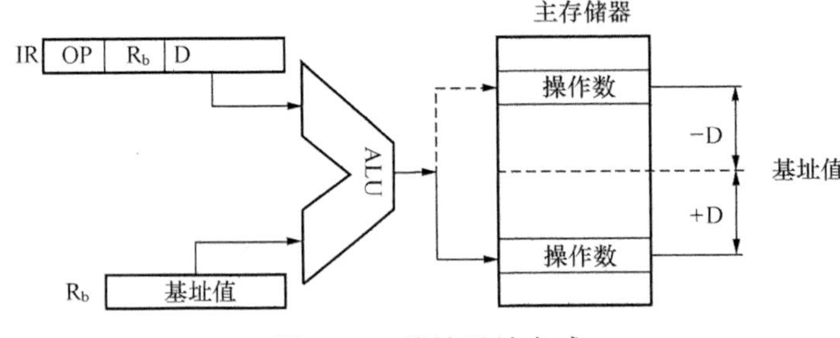

图 5-13　基址寻址方式

变址寻址方式：EA＝R_x＋D

基址寻址方式：EA＝R_b＋D

这两种寻址方式的优点是：

（1）基址寻址方式可以扩大寻址能力，因为同形式地址相比，基址寄存器的位数可以设置得很长，从而可在较大的存储空间中寻址。

（2）变址寻址可以使有效地址按照变址寄存器的内容有规律地变化，而不改变指令本身。

变址寻址和基址寻址的主要区别是习惯上基址寻址中基址寄存器提供基准值，指令提供位移量，而变址寻址中变址寄存器提供位移量，而指令提供基准值。

这两种寻址方式特别适用于向量、矩阵一类的运算，当要求变动操作数地址时，只要修改变址值即可。

5. 相对寻址

相对寻址是基址寻址的一种变通，由程序计数器 PC 提供基准地址，指令中的地址码字段作为位移量 D，两者相加后得到操作数的有效地址，即 EA＝（PC）＋D。位移量指出的是操作数与现行指令之间的相对位置。其寻址过程如图 5-14 所示。

这种寻址方式有两个特点。

（1）操作数的地址不是固定的，它随着 PC 值的变化而变化，并且与指令地址之间总是相差一个固定值。指令地址变换时，由于其位移量不变，使得操作数与指令在可用的存储区内一起移动，所以仍能保证程序的正确执行。因此采用 PC 相对寻址方式编写的程序可在主存中任意浮动，它放在主存的任何地方，所执行的效果都是一样的。

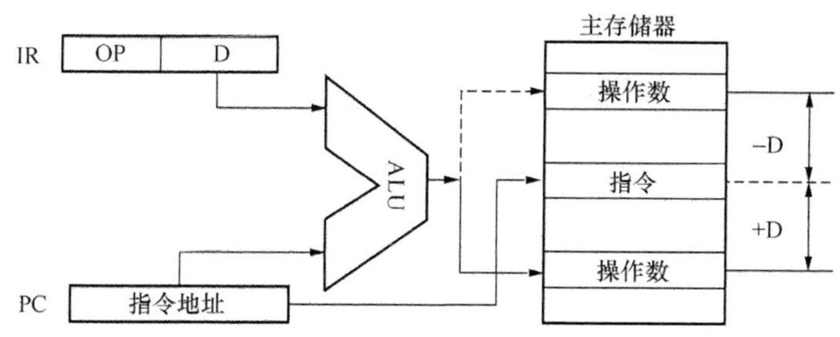

图 5-14　相对寻址方式

（2）对于指令地址而言，操作数地址可能在指令地址之前或之后，因此，指令中给出的位移量可负、可正，通常用补码表示。如果位移量为 n 位，则相对寻址的寻址范围为：

$$(PC)-2^{(n-1)} \sim (PC)+2^{(n-1)}-1$$

6. 寄存器寻址方式

寄存器寻址方式中指令的地址码字段给出某个通用寄存器的编号，这个编号指定的寄存器中存放着操作数。其寻址过程如图 5-15 所示。

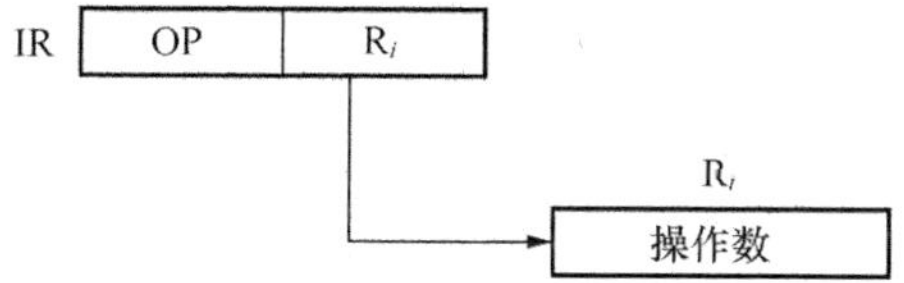

图 5-15　寄存器寻址方式

其中 IR 表示存放指令的寄存器。操作数 S 与寄存器 R_i 的关系为：

$$S=(R_i)$$

这种寻址方式具有两个明显的优点。

（1）从寄存器中存取数据比从主存中快得多。

（2）由于寄存器数量较少，其编号字段比存储器单元的地址短得多。因此这种方式可以缩短指令长度，提高指令的执行速度，几乎所有的计算机都使用了寄存器寻址方式。

例如：ADD　AX，BX

其含义是将 BX 寄存器的内容和 AX 寄存器的内容相加以后，结果送 AX 寄存器保存。两个操作数都采用寄存器寻址。

采用寄存器寻址时，也可以把操作数的有效地址放在寄存器中，而指令的地址码字段给出寄存器编号，这种方式称为寄存器间接寻址方式，如图 5-16 所示。

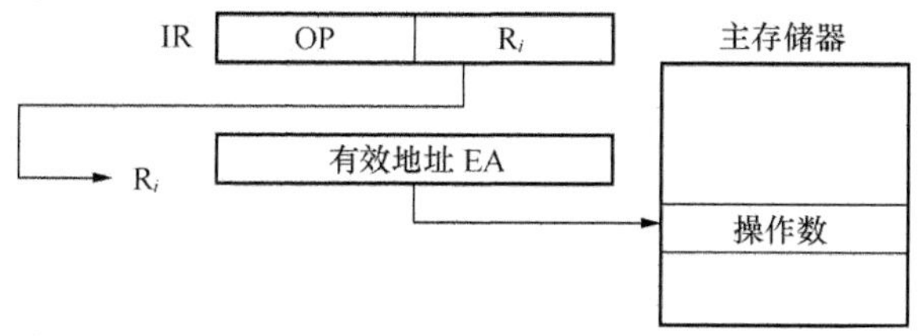

图 5-16　寄存器间接寻址方式

例如：ADD AX，[BX]

其含义是以 BX 寄存器的内容作为源操作数在内存的有效地址，访问内存后得到源操作数，与 AX 寄存器的内容相加以后，结果送 AX 寄存器保存。源操作数采用寄存器间接寻址方式，目的操作数采用寄存器寻址方式。

计算机中的寻址方式是灵活多样的，在实际运用中，可以采用基本的寻址方式如以上寻址方式中的全部或部分，也可以组合使用，如变址间址寻址方式、基址加变址寻址方式和相对间接寻址方式等。

例如，变址间址寻址方式的含义就是先将变址寄存器的内容 X 和形式地址 D 相加得到 $D+X$，然后再作间接寻址，得到操作数的有效地址。故操作数的有效地址为：$EA=(D+X)$。

再如，间接变址寻址方式的含义是先将形式地址取间接变换 $(D)=N$，然后把 N 和变址寄存器的内容 X 相加，得到操作数的有效地址。故操作数的有效地址为：

$$EA=N+X=(D)+X$$

Intel 80x86 中基址变址寻址方式是一种最基本的寻址方式，基址寄存器可以采用 BX 或 BP，变址寄存器可以用 SI 或 DI，有效地址是把基址寄存器中的值和变址寄存器中的值相加得到的，即 EA＝BX＋SI。

针对某一具体的计算机，在设计指令系统的寻址方式时可以采用非常灵活的方法。例如，计算机中要采用直接寻址方式，但其访问的内存地址空间受指令地址码字段长度的制约，当内存空间较大时，则可采用分页寻址方式来解决，即将指令中操作数地址码可以访问到的内存地址空间称为一页，则整个内存空间可以按页的大小分为多个页。

例如设内存储器容量为 64K 个单元，而指令中地址码长度为 9 位，则每一页有 512 个单元，可将内存空间划分为 64K/512＝128 页。为访问 128 页，需要 7 位代码来表示页号。

若预先将页号送入页号寄存器，把页号寄存器的内容与指令寄存器中的形式地址两者拼接起来，就能获得一个可以访问整个内存空间的有效地址。这种寻址方式也称为页面寻址。

为了区分出各种不同的寻址方式，需要在指令中给出标识。标识的方式通常有两种：显式和隐式。显式就是在指令中设置专门的寻址方式字段，用二进制编码来表明寻址方式类型，如图 5-17（a）所示；隐式是由指令的操作码字段说明指令格式并隐含特定的寻址方式，如图 5-17（b）所示。当一条指令有两个或两个以上的操作数时，各个操作数可以采用相同的寻址方式，也可以采用不同的寻址方式。

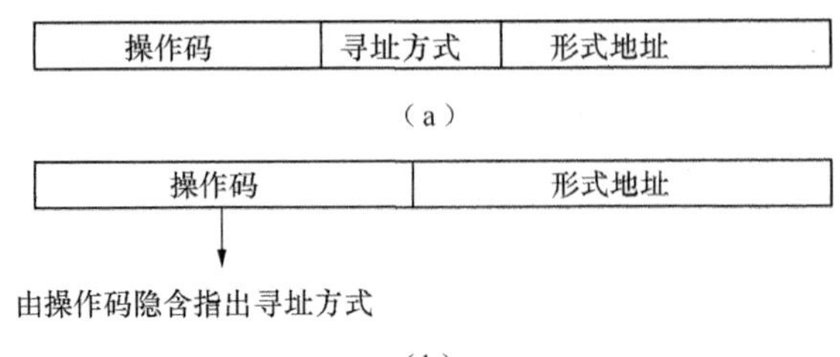

图 5-17　寻址方式的标识

寻址方式的引入带来了以下好处：

（1）丰富了程序设计手段，提高了程序质量。

（2）减少访问主存的次数，压缩程序占用的存储空间，保证指令的地址码字段尽可能的短，而访问的存储空间尽可能的大。

在设计指令系统时，选用寻址方式的依据有：

（1）要与数据的表示方式相配合，对各种结构的数据能方便地进行存取和处理。

（2）要与指令系统相匹配，依据对机器性能要求的高低来考虑选择。

（3）要考虑硬件实现的可能性、复杂程度以及成本的高低等。

【例 5-2】已知某小型计算机字长为 16 位，其双操作数指令的格式如图 5-18 所示。

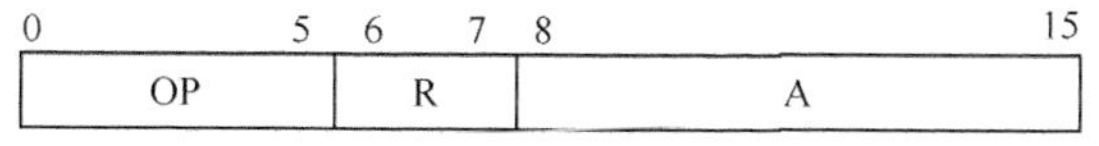

图 5-18 双操作数指令的格式

其中 OP 为操作码，R 为通用寄存器编号，试说明在下列各种情况下能访问的最大内存空间为多少个机器字？有效地址 EA 如何计算？

（1）A 为立即数。

（2）A 为直接主存单元地址。

（3）A 为间接地址（非多重间接）。

（4）A 为变址寻址的形式地址，假定变址寄存器为 R_1（字长为 16 位）。

解：从指令格式可看出，双操作数指令的一个操作数在寄存器中（寄存器编号由 R 字段给出），另一个操作数在存储器中。

（1）立即寻址：取指令时即取到了操作数，因此能访问的存储器空间为计算机所能配置的全部空间。

（2）直接寻址：EA＝A。

A 字段长度为 8 位，因此能访问的最大内存空间为 2^8＝256 个机器字。

（3）间接寻址：EA＝（A）。

A 字段为形式地址，A 单元的内容为操作数地址，由于计算机的字长为 16 位，A 单元的内容是一个 16 位的二进制数，因此能访问的最大内存空间为 2^{16}＝64K 个机器字。

（4）变址寻址：EA＝R_1＋A。

A 字段为操作数地址基准值，R_1 单元的内容为地址的偏移量，由于 R_1 的字长为 16 位，因此能访问的最大内存空间为 2^{16}＝64K 个机器字。

5.4 指 令 类 型

一台计算机的指令系统通常有几十条至几百条指令，不同计算机的指令系统也不相同。从指令的功能来说，一个较为完善的指令系统应包括数据传送类指令、算术运算类指令、逻辑运算类指令、移位操作类指令、程序控制类指令、输入/输出类指令、字符串处理类指令、堆栈操作类指令等。

5.4.1 数据传送类指令

这是一类最基本的指令，用来完成计算机主机内部数据的存取操作。从操作对象来区分，数据传送类指令的操作可以有以下几种情况：

（1）寄存器至寄存器（Register-Register，R-R）。

（2）存储器至寄存器（Storage-Register，S-R）。

（3）寄存器至存储器（Register-Storage，R-S）。

（4）存储器至存储器（Storage-Storage，S-S）。

数据传送指令一次可以传送一个数据或一批数据，有些计算机还设置了数据交换指令，可实现双向传送。

堆栈操作指令是一种特殊的数据传送指令。压栈指令（PUSH）把指定的操作数送入栈顶，而弹出指令（POP）把栈顶的数据取出，送到指令所指定的目的地。

堆栈是若干个存储单元（或寄存器）的有序集合。它顺序地存放一组元素，第一个被压入元素的堆栈单元称为栈底，最后一个被压入元素的单元称为栈顶。数据的存取只能在栈顶单元内进行，即数据的进栈与出栈都只能经过栈顶单元这个唯一的“出入口”。堆栈中的数据采用的是“后进先出”（LIFO）的存取工作方式。

为了向堆栈存入数据，要将堆栈中各单元原有的数据（元素）依次向栈底方向移动一个单元，空出栈顶单元来存放新数据，这个操作称为堆栈压入（PUSH）。为了取得运算操作所必需的操作数，对堆栈要执行弹出（POP）操作。该操作从栈顶单元取出数据，并将下面各单元所存的数据依次向栈顶方向移动一个单元，由紧挨栈顶的单元数据来补充栈顶单元。

真正实用的堆栈，对每压入（或弹出）一个元素时整个堆栈单元内容都下移（或上移）一个单元的做法作了改进。改进的措施是：在压入和弹出数据时，各堆栈单元的原内容都不移动，而作为数据“出入口”的栈顶单元地址加以变动，即栈底固定，栈顶位置动态变化。对栈顶的位置可使用一个寄存器来跟踪，这个保存栈顶单元地址的寄存器称为栈顶指示器（Stack Pointer，SP）或简称为堆栈指针。

数据进栈常采用从高地址向低地址的方向（称为自底向上生成堆栈）进行，即向堆栈压入数据时，SP的内容先自动递减而指向一个新的空栈顶单元，而后再把数据写入此栈顶单元；当数据弹出堆栈时，立即读出SP所指向的栈顶单元内容，而后再把SP内容自动递增而指向新的栈顶位置。即：

```
PUSH    X       ；(SP) －1→SP，(X) → (SP)
POP     X       ；((SP)) →X，(SP) ＋1→SP
```

也有部分计算机采用自顶向下生成堆栈，即数据进栈是从低地址向高地址方向进行。堆栈结构除了在零地址指令格式中提供操作数外，另一个重要作用是实现程序调用。即在调用子程序时，能把返回地址、局部变量和中间结果等自动地压入堆栈；在子程序返回时，又能方便地把有关信息和返回地址弹出堆栈。对于子程序嵌套调用和递归调用，堆栈具有别的存取方式所无法比拟的优势。对于“中断”技术，堆栈更是不可缺少。

5.4.2　算术运算类指令

算术运算是计算机能够执行的基本数值计算。算术运算指令包括加法、减法、乘法和除法等指令。

指令系统中含有乘法指令与除法指令的计算机，硬件设备复杂，但指令执行的速度高。在有些低档的小、微型计算机中，把乘除法操作组装成“乘除装置”的专用选件，用户可根据需要加以选购。当然也可以编制乘除法程序利用加法/减法器来实现乘除运算，这样做节省了费用，但运算速度较低。

对一些高档机，除了最基本的算术运算指令之外，还设置了十进制算术运算指令和浮点数算术运算指令等，以满足科学计算及商业数据处理的需要。

对于大型、巨型计算机，一般还设有向量运算指令，可以直接对整个向量或矩阵进行求和、求积等运算，以适应尖端科学技术发展的需要。

算术运算类指令除了给出运算结果外，往往还要给出某些状态信息。如运算结果的正、负；运算结果是否为零；是否有溢出：是否有低位向高位的进位等，以供其他指令或程序分析使用。

5.4.3　逻辑运算与移位指令

逻辑运算主要是对布尔变量的运算，包括逻辑与、逻辑或和逻辑非 3 种基本操作，异或是用得较多的组合逻辑操作。这类指令主要用于代码的转换、判断和运算。

移位指令分为算术移位、逻辑移位和循环移位三种。移位可以是左移或右移。算术移位和逻辑移位很类似，主要差别在于右移时，算术移位保持符号位不变，而逻辑移位最高位补零。循环移位操作一般是把数据字与进位位连接成环形，一起进行左移或右移。

一般的移位指令都是每执行一次指令只移动一位，进一步还可设计出能按指令要求移动 n 位的功能更强的指令，移位位数 n 由指令指定的寄存器给出。

5.4.4　程序控制类指令

这类指令主要用于控制程序的流向，它使程序具有测试、分析与判断的能力。这类指令主要包括转移指令、子程序调用与返回指令和程序中断指令等。

1. 转移指令

转移指令包括无条件转移指令和条件转移指令。前者不受任何约束地将程序转移到该指令指出的任何地址去执行；后者仅当满足指令规定的条件时，才执行转移，否则顺序执行下一条指令。

2. 子程序调用与返回指令

在用户编写程序的过程中，对于一些经常使用的，能够独立完成某一特定功能的程序段，常常将它独立出来作为子程序，在需要时随时由主程序调用，而不必多次重复编写，这样既简化了程序设计又节省了存储空间。

子程序调用指令就是用来调用子程序的，它与转移指令之间最大的差别在于转移指令无需返回，而子程序执行结束后必须返回调用它的主程序。为了能够从子程序中正确返回到断点并继续执行，支持多重嵌套和递归调用，现代计算机通常用堆栈来保存返回地址。调用子程序时，首先将子程序调用指令的下一条指令的地址（断点）压入堆栈保存，然后转入所调用的子程序执行，子程序执行完毕，由返回指令把原来压入的返回地址从堆栈中弹出，返回调用程序。

除了用户自己编写的子程序以外，为了便于各种程序设计，现代计算机系统往往也提供了大量的通用子程序作为标准子程序，这些子程序放在程序库中，用户需要时，直接调用即可。

3. 程序中断指令

中断一般是计算机系统出现异常情况或特殊请求时随机产生的，在计算机中，中断指令作为隐指令不提供用户使用。但在某些计算机中设置了可供用户使用的中断指令，以实现系统功能调用和程序请求，如 80x86 的中断指令、PDP-11 的自陷指令等。

5.4.5 输入 / 输出类指令

输入 / 输出类指令简称为 I/O 指令，用于主机与外部设备之间的信息交换。以主机为基准，信息由外部设备传向主机称为输入（Input），信息由主机传给外部设备称为输出（Output）。

各种不同机器的 I/O 指令差别很大，例如，有的机器指令系统中含有专门的 I/O 指令，而有的机器指令系统中不专门设置 I/O 指令。这是因为各个外部设备的接口寄存器和存储器单元统一变址（详见第 7 章），主机可以用访问存储器的指令来访问外部设备，即可以用数据传送类指令来实现主机和外部设备的数据交换。

5.4.6 字符串处理指令

早期的计算机主要用于科学计算和工业控制，指令系统偏重于数值运算。随着计算机技术的发展，计算机更多地用于非数值处理领域，这时常需要用字符串来表示诸如名称、数据记录或文本等信息。因此现代计算机的指令系统中大多设置了字符串处理指令，如字符串传输、比较、查询和转换等指令。

5.4.7 处理器控制类指令

这类指令包括停机指令、等待指令、空操作指令、开中断指令、关中断指令和设置条件码指令等。当用户程序执行完毕时，可以安排一条停机指令，此时计算机不再继续执行程序，但在多用户情况下，则不允许。

空操作指令除了程序计数器自动递增，指向下一条指令外，不进行其他任何操作。

条件码操作指令是对条件码进行置位或清除的操作。条件码用来保存当前指令执行结果的特征，如 N 位是表示结果是否为负的标记位，$N=1$ 时表示运算结果为负，否则为正。

开/关中断指令可以作为特殊的条件码指令。开/关中断意味着对中断请求的允许或禁止，在某些计算机中可以用一位标志位作为条件码来进行设置，如在80x86指令系统中就设置有IF位，在另一些计算机中可以采用设定程序优先级的方法来实现开关中断的功能，如PDP-11机用的就是这种方法。

5.4.8 特权指令

某些指令使用不当会破坏系统或其他用户信息，因此为了安全起见，这类指令只能用于操作系统或其他系统软件，而不提供给用户使用，这些指令称为特权指令。

一般来说，在单用户、单任务的计算机中不一定需要特权指令，而在多用户、多任务的计算机系统中，特权指令却是必不可少的。它主要用于系统资源的分配和管理，包括改变系统的工作方式、检测用户的访问权限、修改虚拟存储器管理的段表、页表和完成任务的创建和切换等。

5.5 指令系统举例

5.5.1 80x86的指令系统

80x86是Intel公司生产的系列微处理器，从8086、80286、80386、80486到现今的Pentium，它们都是复杂指令系统计算机（CISC），字长从8位到64位不等。它们指令字长度不固定，寻址方式丰富（Pentium的寻址方式有9种）。指令的功能强大，数量多达几百条。下面以8086的指令为例来说明CISC指令系统的特点。

1. 8086的指令格式

Intel 8086是Intel公司于1978年推出的16位微处理器。由于8086的指令字较短，所以指令采用变长指令字结构。指令格式包含单字长指令、双字长指令、三字长指令等多种。指令长度为1～6字节不等，即有8位、16位、24位、32位、40位和48位6种，其中第1个字节为操作码，第2个字节指出寻址方式，第3个至第6个字节则给出操作数地址等。基本指令格式如图5-19所示。

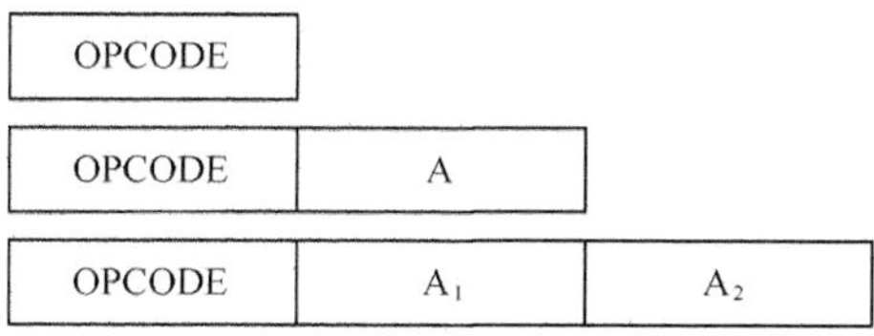

图5-19 Intel 8086的基本指令格式

单字长指令只有操作码，没有操作数地址。双字长或三字长指令包含操作码和地址码。由于8086配置的内存储器按字节编址，所以单字长指令每执行一条指令后，PC自动加1。双字长指令或三字长指令每执行一条指令后，PC自动加2或加3。

2. 8086的指令类型与寻址方式

8086有6种指令类型：

（1）数据传送类指令。

（2）算术运算类指令。

（3）逻辑运算与移位指令。

（4）串操作类指令。

（5）控制转移类指令。

（6）标志处理和处理器控制类指令。

8086 共有 8 种寻址方式，如表 5-1 所示。

表 5-1　8086 的寻址方式

寻址方式	说明	示例
立即寻址	指令中直接给出操作数	MOV　AX，3456H
寄存器寻址	指定寄存器的内容为操作数	INC　AX
直接寻址	指令中直接给出操作数的偏移地址	MOV　AX，[2000]
寄存器间接寻址	操作数的偏移地址在寄存器中，指令中给出寄存器的编号	MOV　AX，[BX]
寄存器相对寻址	操作数的偏移地址为寄存器的内容与偏移量之和	MOV　AX，[BX＋1000H]
基址变址寻址	操作数的偏移地址为基址寄存器的内容与变址寄存器的内容之和	MOV　AX，[BX＋SI]
相对基址变址寻址	操作数的偏移地址为基址寄存器、变址寄存器的内容和偏移量三部分之和	MOV　AX，[BX＋SI＋300H]

注　有关 8086 系统存储器的地址可参考 6.7 节。

5.5.2　SPARC 的指令系统

尽管 CISC 的指令多达数百条，而且随着计算机功能的增强，指令的数量也在不断增加，但对 CISC 的测试表明，最常用的都是一些最简单、最基本的指令，这些指令仅占全部指令系统的 20%，而在程序中出现的频率却占 80%。因此从 20 世纪 70 年代就提出了精简指令系统计算机（RISC）的设计思想，RISC 指令系统的最大特点是：

（1）选取使用频率最高的一些简单指令。

（2）指令长度固定，指令格式种类少，寻址方式种类少。

（3）只有取数 / 存数指令访问存储器。其余指令的操作都在寄存器之间进行。

SPARC 是 32 位字长的 RISC，内部有 100 多个寄存器，但只有 75 条指令，三种指令格式，四种寻址方式（立即数、寄存器、寄存器间接和相对寻址方式），而且指令字长度固定为一个字长（32 位）。下面以 SPARC 的指令为例来说明 RISC 指令系统的特点。

1. 指令类型和指令格式

SPARC 有以下 6 种指令类型：

（1）算术运算 / 逻辑运算 / 移位指令。

（2）取数（LOAD）/ 存数（STORE）指令。

（3）控制转移指令。

（4）读/写专用寄存器指令。

（5）浮点运算指令。

（6）协处理器指令。

后两类指令由浮点运算器或协处理器完成。

SPARC 的 3 种指令格式如表 5-2 所示。

表 5-2　SPARC 指令格式

<table>
<tr><td>格式 1</td><td colspan="2">31</td><td>30</td><td colspan="8">29　　0</td></tr>
<tr><td>CALL 指令</td><td colspan="3">OP</td><td colspan="8">disp30（位移量，30 位）</td></tr>
<tr><td>格式 2</td><td colspan="3">31　30</td><td>29</td><td colspan="2">28　25</td><td colspan="3">24　22</td><td colspan="2">21　0</td></tr>
<tr><td>BRANCH 指令</td><td colspan="3">OP</td><td>a</td><td colspan="2">cond（条件）</td><td colspan="3">OP_2</td><td colspan="2">disp22（位移量，22 位）</td></tr>
<tr><td>SETHI 指令</td><td colspan="3">OP</td><td colspan="3">R_d</td><td colspan="3">OP_2</td><td colspan="2">imm22（立即数，22 位）</td></tr>
<tr><td>格式 3</td><td>31　30</td><td colspan="3">29　25</td><td>24　19</td><td colspan="2">18　14</td><td>13</td><td colspan="2">12　5</td><td>4　0</td></tr>
<tr><td rowspan="3">其他指令</td><td>OP</td><td colspan="3">R_d</td><td>OP_3</td><td colspan="2">R_{s1}</td><td>i</td><td colspan="2">A_{s1}</td><td>R_{s2}</td></tr>
<tr><td>OP</td><td colspan="3">R_d</td><td>OP_3</td><td colspan="2">R_{s1}</td><td>i</td><td colspan="3">Simm13（13 位立即数）</td></tr>
<tr><td>OP</td><td colspan="3">R_d</td><td>OP_3</td><td colspan="2">R_{s1}</td><td colspan="3">OP_f</td><td>R_{s2}</td></tr>
</table>

其中 OP、OP_2、OP_3 为指令操作码，OP_f 为浮点指令操作码。为了增加立即数长度和位移量长度，有 3 条指令将指令码缩短了，其中 CALL 为子程序调用指令，BRANCH 为转移类指令，SETHI 指令的功能是将 22 位立即数左移 10 位，送入 R_d 所指示的寄存器中，然后再执行一条加法指令以补充后面的 10 位数据，从而形成 32 位字长的数据。

R_{s1}、R_{s2} 为通用寄存器地址，用来作为源操作数寄存器地址或地址寄存器地址。

R_d 为目标寄存器地址，目标寄存器用来保存运算结果或由存储器取来的数据，但是在执行存数指令时，保存的则是源操作数，并将此操作数送往指定的存储器单元地址中。

Simml3 是 13 位扩展符号的立即数。运算时若其最高位为 1，则最高位前面的所有位都扩展为 1，若其最高位为 0，则最高位前面的所有位都扩展为 0。

i 用来选择第二个操作数。$i=0$ 时，第二个操作数在 R_{s2} 中；$i=1$ 时，第二个操作数为 Simm13。

2. 指令的功能与寻址方式

（1）算术/逻辑运算指令。功能：将 R_{s1}、R_{s2} 的内容（或 Simm13）按操作码规定的操作运算后将结果送往 R_d，即

$$(R_{s1})\ OP\ (R_{s2}) \rightarrow R_d \quad (i=0\ 时)$$

或

$$(R_{s1})\ OP\ Simm13 \rightarrow R_d \quad (i=1\ 时)$$

RISC 的特点之一是所有参与算术/逻辑运算的数据均在寄存器中。例如：

ADD　R_1，R_2，R_3；$(R_1)+(R_2)\rightarrow R_3$

ADD　R_1，60H，R_3；$(R_1)+60H\rightarrow R_3$

(2)取数／存数指令。功能：LOAD 指令的功能是将存储器中的数送往 R_d 中，而 STORE 指令是将 R_d 中的数据送往存储器中。

存储器地址计算方法如下：

$i=0$ 时，存储器地址＝（R_{s1}）＋（R_{s2}）

$i=1$ 时，存储器地址＝（R_{s1}）＋Simm13

在 RISC 的指令系统中，只有 LOAD/STORE 指令访问存储器。

例：　LOAD　R_1，R_2，R_3　　；（(R_1）＋（R_2））$\rightarrow R_3$

　　　STORE　，R_3，R_1，60H　　；$R_3\rightarrow$（(R_1）＋60H）

（3）控制转移类指令。这类指令改变 PC 的值，SPARC 共有 5 种控制转移指令。

①条件转移 BRANCH：由 Cond 字段决定程序是否转移，用相对寻址方式形成转移地址。

②转移并连接（JMPL）：将本条指令的地址（PC 值）保存在以 R_d 为地址的寄存器中，以备程序返回时使用。用寄存器间址方式形成转移地址。

③子程序调用（CALL）：采用相对寻址方式形成转移地址。

④陷阱（TRAP）：采用寄存器间址方式形成转移地址。

⑤从 TRAP 程序返回（RETT）：用寄存器间址方式形成转移地址。

（4）读／写专用寄存器指令。SPARC 有 4 个专用寄存器（PSR、Y、WIM、TBR），其中 PSR 称为程序状态寄存器，它的内容反映并控制机器的运行状态，读/写 PSR 的指令一般是特权指令。

在 SPARC 中，有一些指令没有选入指令系统、但很容易使用指令集中的另外一条指令来替代实现。这是因为 SPARC 约定 R_0 的内容恒为 0，而且立即数可以作为一个操作数处理。表 5-3 列举了一些指令的替代实现，由此我们可以看出“精简指令系统”的含义和用意。

表 5-3　部分指令的替代指令

指令	功能	替代指令	实现方法
MOVE	寄存器间的数据传送	ADD（加法指令）	$R_s+R_0\rightarrow R_d$
INC	寄存器内容加 1		立即数 Simm13＝1，作为操作数
CLA	寄存器内容清 0		$R_0+R_0\rightarrow R_d$
DEC	寄存器内容减 1	SUB（减法指令）	立即数 Simm13＝–1，作为操作数
NEG	取负数		$R_0-R_s\rightarrow R_d$

习　　题

1. 名词解释

①指令；②指令系统；③指令字；④形式地址；⑤有效地址；⑥机器字长；⑦等长指令；⑧变长指令；⑨寻址方式；⑩堆栈。

2. 寻址方式有哪几类？每种方式的有效地址用数学形式如何表达？

3. 基址寻址与变址寻址有何区别？

4. 举例说明哪几种寻址方式除取指令以外不访问存储器？哪几种寻址方式除取指令外只需访问一次存储器？

5. 如何减少一条指令中给出的地址数？又如何减少指令中表明一个地址信息的位数？

6. ASCII 码是 7 位，如果设计主存单元字长为 31 位，指令字长为 12 位，是否合理？为什么？

7. 假设某计算机指令字长度为 32 位，具有二地址、一地址、零地址 3 种指令格式，每个操作数地址规定用 12 位表示。若操作码字段固定为 8 位，现已设计出 K 条二地址指令、L 条零地址指令，那么这台计算机最多能设计出多少条一地址指令？如果操作码字段长度不固定，那么最多能设计出多少条一地址指令？

8. 设某指令系统指令字长为 12 位，每个地址字段 3 位，试提出一种分配方案，使该指令系统有 4 条三地址指令，8 条二地址指令，180 条单地址指令。

9. 指令系统指令字长为 20 位，具有双操作数、单操作数和无操作数 3 种指令格式，每个操作数地址规定用 6 位表示，当双操作数指令条数取最大值，而且单操作数指令条数也取最大值时，这 3 种指令最多可能拥有的指令数各是多少？

10. 指令字长 12 位，每个地址码 3 位，采用扩展操作码方式，设计 4 条三地址指令、16 条二地址指令、64 条一地址指令和 16 条零地址指令。

（1）画出扩展图；

（2）计算操作码的平均长度。

11. 某计算机字长 16 位，运算器为 16 位，有 16 个通用寄存器，8 种寻址方式，主存 128K 字，指令中操作数的地址码由寻址方式字段和寄存器号字段组成。试问：

（1）单操作数指令最多有多少条？

（2）双操作数指令最多有多少条？

（3）直接寻址的范围多大？

（4）变址寻址的范围多大？

12. 设某种计算机指令系统中共有 50 条指令。

（1）若采用固定长度编码方式，其操作码的编码长度需要多少位？

（2）设该指令系统有 10 条指令的使用频率为 90%，其余指令的使用频率均为 10%，若采用不等长编码方式，其操作码的平均长度为多少位？

13. 基址寄存器的内容是 1000H，变址寄存器的内容是 0230H，指令地址码为 1FH，当前正在执行的指令地址是 3000H，请问：变址寻址方式的访存有效地址是多少？相对寻址方式访存的有效地址又是多少？

14. 指令格式如图 5-20 所示，该指令为复合型寻址方式—变址间接寻址方式，试分析指令的寻址过程，并给出操作数有效地址的数学表达式。

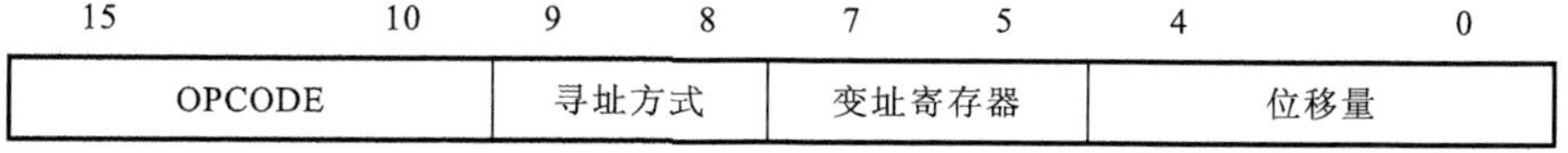

图 5-20 指令格式（一）

15. 指令格式结构如图 5-21 所示，其中 6～11 位指定源地址，0～5 位指定目标地址。试分析指令格式及寻址方式特点。

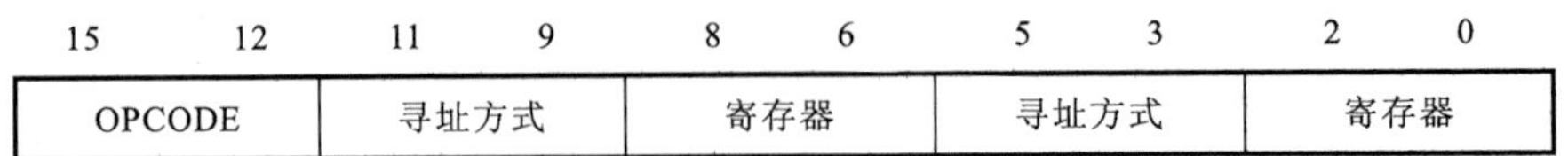

图 5-21 指令格式（二）

16. 一种单地址指令格式如图 5-22 所示，其中 I 为间接寻址特征位，X 为寻址模式位，D 为形式地址，I、X、D 组成该指令的操作数有效地址 E。设 R 为变址寄存器，R_1 为基址寄存器，PC 为程序计数器，请在表 5-4 中第一列位置填入适当的寻址方式名称。

OP	I	X	D

图 5-22 单地址指令格式

表 5-4 寻址方式

寻址方式名称	I	X	有效地址 E
	0	00	E=D
	0	01	E=（PC）+D
	0	10	E=（R）+D
	0	11	E=（R_1）+D
	1	00	E=（(D)）
	1	11	E=（(R$_1$）+D），D=0

17. 指令系统常包含哪几种指令类型？每种指令类型的功能如何？

18. 调用指令与转移指令主要区别是什么？

19. 某计算机字长为 16 位，主存容量为 640KB，采用单字长单地址指令，共有 80 条指令。试用直接、间接、变址、相对四种寻址方式设计指令格式。

20. 设某计算机字长为 32 位，CPU 中有 16 个 32 位通用寄存器，设计一种能容纳 64 种操作的指令系统。若用通用寄存器作基址寄存器，那么 RS 型指令的最大存储空间是多少？

21. 某 RISC 有加法指令、减法指令，指令格式及功能与 SPARC 相同，且 R_0 的内容恒为零，现要将 R_3 的内容清零，如何实现？写出实现的指令。

第 6 章　中央处理器

计算机必须有一个控制并执行指令的部件，该部件不仅要与计算机的其他功能部件进行信息交换，还要控制这些功能部件的操作，这就是 CPU，有时也简称为处理器，它是组成计算机系统的核心部件。CPU 由运算器和控制器组成，运算器在第 3 章已经介绍，这一章主要介绍控制器，内容包括：中央处理器的总体结构、组成和功能，控制器中的操作控制器和时序产生器的工作原理，以及微程序设计技术和硬布线逻辑设计控制器的方法。

6.1　中央处理器的总体结构

6.1.1　CPU 的功能

要使计算机系统完成具体任务，就要各部件协调工作。CPU 的功能就是控制各部件协调工作，可具体归纳为以下 4 个方面：

（1）指令控制。若要计算机解决某个问题，程序员就先要编制好程序，程序是指令的有序集合。程序被装入内存后，应能按其指令序列有条不紊地执行，才能完成任务。因此，严格控制程序的顺序执行，就是 CPU 的首要任务。

（2）操作规程控制。一条指令的执行，要涉及计算机中的若干个部件。控制这些部件协同工作，要靠各种操作信号。因此，CPU 产生操作信号传送给被控部件，并能检测其他部件发送来的信号，是协调各个部件按指令要求完成规定任务的基础。

（3）时间控制。要使计算机有条不紊地工作，对各种操作信号的产生时间、稳定时间、撤销时间及相互之间的关系都有严格要求。对操作信号时间的控制，称为时间控制。只有严格的时间控制，才能保证各功能部件组合构成有机的计算机系统。

（4）数据加工。要完成具体的任务，就不可避免地涉及数值数据算术运算、逻辑数据的逻辑运算以及其他非数值数据（如字符、字符串）的处理。这些运算和处理统称为数据加工。数据加工处理是完成程序功能的基础，因此，数据加工是 CPU 的根本任务。

6.1.2　CPU 的基本组成

传统的 CPU 包括控制器和运算器两部分。在巨型机和大型机中，由于这两大部分都比较复杂，因而在逻辑上和组装上常采取分离的模式。在微型机中，随着高密度集成电路技术的发展，不仅把控制器和运算器，而且把 Cache 也集成在一块芯片中。这种“膨胀”了的 CPU 还在不断地“膨胀”，即其组成越来越复杂，功能也越来越强大。

本章从教学目的出发，以传统的 CPU 为基础进行讲述。图 6-1 是 CPU 主要组成部分的逻辑结构图，图中虚线框所包含的部分为CPU，其余部分为计算机中的主存储器以及输入/输出接口。

1. 运算器

运算器由算术逻辑单元（ALU）、累加寄存器（ACC）、状态条件寄存器等部分组成。有的运算器还包含若干个数据缓冲寄存器，甚至通用寄存器组。当然也可以把通用寄存器组作为组成CPU的一个独立部分。

运算器是数据加工处理部件，它接受控制器的命令完成具体的数据加工任务，能执行所有的算术运算和逻辑运算，并能进行各种逻辑测试。运算器在第3章已经介绍过，这一章主要介绍控制器。

2. 控制器

控制器由程序计数器、指令寄存器、指令译码器、时序产生器和操作控制器等部分组成，它指挥和协调计算机完成各种指令规定的动作，要实现CPU的指令控制、操作规程控制和时间控制三大功能。具体来说，控制器的主要任务有：

（1）取指。从主存中取出一条指令，并指出下一条指令在主存中的位置。

（2）译码。对指令进行识别和解释，并产生相应的控制信号，启动相应的部件，完成指令规定的动作。

（3）数据流控制。指挥并控制CPU、主存和输入 / 输出部件之间的数据流动方向。

控制器是控制部件，运算器是执行部件，运算器所进行的全部操作都是由控制器发出的控制信号来指挥的。

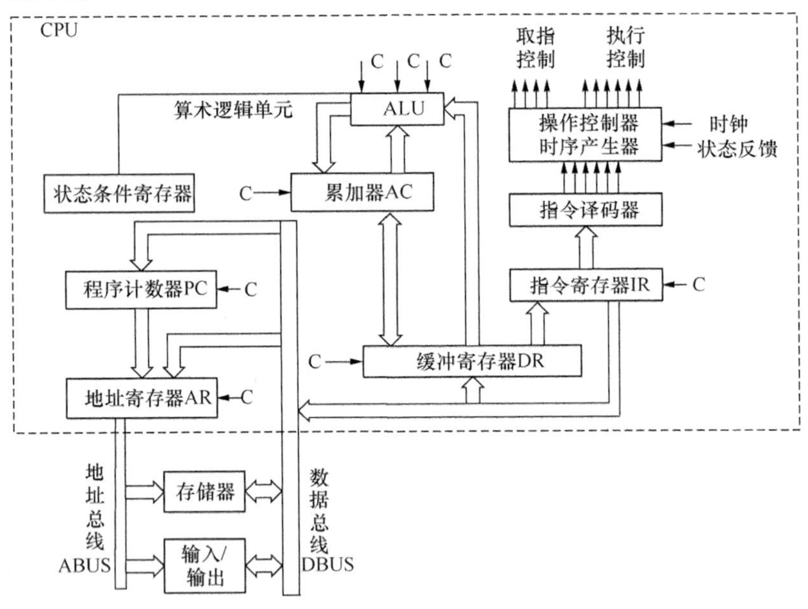

图6-1 CPU主要组成部分的逻辑结构图

6.1.3 CPU中的主要寄存器

CPU中至少有以下6个主要寄存器：

1. 指令寄存器（IR）

指令寄存器用来保存当前正在执行的一条指令的代码。指令寄存器中操作码字段的输出就是指令译码器的输入，指令译码器对指令寄存器中的操作码字段译码后，即可向操作控制器发出具体操作的信号。

2. 程序计数器（PC）

程序计数器总是指向将要执行的下一条指令的内存地址，以保证程序能自动地连续执行下去。在程序开始执行时，PC 中存放的是程序第一条指令所在内存单元的地址。当执行程序时，CPU 将自动修改 PC 的内容，以便使其保持的总是将要执行的那条指令的地址。由于大多数指令都是按顺序执行的，所以修改的过程通常只是简单对 PC 加 1。

但是，当遇到转移指令时，那么后继指令的地址（即 PC 的内容）必须从指令寄存器中的地址码取得。在这种情况下，下一条从内存取出的指令将由转移指令来规定，而不是像通常一样按顺序来取得。因此程序计数器应当具有寄存信息和计数两种功能。

3. 地址寄存器（AR）

地址寄存器用来保存 CPU 当前所访问的内存单元的地址。由于 CPU 和内存之间存在着操作速度上的差异，所以必须要使用地址寄存器来保持内存的地址信息，直到内存存取操作完成为止。

4. 数据缓冲寄存器（DR）

数据缓冲寄存器主要作为 CPU 和内存、外设之间信息传送的中转站，用于补偿 CPU 和内存、外设之间操作速度上的差别。另外在单累加器结构的运算器中，缓冲寄存器还可以兼作操作数寄存器使用。

5. 累加寄存器（ACC）

累加寄存器（ACC）通常简称为累加器。当 ALU 执行算术运算或逻辑运算时，为 ALU 提供一个工作区，可以为 ALU 暂时存放一个操作数或运算结果。当运算器中只有一个累加寄存器时，称为单累加器结构，否则称为多累加器结构。

6. 状态条件寄存器

状态条件寄存器用来保存 ALU 执行的状态信息，如运算结果进位标志（C）、运算结果溢出标志（V）、运算结果为零标志（Z）、运算结果为负标志（N）等。

除此之外，状态条件寄存器还保存中断和系统工作状态等信息，以便使 CPU 能及时了解计算机及程序的运行状态。

6.1.4 操作控制器和时序产生器

从上面的叙述可知，CPU 中的几类主要寄存器各自完成一种特定的功能，并且各寄存器之间要有信息传送，因此在 CPU 中还必须有控制信息传送的部件。

通常把寄存器或存储器之间传输信息的通路称为数据通路。在 CPU 中负责在各寄存器之间建立数据通路并控制信息在各寄存器之间传送的部件称为操作控制器。操作控制器的功能就是根据指令操作码和时序信号，产生各种操作控制信号，以便正确地建立数据通路，从而完成信息的传送。即操作控制器控制信息从什么地方开始，中间经过哪几个寄存器或多路开关，最后传输到哪个寄存器。

操作控制器产生的控制信号必须定时，因此系统中还必须有时序产生器。因为计算机高速地进行工作，每一个动作的时间非常严格，不能有任何差错。时序产生器的作用就是对各种操作信号进行定时，在时间上对各种操作信号进行约束，以便对各种操作信号进行协调。

CPU 中除了上述的组成部分外，还有中断系统、总线接口等其他功能部件，这些内容将在后续各章中介绍。

6.1.5 CPU 的主要技术参数

CPU 品质的高低直接决定了一个计算机系统的档次，而 CPU 的主要技术参数可反映出 CPU 的大致性能。

1. 字长

CPU 的字长是指在单位时间内同时处理的二进制数据的位数。CPU 按照其处理信息的字长可以分为：8 位 CPU、16 位 CPU、32 位 CPU 以及 64 位 CPU 等。

2. 内部工作频率

内部工作频率又称为内频或主频，它是衡量 CPU 速度的重要参数。在其他性能指标相同时，CPU 的主频越高，CPU 的速度也就越快。例如 Pentium 166，它的主频为 166MHz。

内部时钟频率的倒数是时钟周期，这是 CPU 中最小的时间单元。每个动作至少需要一个时钟周期。

以 80x86 系列微处理器为例，最初的 8086 和 8088 执行一条指令平均需要 12 个时钟周期；80286 和 80386 的速度提高，每条指令大约要 4.5 个时钟周期；80486 的速度进一步提高，每条指令大约 2 个时钟周期；Pentium 具有双指令流水线，并有其他一些改进，使得每个时钟周期执行 1～2 条指令；而 Pentium pro、Pentium II/III 每个时钟周期可以执行 3 条或更多的指令。

3. 外部工作频率

CPU 除了主频之外，还有另一种工作频率，称为外部工作频率，也叫前端总线频率或系统总线时钟频率，它是由主板为 CPU 提供的基准时钟频率。由于正常情况下，CPU 总线频率和主存总线频率相同，所以也是 CPU 与主存交换数据的频率。

在早期，CPU 的内频就等于外频。例如：80486DX-33 的内频是 33MHz，它的外频也是 33MHz。也就是说，80486DX-33 以 33MHz 的速度在内部进行运算，也同样以 33MHz 的速度与外界沟通。目前，CPU 的内频越来越高，相比之下主存的速度还很缓慢，如果外频设计得跟内频同步，则主存都将无法跟上 CPU 的速度。所以现在外频跟内频不再只是一比一的同步关系，从而出现了所谓的内部倍频技术，导致了“倍频”的出现。内频、外频和倍频三者之间的关系是：

内频＝外频×倍频

例如，80486DX2-66 的外频是 33MHz，由于内部 2 倍频技术的关系，外频的值会自动乘上一个因数 2，而成为内频（66MHz）。到了 586 时代，由于 CPU 支持多种倍频，因此在设定 CPU 的频率时，不仅要设定外频，也要指定倍频。

目前CPU的内频已高达数个GHz，而外频才发展为266MHz、400MHz、800 MHz等，与CPU的差距很大，最高的倍频可达到9甚至更高，也就是说CPU（内频）以主板速度（外频）的9倍或更高速度运行。

4. 片内Cache的容量和速率

片内Cache的容量和工作速率对提高计算机的速度起着关键的作用。过去的CPU一般没有片内Cache，而近年生产的CPU普遍设有片内Cache。片内Cache的运行速度与内频相同或接近，容量可达几十KB到几百KB。

5. 工作电压

工作电压指的是CPU正常工作所需的电压。早期CPU的工作电压一般为5V，以至于CPU的发热量太大，使得寿命缩短。随着CPU的制造工艺与内频的提高，近年来各种CPU的工作电压有逐步下降的趋势，以解决发热的问题，目前一般台式机使用的CPU工作电压已低于3V，有的已低于2V；而笔记本专用CPU的工作电压就更低了，甚至达到1.2V。这使得功耗大大降低，但其生产成本也会大为提高。

6. 地址总线宽度

地址总线宽度决定了CPU可以访问的最大的物理地址空间，简单地说就是CPU到底能够使用多大容量的主存。当地址总线宽度为32位时，最多可以直接访问4GB的物理空间；当地址总线宽度为36位时，最多可以直接访问64GB的物理空间。

7. 数据总线宽度

数据总线宽度决定了CPU与外部Cache、主存以及输入输出设备之间进行一次数据传输的信息量。如果数据总线宽度为32位，则每次最多可以读写主存中的32位数据；如果数据总线宽度为64位，则每次最多可以读写主存中的64位数据。

数据总线和地址总线是互相独立的，数据总线宽度指明了芯片的信息传递能力，而地址总线宽度说明了芯片可以处理多少主存单元。

8. 制造工艺

线宽是指芯片上的最基本功能单元——门电路的宽度，因为实际上门电路之间连线的宽度与门电路的宽度相同，所以可以用线宽来描述制造工艺。线宽越小，意味着芯片上包括的晶体管数目越多。Pentium II的线宽是0.35μm，晶体管数达到7.5M个；Pentium III的线宽是0.25μm，晶体管数达到9.5M个；Pentium 4的线宽是0.18μm，晶体管数达到42M个。最新的CPU制造工艺，线宽已达45nm。

6.2 控制器的组成和设计方法

控制器是计算机系统的指挥中心，它把运算器、存储器、输入输出设备等部件组成一个有机的整体，然后根据指令的要求指挥全机工作。

6.2.1 控制器的基本组成

各种不同类型计算机的控制器会有不少差别，但其基本组成是相同的，对图6-1给出的

CPU的基本组成框图进一步分解后，可把控制器的构成细化为如图6-2所示的几个组成部分。

1. 指令部件

指令部件的主要任务是完成取指令并分析指令。包括：

（1）程序计数器PC。

（2）指令寄存器IR。

（3）指令译码器ID。指令译码器又称操作码译码器或指令功能分析解释器。指令的操作码部分经过译码之后才能识别出这是一条什么样的指令，并产相应的控制信号提供给微操作信号发生器。

（4）地址形成部件。地址形成部件根据指令的不同寻址方式，形成操作数的有效地址。在微、小型计算机中，也可以不设专门的地址形成部件，而利用运算器来进行有效地址的计算。

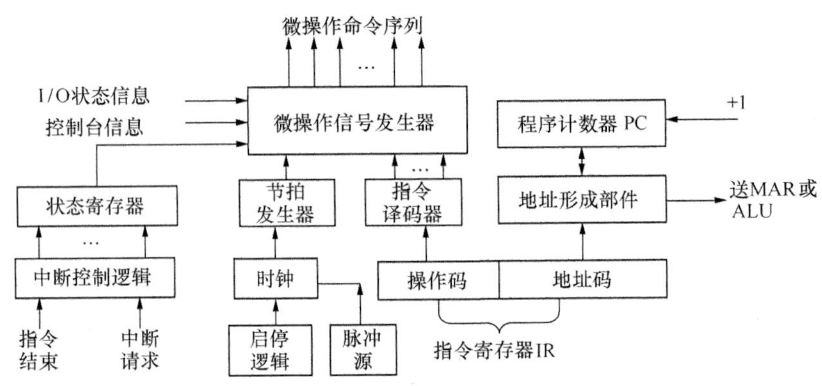

图6-2　控制器的基本组成

2. 时序部件

时序部件能产生一定的时序信号，用来保证机器的各功能部件有节奏地进行信息传送、加工及信息存储。时序部件是控制器的重要组成部分，它包括：

（1）脉冲源。脉冲源用来产生具有一定频率和宽度的时钟脉冲信号，为整个机器提供时间基准信号。为使主脉冲的频率稳定，一般都使用石英晶体振荡器做脉冲源。当计算机通电后，脉冲源立即按规定的频率重复发出具有一定占空比的时钟脉冲序列，直至关闭电源为止。

（2）启停控制逻辑。只有通过启停控制逻辑将计算机启动后，主时钟脉冲才允许进入，并启动节拍信号发生器开始工作。启停控制逻辑的作用是根据计算机的需要，可靠地开放或封锁脉冲，控制时序信号的发生或停止，实现对整个机器的正确启动或停止。启停控制逻辑要保证启动时输出的第一个脉冲和停止时输出的最后一个脉冲都是完整的脉冲。

（3）节拍信号发生器。节拍信号发生器又称脉冲分配器。脉冲源产生的脉冲信号，经过节拍信号发生器产生出各个机器周期中的节拍信号，用于控制计算机完成每一步微操作。

3. 微操作信号发生器

微操作是由控制器发出的控制计算机各部件工作的最基本操作，是最简单的不可再分的操作。在数据通路中，微操作通过自身的控制作用和彼此之间的密切配合，使指令、数据等信息按照预定的路径流动以实现指令的功能。微操作的实质是控制数据通路中各个控制门的定时打开或关闭、ALU 的实际操作、寄存器接收数据的打入脉冲、主存的读/写操作等。每条指令的功能决定了它所需要的一系列带时序的微操作信号。

可见，计算机中的微操作信号由微操作信号发生器按不同的指令和不同的时序有条不紊地产生，控制着各功能部件的操作，实现指令的功能。

为了对控制器的功能和微操作信号有更深刻的理解，我们把图 6-1 中除微操作信号发生器之外的主要部件具体化，如 IR、DR_0、DR_1、DR_2 都使用锁存器 74273，PC 用计数器 74161 等等，ALU 也具体用 74181 来代替，形成如图 6-3 所示的模型机。在图中详细标出了各部件所需要的控制信号，如对于锁存器 74273 需要一个控制信号，即时钟信号，而且是上升沿有效，因此图中的 LDAR、LDR_0、LDR_1、LDR_2 都与相应芯片的时钟端相连，当这些脉冲信号的上升沿到来时，对应总线的数据被装入锁存器。

此外凡是与总线相连具有输出功能的部件需要带有微操作的控制门，控制门可由三态缓冲器组成，每个控制门上有一个微操作控制信号，如 PC-B、ALU-B 等。这些微操作信号都是高电平有效。因此，若要读取指令，则 PC-B 这个微操作信号要变为高电平，这时 PC 的内容经指定的控制门进入总线，与此同时，微操作信号 LDAR 要有一个脉冲信号，在 PC-B 和 LDAR 上升沿的共同作用下，就把 PC 中指定的指令地址锁存到了 AR 中，为读取指令做好了准备。

图中的 PC-B、LDAR、LDR_0 等都是微操作信号，但这些微操作信号的性质不完全相同，如 PC-B 是电位信号，而 LDAR 是脉冲信号，而且发出的时间要保证 PC-B 在前，而 LDAR 在后，并保证在 PC-B 有效期间，不允许其他部件也把信息送到总线上，即其他部件通往总线的门关闭，如 ALU-B，DR_0-B 等应无效（低电平），这样才不会造成总线上数据的混乱。

这些操作控制信号都是由操作控制器产生的，因此，操作控制器也称为微操作信号发生器，也可称为控制单元（CU）。不同的机器指令需要不同的微操作信号序列。图 6-3 所示 CPU 的全部微操作控制信号和各自的作用如表 6-1 所示。

表 6-1　模型机的微操作控制信号

微操作控制信号	作　用	微操作控制信号	作　用
SW-B	输入数据传送至总线	LD R_2	总线上的数据装入 R_2
PC-B	PC 内容传送至总线	LOAD	总线上的数据装入 PC
ALU-B	ALU 输出数据传送至总线	S_3	ALU74LS181 的控制信号
R_0-B	R_0 内容传送至总线	S_2	
B-LED	总线上的数据传送至 LED 显示	S_1	
LDIR	总线上的数据装入 IR	S_0	
LDPC	PC（74LS161）加 1 信号	M	
LDAR	总线上的数据装入 AR	CN	
LD R_0	总线上的数据装入 R_0	$W/\overline{R}$	存储器的写/读控制信号（高电平写，低电平读）
LD R_1	总线上的数据装入 R_1		

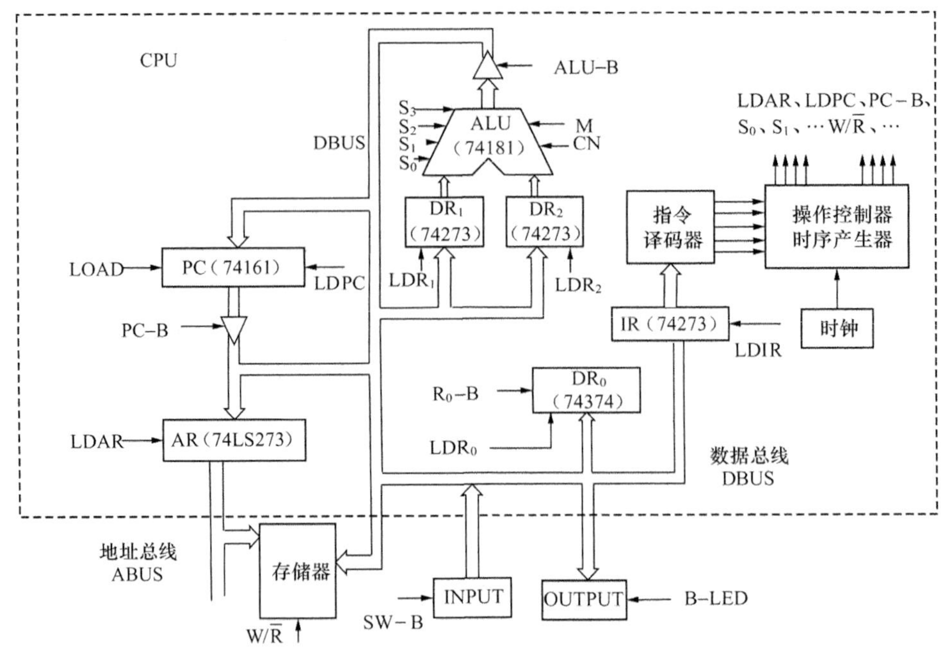

图 6-3 模型机微处理器的基本组成

4. 中断控制逻辑

中断控制逻辑用来控制中断处理，有关中断的内容在第 7 章介绍。

通过上述介绍可看出，设计控制器的关键就是设计时序部件和微操作信号发生器，6.4 节和 6.5 节就分别介绍这两个部分的设计方法。

6.2.2 控制器的设计方法

控制器的核心是微操作信号发生器（控制单元 CU），图 6-4 是反映控制单元外部特性的框图。微操作控制信号是由指令部件提供的译码信号、时序部件提供的时序信号和被控制功能部件所反馈的状态及条件综合形成。

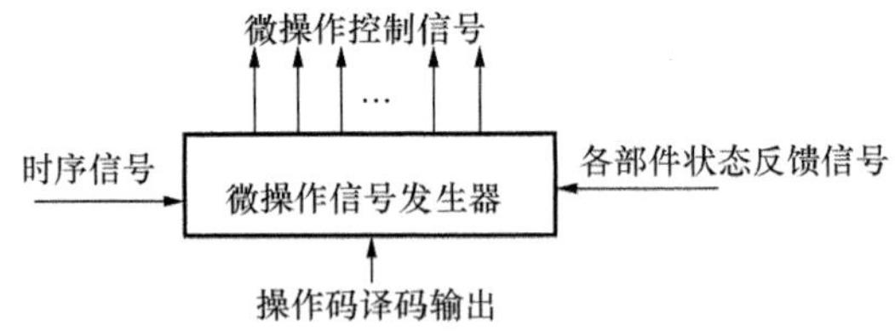

图 6-4 微操作信号形成部件示意图

控制单元的输入包括时序信号、机器指令操作码的译码输出、各部件状态反馈信号等，输出的微操作控制信号又可以细分为 CPU 内的控制信号和送至主存或外设的控制信号。根据产生微操作控制信号方式的不同，控制器可分为组合逻辑型、存储逻辑型、组合逻辑与存储逻辑结合型 3 种，它们的根本区别在于控制单元的实现方法不同，而控制器中的其他部分基本上是大同小异的。

1. 组合逻辑型

这种控制器称为常规控制器或硬布线控制器，是采用组合逻辑技术来实现的，其控制单元是由门电路组成的复杂树形网络。这种方法是分立元件时代的产物，以使用最少器件数和取得最高操作速度为设计目标。

组合逻辑控制器的最大优点是速度快。但是控制单元的结构不规整，使得设计、调试、维修较困难，难以实现设计自动化；当控制单元构成之后，要想增加新的控制功能几乎是不可能的。因此，它受到微程序控制器的强烈冲击。目前仅有一些巨型机和 RISC 机为了追求高速度仍采用组合逻辑控制器。

2. 存储逻辑型

这种控制器称为微程序控制器，是采用存储逻辑来实现的，也就是把微操作信号代码化，使每条机器指令转化成为一段微程序并存入一个专门的存储器（控制存储器）中，微操作控制信号由微指令产生。

微程序控制器的设计思想和组合逻辑设计思想截然不同。它具有设计规整、调试、维修以及更改、扩充指令方便的优点，易于实现自动化设计，已成为当前控制器的主流。但是，由于它增加了一级控制存储器，所以指令的执行速度比组合逻辑控制器慢。

3. 组合逻辑和存储逻辑结合型

这种控制器称为可编程逻辑阵列（PLA）控制器，是吸收前两种方法的设计思想来实现的。PLA 控制器实际上也是一种组合逻辑控制器，但它又与常规的组合逻辑控制器的硬件结构不同，它是可编程序的，某一微操作控制信号由 PLA 的某一输出函数产生。

PLA 控制器是组合逻辑技术和存储逻辑技术结合的产物，克服了两者的缺点，是一种较有前途的设计方法。

6.3　时序系统与控制方式

由于计算机高速地进行工作，每一个动作的时间是非常严格的，不能有任何差错。时序系统是控制器的心脏，其功能是为指令的执行提供各种定时信号。

6.3.1　时序系统

1. 时序信号的作用和体制

计算机的工作过程是周而复始地取出指令，解释指令和执行指令的过程。这一过程是在带有时序标志的微操作信号控制下进行的，各种时序标志称为时序信号，它们是由 CPU 中的时序发生器产生的。有了这些时序信号，就能控制计算机各部件的协调工作。

我们知道，计算机中存在着指令流和数据流，从时间上来说，指令流发生在指令周期的“取指令”阶段，而数据流发生在指令周期的“执行指令”阶段；从空间上来说，指令流流向指令寄存器，而数据流流经运算器进行算术运算或逻辑运算。由此可见，时序控制对计算机来说是多么重要。

空间概念和时间概念是我们建立计算机系统整机概念的两个重要因素。对于读者来说，空间概念比较容易理解，而时间概念则往往容易被忽略，忽略了时间因素，会使计算机组成原理的学习更感困难，对此务必充分注意。

2. 指令周期和机器周期

指令周期是指从取指令、分析指令到执行完该指令所需的全部时间。由于各种指令的操作功能不同，有的简单，有的复杂，因此各种指令的指令周期不尽相同。

机器周期又称 CPU 周期。通常把一个指令周期划分为若干个机器周期，每个机器周期完成一个基本操作。一般机器的 CPU 周期有取指周期、取数周期、执行周期和中断周期等。所以有：

$$指令周期=i\times 机器周期$$

不同的指令周期中所包含的机器周期数差别可能很大。一般情况下，指令周期至少包含两个机器周期：即取指周期和执行周期。

通常，每个机器周期都有一个与之对应的周期状态触发器。CPU 运行在不同的机器周期时，其对应的周期状态触发器被置“1”。显然，在机器运行的任何时刻只能处于一种周期状态，因此，有一个且仅有一个触发器被置“1”。

由于 CPU 内部的操作速度较快，而 CPU 访问主存所花的时间较长，所以许多计算机系统往往以主存的工作周期（存取周期）为基础来规定 CPU 周期，以便两者的工作能配合协调。CPU 访问主存一次要进行一次总线传送，故在微型计算机中也把机器周期称为总线周期。

3. 节拍

在一个机器周期内，要完成若干个微操作。这些微操作有的可以同时执行，有的需要按先后次序串行执行。因而应把一个机器周期分为若干个相等的时间段，每一个时间段对应一个电位信号，称为节拍电位信号。

节拍的宽度取决于 CPU 完成一次微操作的时间，如 ALU 一次正确的运算，寄存器间的一次传送等。

由于不同的机器周期内需要完成的微操作内容和个数是不同的，因此，不同机器周期内所需要的节拍数也不相同。节拍的选取一般有以下几种方法：

（1）统一节拍法。以最复杂的机器周期为准定出节拍数，每一个节拍时间的长短也以最长的微操作信号作为标准。这种方法采用统一的、具有相等时间间隔和相同数目的节拍，使得所有的机器周期长度都是相等的，因此称为定长 CPU 周期。

（2）分散节拍法。按照机器周期的实际需要安排节拍数，需要多少节拍，就发出多少节拍，这样可以避免浪费，提高时间利用率。由于各机器周期长度不同，故称为不定长 CPU 周期。

（3）延长节拍法。在照顾多数机器周期要求的情况下，选取适当的节拍数，作为基本节拍。如果在某个机器周期内统一的节拍数无法完成该周期的全部微操作，则可以延长一个或两个节拍。

（4）时钟周期插入。在一些微型计算机中，时序信号中不设置节拍，而直接使用时钟周期信号。一个机器周期中含有若干个时钟周期，时钟周期的数目取决于机器周期内完成微操作数目的多少及相应功能部件的速度。一个机器周期的基本时钟周期数确定之后，还可以不断插入等待时钟周期。如 8086 的一个基本总线周期（即机器周期）中包含 4 个基本时钟周期 T_1～T_4，在 T_3 和 T_4 之间可以插入任意个等待时钟周期 T_W，以等待速度较慢的存储部件或外部设备完成读或写操作，如图 6-5 所示。

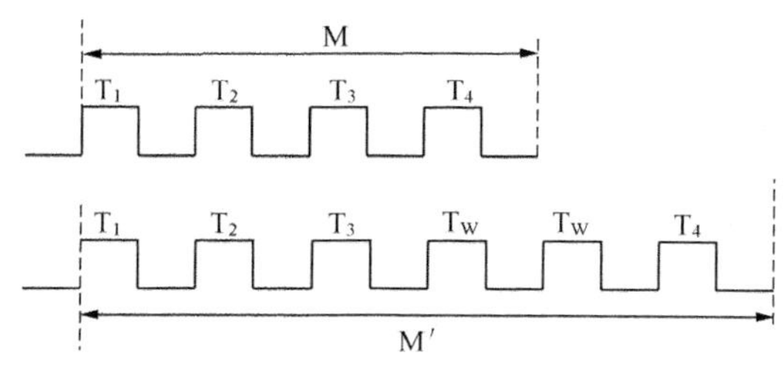

图 6-5　时钟周期的插入

4. 工作脉冲

在节拍中执行的有些微操作需要同步定时脉冲，如将稳定的运算结果打入寄存器，又如机器周期状态切换等。为此，在一个节拍内常常设置一个或几个工作脉冲，作为各种同步脉冲的来源。工作脉冲的宽度只占节拍电位宽度的 1/n，最后一个工作脉冲处于节拍的末尾部分，以保证所有的触发器都能可靠、稳定地翻转。

在只设置机器周期和时钟周期的微型计算机中，一般不再设置工作脉冲，因为时钟周期既可以作为电位信号，其前、后沿又可以作为脉冲触发信号。

5. 节拍电位和工作脉冲的时间配合关系

计算机中时序信号最基本的体制是电位－脉冲制。这是由组成计算机硬件的器件特性所决定的。而且节拍电位和工作脉冲所起的控制作用是不同的。电位信号是信息的载体，即控制信号，它在数据通路传输中起着开门或关门的作用；工作脉冲则作为打入脉冲加在触发器的脉冲输入端，起到定时触发的作用。通常，触发器使用电位－脉冲工作方式，节拍电位控制信息送到 D 触发器的 D 输入端，工作脉冲送到 CP 输入端。节拍电位和工作脉冲配合关系如图 6-6 所示。

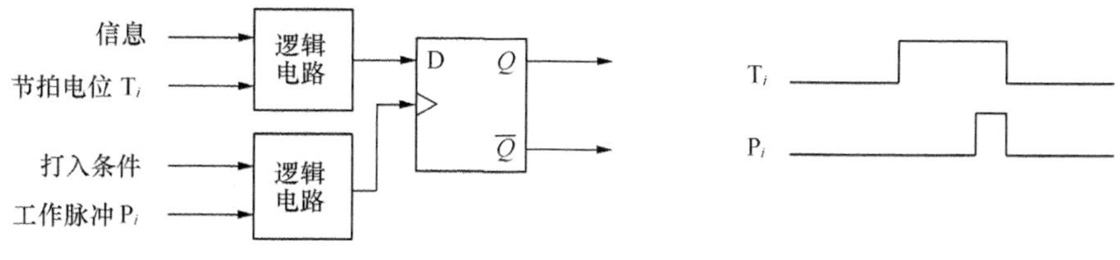

图 6-6　节拍电位和工作脉冲的配合关系

又如，当数据在寄存器之间传送时，数据加在触发器的电位输入端，而打入数据的控制信号加在触发器的时钟输入端。电位的高低，表示数据是 1 还是 0，而且要求打入数据的控制信号到来之前，电位信号必须已稳定。这是因为只有电位信号先建立，打入到寄存器的数据才是可靠的。当然，计算机中有些部件，例如，算术逻辑运算单元 ALU 只用电位信号就可以工作了。但尽管如此，运算结果还是要送入累加寄存器，所以最终还是需要脉冲信号来配合。

6. 多级时序系统

如图 6-7 所示为小型机每个指令周期中常采用的机器周期、节拍、工作脉冲三级时序系统。

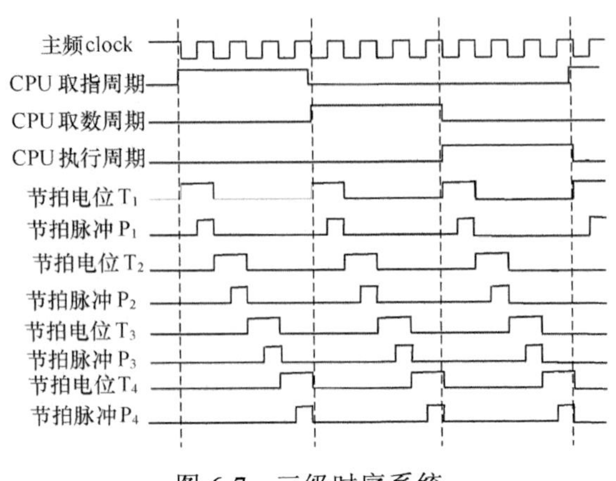

图 6-7 三级时序系统

假设指令周期包含 3 个 CPU 周期，每个 CPU 周期包含 4 个节拍电位，每个节拍电位包含 1 个脉冲，脉冲宽度为 10ns。

微型计算机中常用的时序系统与小型机略有不同，称之为时钟周期时序系统。一个指令周期包含若干个机器周期，一个机器周期又包含若干个时钟周期。

组合逻辑控制的计算机经常采用三级时序体制：CPU 周期、节拍电位、节拍脉冲。在微程序控制器中，一般采用较简单的节拍电位、节拍脉冲二级时序体制。在一个微周期里，CPU 执行一次数据通路的操作，先取出一条微指令送到微指令寄存器 μIR，接着用一个节拍电位的时间，配合置结果的脉冲，完成一次数据通路的操作。

6.3.2 指令周期举例

为了进一步加深对指令周期概念的理解，我们将分析几条指令的执行过程，从而说明由若干个 CPU 周期组成的指令周期，以及在每个 CPU 周期里信息在指定部件间流动而实现指令功能的过程，从而更好地建立整机概念。

表 6-2 列出了一个简单的程序，该程序由 5 条非常典型的指令组成，其中：

（1）CLA 指令的功能是将累加器清零，执行时不需要访问存储器，称为非访内指令。

（2）ADD 指令的功能是实现加法，执行时需要访问一次存储器，取出操作数，称为直接访内指令。

（3）STA 指令实现存数操作，执行时需要访问两次存储器，一次是读取存数单元的地址，一次是把操作数写入相应的存储单元，称为间接访内指令。

（4）JMP 指令是程序转移指令。

（5）HLT 为停机指令。

设该机器的字长为 16 位，地址和数据均以十六进制数表示，各条指令的功能、存储单元地址、指令码（机器指令）、汇编语言的助记符都已在表中详细列出。

表 6-2 五条典型指令组成的一个程序

存储单元地址（十六进制）	指令码（十六进制）	助记符	指令功能
0020	A8 00	CLA	累加器 ACC 清 0
0021	18 30	ADD 30	ACC+（30）→ACC；累加器内容与30H 单元内容相加，和存入累加器
0022	A9 31	STA I 31	ACC→（31）；累加器内容存入 31H 单元所指示的地址中
0023	60 A9	JMP 21	程序无条件转移到 21H 执行
0024	00 00	HLT	停机

1．CLA 指令的指令周期

CLA 指令为非访内指令，一条非访内指令需要两个 CPU 周期，其中取指令阶段需要一个 CPU 周期，执行指令阶段需要一个 CPU 周期。CLA 指令周期如图 6-8 所示。

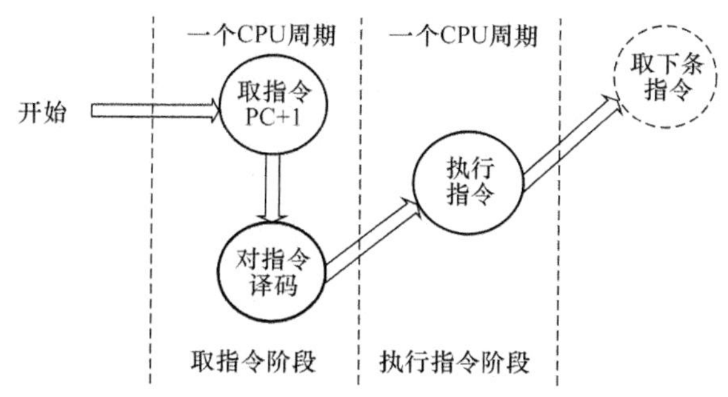

图 6-8 CLA 指令的指令周期

在第一个 CPU 周期，即取指令和译码阶段，CPU 完成以下 3 个操作：

（1）从内存取出指令。

（2）对程序计数器 PC 加 1，以便为取下一条指令做好准备。

（3）对取得的指令的操作码进行译码或测试，确定该指令的操作。

在第二个 CPU 周期，即执行指令阶段，CPU 根据对指令操作码的译码或测试，进行指令所要求的操作。对非访内指令来说，执行阶段通常涉及累加器的内容。

（1）取指令阶段。假定表 6-2 的程序已经装入主存中，程序计数器 PC 的值为 20H。一条指令的取指令阶段示意图如图 6-9 所示。在此阶段，CPU 的动作可分为以下几步：

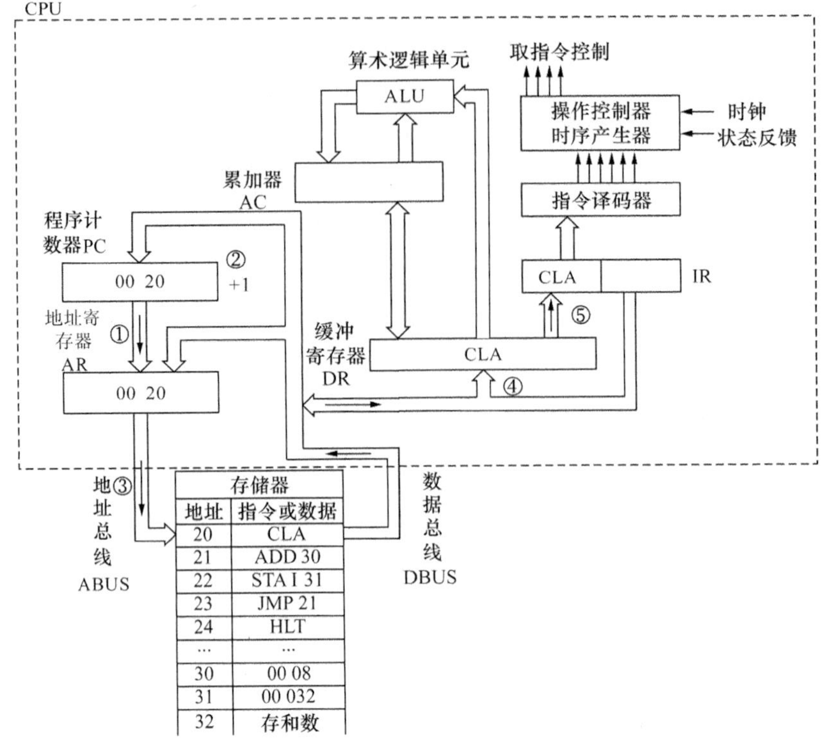

图 6-9 取出 CLA 指令

①程序计数器 PC 的内容 20H 被装入地址寄存器 AR。

②程序计数器内容加 1，变成 21H，为取下一条指令做好准备。

③地址寄存器的内容被放到地址总线上。

④所选存储器单元 20H 的内容 A800H 经过数据总线，传送到数据缓冲寄存器 DR 中。

⑤缓冲寄存器 DR 的内容传送到指令寄存器 IR。

⑥指令寄存器中的操作码被译码或测试。

⑦经过译码，CPU 识别出这是一个零地址格式的指令 CLA。

（2）执行指令阶段。CLA 指令的执行阶段示意图如图 6-10 所示。在此阶段中，CPU 完成下列两项动作：

①操作控制器送 CLA 相应的控制信号给算术逻辑运算单元 ALU。

②ALU 响应该操作信号，将累加寄存器 AC 的内容清零，从而执行了 CLA 指令。

至此，CLA 指令操作结束。

2. ADD 30H 的指令周期

表 6-2 中程序的第二条指令是 ADD 30H 指令，这是一条直接访内指令。ADD 指令的指令周期由三个 CPU 周期组成，如图 6-11 所示。

其中第一个 CPU 周期为取指令阶段，它的过程与 CLA 指令完全相同。执行指令阶段由两个 CPU 周期组成：其中在第二个 CPU 周期中将操作数的地址送往地址寄存器，并完成地址译码，而在第三个 CPU 周期中从内存取出操作数并执行相加操作。

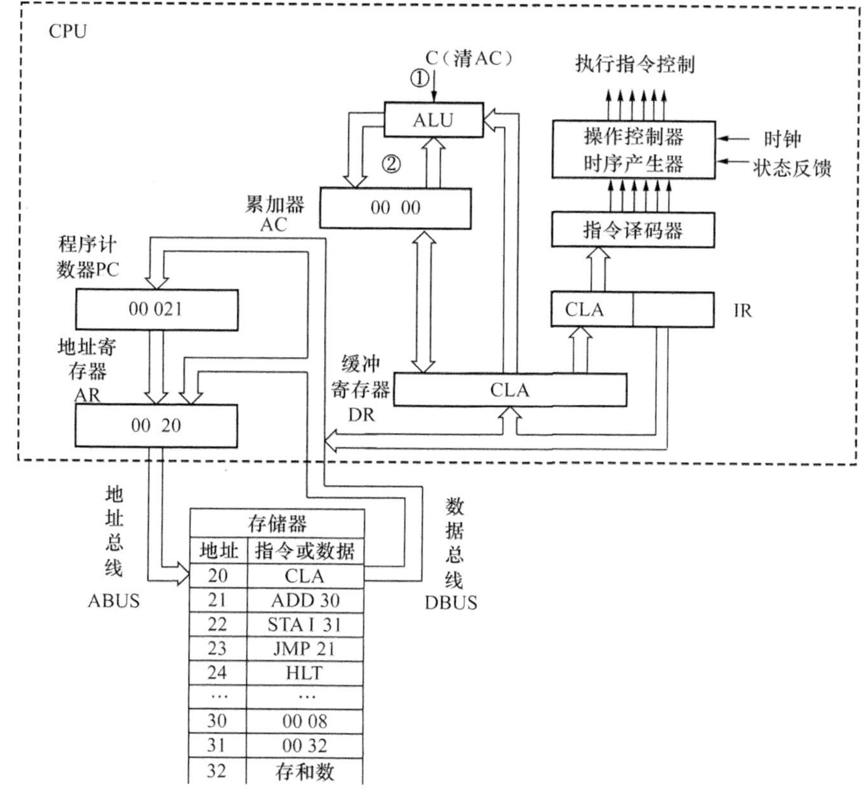

图 6-10　CLA 指令执行阶段

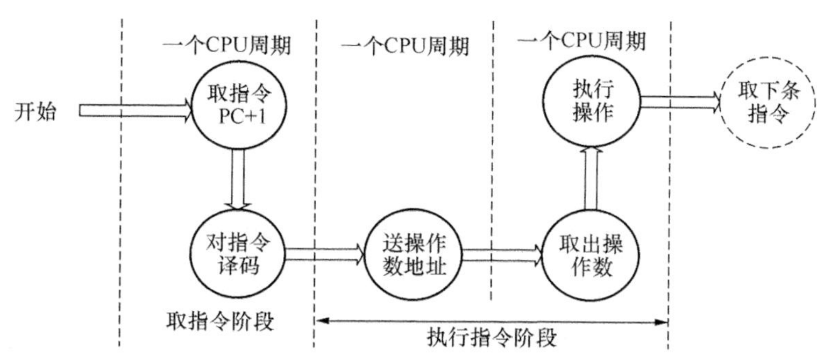

图 6-11　ADD 30H 的指令周期

在取出第一条指令 CLA 时，程序计数器的内容已经加 1 变成 21H，这正好是存放“ADD 30”指令的内存单元地址。这样，当从内存取第二条指令时，取指令阶段和译码的过程与第一条指令相同，这里不再重复。所以只讨论这条指令的执行阶段的情况。假定第一个 CPU 周期结束时，指令寄存器中已经存放好 ADD 指令并进行译码测试，同时，程序计数器的内容加 1，变为 22H，为取第三条指令做好准备。

（1）送操作数地址。第二个 CPU 周期主要完成送操作数地址，其数据通路如图 6-12 所示。

在此阶段，CPU 的动作只有一个：将指令寄存器中的地址码部分（30H）装入地址寄存器，其中 30H 为内存中存放操作数单元的地址。

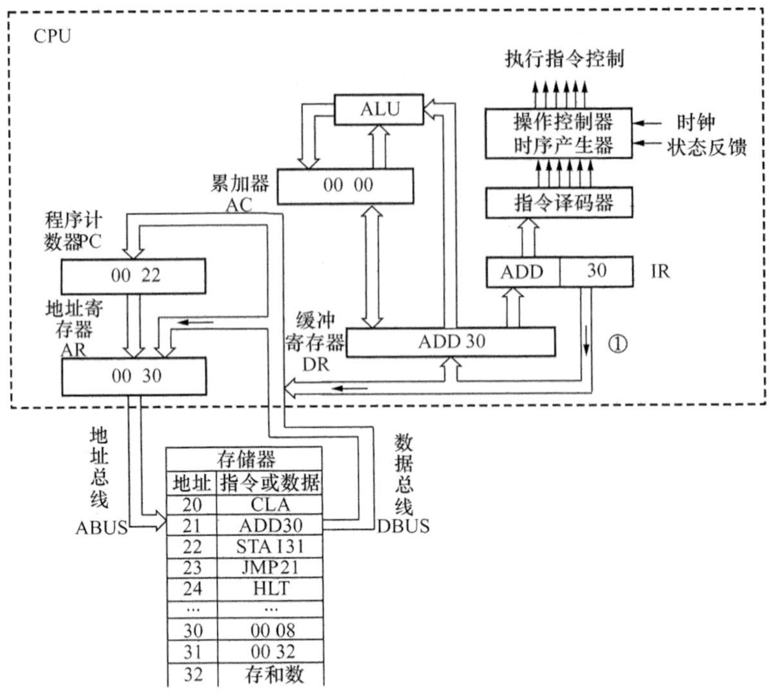

图 6-12　送操作数地址

（2）取操作数并相加。第三个 CPU 周期主要完成取操作数并执行加法操作，其数据通路如图 6-13 所示。

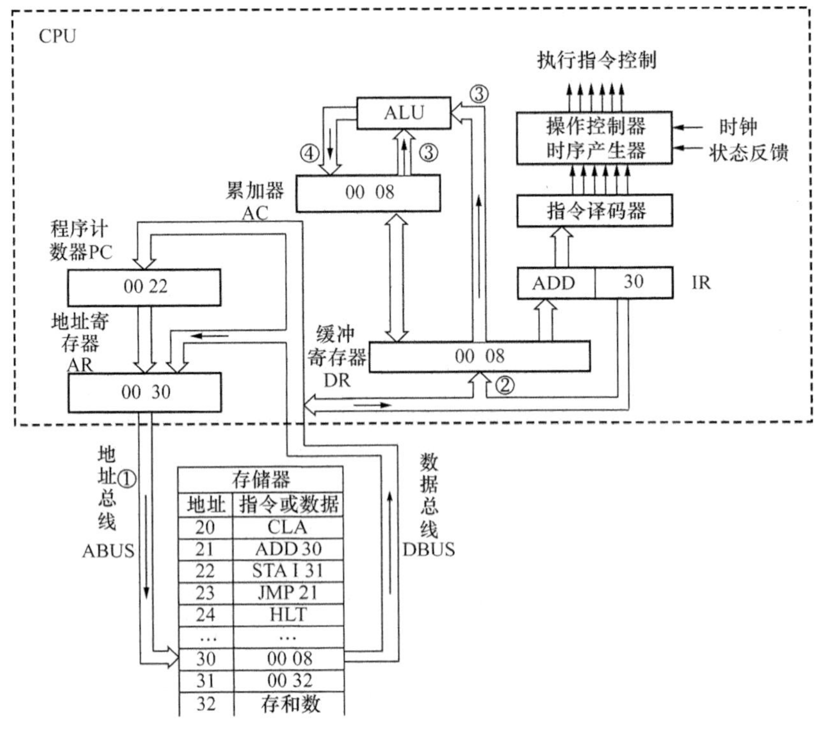

图 6-13　取操作数并执行加法操作

在此阶段，CPU 完成如下动作：

①把地址寄存器中的操作数地址（30H）发送到地址总线上。

②由存储器单元 30H 读出操作数（8H），并经数据总线送到数据缓冲寄存器 DR 中。

③执行加法操作：数据缓冲寄存器 DR 中的操作数（8H）送 ALU 的一个输入端，已等候在相加累加器中的另一个操作数（0）送往累加器的另一个输入端，操作控制器发出相加的微操作信号。

④产生运算结果 0＋8＝8，并把这个结果放回累加器，替换了累加器中原先的数（0）。

3. STA I 31H 指令的指令周期

表 6-2 程序的第三条指令是“STA I 31H”指令，这是一条间接访问内存的指令。STA 指令的指令周期由 4 个 CPU 周期组成，如图 6-14 所示。

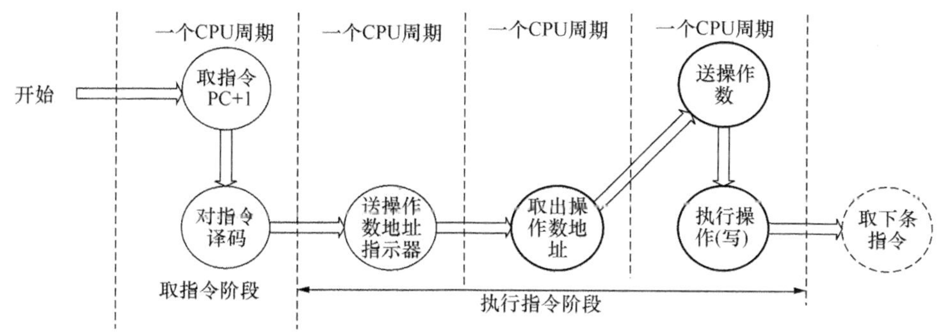

图 6-14　STA I 31H 指令的指令周期

其中第一个 CPU 周期仍然是取指令阶段，其过程如前所述。第一个 CPU 周期结束后，“STA I 31H”指令已存放入指令寄存器并完成译码测试。下面只讨论从第二个 CPU 周期开始的指令执行阶段的各种操作。

（1）送地址指示器。在执行阶段的第一个 CPU 周期中，CPU 完成的动作是把指令寄存器中地址码部分的形式地址（31H）装入到地址寄存器。其中数字 31H 不是操作数的地址，而是操作数地址的地址，或者说是操作数地址的指示器。其数据通路与图 6-12 完全一样，所不同的仅是数字 31H 不是操作数地址。

（2）取操作数地址。在执行阶段的第二个 CPU 周期中，CPU 完成从内存取出操作数地址，其数据通路如图 6-15 所示。

CPU 完成的动作有：

①地址寄存器的内容（31H）发送到地址总线上。

②存储单元（31H）的内容（32H）读出到数据总线上。

③把数据总线上的数据装入地址寄存器。于是 32H 进入地址寄存器，替代了原先的内容（31H）。至此，操作数地址 32H 已经取出，并放入地址寄存器中。

（3）存储和数。执行阶段的第三个 CPU 周期中，累加器的内容传送到缓冲寄存器 DR，然后再存入所选定的存储单元（32H）中。其数据通路如图 6-16 所示。

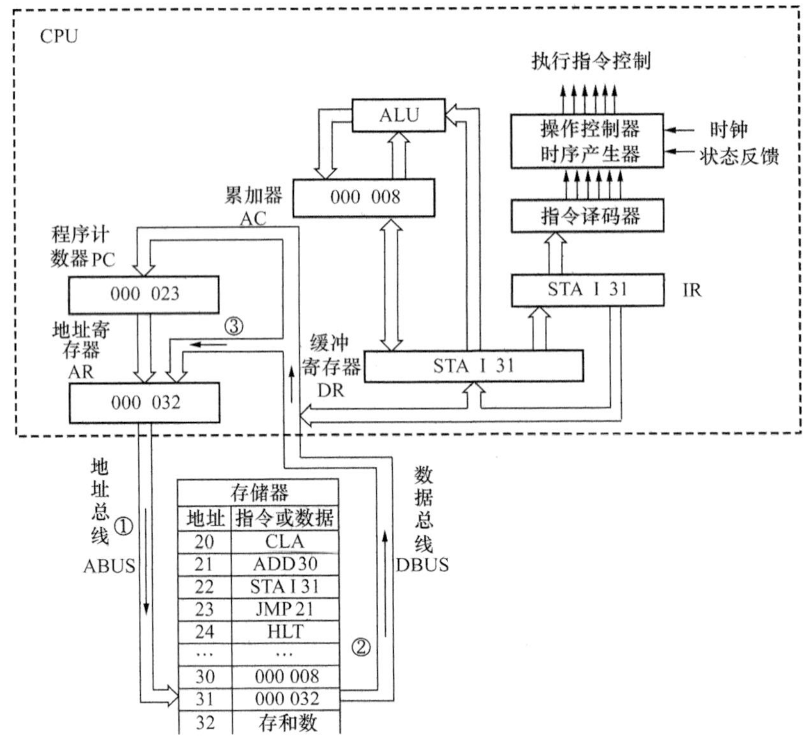

图 6-15 取操作数地址

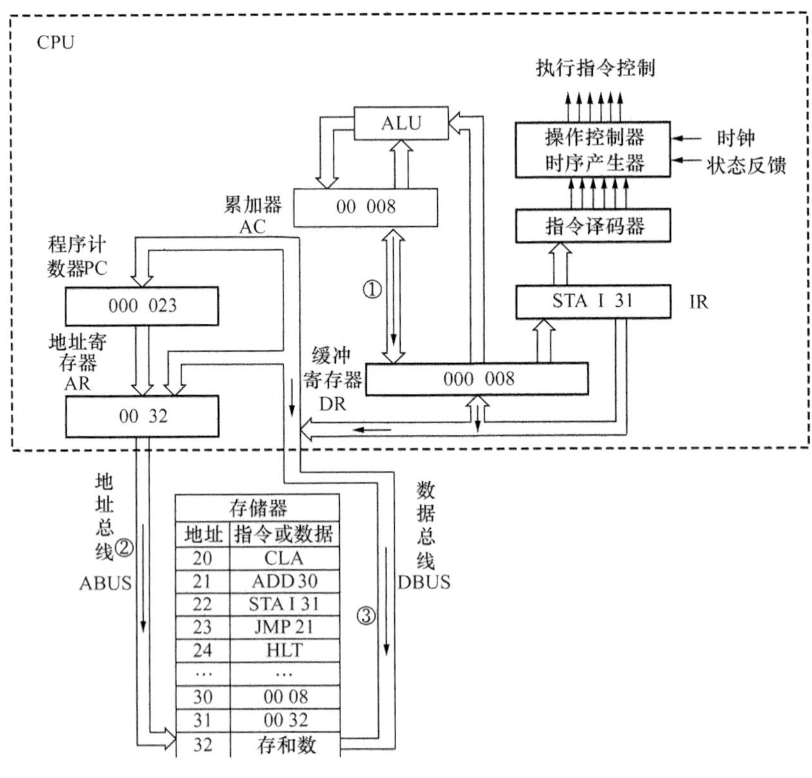

图 6-16 存储和数

CPU 完成如下动作：

①累加器的内容（8）被传送到数据缓冲寄存器 DR。

②把地址寄存器 AR 的内容（32H）发送到地址总线上，32H 即为将要存入数据 8 的内存单元地址。

③把缓冲寄存器 DR 的内容（8）发送到数据总线上。

④把数据总线上的数据写入到所选择的存储单元中，即将数 8 写入到存储器 32H 单元中。

4. JMP 21H 指令的指令周期

程序现在已经进行到第四条指令，即“JMP 21H”指令，这是一条程序控制指令。它的含义是改变程序原先的执行顺序，无条件地转移到地址 21H 开始的单元执行。

JMP 指令可以是直接寻址指令，也可以是间接寻址指令，在本例中，它是直接寻址。

该指令仍需两个 CPU 周期。第一个周期仍然是取指令阶段，CPU 把 23H 存储单元的“JMP 21H”指令取出放入指令寄存器，同时程序计数器内容加 1，变为 24H，从而为取下一条指令（HLT）作好准备。第二个 CPU 周期为执行阶段。在这个阶段中，CPU 把指令寄存器中的地址码部分 21H 送到程序计数器，从而用新内容 21H 代替 PC 原先的内容（24H）。这样，下一条指令将不从 24H 单元读出，而是从存储器 21H 号单元开始读出并执行，从而改变了程序原先的执行顺序。

表 6-2 所示的程序是一个死循环程序，我们仅仅是把它作为一个例子来说明程序转移指令能够改变指令的执行顺序而已。

5. 用框图语言表示指令周期

上面介绍了四条典型指令的指令周期，通过画示意图和数据通路图，对一条指令的取指过程和执行过程有了一个较深的印象。但是在设计计算机时如果用上述方法来表示指令周期就显得过于繁琐，而且没有必要。在进行计算机设计时，一般采用框图语言来表示一条指令的指令周期。

在框图语言中，一个方框代表一个 CPU 周期，方框中的内容代表数据通路的操作或某种控制操作。除了方框以外，还用菱形符号表示进行某种判断或测试，不过在时间上它依附于紧接它的前面一个方框的 CPU 周期，而不是单独占用一个 CPU 周期。

用方框图语言表示的前面四条典型指令的指令周期如图 6-17 所示。

可以明显地看到，所有指令的取指令阶段是完全相同的，而且是一个 CPU 周期。但是指令的执行阶段，由于各条指令的功能不同，所用的 CPU 周期是各不相同的。图中 DBUS 代表数据总线，ABUS 代表地址总线，RD 代表内存读命令，WE 代表内存写命令，I 是直接/间接寻址标志，当 I＝0 时为直接寻址，当 I＝1 时为间接寻址。图 6-17 中还有一个“～”符号，我们称它为公操作符号。这个符号表示一条指令已经执行完毕，转入公操作。所谓公操作就是一条指令执行完毕后，CPU 所进行的一些固定操作，这些操作主要是 CPU 对外设请求的处理。如果外设没有向 CPU 请求数据交换，那么 CPU 又转向内存取下一条指令。由于所有指令的取指令阶段是完全一样的，因此取指令也可以认为是公操作。这是因为，一条指令执行结束后，如果没有外设请求，CPU 一定转入“取指令”操作。

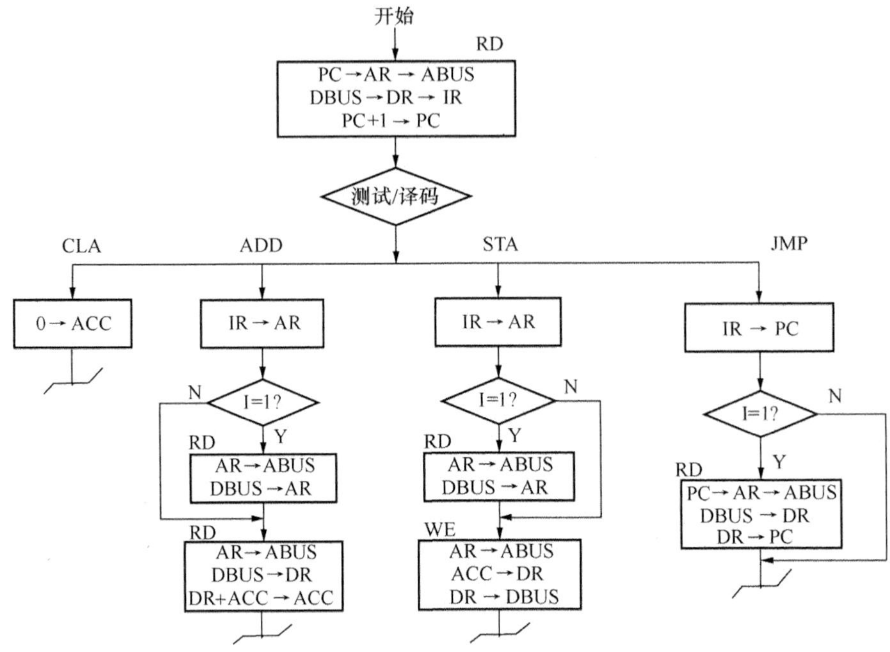

图 6-17　用方框图语言表示机器指令周期

6.3.3　时序信号发生器

前面已说明了组合逻辑控制器经常采用 CPU 周期、节拍电位、节拍脉冲三级时序体制和微程序控制器经常采用节拍电位、节拍脉冲二级时序体制，这些时序信号是按设计要求用逻辑电路组成的时序信号发生器产生的。不同的计算机，由于时序信号不同，时序信号产生电路也不尽相同，但时序信号发生器最基本的构成是一样的。

图 6-18 所示为三级时序系统的组成框图。

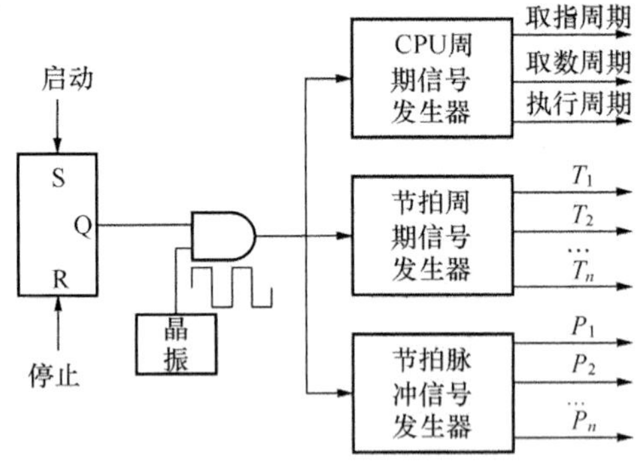

图 6-18　三级时序系统的组成框图

1. 时钟脉冲源

时钟脉冲源用来为时序发生器提供频率稳定而且电平匹配的方波时钟脉冲信号。它是主机信号的“发源地”，在电源电压正常时产生。时钟脉冲源通常由石英晶体振荡器和与非门组成的正反馈振荡电路组成。

2. 节拍电位发生器

节拍电位发生器由循环移位寄存器和译码器组成，如图 6-19 所示。

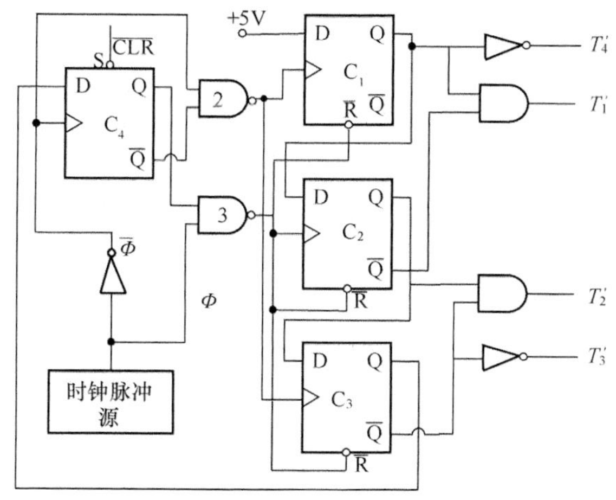

图 6-19　节拍电位发生器

C_1、C_2 和 C_3 构成循环移位寄存器，它们的输出通过简单的与、非门电路构成的译码器，就能产生 T_1、T_2、T_3 和 T_4 节拍电位。假设时钟源输出为 50MHz 的方波信号（周期为 20ns），它送到循环移位寄存器的输入端。图 6-19 的节拍电位发生器工作过程如下：

开机时电源电压正常时产生的总清信号或由控制台发出的总清信号（CLR）使触发器 C_4 置“1”，与非门 3 打开，第一个正脉冲 Φ 通过门 3 反相，使触发器 C_1～C_3 清“0”。经过半个主脉冲周期（10ns）的延迟，触发器 C_4 由“1”状态翻转到“0”状态，门 2 打开，$\overline{\Phi}$通过门 2 传送到 C_1、C_2 和 C_3 的时钟端，再经过半个主脉冲周期的延迟后，第二个脉冲 Φ 的上升沿（即第一个$\overline{\Phi}$的下降沿）作移位信号，使触发器 C_1～C_3 变为“100”状态。此后，第二个$\overline{\Phi}$、第三个$\overline{\Phi}$连续通过门 2 形成移位信号，使 C_1～C_3 相继变为“110”、“111”状态，其过程如图 6-20 所示。

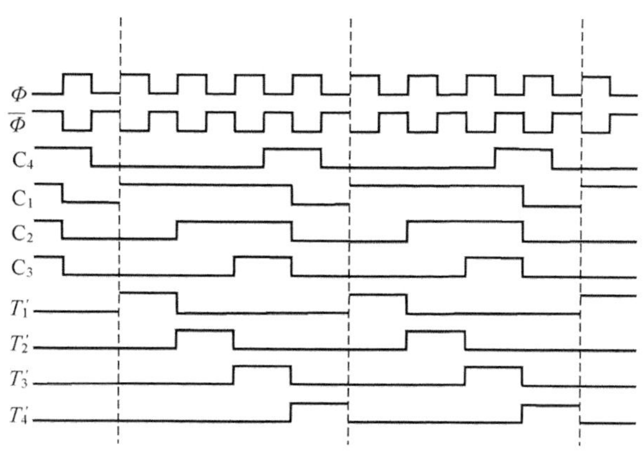

图 6-20　节拍电位与节拍脉冲时序关系图

当 C_3 变为“1”状态时（对应第四个脉冲 Φ 的上升沿），其状态便反映到触发器 C_4 的 D 端，因而在第四个脉冲 Φ 的下降沿将“1”打入 C_4，门 3 再次打开，第五个正脉冲便通过门 3 形成清“0”脉冲，将触发器 C_1～C_3 清“0”。于是下一个循环再度开始。

采用循环移位寄存器产生的信号不带干扰毛刺，信号质量高，是常用的电路形式。

图 6-20 中 4 个原始节拍电位是用以下的译码逻辑产生的，即：

$$T_1'=C_1\overline{C_2}，T_2'=C_2\overline{C_3}，T_3'=C_3，T_4'=\overline{C_1}$$

节拍电位 T_1'～T_4'的脉冲宽度均为 20ns，因此一个 CPU 周期是 80ns。时序信号要求每个节拍电位有 1 个节拍脉冲，此处可由图中的 $\overline{\Phi}$与 T_1'～T_4'分别相“与”得到节拍脉冲 P_1～P_4，即：

$$P_1=T_1'\overline{\Phi}，P_2=T_2'\overline{\Phi}，P_3=T_3'\overline{\Phi}，P_4=T_4'\cdot\overline{\Phi}$$

3. CPU 周期信号发生器

在计算机中，指令周期有多少个 CPU 周期，就有多少个表示各个 CPU 周期状态的触发器，通常可用 D 触发器构成。例如，有一台实际机器，它共有 4 个 CPU 周期，机器运行时，总是处于 4 个 CPU 周期中的一个 CPU 周期状态，一个 CPU 周期结束时，按要求建立起另一个 CPU 周期状态。

图 6-21 中有 3 个 CPU 周期的信号发生器。CPU 周期从取指周期 IF 开始，在指令周期中，当 1→IF 为高电位时，在当前 CPU 周期的最后一个节拍电位结束时建立取指周期状态，即 IF 触发器的 Q 端为高电位，表示此时是取指周期状态，在取指周期结束后，若 1→DF 是高电位，则紧接着建立的是取数周期，接下来是执行周期。

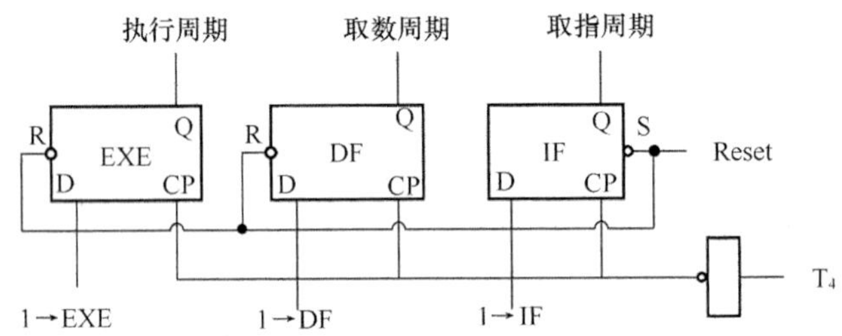

图 6-21　3 个 CPU 周期的信号发生器

4. 启停控制逻辑

当机器接通电源，电源的电压达到额定电压时，时钟脉冲源即可产生稳定的脉冲信号，经节拍电位发生器产生原始的节拍脉冲信号 T_1'～T_4'，但这些原始信号只有在启动机器运行时才能变为 CPU 工作时所需的节拍电位 T_1～T_4，如图 6-22 所示。图中的 Cr 为“运行触发器”，当 Cr=1 时，T_1'～T_4'经一级与门延迟后变为 T_1～T_4；当 Cr=0 时，与门输出均为低电平，即关闭了时序产生器。图中 Cr 左面两个与非门组成一个 RS 触发器。节拍电位 T_1～T_4 是由 T_1'～T_4'经启停控制逻辑中的与门后输出的，它们彼此的逻辑关系是一致的，只是忽略了一级与门的时间延迟。

对于启停电路的设计，最重要的要求是：启动时，一定要从第一个节拍电位的前沿开始工作，以保证能发出去的是第一个时序信号且宽度满足要求；停机时，一定要在当前执行指令最后一个节拍电位结束后才关闭时序发生器，以保证停机前的指令正确无误地执行完。

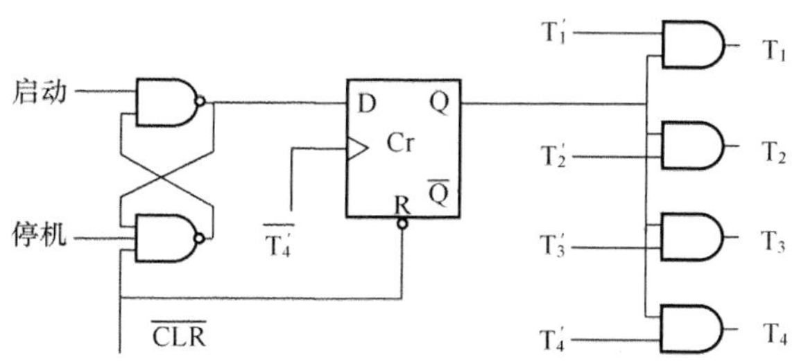

图 6-22 启停控制逻辑

图 6-22 启停控制逻辑的工作过程如下：当接通电源或人为按控制台“总清”开关时，产生总清信号$\overline{CLR}$（低电平有效），使 Cr 变为 0 状态，即封锁原始信号 T_1'～T_4'；当启动机器时，“启动”端为低电位，Cr 的 D 端为高电位，为了使启动机器时能发出去的肯定是 T_1，需用 T_4 的下降沿使 Cr 打入 1，但 D 触发器要求用上升沿打入，因此需将 T_4'反相（$\overline{T_4'}$）作为 Cr 的打入信号。一旦 Cr 变为 1 后，CPU 便依次循环发出 T_1、T_2、T_3和 T_4 信号。

停机有两种情况：一是执行停机指令的停机；二是人为按“停机”开关的停机，后者也是随机的。利用$\overline{T_4'}$作为 Cr 的打入信号，只有 T_4'结束后 Cr 才变为 0，即在当前指令的最后一个节拍电位的下降沿（$\overline{T_4'}$的上升沿）Cr 才变为 0，从而关闭时序发生器。

6.3.4 控制器的基本控制方式

我们知道，不同指令的指令周期常常包含不同的 CPU 周期数，CPU 周期的多少反映了指令动作的复杂程度，即操作控制信号的多少。为了使机器能够正确执行指令，控制器必须能够按正确的时序产生操作控制信号。控制不同操作序列时序信号的方法，称为控制器的控制方式。常用的控制方式有同步控制、异步控制和联合控制 3 种，其实质反映了时序信号的定时方式。

1. 同步控制方式

同步控制方式即固定时序控制方式，各项操作都由统一的时序信号控制，在每个机器周期中产生统一数目的节拍电位和工作脉冲。由于不同的指令，操作时间长短不一致。同步控制方式应以最复杂指令的操作时间作为统一的时间间隔标准。

例如，对指令的执行周期来说，如果各种指令的执行周期微操作序列事先能准确地知道，则可将其中执行时间最长的指令作为标准，确定执行周期的节拍数，所有的指令都按这个统一的时间间隔安排它们的操作。又例如，对机器周期来说，选取存储器的工作周期作为标准时间间隔，这样取指令、取操作数、执行周期等均相等，使 CPU 与存储器能同步工作。

这种控制方式设计简单，容易实现；但是对于许多简单指令来说会有较多的空闲时间，造成大量时间浪费，从而影响了指令的执行速度。

在同步控制方式中，各指令所需的时序由控制器统一发出，所有微操作都与时钟同步，所以又称为集中控制方式或中央控制方式。

2. 异步控制方式

异步控制方式即可变时序控制方式，各项操作不采用统一的时序信号控制，而根据指令或部件的具体情况决定，每条指令、每个操作控制信号需要多少时间就占用多少时间，实行按需分配。

这是一种“应答”方式，各操作之间的衔接是由“结束—起始”信号来实现的。由前一项操作已经完成的“结束”信号，或由下一项操作的“准备好”信号来作为起始信号，在未收到“结束”或“准备好”信号之前不开始新的操作。例如，存储器读操作时，CPU向存储器发一个读命令（起始信号），启动存储器内部的时序信号，以控制存储器读操作，此时 CPU 处于等待状态。当存储器操作结束后，存储器向 CPU 发出 MFC（结束信号），以此作为下一项操作的起始信号。

异步控制采用不同时序，没有时间上的浪费，因而提高了机器的效率，但是控制比较复杂。

由于这种控制方式没有统一的时钟，而是由各功能部件本身产生各自的时序信号自我控制，故又称为分散控制方式或局部控制方式。

3. 联合控制方式

这是同步控制和异步控制相结合的方式。实际上现代计算机中几乎没有完全采用同步或完全采用异步的控制方式，大多数是采用联合控制方式。通常的设计思想是：在功能部件内部采用同步方式或以同步方式为主的控制方式，在功能部件之间采用异步方式。

例如，在一般小、微型计算机中，CPU 内部基本时序采用同步方式，按多数指令的需要设置节拍数。对于某些复杂指令如果节拍数不够，可采取延长节拍等方法，以满足指令的要求。当 CPU 通过总线与主存或其他外设交换数据时，就转入异步方式。CPU 只需给出起始信号，主存和外设按自己的时序信号去安排操作，一旦操作结束，则向 CPU 发结束信号，以便 CPU 安排它的后继工作。

6.4 组合逻辑控制器

6.4.1 组合逻辑控制器的基本原理

组合逻辑控制器又称硬布线控制器，是一种由门电路和触发器构成的复杂树状网络。这是早期设计计算机控制器的方法，也是现在设计高速计算机控制器的一种方法。这种方法是把控制部件当作产生专门固定时序控制信号的逻辑电路，而此逻辑电路以使用最少门电路和取得最高操作速度为设计目标。一旦组合逻辑控制器构成后，除非重新设计和物理上对它重新布线，否则要想增加新的控制功能是不可能的。

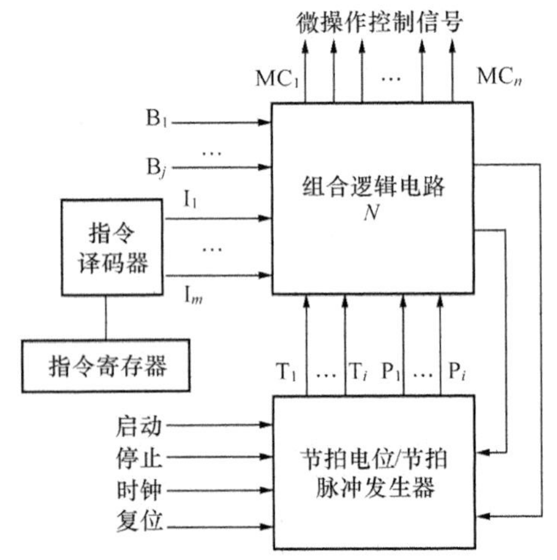

图 6-23 组合逻辑控制器的结构框图

组合逻辑控制器是计算机中最复杂的逻辑部件之一。当执行不同的机器指令时，由该指令激活与之相对应的一系列微操作控制信号来实现指令的功能。

1. 组合逻辑线路的输入信号

图 6-23 所示为组合逻辑控制器的结构框图。其最

复杂的核心部分是组合逻辑线路 N，其输入信号来源有 3 个：

（1）指令译码器的输出 I_m。指令译码器对指令的操作码 OP 和寻址方式等进行译码。不同的指令具有不同的功能，因此也需要不同的微操作控制信号，它必须由指令操作码 OP 决定；同时，在执行不同寻址方式取操作数时，应根据寻址方式来决定执行相应的微操作。

（2）时序发生器的时序信号，包括节拍电位 T_i 和节拍脉冲 P_k。前面已介绍了组合逻辑控制器经常采用三级时序体制，即 CPU 周期、节拍电位、节拍脉冲。每一个指令周期包含若干个 CPU 周期，CPU 周期的建立和转换是按指令功能预先订好的，由组合逻辑线路实现。每个 CPU 周期包含若干个节拍电位，节拍电位作为微操作控制信号的时序标志及作用的时间定时，每个 CPU 周期可以包含固定的节拍电位数或可变的节拍电位数。节拍脉冲在节拍电位中的个数及相位关系一般都是固定的，它也带有鲜明的时序标志。节拍电位和节拍脉冲由时序产生器直接产生后输入组合逻辑线路。

（3）执行部件的反馈信息 B_j。B_j 包括 ALU 运算结果形成的条件码（如 S、O、C、Z 等），也可能是机器中原先设置的某些状态等，条件转移指令或状态测试指令会因不同的结果反馈信息 B_j 而产生不同的执行结果，这就需要有不同的微操作控制信号，因此，B_j 也是组合逻辑线路的输入信号。

2. 组合逻辑线路的输出信号

组合逻辑线路 N 最终的输出信号就是微操作控制信号 MC，它用来控制执行部件的操作。另有一些送回时序部件的信号则根据条件变量来改变时序发生器的计数顺序，以便跳过某些状态，从而可以缩短指令周期。

显然，组合逻辑控制器的微操作控制信号 MC 是指令译码器输出 I_m、节拍电位 T_i、节拍脉冲 P_k 和状态条件信号 B_j 的逻辑函数，即：

$$MC = f(I_m, T_i, P_k, B_j)$$

6.4.2 组合逻辑控制器设计方法

1. 组合逻辑控制器的设计步骤

在计算机发展的早期，由于硬件技术相对薄弱和价格高昂，硬件结构相对简单，因而控制器也比较简单，手工设计方法还能够应付。手工设计组合逻辑控制器的步骤包括：

（1）作好规划，选定节拍和时钟的配合关系，并根据各条指令的功能要求，按给出的数据通路，安排好每条指令执行的详细流程（可用方框图语言表示）。

（2）写出数据通路中所有需要的微操作控制信号的逻辑表达式，并加以综合、化简。

（3）用基本门电路（与门、或门、非门以及触发器等）实现上述逻辑表达式，将这些控制信号连接到数据通路中相应位置。

下面以 6.2 节介绍的模型机（图 6-3）为例介绍组合逻辑控制器的设计方法。

2. 设计举例

（1）模型机的指令系统。假设模型机的指令系统只包含 5 条指令，指令码的格式和功能如表 6-3 所示。

表 6-3　模型机的指令系统

助记符	机器指令码	说　明
IN	0000 0000	INPUT DEVICE 中的开关状态→R_0
ADD　addr	0001 0000　××××××××	R_0+[addr]→R_0（R_0 的内容与 addr 单元中的内容相加，和送入 R_0）
STA　addr	0010 0000　××××××××	R_0→[addr]（R_0 的内容存入 addr 单元中）
OUT　addr	0011 0000　××××××××	（addr）→LED（输出结果）
JMP　addr	0100 0000　××××××××	addr→PC　（程序转移到 addr 处执行）

其中 IN 指令为单字长（8 位），其余指令为双字长，××××××××为 addr 对应的二进制地址码。根据模型机的数据通路，很容易导出每条指令的执行流程。用方框图语言表示的机器指令周期如图 6-24 所示。从图中可看出所有指令的取指周期都是相同的，而各条指令的执行周期有所不同。假设一个 CPU 周期由三个节拍组成，即 T_1～T_3，结合流程图，可列出每一节拍所需要的微操作控制信号。

（2）微操作的节拍安排。假设机器采用同步控制，每个机器周期包括 3 个节拍，在安排这些操作节拍时需注意：

①有些微操作的次序是不能改变的，因此在安排微操作节拍时必须注意微操作的先后顺序。

②不同的微操作，若能在一个节拍内执行，应尽可能安排在同一个节拍内，以节省时间。

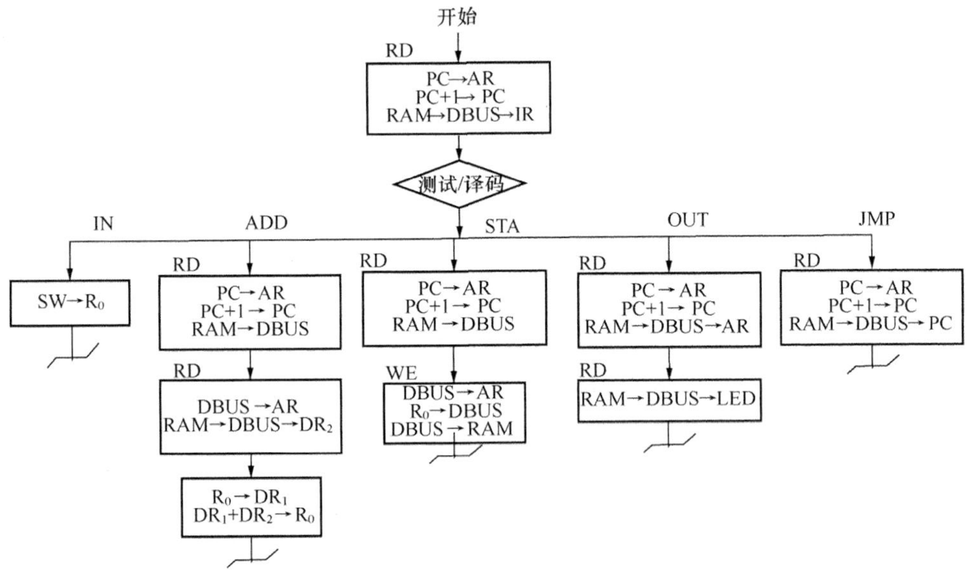

图 6-24　模型机的机器指令周期

1）取指周期微操作信号的节拍安排。

取指周期的操作是公操作，这些操作安排在 3 个节拍中完成。

T_1　　PC-B，　LDAR　　；PC 的内容送 AR

T_2　　W/R=0，LDPC　　；发出存储器读信号（W/R=0）

T_3 LDIR，译码 ；指令译码时间较短，因此也安排在 T_3 中执行，但要在 LDIR 微操作信号之后

2）IN 指令执行周期微操作信号的节拍安排。

T_1 SW-B

T_2 LDR_0

T_3

3）ADD 指令（直接寻址）执行周期微操作信号的节拍安排。

取操作数地址：

T_1 PC-B， LDAR，

T_2 W/R＝0，LDPC ；取操作数地址

T_3

取操作数：

T_1 LDAR

T_2 W/R＝0 ；取操作数

T_3 LDR_2 ；操作数送 R_2

执行加运算:

T_1 R_0-B，LDR_1

T_2 $S_3 S_2 S_1 S_0$ ＝1001，CN＝1，M＝0 ；执行加运算

T_3 ALU-B，LDR_0

4）STA 指令执行周期微操作信号的节拍安排。

取操作数地址：

T_1 PC-B， LDAR

T_2 W/R＝0，LDPC

T_3

存操作数：

T_1 LDAR

T_2 R_0-B， W/R＝1 ；R_0 内容写入存储器

T_3

5）OUT 指令执行周期微操作信号的节拍安排。

取操作数地址：

T_1 PC-B， LDAR

T_2 W/R＝0，LDPC

T_3

取操作数，输出：

T_1 LDAR，

T_2 W/R＝0 ；取操作数

T_3 B-LED ；操作数送 LED 显示

6）JMP 指令（直接寻址）执行周期微操作信号的节拍安排。

取操作数地址：

T_1　　PC-B，　LDAR，

T_2　　W/R＝0，LDPC

T_3

转移地址装入 PC：

T_1　　LOAD（新地址装入 PC）

T_2

T_3

（3）微操作信号的综合。根据上述微操作控制信号的节拍安排，列出微操作命令的操作时间表，如表 6-4 所示。

表 6-4　模型机指令的操作时间表

周期标志	节拍	微操作信号	IN	ADD	STA	OUT	JMP
FE（取指周期）	T_1	PC-B	√	√	√	√	√
		LDAR	√	√	√	√	√
	T_2	RD	√	√	√	√	√
		LDPC	√	√	√	√	√
	T_3	LDIR	√	√	√	√	√
		译码（IR→ID）	√	√	√	√	√
FOPD（取操作数地址）	T_1	PC-B		√	√	√	√
		LDAR		√	√	√	√
	T_2	RD		√	√	√	√
		LDPC		√	√	√	√
FOP（取操作数）	T_1	LDAR		√		√	
		RD		√		√	
	T_2						
	T_3	LDR_2		√			
		LDR_1					
		LDR_0					
		B-LED				√	
EX（执行）	T_1	LDPC					
		LOAD					√
		LDAR			√		

续表

周期标志	节拍	微操作信号	IN	ADD	STA	OUT	JMP
		R_0—B		√	√		
		WE			√		
		SW-B	√				
		LDR_1		√			
	T_2	LDR_0	√				
		S_3		√			
		S_2		√			
		S_1		√			
		S_0		√			
		CN		√			
		M		√			
	T_3	ALU-B		√			
		LDR_0		√			

在列出微操作时间表之后，即可对它们进行综合分析、归类，从而写出各个微操作控制信号的逻辑表达式，表达式一般包括下列因素：

微操作控制信号＝机器周期 · 节拍 · 操作码 · 机器状态条件

例如，根据表 6-4 写出微操作信号 LDAR 的逻辑表达式为：

$LDAR = FE \cdot T_1 + FOPD \cdot (ADD + STA + JMP + OUT) \cdot T_1 + FOP \cdot (ADD + OUT) \cdot T_1 + EX \cdot STA \cdot T_1$

其中 ADD、STA、JMP、OUT 均来自指令译码器的输出。

依此类推，可写出其他微操作控制信号的逻辑表达式。

根据逻辑表达式可画出对应于每一个微操作控制信号的逻辑电路图，并用相应的逻辑门电路来实现。

上述简单的模型机只设计了 5 条指令，功能很单一，目的是介绍组合逻辑控制器的设计过程。而实际应用的控制器要复杂得多，指令系统也多达几百条，并且随着集成电路技术的飞速发展，计算机硬件规模越来越大、结构越来越复杂，上述手工设计方法难以适应现代 CPU 这样复杂的结构。不能适应的原因在于微操作控制信号数量巨大，微操作控制信号的逻辑表达式很复杂，出错在所难免。如信号选择可能出错，原始逻辑表达式可能写错，逻辑表达式化简可能出错，由逻辑表达式转化为逻辑电路时也可能出错等等。这种方法的另一个缺点是调试、维护困难。调试过程中如果发现错误，改正也很困难。如果想增加一点功能，如增加一条指令，则可能需要修改很多的微操作控制信号逻辑表达式，因此改动十分困难。

改进的方法有两种：

一是采用门阵列电路，如 PLA、GAL、CPLD、FPGA 等代替中小规模的基本门电路，特别是在 EDA 技术发展成熟的今天，控制器（甚至整个处理器）的描述和综合完全可以借助 EDA 工具完成。利用硬件描述语言（VHDL）描述控制器或整个处理器，在 EDA 工具帮助下自动完成设计，硬连线逻辑的缺点就不复存在。不仅如此，用硬件描述语言在行为级别上描述处理器，概念更加清楚，更有利于设计、调试、修改和扩充。有关使用 VHDL 描述、综合和模拟 CPU 设计的知识可参考其他资料。

二是采用微程序设计技术。它的实质是将程序设计技术和存储技术相结合，用程序设计的思想、方法来组织控制逻辑。即把微操作控制信号排列整齐，组成一个控制字，称作微指令。再把微指令按时间顺序集合成微程序，微程序事先编好，并写入 ROM 中，这样一条指令的执行就转化为一段微程序的执行。

微程序控制器的优点是规整化、容易设计、容易修改和便于扩充；其缺点是速度比较慢。因此除了对速度要求极高的场合外，很多计算机都采用了微程序控制器。

6.5 微程序设计技术和微程序控制器

微程序设计思想最早是在 1951 年，由英国剑桥大学的威尔克斯（M.V.Wilkes）教授提出，但由于当时计算机的结构还不是很复杂，对微程序控制的需求还不迫切，另外，由于当时没有高速廉价的用于存放微程序的只读存储器，因此，直到 20 世纪 60 年代才出现了微程序控制的计算机。

6.5.1 微程序控制器的基本原理

在组合逻辑控制器中，一条指令的执行要经过取指令、取操作数、执行等几个 CPU 周期，每个 CPU 周期又分为若干个节拍电位，在这些不同的节拍电位中执行着预先规定的微操作。可见，一条指令的执行是由时间性很强的一系列微操作实现的。如果根据指令执行的顺序，把这些微操作信号以二进制编码的形式存入存储器，然后按顺序依次读出执行，最终也可完成一条指令的执行，这就是微程序控制的基本思想。

微程序控制的思想给计算机控制部件的设计和实现技术带来了巨大的影响。它与组合逻辑的控制方法相比，大大减少了控制器的复杂性和非标准化程度，从而把硬件的用量限制在很小的范围内。由于全部机器指令的执行过程都用微程序控制，因此提供了很大的灵活性，使得设计的变更、修改以及指令系统的扩充都成为不太困难的事情。

下面先介绍有关的基本概念。

1. 基本概念

（1）微命令和微操作。计算机的部件大致可分为控制部件和执行部件。控制器就是控制部件，而运算器、存储器和外围设备对于控制器来说就是执行部件。控制部件通过控制线向执行部件发出各种控制命令，通常把这些控制命令称为微命令，而执行部件接收微命令后所进行的操作，称为微操作。微操作是计算机中最基本的操作。

控制部件与执行部件之间的另一种联系是反馈信息。执行部件通过反馈线向控制部件反映操作结果的情况，例如，运算器执行结果为 0 等，以使控制部件根据执行部件的“状态”来下达新的操作命令，这也叫“状态测试”。

（2）微指令和微程序。在计算机的一个 CPU 周期中，一组实现一定操作功能的微命令的组合，构成一条微指令。由于微指令是存放在控制存储器 CM 中，通常占 CM 的一个存储单元，因此，微指令也可视为控制存储器 CM 中一个存储单元所包含的微命令的集合。

微指令由操作控制字段和顺序控制字段组成，前者用于产生微命令，后者用于确定下一条微指令的地址，以保证微程序连续正确地执行。

一条机器指令的功能是用若干条微指令组成的序列来实现的，这个微指令系列通常称为微程序。换句话说，微程序是由微指令组成的，用于实现指令功能的程序。请读者把指令、微指令和程序、微程序的术语严格区分开来。

我们将以上术语加以归纳，可见，微命令按照一定的要求组合成微指令，微指令按照指令功能的要求组合成微程序，即一条指令的功能是用一段微程序来实现的，把所有微程序组合起来，即可实现机器指令系统的所有功能。

（3）微周期。从控制存储器中读取一条微指令并执行相应的一步操作所需要的时间，称为一个微周期或微指令周期。通常一个时钟周期为一个微周期。

2. 微程序控制器的基本组成

微程序控制器组成原理框图如图 6-25 所示。它主要由控制存储器 CM、微指令寄存器 μIR、微地址寄存器 μAR 和地址转移逻辑等部分构成。

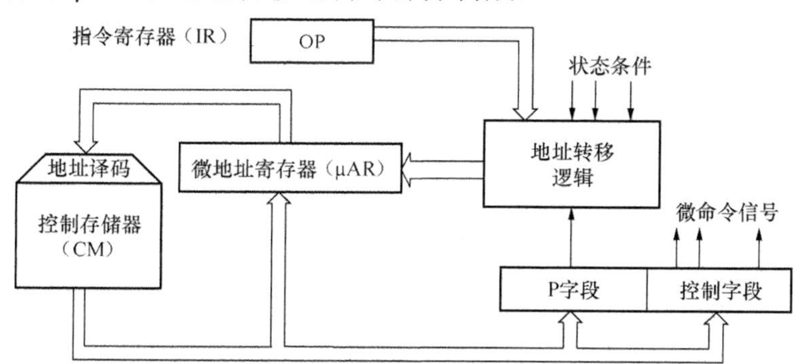

图 6-25　微程序控制器组成原理框图

（1）控制存储器 CM。CM 用来存放实现机器指令系统功能的微程序，它一般是高速的只读存储器。微程序在调试阶段可用读/写存储器来存放，待确认无误后可用只读存储器来存放，其好处是非易失性且稳定可靠。CM 的字长就是微指令字的长度，其存储容量取决于机器指令系统所需的微程序的容量。对 CM 的要求是读出周期短（速度快）和可靠性高。由于实现一条指令功能是要执行该指令所对应的一段微程序，即需要多次读取若干条微指令执行，因此，CM 的速度对于机器速度的影响比主存的影响更大。

另外，CM 是控制器的一部分，不属于内存储器，CM 中存放的是微指令；而内存中存放指令。

（2）微指令寄存器 μIR。μIR 用来存放从 CM 读出的一条微指令。微指令的控制字段和测试字段 S 的信息保存在微指令寄存器中，微指令的下地址字段保存在微地址寄存器中，可作为不发生转移时下一条微指令的地址。

（3）地址转移逻辑。通常，微指令从 CM 读出后直接给出下一条微指令的地址，简称微地址或下地址。如果微程序不出现分支，那么下一条微指令的地址就直接由微地址寄存器给出。当微程序出现分支时，意味着微程序出现条件转移。在这种情况下，通过判别测试字段 S 和执行部件的“状态条件”反馈信息，去修改微地址寄存器的内容，并按修改好的微地址去读下一条微指令。地址转移逻辑就承担自动完成修改微地址的任务。

（4）微地址寄存器 μAR。μAR 存放访问 CM 的微指令地址。它在取微指令时接收微指令的下址字段，在微指令执行过程中，若出现分支，则在该微周期结束前由地址转移逻辑将其修改成转移时的下一条微指令地址。

3. 微程序控制器的工作过程

微程序控制器的工作过程实际上就是在微程序控制器的控制下，计算机执行机器指令的过程，这个过程可以描述如下：

（1）执行取指令公共操作。取指令的公共操作通常由一个取指微程序来完成，这个取指微程序也可能仅由一条微指令组成，具体的执行过程是：在机器开始运行时，自动将取指微程序的入口微地址送 μAR，并从 CM 中读出相应的微指令送入 μIR。微指令的操作控制字段产生有关的微命令，用来控制计算机实现取机器指令的公共操作。取指微程序的入口地址一般为 CM 的 0 号单元，当取指微程序执行完后，从主存中取出的机器指令就已装入指令寄存器中了。

（2）由机器指令的操作码字段通过微地址形成部件产生该机器指令执行阶段所对应的微程序的入口地址，并送入 μAR。

（3）从 CM 中逐条取出对应的微指令并执行。

（4）执行完对应于这条机器指令的一段微程序后又回到取指微程序的入口地址，继续重复第（1）步，以完成取下一条机器指令的公共操作。

以上是一条机器指令的执行过程，如此周而复始，直到整个程序执行完毕为止。

4. 机器指令与微指令的关系

机器指令与微指令的关系如下：

（1）一条机器指令对应一个微程序，这个微程序是由若干条微指令序列组成的。因此，一条机器指令的功能是由若干条微指令组成的序列来实现的。

（2）从指令与微指令、程序与微程序、地址与微地址的一一对应关系来看，前者与内存储器有关，后者与控制存储器有关，如图 6-26 所示。可以说，微程序控制器是计算机中的计算机。

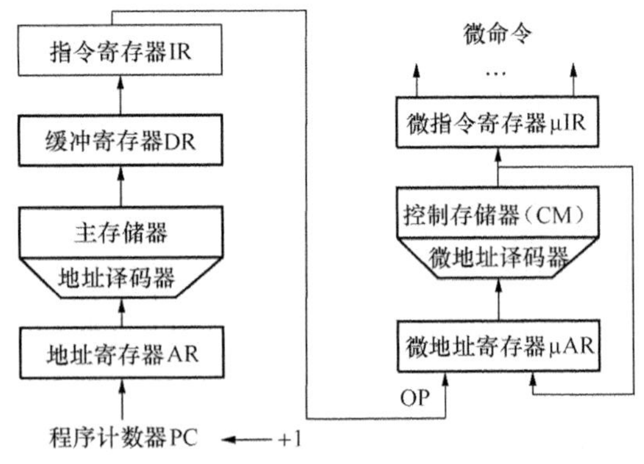

图 6-26 机器指令与微指令的关系

6.5.2 微指令的基本结构

前面介绍了有关微程序的基本原理，这使我们认识到，一条指令的功能是由一系列的微指令来实现的，而每条微指令包含有若干个微命令。指令所需要的一系列微命令是如何进行编排组织成若干条微指令的，也就是说微指令的设计，是微程序设计的关键。

设计微指令结构的目标是：①有利于缩短微指令字长度；②有利于减小控制存储器的容量；③有利于提高微程序的执行速度；④有利于对微指令的修改；⑤有利于提高微程序设计的灵活性。

1. 微指令的基本格式

微指令由操作控制和顺序控制两个基本部分构成，基本格式如图 6-27 所示。

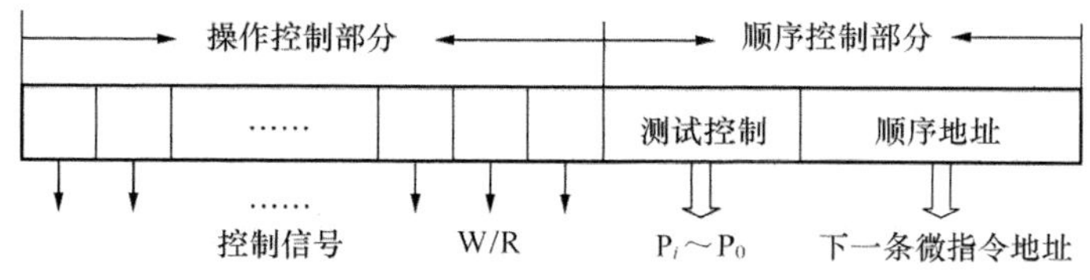

图 6-27 微指令基本格式

（1）操作控制部分。它用来发出指挥计算机工作的控制信号。可以用操作字段的每一位表示一个微命令，该位信息为“1”表示发出微命令；该位信息为“0”表示不发出微命令。微命令信号既不能来得太早，也不能来得太晚，为此，要求这些微命令信号还要加入时间控制，即与时序信号组合。

（2）顺序控制部分。它用来决定产生下一条微指令的地址。一条机器指令的功能是由许多条微指令组成的序列来实现的，这个微指令序列就是微程序，当执行当前一条微指令时，必须指出下一条微指令的地址，以便当前一条微指令执行完毕后，取出下一条微指令。决定下一条微指令地址的方法有多种，但基本上还是由微指令顺序控制字段来决定，即用微指令顺序控制字段的若干位直接给出下一条微指令的地址，其余各位则作为判别测试状态的标志，如标志为“0”则表示不进行判别测试，直接按顺序控制字段给出的地址取下一条微指令；若标志为“1”则表示要进行判别测试，根据测试结果，按要求修改相应的地址位信息，并按修改后的地址取下一条微指令。

2. 微指令编码法

微指令编码法指的就是操作控制字段的编码方法。各类计算机从各自的特点出发，设计了各种各样的微指令编码方法。例如：大型机强调速度，要求译码过程尽量快；微型、小型机则更多地考虑经济性，要求最大限度地缩短微指令字长；而中型机介于这两者之间，兼顾速度和价格，要求在保证一定速度的情况下，尽量缩短微指令字长。下面从基本原理出发，对几种微指令编码方法进行讨论。

（1）直接控制法（不译码法）。在这种形式的微指令字中，操作控制字段的每一个独立的二进制位都代表一个微命令，该位为“1”，表示这个微命令有效，为“0”则表示这个微命令无效。每个微命令对应并控制数据通路中的一个微操作。例如，在图 6-3 的简单模型机中，共需要产生微操作信号 20 多个（见表 6-1），若采用直接控制法，则微指令的操作控制字段至少要 20 多位，每一位代表一个微命令。

直接控制法的优点是简单直观，速度快。其缺点是微指令字较长，控制字段的编码效率低，因而使控制存储器容量大。例如，对于一台有 100 多个微命令的计算机，光是操作控制字段就需要 100 多位，而一条微指令通常只有不到 10 个微命令，即 100 多位中只有不到 10 个为 1 的有效位，其余位均为 0。

完全采用直接控制法的微命令编码，适用于微命令总数少的场合，如一些较简单的专用机。

（2）编码表示法。为了克服直接表示法的缺点，可以将微命令分段编码，每一字段经简单译码产生微命令。编码表示法的优点是微指令字长适中，译码器不庞大，可实现并行操作，速度较快，是常用的微指令编码方法。编码表示法又可进一步分为字段直接编码法和字段间接编码法两种。

①字段直接编码法（字段显式译码法）。字段直接编码法是指微指令的操作控制字段分段编码，微命令由字段自身的编码确定。结构如图 6-28 所示。

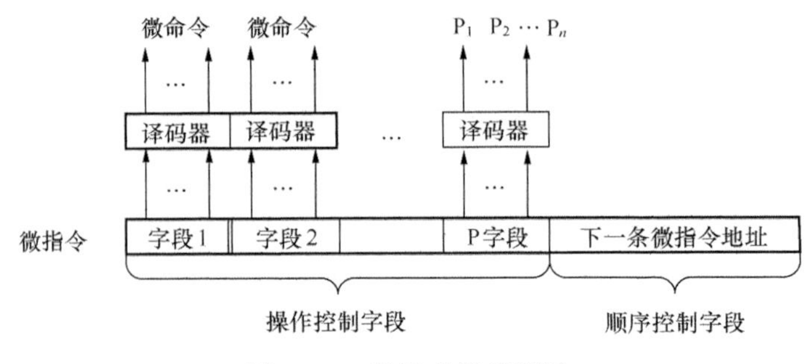

图 6-28　字段直接编码法

在图 6-28 中，每个字段包含的微命令数与该字段的位数有关。例如，字段 1 为 3 位，则其微命令数就是 3 位二进制数的编码数，即 $2^3=8$。在 8 个编码中，必须用一个编码如 000 表示空操作，因此，有用的微命令数最多为 $2^3-1=7$ 个。

可见，对于一个字段来说，有效的微命令最多为 2^1-1，1 为第 i 个字段所包含的二进制位数。

②字段间接编码法（字段隐式编码法）。字段间接编码法是在字段直接编码法的基础上，用来进一步缩短微指令字长的方法。间接编码的含义是一个字段的某些编码不能独立地定义某些微命令，而需要与其他字段的编码来联合定义，因此又称为隐式编码或多重定义编码方法，结构如图 6-29 所示。图 6-29 中字段 A（二位）所产生的微命令还要受到字段 B 的控制。当字段 B 发出 b_1 微命令时，字段 A 与其合作产生 a_{1-1}、a_{2-1}、a_{3-1}、…、a_{7-1} 七个微命令；而当字段 B 发出 b_2 微命令时，字段 A 与其合作产生 a_{1-2}、a_{2-2}、a_{3-2}、…、a_{7-2} 中的一个微命令。这种方法进一步减少了微指令的长度，但通常可能会削弱微指令的并行控制能力，且译码电路较复杂，为此，它只作为字段直接编码法的一种补充。

字段编码法中操作控制字段的分段并非是任意的，必须要遵循以下原则：

①相互有一定关系又不能在同一微周期出现（相斥性）的微命令可编在同一字段内，可能在同一微周期出现（相容性）的微命令应该编在不同的字段内。如表 6-1 中的 ALU-B、PC-B、R_0-B 是互斥的微命令，可编在一个字段中，而 ALU-B、LDR_0、W/R 等是相容性的微命令，要编在不同的字段内。

②分段应与数据通路的结构相适应，以便于微命令的设计、修改和查找。

③每个字段的位数不能太多，通常为 2～4 位，最多不要超过 5 位。

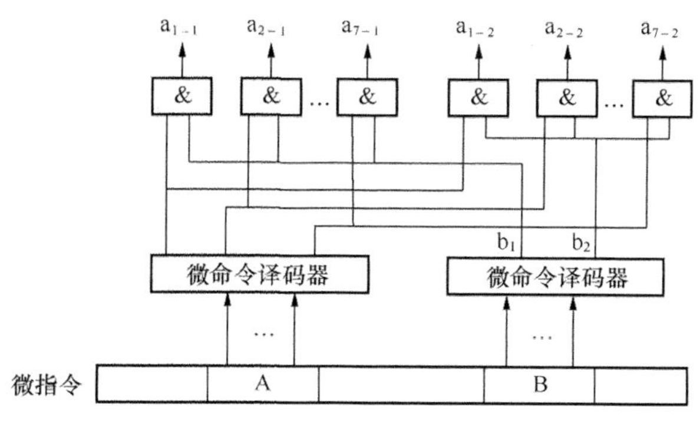

图 6-29 字段间接编码法

（3）混合表示法。把直接表示法与字段编码法相混合使用，以便能综合考虑微指令字长、灵活性、执行微程序速度等方面的要求。

另外，在微指令中还可附设一个常数字段。该常数可作为操作数送入 ALU 运算，也可作为计数器初值用来控制微程序循环次数。

6.5.3 微地址的形成方法

微指令执行的顺序控制问题，实际上是如何确定下一条微指令的地址问题，也是关系到微程序中微指令能否连续执行的问题。首先，执行取指令的微指令，从内存取出机器指令后，执行指令的微程序入口地址如何确定，由于指令系统有多条指令，因此这种转向属于多路转移；其次，在无分支时，意味着下一条微指令的地址是已知的；最后，有两路分支时，需根据微指令的执行结果，确定下一条要执行的微指令地址。解决好以上三种情况的微地址问题，通常采用以下的方法。

1. 计数器方式

这种方式需在微程序控制器中设置一个微程序计数器 μPC，取代图 6-25 中的微地址寄存器。在顺序执行微指令时，后继微地址由现行微地址加上一个增量来产生。μPC 的作用类似程序计数器 PC。在非顺序执行微指令时，必须通过执行转移微指令，把一个新的微地址送给 μPC，从而转去执行指定后继微地址的下一条微指令。计数器方式要求顺序执行的微指令序列必须安排在控制存储器的连续单元中。

计数器方式的特点是：微指令的字长段较短（可以没有顺序控制字段），微地址产生机构简单。但微指令在 CM 中的存放位置不灵活，转移微指令较多时，执行速度较慢。

2. 下地址字段方式（断定方式）

这种方式由下地址字段给出顺序执行的下一条微指令地址，其微指令的格式如图 6-27 所示；在需要根据微指令的执行结果转移时，可由地址转移逻辑对保存在微地址寄存器 μAR 的微地址进行修改。

下地址字段方式的特点是：微指令在控制存储器中的存放位置灵活，不需要微程序计数器 μPC，但增加了微指令的长度，微地址产生机构较复杂。

3. 多路转移方式

一条微指令具有三个或三个以上的转移分支时称为多路转移或宽转移。如“取指令”微指令就要根据操作码 OP 进行多路转移，通常指令系统有多少条基本指令，“取指令”微指令后就有多少路分支。

多路转移逻辑设计的一种方法如下：“取指令”微指令的下地址字段给出“1”个数最少的执行某条指令的入口微地址，并给出允许从 OP 得到微地址的判别测试标志（P）。然后再由当前指令的 OP 经地址转移逻辑修改“取指令”微指令中的下地址字段，从而得到执行现行指令的微程序入口微地址。

多路转移方式的特点是：能与较短的顺序控制字段配合，实现多路并行转移，灵活性好。速度快，但转移地址逻辑需用组合逻辑方法设计。

【例 6-1】设微地址寄存器有 8 位（$\mu A_7 \sim \mu A_0$），“取指”微指令的微地址为 0000 0000，现有三种情况：①执行“取指”微指令后，微程序按 IR 的 OP 字段（$IR_5 \sim IR_2$）进行 16 路分支；②执行条件转移指令的微程序时，按进位标志 C 的状态进行 2 路分支；③执行控制台指令的微程序时，按 IR_0、IR_1 的状态进行 4 路分支。可修改的微地址是 $\mu A_7 \sim \mu A_2$，请按多路转移方法设计微地址转移逻辑。

解：按所给定的条件，微程序有三种判别测试，分别为 P_1、P_2、P_3。由于“取指”微指令的微地址为 0000 0000，我们可在该微指令的下址字段给出 0000 0011，多路转移修改 $\mu A_7 \sim \mu A_2$ 具有很大灵活性，其中一种方案为：

①用 P_1 和 $IR_5 \sim IR_2$ 修改 $\mu A_5 \sim \mu A_2$。

②用 P_2 和 C 修改 μA_2。

③用 P_3 和 IR_1、IR_0 修改 μA_7、μA_6。

另外再考虑时间问题，假设在微周期的 T_2 打入微指令，T_4 修改微地址，故可得到转移的逻辑式如下：

$$\mu A_7 = P_3 \cdot IR_1 \cdot T_4 \qquad \mu A_6 = P_3 \cdot IR_0 \cdot T_4$$
$$\mu A_5 = P_1 \cdot IR_5 \cdot T_4 \qquad \mu A_4 = P_1 \cdot IR_4 \cdot T_4$$
$$\mu A_3 = P_1 \cdot IR_3 \cdot T_4 \qquad \mu A_2 = P_1 \cdot IR_2 \cdot T_4 + P_3 \cdot C \cdot T_4$$

上述表达式的前 5 个可用“与”门实现，最后一个用“与或”门实现。

当然，这只是其中的一种方案，还有很多种不同的实现方法，读者可自行设计，只要能根据 3 种测试条件，修改 $\mu A_7 \sim \mu A_2$，实现转向 24 路不同的分支即可。

6.5.4 微程序设计

1. 微程序设计方法

在实际进行微程序设计时，应考虑尽量缩短微指令字长，减少微程序长度，提高微程序的执行速度。但这几项指标是互相制约的，应当全面地进行分析和权衡。

（1）水平型微指令及水平型微程序设计。水平型微指令是指一次能定义并能并行执行多个微命令的微指令，它的并行操作能力强，效率高，灵活性强，一条机器指令所需微指令的数目少，执行时间短；但微指令字较长，增加了控制存储器的容量，同时微指令和机器指令的差别很大，设计者只有熟悉了数据通路，才有可能编制出理想的微程序。由于水平型微程序设计是面对微处理器内部逻辑控制的描述，所以把这种微程序设计方法称为硬方法。

（2）垂直型微指令和垂直型微程序设计。垂直型微指令是指一次只能执行一个微命令的微指令。它的并行操作能力差，一般只能实现1～2个微操作，控制一、二个信息传送通路，效率低，执行一条机器指令所需的微指令数量多，执行时间长；但是微指令与机器指令很相似，所以容易掌握和利用，编程比较简单，不必过多地了解数据通路的细节，且微指令字较短。由于垂直型微指令设计是面向算法的描述，所以把这种微程序设计方法称为软方法。

（3）混合型微指令。前面对水平型和垂直型微指令做了简单的区分，实际上两者之间并无明显的界限。对任何一台计算机来说，更不能把微指令局限于某一种类型，常常是两者兼而有之，具有两者特点的微指令称为混合型微指令，它具有垂直型微指令的特点又具有一定的并行控制能力，可以高效地实现机器的指令系统。

2. 微指令的执行方式

执行一条微指令的过程与执行机器指令的过程很类似，第一步将微指令从控制存储器中取出，称为取微指令；第二步执行微指令所规定的各个操作。微指令的执行方式可分为串行和并行两种方式。

（1）串行方式。采用这种方式时，取微指令和执行微指令是顺序进行的，在一条微指令取出并执行之后，才能取下一条微指令。其时序图如图6-30所示。

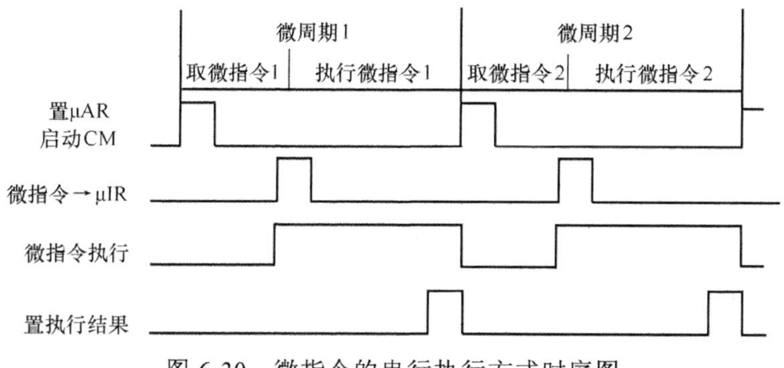

图6-30 微指令的串行执行方式时序图

一个微周期里，在取微指令阶段，CM工作，数据通路等待；而在执行微指令阶段，CM空闲，数据通路工作。串行方式的微周期较长，但控制简单，形成后继微地址所用的硬件设备较少。

（2）并行方式。为了提高微指令的执行速度，可以将取微指令和执行微指令的操作重叠起来，从而缩短微周期。因为这两个操作是在两个完全不同的部件中执行的，所以这种重叠是完全可行的。

在执行本条微指令的同时，预取下一条微指令。假设取微指令的时间比执行微指令的时间短，就以较长的执行时间作为微周期，并行方式的时序如图6-31所示，其微周期比串行方式短。

由于执行本条微指令与预取下一条微指令是同时进行的，若遇到某些需要根据本条微指令处理结果而进行条件转移的微指令，就不能并行地取出来。最简单的解决办法就是延迟一个微周期再取微指令。

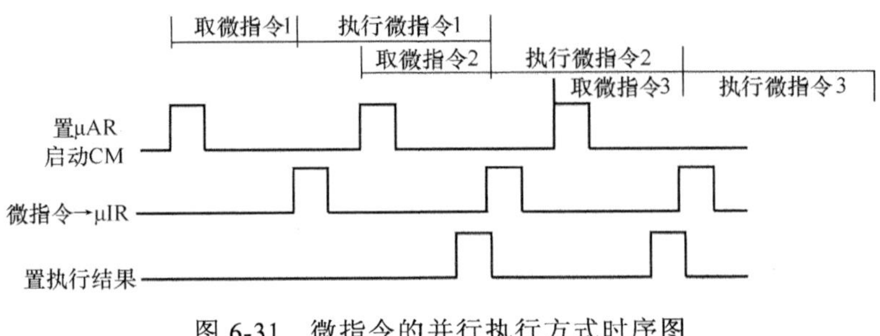

图 6-31　微指令的并行执行方式时序图

6.5.5　微程序控制器设计方法

1. 微程序控制器的设计步骤

（1）确定微程序控制方式。根据计算机系统的性能指标（主要是速度）确定微程序的控制方式。例如，采用水平微程序设计，还是采用垂直微程序设计，微指令是按串行方式执行还是按并行方式执行等。

（2）拟定微命令系统。初步拟定微命令系统，并同时进行微指令格式的设计，包括微指令各字段的划分、编码方式的选择、初始微地址和后继微地址的形成等。

（3）编制微程序。对微命令系统、微指令格式进行反复的核对和审查，并进行适当的修改；对重复和多余的微指令进行合并和精简，直至编制出全部机器指令的微程序为止。

（4）微程序代码化。将修改完善的微程序转换成二进制代码。

（5）写入控制存储器。最后将一串串二进制代码按地址写入控制存储器的对应单元。

2. 设计举例

为了便于与组合逻辑控制器的设计比较，仍以图 6-3 的模型机和 5 条机器指令为例，来说明微程序控制器的设计过程。

由于微命令的数目不多（参见表 6-1），故采用直接控制法和字段直接编码法相结合的方式，微指令控制字段的有些位直接控制一个微操作（产生一个微操作信号），如 W/R。有些位采用直接编码方式，如 PC-B、ALU-B、R_0-B 等，把表 6-1 中的互斥微命令尽量放在一个编码字段中，以缩短微指令的长度。为此，在微指令中共设置了三个编码字段，即 A 字段、B 字段、C 字段，其中 A 字段使用三位二进制编码产生 8 个微命令（使用了其中的 6 个，一个为空操作，一个备用），B 字段使用三位二进制编码产生 8 个微命令（本例只使用了 4 个），C 字段使用三位二进制编码产生 8 个微命令（本例中只使用了 3 个，其余留作扩展其他机器指令时使用）。

微指令后继微地址的形成方法采用断定方式，即在微指令中设置顺序控制字段，占 6 位（最多可寻址 64 条微指令）。微指令的格式和 A、B、C 三字段的含义如表 6-5 所示。

表 6-5　模型机的微指令格式

位号	23	22	21	20	19	18	17	16	15～13	12～10	9～7	6 … 1
微操作信号	B-LED	S_3	S_2	S_1	S_0	M	Cn	W/R	A	B	C	μA_5～μA_0

A 字段

15	14	13	信号
0	0	0	
0	0	1	LDR_0
0	1	0	LDR_1
0	1	1	LDR_2
1	0	0	LDIR
1	0	1	LOAD
1	1	0	LDAR

B 字段

12	11	10	信号
0	0	0	
0	0	1	R_0-B
0	1	0	SW-B
0	1	1	
1	0	0	
1	0	1	ALU-B
1	1	0	PC-B

C 字段

9	8	7	信号
0	0	0	
0	0	1	P（1）
0	1	0	
0	1	1	
1	0	0	P（4）
1	0	1	
1	1	0	LDPC

根据表 6-3 中 5 条机器指令的功能，可画出微程序流图，如图 6-32 所示。图中每个矩形框代表一条微指令，矩形框右上角的数字（十六进制）为对应的微指令存储单元地址。

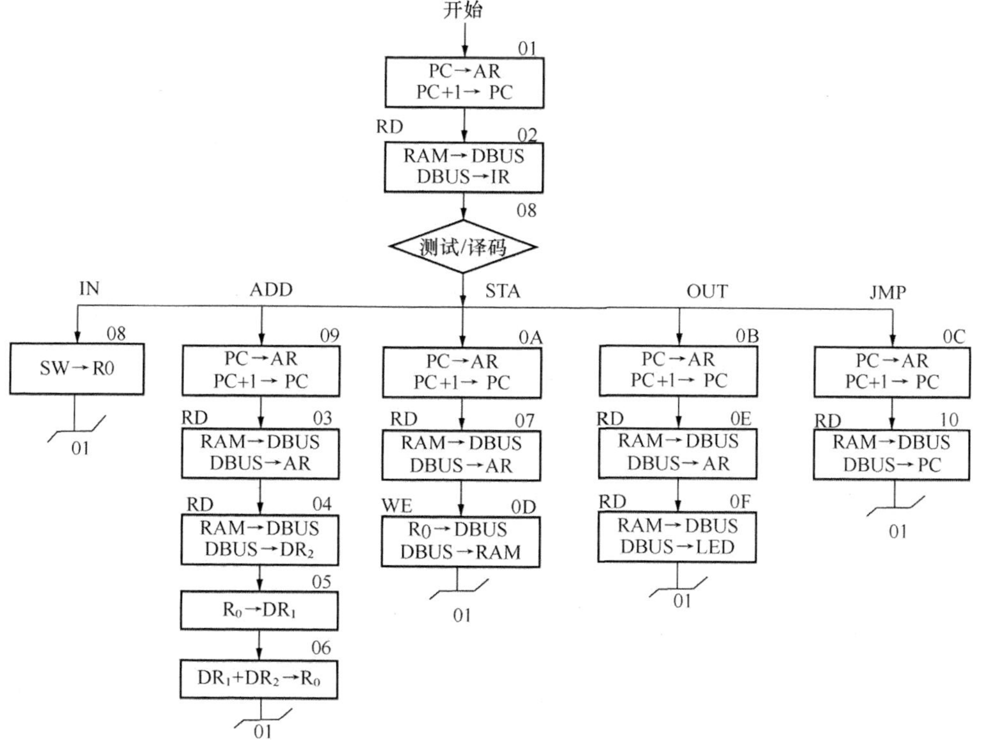

图 6-32　模型机的微程序流程图

取指微程序的入口地址是 CM 的 01H 单元。当拟定“取指”微指令时，该微指令的判别测试字段为 P（1）。由于“取指”微指令是所有微程序都使用的公共微指令，因此 P（1）的测试结果出现多路分支，本例采用指令寄存器的前 4 位（IR_7～IR_4）作为测试条件，实现 5 路分支，占用 5 个固定微地址单元。“取指”微指令的下地址字段为 08H，用测试字段 P（1）和每条机器指令操作码的高 3 位（IR_6～IR_4）修改“取指”微指令的下地址字段 μA_2～μA_0，即

$$\mu A_2 = P(1) \cdot IR_6 \qquad \mu A_1 = P(1) \cdot IR_5 \qquad \mu A_0 = P(1) \cdot IR_4$$

（为简单起见，没加入时间因素）

这样，执行 IN 指令（$IR_6IR_5IR_4=000$）的微程序入口地址为 08H，执行 ADD 指令（$IR_6IR_5IR_4=001$）的微程序入口地址为 09H，执行 STA 指令（$IR_6IR_5IR_4=010$）的微程序入口地址为 0AH，执行 OUT 指令（$IR_6IR_5IR_4=011$）的微程序入口地址为 0BH，执行 JMP 指令（$IR_6IR_5IR_4=100$）的微程序入口为 0CH。

按照微程序流图把全部微程序设计完毕后，将每条微指令代码化，表 6-6 即为对应图 6-32 的 5 条机器指令的微程序代码（共 16 条微指令）。注意微程序流图和表中的微地址单元地址均为十六进制。

表 6-6　微指令二进制代码

微地址	B-LED	S3	S2	S1	S0	M	CN	W/R	A	B	C	μA_5～μA_0	备　注
01H	0	0	0	0	0	0	0	0	110	110	110	000010（02H）	PC-B，LDAR，RD，LDPC
02H	0	0	0	0	0	0	0	0	100	000	001	001000（08H）	LDIR，译码测试
03H	0	0	0	0	0	0	0	0	110	000	000	000100（04H）	LDAR，RD
04H	0	0	0	0	0	0	0	0	011	000	000	000101（05H）	LDR_2
05H	0	0	0	0	0	0	0	0	010	001	000	000110（06H）	R_0-B，LDR_1
06H	0	1	0	0	1	0	1	0	001	101	000	000001（01H）	加法，ALU-B，LDR_0
07H	0	0	0	0	0	0	0	0	110	000	000	001101（0DH）	LDAR，RD
08H	0	0	0	0	0	0	0	0	001	010	110	000001（01H）	IN 执行入口 SW-B，LDR_0
09H	0	0	0	0	0	0	0	0	110	110	110	000011（03H）	ADD 执行入口 PC-B，LDAR，RD，LDPC
0AH	0	0	0	0	0	0	0	0	110	110	110	000111（07H）	STA 执行入口 PC-B，LDAR，RD，LDPC
0BH	0	0	0	0	0	0	0	0	110	110	110	001110（0EH）	OUT 执行入口 PC-B，LDAR，RD，LDPC
0CH	0	0	0	0	0	0	0	0	110	110	110	010000（10H）	JMP 执行入口 PC-B，LDAR，RD，LDPC

续表

微地址	B-LED	S3	S2	S1	S0	M	CN	W/R	A	B	C	$\mu A_5 \sim \mu A_0$	备注
0DH	0	0	0	0	0	0	0	1	000	001	000	000001（01H）	R_0-B ，WE
0EH		0	0	0	0	0	0	0	110	000	000	001111（0FH）	LDAR，RD
0FH	1	0	0	0	0	0	0	0	000	000	000	000001（01H）	B-LED
10H		0	0	0	0	0	0	0	101	000	000	000001（01H）	LOAD

6.6　CPU 新技术

6.6.1　并行处理技术

计算机自诞生起，人们追求的目标之一就是高运算速度，因此，并行处理技术便成为计算机发展的主流。

早期的计算机基于冯·诺依曼的体系结构，采用的是串行处理。这种计算机的主要特征是：计算机的各个操作（如读／写存储器．算术或逻辑运算，I/O 操作）只能串行地完成，即任一时刻只能进行一个操作。而并行处理则使得以上各个操作能同时进行，从而人大提高了计算机的速度。

广义地讲，并行有两种含义：一是同时性，指两个以上事件在同一时刻发生；二是并发性，指两个以上事件在同一时间间隔内发生。计算机的并行处理技术可贯穿于信息加工的各个步骤和阶段，概括起来，主要有 3 种形式：①时间并行；②空间并行；③时间并行＋空间并行。

1. 时间并行

在并行性概念中引入时间因素，让多个处理过程在时间上相互错开，轮流重叠地使用同一套硬件设备的各个部分，以加快硬件周转而赢得速度。

时间并行的实现方式就是采用流水处理部件。这是一种非常经济而实用的并行技术，能保证计算机系统具有较高的性能价格比。目前的高性能微型机几乎无一例外地使用了流水技术。

2. 空间并行

在并行性概念中引入空间因素，以“数量取胜”为原则来大幅度提高计算机的处理速度。大规模和超大规模集成电路的迅速发展为空间并行技术带来了巨大生机，因而成为目前实现并行处理的一个主要途径。

空间并行的实现方式就是资源重复设置，如多处理器系统和多计算机系统。

3. 时间并行＋空间并行

指时间重叠和资源重复的综合应用，既采用时间并行又采用空间并行。例加，奔腾 CPU 采用了超标量流水技术，在一个机器周期中同时执行两条指令，因而既具有时间并行性，又具有空间并行性。显然，第三种并行技术带来的高速效益是最好的。

6.6.2 流水线

流水线的概念源于汽车装配线，其思想是处理器同时执行多条指令，与装配线类似。流水线的成功依赖于将指令周期划分成在几个子部件（级）间进行，每级执行所需操作的一部分。下面我们将讨论指令流水线所涉及的基本概念、流水线的分类以及导致指令流水线冒险的主要问题和一些可能的解决办法。

1. 流水线的基本概念

流水线是指将一个给定任务划分成一些顺序执行的子任务所使用的技术。每个子任务由一个给定的功能单元执行。这些单元以串行的方式连接，而且所有的单元同时操作。与传统的顺序执行任务相比，使用流水线提高了性能。

在前面的讨论中，我们曾经把指令周期分成多个机器周期，为简单起见，把指令周期分成 3 个机器周期，即取指令周期、分析周期和执行周期，如图 6-33 所示。

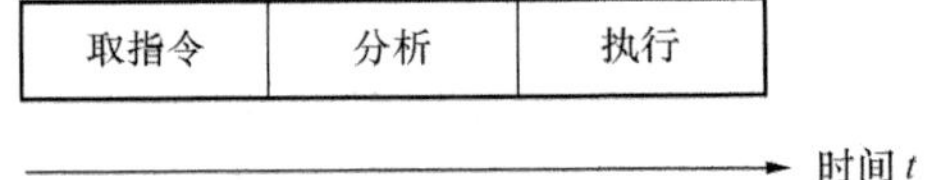

图 6-33　指令的执行过程分解为若干个子过程

如果 CPU 要执行 n 条不同的指令，当采用顺序执行方式时，CPU 执行完一条指令以后才能执行下一条指令，执行时间如图 6-34 所示。

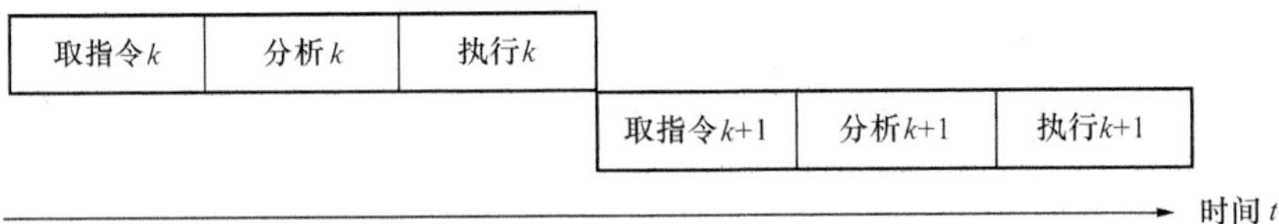

图 6-34　指令的顺序执行方式

采用顺序执行方式时，执行 n 条指令所用的时间为：

$$T_{顺}=\sum_{i=1}^{n}\left(t_{取指令\,i}+t_{分析\,i}+t_{执行\,i}\right)$$

显然，顺序执行方式的优点是：控制简单，节省设备；缺点是：速度慢，功能部件利用率低。

为了提高指令的执行效率，可以采用流水方式，如图 6-35 所示。

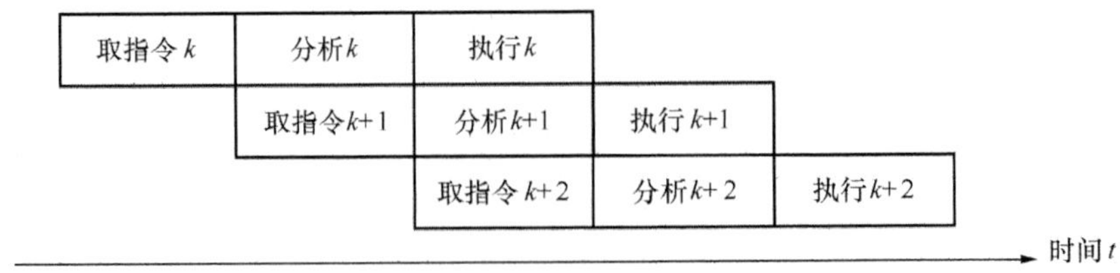

图 6-35　指令的流水线执行方式

比较图 6-34 和图 6-35 可以明显地看出，在顺序执行时，第 k 条指令执行完以后，第

$k+1$ 条指令才开始进入取指令阶段；而在流水执行方式下，第 k 条指令在分析阶段时（这时第 k 条指令并没有执行完），第 $k+1$ 条指令就开始进入取指令阶段。因此，从时间上看，第 k 条指令与第 $k+1$ 条指令是并行执行的。显然，流水方式比顺序方式的效率要高得多。

在图 6-33 中，将一个指令周期分成 3 段，若每段所需时间均为 t，则一条指令的取指、分析和执行时间为 $3t$，但当第一条指令处理完后每隔 t 时间就能得到下一条指令的处理结果，即每条指令的平均取指、分析和执行时间为 t，平均速度提高了 2 倍。

流水线原则上要求各个阶段的处理时间都相同，若某一阶段处理时间长，必将造成其他阶段的空转等待。因此，必须合理划分子任务。如将一条指令执行过程分成 3 段，每段由各自的功能部件去执行，而每个功能部件的执行时间是不可能完全相等的（例如，从存储器取指或取数的时间与运算时间很可能不相等），当流水线装满时各个功能部件同时都在工作，为了保证完成指定的操作，t 值应取 3 段中最长的时间，此时有些功能段便会长时间处于等待状态，而达不到全面忙碌的要求，影响流水线作用的发挥。为了解决这一问题，可采用将几个时间较短的功能段合并成一个功能段或将时间较长的功能段再分解成几个小段等方法，最终使各段所需的时间接近相等。

除了上述的指令执行流水线外，还有运算操作流水线，例如：执行浮点加法运算时，可以分成 3 段（三级流水线）：对阶；尾数加；结果规格化。每一段由专门的逻辑电路完成指定操作，输出结果保存在锁存器中，作为下一段的输入，如图 6-36 所示。当浮点加法对阶运算完成后，将结果送入锁存器，就可进行下一条浮点指令的阶码运算，实现流水线操作。又如执行浮点乘法运算，若与浮点加法运算相似，分成阶码运算、尾数乘和规格化三级流水线，就不合理了，因为尾数相乘所用的时间比阶码运算与规格化操作所需的时间长得多。当然，为了提高运算速度，尾数乘本身还可以再用流水线方式组织。

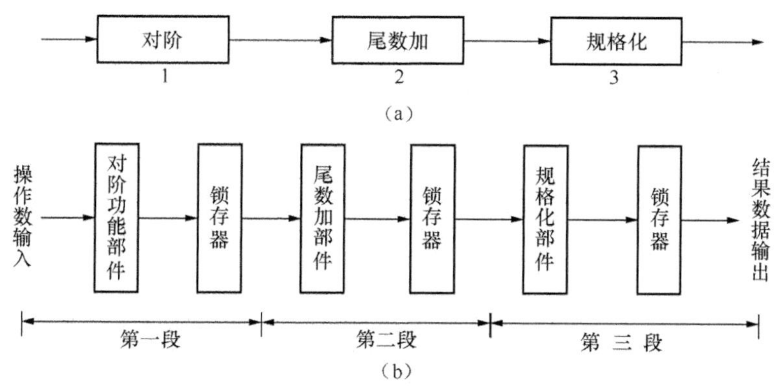

图 6-36 运算操作流水线

由于流水线相邻两段是在执行不同的指令或者运算操作，因此，在相邻两段之间必须设置锁存器或寄存器，以保证在一个周期内流水线的输入信号不变。当流水线各段工作饱满时，才能保证最高处理速度，发挥最大作用。

综上所述，流水线处理技术是在重叠控制基础上发展起来的，它是将一个复杂过程分解成多个子过程，每个过程段都具有专用的功能部件，因此可以使所有子过程同时对不同的数据进行处理。流水线技术的特点可归纳为：

①一个流水过程，可以包括多个子过程。

②每一个子过程都有专门的功能部件来完成。

③各功能段所需要的时间是相同的。

④适合于大量的重复性处理。

2. 流水线的分类

流水结构不仅在指令的执行过程中用来提高处理速度，而且可以用于各种大量重复的时序过程，如浮点数相加等。因此就有按不同结构和不同观点进行的不同分类。

（1）按完成的功能分类。

单功能流水线：只能完成一种固定功能的流水线，如只能实现浮点数加法运算。

多功能流水线：同一个流水线可有多种连接方式来实现多种功能。

（2）按同一时间内各段之间的连接方式分类。

静态流水线：同一时间内，流水线的各段只能按同一种功能的连接方式工作。

动态流水线：同一时间内，流水线的各段可按不同运算的连接方式工作。如在流水线中有些段完成浮点加法，有些段实现定点乘法。

（3）按流水的级别分类。

部件级流水线：又称运算操作流水线。它是指处理器的算术逻辑部件分段，使各种数据类型的处理能进行流水操作。

处理器级流水线：又称指令流水线。它是把指令执行过程划分成若干功能段，并按流水方式组织执行。

处理机间流水线：又称宏流水。它是指两台以上的处理器并行地对同一数据流进行处理，每台处理器完成一个任务。

超标量流水线：是指具有两条或两条以上的指令流水线，例如，奔腾微型计算机中具有 U、V 两条指令流水线。

（4）按数据表示分类。

标量流水线：只能对标量数据进行流水处理。

向量流水线：它具有向量指令，能对向量的各元素进行流水处理。

3. 相关处理与控制

要使流水线发挥高效率，就是要使流水线连续不断地流动，尽量不出现断流情况。但是应用时断流现象是不可避免的，其原因除了编译形成的目的程序不能发挥流水线结构的作用外，还存在 3 种相关冲突，即资源相关、数据相关和控制相关冲突，这使得流水线的不断流难以实现。

（1）资源相关。所谓资源相关，指多条指令进入流水线后在同一机器周期内争用同一个功能部件所发生的冲突。假定一条指令流水线由 5 段组成，分别为取指令（I）、指令译码（D）、计算有效地址或执行（E）、访存取数（M）和结果写寄存器。在 I 段和 M 段都要访问存储器。当数据和指令放在同一存储器且只有一个访问口时，便可能发生两条指令争用存储器资源的相关冲突。解决冲突的办法：一是让冲突指令中的一条指令停顿一拍后再启动；二是增设一个存储器，将指令和数据分别放在两个存储器中。

（2）数据相关。在一个程序中，如果必须等前一条指令执行完毕后，才能执行后一条指令，那么这两条指令就是数据相关的。

在流水计算机中，指令的处理是重叠进行的，前一条指令还没有结束，第二、三条指令就陆续地开始工作。由于多条指令的重叠处理，当后继指令所需的操作数刚好是前一指令的运算结果时，便发生数据相关冲突。例如：

$$\text{ADD}\quad R_1，(R_2)；(R_1)+((R_2))\rightarrow R_2$$

$$\text{SUB}\quad R_2，R_5；(R_5)-((R_2))\rightarrow R_5$$

可以看出，必须等加法指令执行完后才能执行减法指令，因为减法指令使用加法指令的求和结果，而采用流水工作时，减法指令取操作数与加法指令的求和同时进行，这时减法指令取到的操作数可能就不是求和后的值，因而发生了两条指令间数据相关冲突。

为了解决数据相关冲突，流水 CPU 的运算器中特意设置若干运算结果缓冲寄存器，暂时保留运算结果，以便于后继指令直接使用，这称为“向前”或定向传输技术。

（3）控制相关。控制相关冲突是由转移指令引起的。当执行转移指令时，依据转移条件的产生结果，可能是顺序取下一条指令，也可能是转移到新的目标地址取指令，从而使流水线发生断流。

为了减小转移指令对流水线性能的影响，常用以下两种转移处理技术：

1）延迟转移法：由编译程序重排指令序列来实现。其基本思想是“先执行再转移”，即发生转移时并不排空指令流水线，而是让紧跟在转移指令之后已进入流水线的少数几条指令继续完成。如果这些指令是与转移结果无关的有用指令，那么延迟损失时间片正好得到了有效的利用。

2）转移预测法：用硬件方法来实现，依据指令过去的行为来预测将来的行为。通过使用转移取和顺序取两路指令预取队列器以及目标指令 Cache，可将转移预测提前到取指阶段进行，以获得良好的效果。

6.6.3 精简指令系统

1. RISC 设计思想

20 世纪 80 年代计算机工艺发展迅猛，而传统计算机设计思想已跟不上新工艺技术的要求，微程序设计技术遇到了以下主要问题：

（1）半导体主存储器的速度已经和控制存储器达到了同样的水平，一个机器周期不再等于若干个微周期，而且随着大容量半导体存储器价格的日益下跌，存储容量不再是计算机设计的重要衡量标准。

（2）现有计算机的指令系统过于复杂，微程序代码的数量多达数百 KB，使微程序设计很容易出错。

（3）在微程序计算机中，平均每条指令至少要 3～4 个微周期，而一些简单指令只与一条微指令的操作相当，完全不必由微程序控制部件来实现，只需用很简单的硬布线逻辑就能达到目的，而且在一个主存周期内即可完成（而不是几个微周期）。这里，已经孕育着

RISC 的基本思想，即一个机器周期执行一条基本指令。

精简指令系统计算机设计思想主要源于三个方面：

（1）VLSI 工艺发展的冲击。VLSI 工艺发展速度十分迅猛，使得在芯片上集成大量寄存器十分便利，使用延迟少的寄存器-寄存器操作指令，能够使指令系统更加精简，硬布线逻辑的控制部件大为简化。

（2）20%～80%定律。通过对指令执行效率的大量研究发现，一个机器的指令系统中大约有 20%的指令（基本指令）是在程序中经常反复使用的，其使用量大约占到整个程序中的 80%，而该指令系统中大约有 80%的指令是很少使用的，其使用量只占整个程序的 20%。

（3）硬件和软件均衡。大量实验结果证明，要提高一个系统的性能价格比，单靠增加硬件的复杂度是不行的，必须把硬件和软件结合起来，使硬件和软件互相配合、结构均衡，才能提高计算机的性能价格比。这也是 RISC 设计中的一个重要思想。

2. RISC 的特点

RISC 是一种计算机系统结构的设计思想，要在 RISC 和 CISC 之间划出一条严格的分界线很难，但大部分 RISC 具有以下一些特点。

（1）指令系统大多选取简单指令，而且大多数指令能在单周期内完成。选取使用率最高的一些简单指令和很有用但又不复杂的指令进入指令系统。指令系统中的大多数指令只执行一些简单的和基本的功能，可以在一个机器周期内执行完毕，而且指令的译码和解释的开销较少。

（2）采用 LOAD / STORE 结构，只有取数存数指令访问存储器。因为存储访问指令占用时间较长，因此，在指令系统中尽量减少存储访问指令，而只保留 LOAD 与 STORE 两种不可缺少的存储访问指令，其余指令的操作都在寄存器之间进行。

（3）采用固定的指令格式和较少的寻址方式。固定的指令格式使指令的译码逻辑电路简化，从而加快控制部件速度。较少的寻址方式可以使控制进一步简化，从而加快指令执行速度。

（4）采用硬布线控制逻辑。以硬布线控制为主，不用或少用微指令控制。硬布线控制逻辑可以使大多数指令在单周期内执行完毕，并减少了微程序设计技术中的指令解释开销。

（5）采用面向寄存器的结构。CPU 中大量采用通用寄存器，将简化指令后节约出的用于指令译码控制等的芯片面积，改做寄存器，使数据操作只在寄存器之间进行，大大提高了指令执行速度。

（6）十分重视提高流水线的执行效率。为使大部分指令在一个机器周期内执行完，必须采用流水线组织，提高流水线的执行效率。注意所谓单周期内完成一条指令，并不是一条指令从取指到完成只要一个机器周期，而是指通过流水线技术使大多数指令平均在一个机器周期的时间内完成。

（7）特别注重采用编译优化技术，减少程序执行时间。在编译时间上多花工夫，可以把运行时机器的复杂操作移交给编译器承担，“提高计算机速度只是硬件设计问题”的传统观点逐步改变。

RISC 性能的提高，既要靠硬件的改进来达到，又要靠软件的编译优化技术来保证。在设计计算机时，必须在硬件复杂性与软件复杂性之间折衷考虑，采用硬件和软件技术的结合来共同提高计算机的性能，这也是 RISC 思想的重要基础。

6.7 CPU举例

本章前几节阐明了CPU的基本原理及设计方法，当然，这些CPU的结构很简单，只具备最基本功能。而实际使用的CPU，其结构要复杂得多，例如可能包含采用多个运算部件、可能使用流水线技术等等，有的甚至采用了诸如超标量方式、超长指令字、精简指令系统等新技术。

对于微处理器，在构成系统时，我们不必过细地了解其内部具体组成，只需掌握其外部特性，即CPU芯片有哪些引脚、功能含义、使用方法、时序关系等。从编程角度上说，还需了解其功能结构，即CPU内部有哪些寄存器，它们的主要功能与使用方法，以及指令系统等。事实上，在集成度大大提高之后，我们也越来越难于获得有关CPU的内部细节，而只能从功能模型这一层次去了解各种新出现的典型CPU。

下面简要介绍两种具有代表性的CPU。

6.7.1 Intel 8086/8088 CPU

Intel 8086/8088 CPU是早期PC机广泛使用的CPU。其中8086是一种16位的CPU芯片，其内部总线与运算器均为16位，外部系统总线中的数据总线也是16位。而8088则是准16位CPU芯片，内部数据总线为16位，而外部总线为8位。由于大部分外围设备以字节（8位）为单位进行数据传送，所以8088在连接外围设备方面是比较方便的。在内部组成上8086与8088基本相同。

1. 8086/8088的内部结构

从功能上，8086/8088 CPU可以分为两个部件，即总线接口部件BIU（Bus Interface Unit）和执行部件EU（Execution Unit）。BIU和EU的操作是并行的。图6-37是8086/8088 CPU的内部结构示意图。

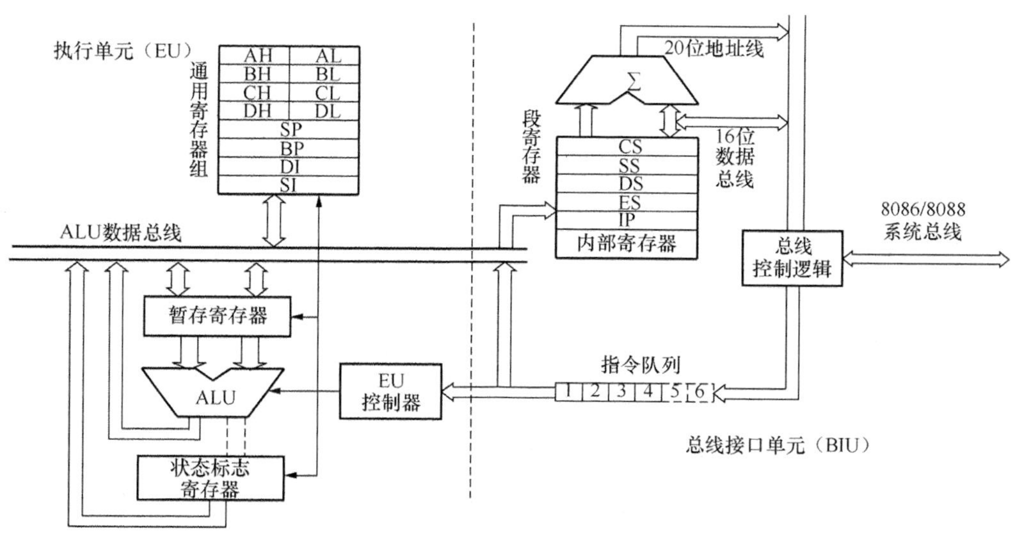

图6-37 8086/8088 CPU的内部结构

（1）总线接口部件。总线接口部件 BIU 主要用来完成从存储器中取指令并送往指令队列；指令执行时从指定的存储器单元或 I/O 端口中取操作数，并将数据传送给执行部件；或者把执行部件的操作结果传送到指定的存储器单元或 I/O 端口中。

BIU 提供了 16 位双向数据总线和 20 位地址总线，负责完成所有外部总线的操作。它由 4 个 16 位段寄存器、16 位指令指针 IP 和内部暂存器、6 字节（8088 为 4 字节）指令队列缓存器、20 位地址加法器以及总线控制逻辑部件等组成。

①段寄存器：CS（Code Segment register，代码段寄存器）、DS（Data Segment register，数据段寄存器）、SS（Stack Segment register，堆栈段寄存器）和 ES（Extra Segment register，附加段寄存器）分别用来存放代码段、数据段、堆栈段和扩展数据段的段地址。

②指令指针：指令指针 IP 的功能类似于程序计数器 PC，用来存放下一条要执行指令的偏移地址。指令地址由 CS 和 IP 构成。程序不能直接访问 IP，只能由 BIU 自动修改。

③地址加法器：地址加法器用来计算 20 位存储单元的物理地址。当执行部件计算出寻址单元的偏移地址后，就与左移 4（相当于×16）位的段寄存器内容一起送到地址加法器进行相加，得到一个 20 位的物理地址。寻址单元的偏移地址可以来自 IP，也可以来自其他寄存器。

④指令队列缓存器：指令队列缓存器是一组寄存器，用来暂时存放从存储器中取出的指令。指令队列采用 FIFO（First Input First Output，先进先出）的管理方式，允许预取 6 字节的指令代码（8088 为 4 个字节）。在执行指令的同时，从存储器中取下一条指令或几条指令，填充指令队列缓存器。这样，CPU 在执行完一条指令后就可以立即执行下一条指令了，取指令和执行指令的操作是并行的。

⑤总线控制逻辑：总线控制逻辑用于产生存储器读/写、I/O 读/写控制信号，这是 CPU 内部总线与存储器和 I/O 系统之间联系所必须的。

（2）执行部件。执行部件 EU 从总线接口部件的指令队列中取得指令，并利用 ALU 执行指令；然后，将处理的结果送回总线接口部件，由总线接口部件进行存储处理。它由 ALU、标志寄存器、通用寄存器、暂存器、控制部件等组成。

①ALU：16 位的 ALU 用来对 8 位或 16 位操作数进行算术或逻辑运算。另外，16 位的暂存器也可以参加运算。为加快数据传送，EU 中所有寄存器和数据通路的数据宽度都是 16 位的。

②标志寄存器：16 位标志寄存器用来表示 ALU 运算后的结果特征，为下一条指令的执行提供操作信息。

③通用寄存器组：通用寄存器组共有 8 个 16 位寄存器。其中，4 个寄存器可用作存放数据或地址。另外 4 个为指针和变址寄存器。这些寄存器都可以参加算术和逻辑运算。

④EU 控制器：主要用于取指令的控制和时序控制。

2. 8086/8088 的寄存器结构

8086/8088 内部的寄存器可分为段寄存器、通用寄存器组和专用寄存器三大类，如图 6-38 所示。其中，专用寄存器、通用寄存器都可由程序编程，段寄存器用来指定段的起始地址。

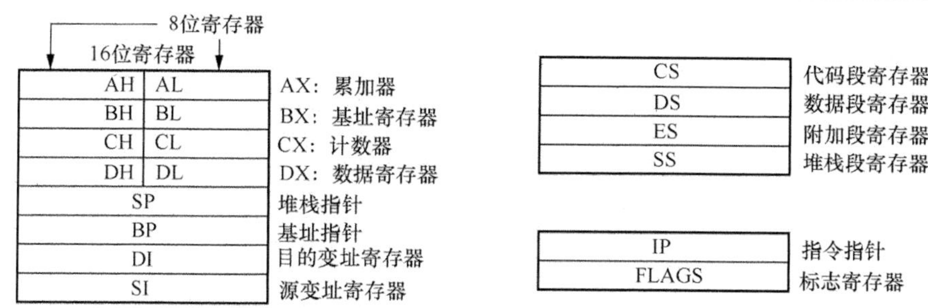

图 6-38 8086/8088 的寄存器结构

（1）段寄存器。8086/8088 最大可寻址为 1MB 存储空间，但 CPU 内部寄存器结构都是 16 位的，显然不能满足 20 位的地址寻址要求。为了解决这一矛盾，8086/8088 CPU 采用了将存储器地址空间分段的方法，即将 1MB 空间划分成若干个逻辑段，每个段最大长度为 64KB，每个段的起始地址即段基址为 16 的倍数，也就是段基址的低四位为 0（十六进制地址形式为××××0）。我们把段起始地址的高 16 位称为段地址，这样一个存储单元的 20 位地址（物理地址）就可以用段地址和相对于段起始地址的一个偏移量来表示，这一偏移量也称为偏移地址，而把“段地址：偏移地址”的表示形式称为存储单元的逻辑地址，逻辑地址也是编程时采用的地址形式。

段寄存器实际上是一种专用寄存器，直接或者间接地存放段地址，为存储器寻址服务。对 8086 而言，只有代码段 CS、数据段 DS、堆栈段 SS 和附加段 ES 4 个 16 位段寄存器。

将各种不同类型的数据（代码、数据、堆栈等）分别存放在指定的某个存储段中。每个段用一个段寄存器来存放段地址。如 CS 存放代码段的段地址，DS 存放数据段的段地址等。当 8086/8088 访问某个存储单元时，就要指明由哪个段寄存器来指示该段的段地址。

要计算一个存储单元的物理地址时，先要将它所在段的段地址（16 位）值左移 4 位（相当于乘 16），得到一个 20 位的数，再加上 16 位的偏移地址（偏移地址也称为有效地址），就形成了 20 位的物理地址。

（2）通用寄存器。通用寄存器分为两组：数据寄存器、指针和变址寄存器。

数据寄存器由 4 个 16 位寄存器构成，分别是 AX、BX、CX、DX。它们是用来暂时存放计算过程中所用到的操作数、结果或其他信息，它们可以以字（16 位）的形式访问，也可以以字节（8 位）的形式访问，这样，每个寄存器对应的高 8 位寄存器是 AH、BH、CH 和 DH；低 8 位寄存器是 AL、BL、CL 和 DL。针对这种双重编址的特点，使得 8086 能容易地处理字节和字的数据。这 4 个寄存器都是通用寄存器，但是它们又有各自的单独用途。

AX 常作为累加器使用，是算术运算的主要寄存器。在乘、除等指令中指定用来存放操作数。除此之外，所有的输入、输出指令都使用这一寄存器与外部设备传送信息。

BX 常作为通用寄存器使用，此外，还经常作为基址寄存器。

CX 除作为通用寄存器外，还常在循环、移位指令中用来保存计数值。

DX 除作为通用寄存器外，一般在进行双字运算时把 DX 和 AX 组合在一起存放一个双字，DX 用来存放高位字。此外，在进行输入、输出操作时，该寄存器用来存放端口地址。

综上所述，数据寄存器中既可以存放参加运算的操作数，也可以存放操作数的地址。

但对于 8 位寄存器而言，只能够用于存放数据而不能存放地址。

指针或变址寄存器由 SP、BP、SI、DI 四个 16 位的寄存器组成，它们只能以字（16 位）为单位使用，其更经常的用途是在存储器寻址时，提供偏移地址。

BP 称为基址指针寄存器，是与堆栈段寄存器 SS 联用来确定堆栈段中的任一存储单元的地址。

SP 称为堆栈指针寄存器，主要用于堆栈操作，并且始终指向堆栈的栈顶。

SI 称为源变址寄存器，DI 称为目的变址寄存器，一般与数据段寄存器 DS 联用，用来确定数据段中某一存储单元的地址。这两个寄存器有自增和自减的功能。此外，在串操作处理指令中，SI 与数据段寄存器 DS 联用，作为隐含的源变址寄存器使用，DI 与附加段寄存器 ES 联用，作为隐含的目的变址寄存器使用，分别可以达到在数据段和附加段中寻址的目的。

8086/8088 的专用寄存器包括 IP、FLAGS 两个 16 位寄存器。IP 称为指令指针寄存器，用来存放指令在代码段中的偏移地址。在程序顺序运行的过程中，它始终指向下一条指令的偏移地址，与 CS 联合使用确定下一条指令的物理地址；当发生中断或是调用子程序时，总线接口部件 BIU 自动将 IP 的值压入堆栈保存，并且对 IP 的内容进行调整。

FLAGS 即标志寄存器，8086/8088 只使用了其中的 9 位，如图 6-39 所示。其中 6 位为状态标志位，用来反映算术/逻辑运算后结果的状态，以记录 CPU 的状态特征，包括进位标志位 CF、辅助进位标志位 AF、溢出标志位 OF、零标志位 ZF、符号标志位 SF 和奇偶标志位 PF；3 位为控制标志位，用来控制 CPU 的操作，由程序设置或清除，包括方向标志位 DF、中断允许标志位 IF 和陷阱标志位 TF。

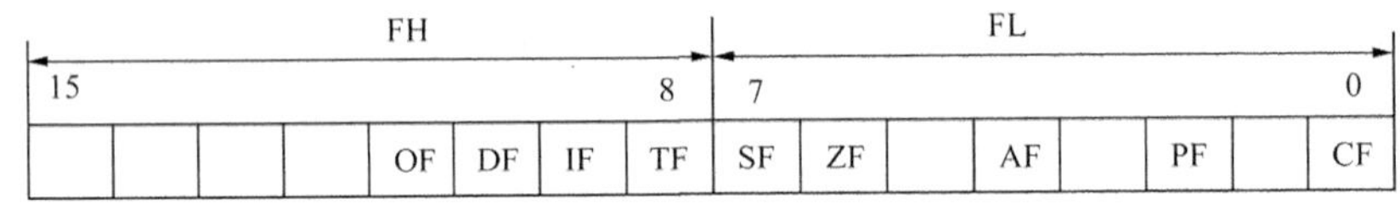

图 6-39　8086/8088 的标志寄存器

6.7.2　Power PC CPU

Power PC 是 IBM 联合 Motorola 和 Apple 共同推出的典型 RISC 风格的超标量结构的系列微机。其中，601 是最早推出的 32 位机，603 是面向低端应用的台式机和便携机，也是 32 位机；604 是采用了先进的超标量设计技术的中档 32 位机；620 是面向高端服务器的全 64 位结构的 Power PC。

Power PC 601 的内部结构如图 6-40 所示，其工作特点如下。

（1）指令队列和发送单元：存放从 Cache 取出来的指令。线宽为 256 位，因此一个周期可将 8 条指令（每条指令为 32 位）装入指令队列。发送单元对队列中前 4 条指令进行分析，并发送到不同的指令执行单元。

（2）分支处理单元：执行全部转移指令——用静态分析预测法，总是假定其中一支经常发生，而另一支不发生。

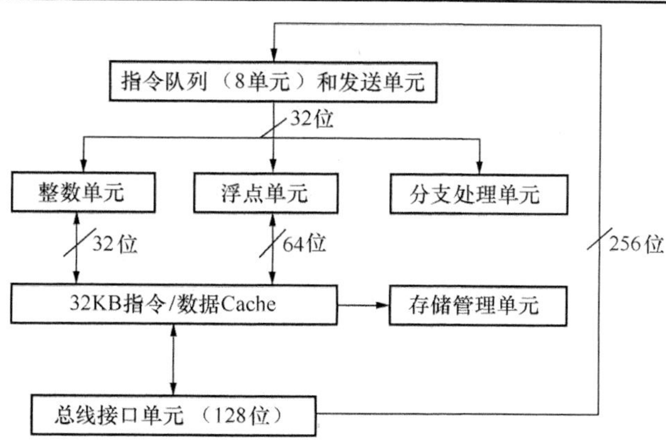

图 6-40 Power PC 601 的内部结构

（3）整数单元：进行算术与逻辑运算，它可以在一个周期内完成加、减、移位、逻辑运算等简单指令的执行，而复杂指令（如乘除），则需要多个执行周期。整数单元内设 32 个 32 位的通用寄存器，用于装入、存储和操作数据。

（4）浮点单元：进行单/双精度的浮点运算。其内含 32 个 64 位寄存器，用于存放运算数据；还含有反映运算结果的状态寄存器。

（5）存储管理单元：具有 52 位虚地址和 32 位实地址的寻址能力，它支持面向段、页及块的地址变换功能。

（6）Cache：32KB 的数据/指令 Cache，采用组相联映射方式与主存交换数据。

（7）总线接口单元：定义了 32 位地址和 32 位数据模式。总线协议支持流水、非流水和单独数据传送。

Power PC 体系结构是 RISC 体系结构的一个示例，所有 Power PC（包括 64 位机）都使用定长的 32 位指令。Power PC 处理模型要从内存检索数据、在寄存器中对它进行操作，然后将它存储回内存。只有装入和存储两条指令是直接操作内存的，其余指令的执行都在寄存器中。

Power PC CPU 有着广泛的应用，如作为高端服务器的 CPU 和作为低端嵌入式系统的 CPU，而且 Power PC CPU 有非常强的嵌入式表现，因为它具有优异的性能和较低的功耗。例如许多的游戏机中都使用它们。

习　题

1. 解释下列名词术语

控制器，指令寄存器 IR，程序计数器 PC，程序状态字 PSW，MAR，时序系统，微命令，微操作，组合逻辑控制，指令周期，时钟周期，总线周期，微命令发生器，微指令，微程序，微周期，微程序控制，微命令编码方式，微地址形成方法。

2. 控制器有哪些基本功能？它可分为哪几类？分类的依据是什么？

3. 中央处理器有哪些功能？它由哪些基本部件所组成？

4. 控制器有哪几种控制方式？各有什么特点？

5. 什么是三级时序系统？

6. 中央处理器中有哪几个主要寄存器？试说明它们的结构和功能。

7. 某 CPU 芯片的主振频率为 8MHz，其时钟周期是多少微秒？若已知每个机器周期平均包含 4 个时钟周期，该机的平均指令执行速度为 0.8MIPS，试问：

（1）平均指令周期是多少微秒？

（2）平均每个指令周期含有多少个机器周期？

（3）若改用时钟周期为 0.4μs 的 CPU 芯片，则计算机的平均指令执行速度又是多少 MIPS？

（4）若要得到 40 万次/秒的指令执行速度，则应采用主振频率为多少兆赫兹的 CPU 芯片？

8. 以一条典型的单地址指令为例，简要说明下列部件在计算机的取指周期和执行周期中的作用。

（1）程序计数器 PC。

（2）指令寄存器 IR。

（3）算术逻辑运算部件 ALU。

（4）存储器数据寄存器 MDR。

（5）存储器地址寄存器 MAR。

9. 假设某机器有 80 条指令，平均每条指令由 12 条微指令组成，其中有一条取指微指令是所有指令公用的。已知微指令长度为 32 位，请计算出控制存储器的容量。

10. 什么是微命令间的相容和互斥？微命令主要有哪几种编码方式？各有什么特点？

11. 在微命令的分段编码方式中，分段的原则是什么？

12. 某机有 8 条微指令 I1～I8，每条微指令所包含的微命令如表 6-7 所示。

表 6-7 微 指 令

微指令	a	b	c	d	e	f	g	h	i	j
I1	√	√	√	√	√					
I2	√			√		√	√			
I3		√						√		
I4			√							
I5			√		√		√		√	
I6	√							√		√
I7			√	√				√		
I8	√	√						√		

a～j 分别对应 10 种不同性质的微命令。假设一条微指令的控制字段仅限为 8 位，请安排微指令的控制字段格式。

13. 某计算机有如下部件：ALU，移位器，主存 M，主存数据寄存器 MDR，主存地址寄存器 MAR，指令寄存器 IR，通用寄存器 R_1～R_3，暂存器 C 和 D。

（1）请将各逻辑部件组成一个数据通路，并标明数据流动方向；

（2）画出“ADD R_1，(R_2)”指令的指令周期方框图。指令的含义为 R_2 所指向的存储器单元的内容与 R_1 相加，结果送 R_1。

14. 已知某机采用微程序控制方式，控制存储器容量为 512×48 位，微程序可在整个控制存储器中实现转移，控制微程序转移的条件共 4 个，微指令采用水平型格式，后继微指令地址采用断定方式．请问：

（1）微指令的三个字段分别应为多少位？

（2）画出对应这种微指令格式的微程序控制器逻辑框图。

15. 什么是垂直型微指令？什么是水平型微指令？它们各有什么特点？又有什么区别？

16. CPU 结构如图 6-41 所示，其中有 1 个累加寄存器 ACC、1 个状态条件寄存器和其他 4 个寄存器，各部件之间的连线表示数据通路，箭头表示信息传送方向。

（1）标明 4 个寄存器的名称。

（2）简述指令从主存取出送到控制器的数据通路。

（3）简述数据在运算器和主存之间进行存/取访问的数据通路。

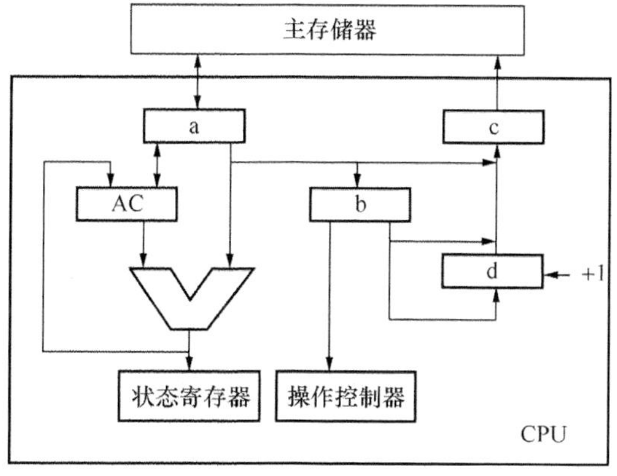

图 6-41 某机 CPU 结构

17. 某机采用微程序控制方式，已知全机有 50 个微命令，控制存储器共 128 字，条件测试字段占 3 位。回答下列问题：

（1）若采用直接控制的水平型微指令，请设计微指令的具体格式。

（2）若采用直接编码控制的水平型微命令，已知 50 个微命令构成 4 个相斥类，分别包含 4 个、8 个、22 个和 6 个微命令，其他条件不变，请设计微指令的具体格式。

18. 某微程序控制器中，采用水平型直接控制微指令格式，后继微指令地址采用断定方式，共有微命令 20 个，可判定的外部条件有 4 个，控制存储器容量为 128×30 位。

（1）设计出微指令具体格式。

（2）画出该控制器结构框图。

19. 图 6-42 所示为双总线结构的机器，IR 为指令寄存器，PC 为程序计数器（具有自增功能），M 为主存 （受 R / $\overline{W}$ 信号控制），MAR 为主存地址寄存器，MDR 为主存数据缓冲寄存器，ALU 由正、负控制信号决定可完成何种操作，控制信导 G 控制的是一个门电路。另外，线上标注有控制信号，例如，Y_i 表示寄存器的输入控制信号，R_{1o} 为寄存器 R_1 的输出控制信号。未标字符的线为直通线，不受控制。

（1）“ADD R₂，R₀”指令完成（R_0）+（R_2）→R_0 的功能操作，画出其指令周期方框图，假设该指令的地址已放入 PC 中，列出相应的微操作控制信号序列。

（2）“SUB （R_1），R_3”指令完成（R_3）－（（R_1））→R_3 的功能操作，画出其指令周期方框图，并列出相应的微操作控制信号序列。

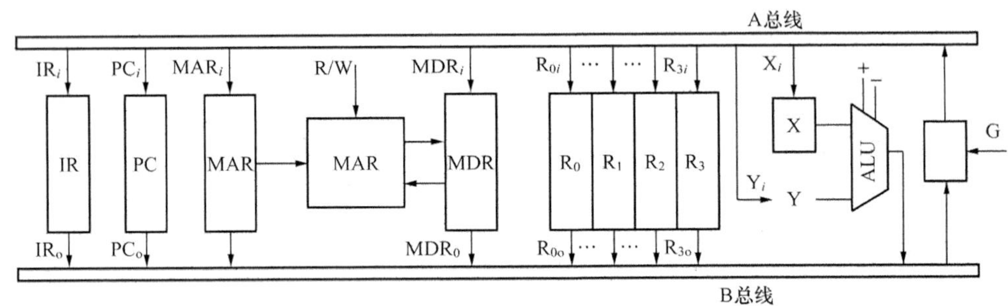

图 6-42 双总线结构的 CPU

20. RISC 的主要特点有哪些？

第 7 章　计算机的输入 / 输出系统

输入 / 输出系统提供了 CPU 和主存储器与外部世界交换信息的途径，是计算机系统必不可少的组成部分。所谓外部世界，简单地说，就是指人与 CPU、主存储器交换信息的外部设备。随着计算机的发展和应用的普及，与计算机相连的外部设备品种繁多，性能各异，这就使得输入 / 输出系统成为整个计算机系统中最具有多样性和复杂性的部分。本章在介绍总线的结构和控制方式、输入/输出接口的功能与组成的基础上，重点阐述了外部设备和 CPU 之间数据的传送方式以及各种方式下的接口结构。

7.1　输入 / 输出系统概述

7.1.1　输入 / 输出系统

外部设备要实现与主机相连，必须按照规定的物理特性、电气特性等通过接口进行连接。因此，我们把外设、接口部件以及相应的管理软件定义为计算机的输入 / 输出系统，简称为 I/O 系统。也就是说计算机的输入 / 输出系统是管理主机与外设以及外设与外设之间信息交换的机构，由硬件和软件共同组成。输入输出系统的设计目标就是能够快速、准确地交换数据，并且成本低廉，主机与外设、外设与外设尽可能并行工作，以充分发挥各自的潜力。

7.1.2　主机与外部设备间的连接模式

输入 / 输出系统的逻辑结构取决于主机与外部设备间的连接模式及相应的组织管理模式。通常有总线型、辐射型（星型）、通道方式及输入 / 输出处理机（IOP）等方式。

1. 总线型

在这种结构中，CPU 通过系统总线与外围设备相连，各外围设备通过各自的接口直接与公共的系统总线相连。图 7-1 是最常见的微型计算机的系统总线结构。

CPU 经过地址锁存器向系统总线发出地址代码，经过数据缓冲器向系统发出或接收数据，经过总线控制器发出或接收控制信号。如果 CPU 暂时放弃对系统总线的控制，则有关的输出端呈高阻态，即与总线脱钩。

主存储器从总线获得地址码，接收写入数据或送出读出数据、接收读写控制等几个有限的控制信号，也可能向总线发回如就绪（READY）等有限的状态信号。

总线模式具有结构简单、易于扩展、易于实现等优点。因此广泛应用在小型和微型计算机系统中，它也是其他连接模式的基础。

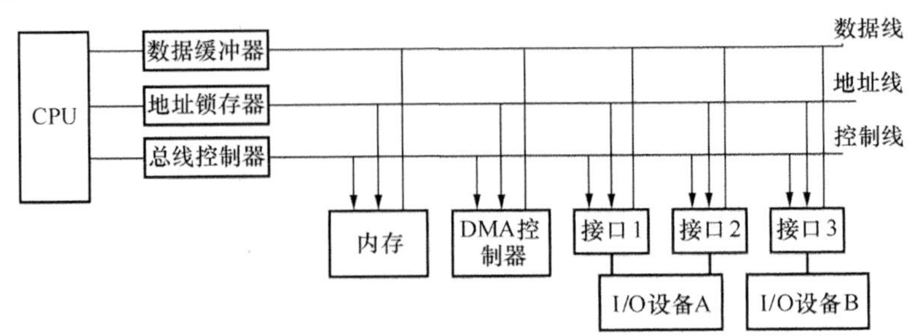

图 7-1　常见的微型计算机的系统总线结构

2. 辐射型（星型）

在这种结构中，各外部设备与主机间有各自独立的数据通路，从而形成以主机为中心向各设备辐射的星型连接。与总线模式不同的是，各外围设备之间不能直接传送信息，它们只能通过接口把信息送入主机，再由主机送往另外的设备，因而称为以主机为中心的星型连接模式，如图 7-2 所示。

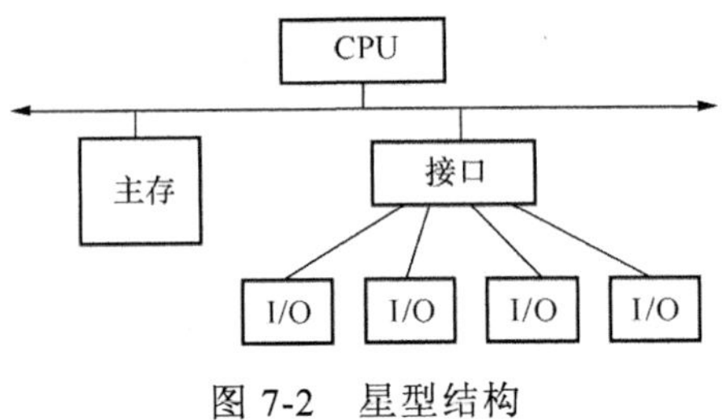

图 7-2　星型结构

星型结构的优点是各设备通路独立，因而相互间干扰很小；缺点是不能实现各设备间的直接通信。这种模式用在较简单的系统中，或作为总线结构中的局部组成方式。

3. 通道型

在大型计算机系统中，往往采用通道控制方式连接外围设备。从控制的角度看，通道是一种专门负责管理输入输出操作的控制器，它执行一种通道程序。CPU 启动通道后可以并行地执行自身的程序，而通道执行通道程序，或以 DMA 方式实现主存与外部设备之间的数据直传，或让数据输入 CPU 或从 CPU 输出。这就使 CPU 从繁重的 I/O 操作中解脱出来，发挥其高速处理的优势，让 CPU 的处理与通道管理下的 I/O 操作并行地进行。

从连接的角度看，主机一般通过单独的数据通路分别连接数目有限的通道，各通道再用总线结构通过接口连接外围设备，可称为四级连接模式，即主机、通道、I/O 接口及外围设备。

4. IOP 方式（输入／输出处理机方式）

IOP 的功能与 CPU 类似，它是由通道控制方式发展而来的，与通道相比具有更强的独立性与通用性。

IOP 有自己的指令系统，一般约有几十条指令，可以编制自己的程序，通过执行程序实现独立于 CPU 的输入输出操作。它还可以进行有关的预处理，如信息的码制转换、数据格式变换、字节与字之间的装配和拆卸、数据块传输中的检测纠错等。

在大型计算机系统中，主机通过专门的数据通路与 IOP 连接，IOP 通过总线再与外部设备连接。现在的高档微型计算机系统中，也采用输入/输出处理器的概念，并将 IOP 集成在一块芯片中。

7.2　计算机总线

总线是一组可以分时共享的公共信息传送通路，包括相应的逻辑电路和物理连线。共享，意味着总线可以连接多个部件，为多个部件之间提供信息传送服务。某一时刻，一组总线只能接受一个信息源，如某一个设备、某一个寄存器提供的代码，对所连接的多个设备来说，它们只能分时地向总线发送信息，但可通过总线传送给某一个或同时传送给某几个设备。

7.2.1　总线类型与总线标准

1. 总线分类

计算机系统中含有多种总线，在各个层次上提供部件之间连接和信息交换的通路。因此对总线类型的划分、命名也随之多样化。

（1）按连接部件的不同分类。

1）内部总线：指芯片内部连接各元件的公共信息通路，如 CPU 内部连接 ALU、寄存器、指令部件等的总线，可参考第 6 章。

2）系统总线：指连接 CPU、主存和各种 I/O 模块等主要部件的总线。

3）通信总线：指计算机系统之间或计算机与设备之间进行通信的一组信号线。例如，计算机与计算机之间通信所采用的 RS-232C/RS-485 总线，计算机与外部设备之间的 USB 和 IEEE 1394 通用串行总线等。由于这类总线一般设在机箱外，以接口插头（座）形式提供使用，所以更多的时候把它们称为接口。

如果从系统组成角度来看，在小规模系统中，常用一组系统总线连接 CPU、主存和 I/O 接口，称为单总线结构，这样的系统总线有时被命名为单总线（注意，单总线是一组而并非一根）。而在较大规模系统或高速系统中，为了消除传送瓶颈，常设置多组总线；最常见的是在主存与 CPU 之间设置一组专用的高速存储总线，而将连接接口的系统总线称为 I/O 扩展总线。

在一些系统中，也将直接与 CPU 连接的一段称为局部总线，将经过总线控制器扩充后的（线数更多、功能更强）总线称为系统总线。

（2）按数据传送格式分类。并行总线用多根数据线同时传送一个字节或一个字的所有代码位，可以同时传送的数据位数称为该总线的数据通路宽度。计算机的系统总线大多是并行总线，如 8 位、16 位、32 位、64 位等。

串行总线按位串行传送数据，即按数据代码位流的顺序逐位传送。当传送目的地相距较远时，常采用串行总线作为通信总线，以降低硬件代价。

2. 总线标准

总线标准是指通过总线进行连接和传输信息时，应遵守的一些协议与规范，平时说的总线，实际上是指总线标准。总线标准大体包括 4 个方面的内容。

（1）总线的物理特性：主要指总线的根数、接插头的形状以及引脚的安排等。

（2）总线的功能特性：描述总线中每一根线的功能，一般将总线分为 4 组。

1）数据总线。数据总线用来传输各功能部件之间的数据信息，它是双向传输总线，其位数与机器字长、存储字长有关，一般为 8 位、16 位或 32 位。数据总线的条数称为数据总线的宽度，它是衡量系统性能的一个重要参数。如果数据总线的宽度为 8 位，指令字长为 16 位，那么，CPU 在取指阶段，必须两次访问主存。

2）地址总线。地址总线主要用来指出数据总线上的源数据或目的数据在主存单元的地址。例如，欲从存储器读出一个数据，则 CPU 要将此数据所在存储单元的地址送到地址线上。又如，CPU 欲将某数据经 I/O 设备输出，则 CPU 除了需将数据送到数据总线外，同时还需将该输出设备的地址（通常都经 I/O 接口）送到地址总线上。可见，地址总线上的代码是用来指明 CPU 欲访问的存储单元或 I/O 端口地址，它是单向传输的。地址线的位数与存储单元的个数有关，如地址线为 20 根，则对应的存储单元个数为 2^{20}。

3）控制总线。由于数据总线、地址总线都是被挂在总线上的所有部件共享的，如何使各部件能在不同时刻占有总线使用权，需依靠控制总线来完成，因此控制总线是用来发出各种控制信号的传输线。对任一控制线而言，它的传输只能是单向的。例如，存储器读／写或 I/O 读／写命令都是由 CPU 发出的。但对于控制总线总体来说，又可认为是双向的。例如 I/O 设备也可以向 CPU 发出请求情号。如当某设备准备就绪时，便向 CPU 发中断请求等等。此外，控制总线还起监视各部件状态的作用。如查询该设备是处于“忙”还是“闲”、是否出错等，因此总体而言，控制信号既有输出，又有输入。

常见的控制信号如下。

- 时钟：用来同步各种操作。
- 复位：使各模块恢复到初始状态。
- 总线请求：表示某部件需获得总线使用权。
- 总线允许：表示需要获得总线使用权的部件已获得了控制权。
- 中断请求：表示某部件提出中断请求。
- 中断确认：表示中断请求已被接收。
- 存储器写：将数据总线上的数据写至存储器的指定地址单元内。
- 存储器读：将指定存储单元中的数据谈到数据总线上。
- I/O 读：从指定的 I/O 端口将数据读到数据总线上。
- I/O 写：将数据总线上的数据输出到指定的 I/O 端口内。

4）电源线和地线。

（3）总线的电气特性：指信号的传输方向（一般以 CPU 为参照点）、信号高低电平的具体数值、信号的有效值（如高电平代表“1”，低电平代表“0”）和总线的驱动能力。

（4）总线的时序特性：定义每根线什么时间有效，即发送方什么时间应当把数据加载在总线上，接收方什么时间可以从总线下载数据等。

总线标准一般以两种方式推出：一种是某公司在开发自己的计算机系统时所采用的一种总线，而其他兼容机厂商都按其公布的总线规范开发相配套的产品进入市场。这种总线被国际工业界广泛支持，有的还被国际标准化组织（ISO）加以承认并授予标准代号。另一种是由国际权威机构或多家大公司联合制定的总线标准。前一种先有产品后有标准。如 IBM PC/AT 机上使用的 ISA 总线。后者先有标准后有产品。

7.2.2　总线操作与时序

1. 同步控制方式的总线操作

同步控制方式是指数据传送操作由统一的系统时钟同步定时。它的主要特征是以时钟周期为划分时间段的基准，CPU 内部操作速度较快，工作都选取较高的时钟频率，即较短的时钟周期。但总线传送操作时间一般较长，因此规定一次传送操作所需的一个总线周期包含若干个时钟周期。

按同步控制方式操作的总线称为同步总线。它的优点是控制比较简单，较易实现；缺点是时间利用上不够灵活，一些本可快速实现的操作也需占用固定的时钟周期。要想提高整个系统的时钟频率，必须全面考虑所有总线操作的需要。

实用的同步总线，往往允许占用的时钟周期数可变，以适应不同操作的需要。可以认为，这是在同步控制的基础上部分地引入异步控制思想，需长则长，需短则短，但仍以完整的时钟周期为基准。

2. 异步控制方式的总线操作

异步控制方式是指总线操作的控制与数据传送，以应答方式实现。它的主要特征是没有固定的时钟周期划分，而采取应答方式实现总线的传送操作，所需时间视需要而定。

按异步控制方式操作的总线称为异步总线。它的优点是时间选择比较灵活、利用率高，缺点是控制比较复杂。一般用于传送距离较远、系统内各设备速度差异较大的系统。

异步应答关系分为不互锁、半互锁、全互锁 3 类，如图 7-3 所示。

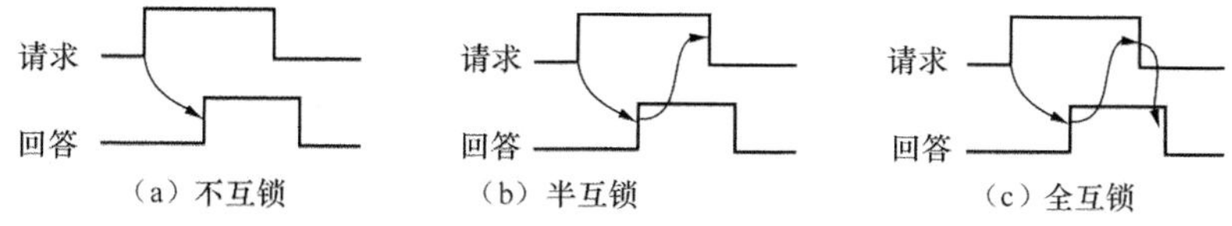

图 7-3　请求与回答信号的互锁

7.2.3　总线的主要性能参数

评价一种总线的性能，一般要看以下几个方面。

（1）总线时钟频率：总线的工作频率，以 MHz 表示，它是影响总线传输速率的重要因素之一。

（2）总线宽度：数据总线的位数，用位（bit）表示，如总线宽度为 8 位、16 位、32 位和 64 位。

（3）总线传输速率：在总线上每秒钟传输的最大字节数，用 MB/s 表示，即每秒多少兆字节。若总线工作频率为 8MHz，总线宽度为 8 位，则最大传输速率为 8MB/s。若工作频率为 33.3MHz，总线宽度为 32 位，则最大传输速率为 133MB/s。

（4）同步方式：有同步或异步之分。在同步方式下，总线上主模块与从模块进行一次传输所需的时间（即传输周期或总线周期）是固定的，并严格按系统时钟来统一定时主、从模块之间的传输操作，只要总线上的设备都是高速的，总线的带宽便可允许很宽。在异步方式下，采用应答式传输技术，允许从模块自行调整响应时间，即传输周期是可以改变的，故总线带宽减小。

（5）信号线数：表明总线拥有信号线的数目，是数据、地址、控制线及电源线的总和。

7.2.4　总线举例

随着技术的发展，总线标准也在不断地推陈出新。下面介绍几个有代表性的、今天在微型计算机上广泛使用的总线标准。

1. ISA

ISA（Industrial Standard Architecture）总线是 IBM 为了采用全 16 位的 CPU 而推出的总线标准，又称 AT 总线，它使用独立于 CPU 的总线时钟，因此 CPU 可以采用比总线频率更高的时钟，有利于 CPU 性能的提高。由于 ISA 总线没有支持总线仲裁的硬件逻辑，因此它不能支持多台主设备（即不支持多台具有申请总线控制权的设备）系统，而且 ISA 上的所有数据的传送必须通过 CPU 或 DMA（直接存储器存取）接口来管理，因此使 CPU 花费了大量时间来控制与外部设备之间的信息交换。ISA 总线时钟频率为 8MHz，最大数据传输率为 16MB/s，数据线为 16 位，地址线为 24 位。

而 EISA（Extended Industrial Standard Architecture）总线是一种在 ISA 基础上扩充的总线标准，它与 ISA 可以完全兼容，它从 CPU 中分离出了总线控制权，是一种具有智能化的总线，能支持多总线主控和突发方式的传输。EISA 总线的时钟频率为 8MHz，最大数据传输率可达 33MB/s，数据总线为 32 位，地址总线为 32 位。

2. PCI

PCI（Peripheral Component Interconnect）总线是由 Intel 公司提供的总线标准。它与 CPU 时钟频率无关，自身采用 33MHz 的总线时钟，数据线为 32 位，可扩充到 64 位，数据传输率达 133MB/s～266MB/s。它具有很好的兼容性，与 ISA、EISA 总线均可兼容，可以转换为标准的 ISA、EISA。它能支持无限读写突发方式，速度比直接使用 CPU 总线的局部总线快。可以把它看做是 CPU 与外设间的一个中间层，通过 PCI 桥路（PCI 控制器）与 CPU 相连。

PCI 控制器有多级缓冲，可把一批数据快速写入缓冲器中。在这些数据不断写入 PCI 设备的过程中，CPU 可以执行其他操作，即 PCI 总线上的外设与 CPU 可以并行工作。

3. PCI-E

PCI-E 是 Intel 公司于 2002 年推出的总线标准。它是一种串行总线，使用了串行差分技术。ISA、EISA 以及 PCI 总线都采用并行传输方式，采用这种传输方式的前提是用同一时序传输信号和用同一时序接收信号，如果时钟频率过高，将很难让数据传送的时序与时钟合拍，此外，提高时钟频率还容易引起信号线间的相互干扰，因此 PCI 总线的时钟频率最高为 66.6MHz。PCI-E 采用串行方式，并且使用“电压差动式传输”，即使用两条信号线，以相互间的电压差作为逻辑“0”、“1”的表示，这种传输方式可以将传输频率提得很高。同时 PCI-E 总线的串行差分接口技术让设备以点对点的方式进行连接，这样的连接使每一个 PCI-E 设备都拥有自己独立的数据连接，各个设备之间并发的数据传输互不影响。与 PCI 总线共享并行架构相比，PCI-E 总线保证了通道的专有性，避免了其他设备的干扰，因此传输速率远远超出 PCI 总线，最高可达 4GB/s。它采用可扩展带宽模式。根据总线带宽的不同，PCI-E 包括×1、×4、×8、×16 等几种模式。其中×1 拥有最基本的单一 PCI-E 物理串行连接，传输速度为 250MB/s，而×16 就是在×1 的基础上增加了 15 对差分信号传输通道，即拥有 16 个物理串行连接，因此数据传输速率 16 倍于×1 模式，即 4GB/s。与此同时，PCI-E 总线还支持双向传输模式，因此连接的每个装置都可以使用最大带宽。

4. USB

USB（Universal Serial Bus）即通用串行总线，是 1995 年 Intel 、IBM、Compaq 以及 DEC 等公司共同推出的一种新的串行接口，目的是规范众多的外部设备接口形式，目前在微型计算机中广泛使用，并成为现代微型计算机系统的标准配置。其主要优点有：

（1）使用方便。即插即用，可热插拔，具有自动配置能力，用户只要简单地将外设插入到 PC 以外的总线中，PC 就能自动识别和配置 USB 设备。

（2）速度快。在遵循 USB 1.1 规范的基础上，USB 接口最高传输速度可达 12Mb/s；而在 USB 2.0 规范下，更可以达到 480Mb/s。

（3）连接灵活，易扩展。它不仅可以连接多达 127 个 USB 设备，而且连接的方式也十分灵活，既可以使用串行连接，也可以使用集线器（Hub）把多个设备连接在一起，再同 PC 的 USB 接口相连。

（4）能够采用总线供电。USB 总线提供最大达 5V 电压、500mA 电流。大部分 USB 外设无需单独的供电系统。

USB 的物理拓扑为分层的星状结构，如图 7-4 所示。系统由三部分构成：USB 主机（Host）、USB 集线器（Hub）和 USB 设备（Device）。

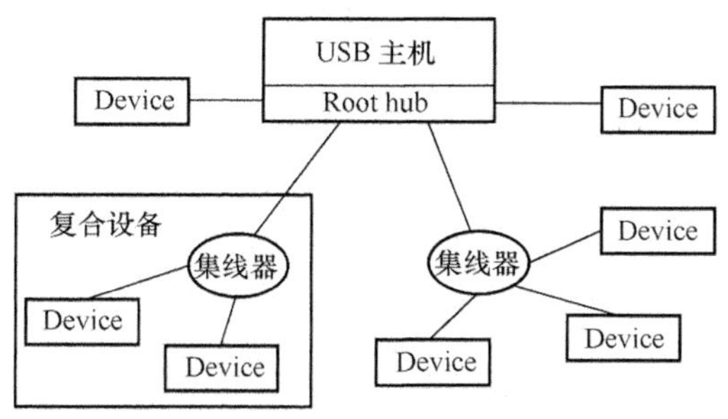

图 7-4 USB 的物理拓扑

USB 主机是星状结构的中心，它通过 USB 集线器（USB Hub）级联更多的 USB 设备

（USB 系统允许同时连接 127 台设备）。在任何 USB 系统中，某个时刻只有一个主机。每一次 USB 数据通信都是由 USB 主机来发起的，主机管理着每个 USB 设备。USB Hub 是 USB 即插即用技术中关键的一环，它提供了 USB 的连接端，USB Hub 既可以以独立硬件实体的方式存在，也可以嵌入到任何 USB 设备中，用于级联下一级设备。因此 USB Hub 具有 USB 设备的普遍特性，有时也把它作为一类特殊的 USB 设备。

USB 设备必须有标准的 USB 接口，理解 USB 协议，支持标准的 USB 操作，它能发送数据到主机，也可以接收来自主机的数据和控制信息。如 USB 接口的键盘、鼠标、打印机等都是 USB 设备。

USB 总线包括 4 根信号线，用来传送信号和提供电源。

5. SCSI

SCSI（Small Computer System Interface）即小型计算机系统接口，是由 ANSI（美国国家标准局）于 1986 年 6 月公布的接口标准（称为 ANSI-1），之后又推出了 SCSI-2、SCSI-3 标准。

SCSI 早期在小型机上使用，后来用在 PC 微机上，并且开始只是用作磁盘存储子系统的接口，后来逐渐成为与各种采用 SCSI 接口标准的外部设备相连的接口标准，如硬盘驱动器、磁带机、光驱、扫描仪、打印机以及计算机网络设备、工作站服务器等。因此，在图像处理、数据采集、文件服务器和实时控制等领域发挥其作用。

SCSI 接口标准的主要特点有：

（1）SCSI 是系统级接口，它不依赖于具体设备，它用一组通用的命令去控制各种设备，不需要涉及外设的物理特性。因此，SCSI 有很高的通用性，可与各种采用 SCSI 接口标准的外部设备相连。总线上连接的 SCSI 的设备的总数最多为 8 个。

（2）SCSI 总线上设备之间没有主从关系，一个设备既可成为启动（Iniliator）设备，也可以作为目标（Target）设备。或者说，SCSI 设备之间的主从关系是不固定的，根据 I/O 操作的不同而不同。

（3）SCSI 可分为单端传送方式和差分传送方式。单端 SCSI 的电缆不能超过 6m，如果数据传送距离超过 6m，应采用差分 SCSI 传送方式，差分方式传送距离可达 25m。

（4）SCSI 可以按同步方式和异步方式传输数据。数据线宽度为 8 位或 16 位，总线时钟频率为 5MHz，因此 SCSI 在同步方式下的数据传输速率为 5MB/s，在异步方式下为 2.5MB/s。

（5）SCSI 是一个多任务接口，具有总线仲裁功能。因此，在同一个 SCSI 控制器控制下的多台外设可以并行工作。

7.3 输入 / 输出接口

7.3.1 接口的定义

广义的说，“接口”是指中央处理器（CPU）和内存、外部设备，两种外部设备间或两种机器之间通过总线连接的逻辑部件。接口部件在它所连接的两部件之间起着“转换器”

的作用，以便实现彼此之间的信息传送。

一个典型的计算机系统具有各种类型的外围设备，因而有各种类型的接口。图 7-5 给出了 CPU、接口和外围设备之间的连接关系。外围设备本身带有自己的设备控制器，它是控制外围设备进行操作的控制部件。它通过接口接收来自 CPU 传送的各种信息，并根据设备的不同要求把这些信息传送到设备，或者从设备中读出信息传送给接口，然后送给 CPU。由于外围设备种类繁多且速度不同，因而每种设备都有适应它自己工作特点的设备控制器。在图 7-5 中将外围设备本身和它自己的控制电路画在一起，统称为外围设备。

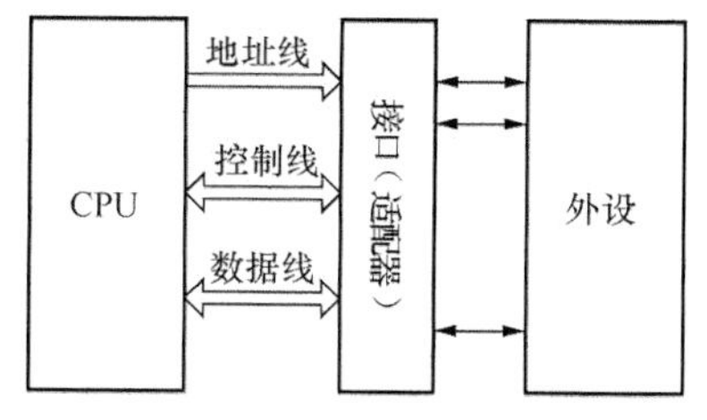

图 7-5　外围设备的连接方法

为了使所有的外围设备能够兼容，并能在一起正确地工作，CPU 规定了不同的信息传送控制方法。不管什么类型的外围设备，只要选用某种数据传送控制方法，并按它的规定通过总线和主机连接，即可进行信息交换。通常在总线和每个外围设备的设备控制器之间使用一个适配器（接口）电路来解决这个问题，以保证外围设备用计算机系统特性所要求的形式发送和接收信息。接口逻辑通常做成标准化，对应不同的输入输出控制方式，有不同的标准接口。

7.3.2　接口的功能

由于计算机的外围设备品种繁多，而且几乎都采用了机电传动装置，因此，CPU 在与 I/O 设备进行数据交换时往往存在速度、时序、信息格式和信息类型的不匹配。而接口的作用正是弥补这些不匹配，因此接口必须具备以下几个方面的功能：

（1）数据转换。不同类型的数据必须经过转换过程才能被对方识别和接收。如模拟信号与数字信号转换；并-串转换或串-并转换。

（2）数据缓冲与时序配合。在接口电路中，一般设置几个数据缓冲寄存器，从而使接口具备一定的缓冲存储能力，以补偿各种设备在速度上与 CPU 的差异。

（3）提供外部设备和接口的状态。在接口线路中设置设备和接口状态寄存器，CPU 可以通过读取其内容了解外部设备和接口线路的工作状态，调整对外部设备及数据接口的指令。状态信息包括数据“准备就绪”、“忙”、“错误”等，供 CPU 询问外围设备时进行分析。

（4）实现主机和外部设备之间的通信联络控制。主要通信联络控制工作包括设备选择、操作时序的控制与协调、中断的请求与批准、主机命令与 I/O 设备状态的交换与传递。因此，每个接口电路都有一个专门的设备选择电路和中断的控制线路。

（5）电平匹配和负载匹配 。总线信号电平通常是与 TTL 兼容的，而外设的 I/O 信号有 TTL 电平和其他规格的电平。当电平不同时，需经过接口电路进行电平转换。在信号电平相同的情况下，若总线负载能力不足，需经过接口电路增强总线的驱动能力达到负载匹配，系统才能正常工作。

（6）程序中断。每当外围设备向 CPU 请求某种动作时，接口即发出一个中断请求信号到 CPU。例如，如果设备完成了一个操作或设备中存在着一个错误状态，接口即发出中断。

7.3.3 接口的组成

不同的外设对应的接口是不同的，但不论哪种接口，都必须具有以下基本部件。

1. 数据缓冲寄存器

数据缓冲寄存器分为数据输入缓冲寄存器和数据输出缓冲寄存器两种。输入输出数据缓冲器用来暂时存放输入设备输入的数据或 CPU 输出的数据。

对输入端口而言，由于输入缓冲器的输出是接到数据总线上的，所以，必须具有三态输出功能。当该接口未被选中时，其输出应处于“高阻”状态，与总线隔离；又由于外设输入到输入端口的数据与微处理器读取该端口数据往往不是同步的，因此输入时要求有相应的输入数据锁存器。利用它将来自输入设备的数据锁存起来，并一直稳定地保持到微处理器取走该数据。因此输入缓存器一般由锁存器和三态缓存器组成。

对输出端口而言，它是把来自 CPU 的数据通过系统总线输出到外部设备，CPU 的数据出现在总线上的时间很短，只是执行一条输出指令的时间，一般在毫微秒级，而外设通常不可能在这么短的时间内将总线上的数据取走。因此要求输出端口必须有数据锁存器，将输出的数据保持足够长的时间。至于输出端口是否有三态缓冲功能则无关紧要。因为一般每个输出端口线只对应于一个输出设备。

有了输入／输出数据缓存器，就可以在高速工作的 CPU 与慢速工作的外设之间起协调、缓冲和控制作用。

2. 控制寄存器

用于存放处理器发来的控制命令和其他信息，以确定接口电路的工作方式和功能。由于现在的接口芯片大都具有可编程的特点，即可通过编程来选择或改变其工作方式和功能。这样，一个接口芯片就相当于具有多种不同的工作方式和功能，使用起来十分灵活、方便。控制寄存器是写寄存器，其内容只能由处理器写入，而不能读出。

3. 状态寄存器

用于保存外设或接口本身的当前工作状态信息。每一种状态通常在状态寄存器中占一位。例如，输入设备的状态通常用 READY 表示，输出设备的空闲或忙状态常用 BUSY 来表示。状态寄存器的内容一般只能被 CPU 读出。

4. 内部定时与控制逻辑

内部定时与控制逻辑用来产生内部工作所需的定时信号，并根据 CPU 的命令产生控制外设实现具体操作的控制信号。

图 7-6 是接口电路的基本结构框图。由于接口电路介于 CPU 和外设之间，它既要面对 CPU 又要面对外设。因此，在逻辑结构上分为两部分，一部分与 CPU 相连接，这部分面向主机的逻辑是标准的逻辑，不同的接口差异不是很大。另一部分与外设相连接的逻辑，这部分是非标准的，随所连接的外设不同而差异较大。

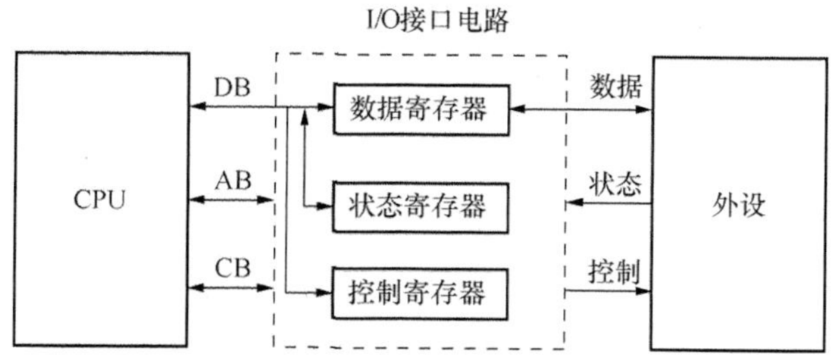

图 7-6　I/O 接口的基本组成

此外，为了支持接口逻辑，系统中通常还要设置总线收发器来增加总线驱动能力。为了使接口芯片工作，就需要首先选中该接口芯片。因此，系统中还应设置地址译码电路，以将系统提供的地址翻译成对接口的片选信号。

7.3.4　接口的分类

接口的类型取决于 I/O 设备的类型、I/O 设备对接口的要求和 CPU 与 I/O 接口之间信息交换的方式等因素。

1. 按照数据传输宽度分类

（1）并行接口。并行接口中的各位数据都是并行传送的，它以字节（或字）为单位与 I/O 设备或被控对象进行信息交换。因此并行接口的数据通路是按字或字节设置的。一般当 I/O 设备本身是按照并行方式工作，并且主机与外部设备之间距离较近时，选用并行接口。

（2）串行接口。串行接口中的数据是一位一位地传送的，即在接口与 I/O 设备之间按照每次传送一位的方式进行数据传递。接口与主机之间常常是并行接口，因此要求串行接口必须设置具有移位功能的数据缓冲器，以实现数据格式的并一串转换。同时还要求接口提供同步定时脉冲信号来控制信息的传递速率，以保证信号能够在接口与外部设备之间实现同步串行传送。一般的低速 I/O 设备、计算机网络的远程终端设备以及通信系统的终端采用串行接口。

2. 按操作的节拍分类

（1）同步接口。同步接口的数据传送按照 CPU 的控制节拍进行。无论是 CPU 与接口之间，还是接口与外部设备之间的数据交换都由 CPU 控制节拍的协调，与 CPU 的节拍同步。这种接口的控制简单，但其操作时间必须与 CPU 的时钟同步。

（2）异步接口。异步接口不由 CPU 的时钟控制。CPU 与 I/O 设备之间的信息交换采用应答方式。连接在总线上的任何两个设备均可以交换信息，在交换信息的两个设备中，负责控制和支配总线控制权的设备叫主设备，和主设备交换信息的设备叫从设备。如将 CPU 看作主设备，将 I/O 设备看作从设备。在信息交换时，主设备发出交换信息的“请求”信号，经过接口传送给设备，从设备完成主设备指定的操作后向主设备发出“回答”信号。按这种一问一答的方式分步完成信息的交换。其中从“请求”到“回答”之间的时间是由完成操作所需的实际工作时间决定的，与 CPU 的时钟节拍无关。

3. 按信息传送的控制方式分类

根据接口信息传送的控制方式，可将接口分为：程序控制的输入/输出接口、程序中断输入/输出接口和直接存储器存取（DMA）接口。

另外，按功能选择的灵活性，可分为可编程接口和不可编程接口；按接口通用性，可分为通用接口和专用接口。

7.4 I/O 端口的编址方式和数据传送控制方式

7.4.1 外设的识别与 I/O 端口的编址方式

为了能在众多的外设中寻找或挑选出要与主机进行数据交换的外设，就必须对外设进行编址。而外设是通过接口和系统连接的，如图 7-6 所示。每一个接口部件都包含有数据输入寄存器、数据输出寄存器、控制寄存器和状态寄存器等。CPU 与外设进行数据传输时各类信息写入到接口中的相应寄存器，或从相应寄存器读出。对于数据输入寄存器和状态寄存器来说，CPU 只能从中读出数据和状态，不能写入内容；对于数据输出寄存器和控制寄存器来说，CPU 只能向其写入数据和控制信息，不能读出内容。我们把接口中的这些寄存器称为端口，要访问这些寄存器，就要给每一个端口设置一个编号，这个编号就称为端口地址。CPU 与外设之间传送的信息都是通过数据总线写入端口或从端口中读出的，所以，CPU 对外设的寻址实质上是对 I/O 端口的寻址。

通常，I/O 端口有两种不同的编址方法：统一编址和独立编址。

1. 统一编址（存储器映像编址）

此方式把 I/O 操作和存储器读写一视同仁，在内存空间中划出一部分区域用作 I/O 地址，即对 I/O 设备中的控制寄存器、状态寄存器、数据寄存器等一切可交换的数据寄存器都和存储器每一个单元一样，进行统一编址，也就是 I/O 设备被映像到内存空间中，这样就可用访问存储器的指令去访问 I/O 设备的某个寄存器。因此不再需要设计专门的 I/O 指令，使得 I/O 程序设计十分灵活。另外 CPU 与外部设备连接灵活，不受外部设备台数的限制，同时也不受外部设备中交换数据种类的限制。但由于 I/O 设备占据了部分内存地址，I/O 设备需用与内存单元一样的“长地址”，使 I/O 译码电路复杂；由于内存的读写速度较高，也要求 I/O 设备的数据缓冲寄存器与内存具有相同的读写速度。

2. I/O 独立编址

此方式给 I/O 设备开辟了一个独立的地址空间，给 I/O 设备分配专用的 I/O 端口地址、把 I/O 操作与存储器读写截然分开。它的特点是需要用专门的 I/O 指令进行输入/输出操作，使 CPU 的指令系统变得复杂。但由于 I/O 设备不占用内存空间，I/O 设备数量又较少故使得 I/O 端口的地址码较短，I/O 译码电路简单；I/O 指令的工作节拍通常比访问存储器的指令慢，因此不要求 I/O 设备的数据缓冲寄存器与主存储器具有相同的读写速度；但需要专门的 I/O 控制信号，使 CPU 的引线信号略有增加。

图 7-7（a）是统一编址的单总线结构计算机结构图，其中所有的 I/O 设备、内存和 CPU

共用同一组总线，其中地址总线传送的是 CPU 要访问的内存地址或 I/O 设备地址；数据总线传送的是数据、指令和各种状态信息；控制总线传送的是定时信号和各种控制信号。图 7-7（b）为独立编址的结构图，内存和设备分开编址。CPU 需要访问内存时，由内存读写控制线路控制；CPU 需要访问 I/O 设备时，由 I/O 读写控制线路控制。

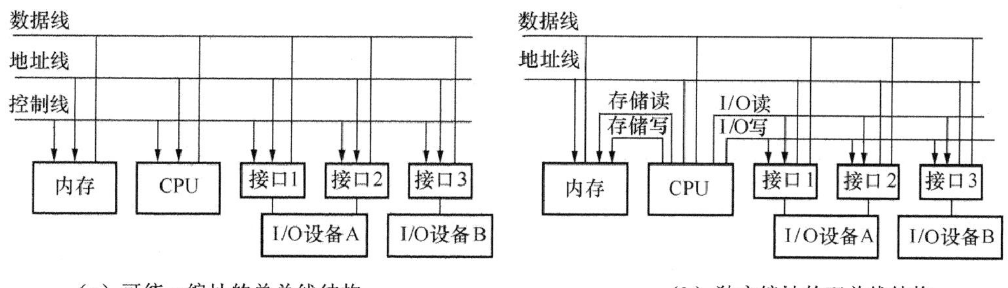

（a）可统一编址的单总线结构　　（b）独立编址的双总线结构

图 7-7　I/O 设备的统一编址和独立编址

上述两种编址方式在计算机中都得到了应用。一般而言，存储器映像方式在大、中型计算机中采用较多，I/O 独立编址方式在微型机中采用较多。原则上讲，存储器映像编址方式是一种通用方式，即使采用了 I/O 独立编址的计算机，仍可以用存储器映像编址方式实现 I/O 操作。

7.4.2　CPU 与外设之间数据的传送方式

主机与外部设备之间的信息交换应随着设备性质的不同而采用不同的控制方式。随着计算机技术的发展，控制方式也经历了由简单到复杂，由低效到高效，由 CPU 集中控制到各部件分散控制的发展过程。目前，CPU 与外设之间的数据传送主要有 5 种方式：程序查询、程序中断、直接内存访问（DMA）、通道方式和外围处理机方式。

1. 程序查询传送方式

程序查询方式是早期计算机中使用的一种方式。在 CPU 和外设之间的数据传送完全靠计算机程序控制。它的优点是 CPU 的操作和外设的操作能够同步，而且硬件结构比较简单。但实际上，CPU 与 I/O 设备的工作往往是异步的，很难保证当 CPU 执行输入操作时，外设已把要输入的信息准备好了；而当 CPU 执行输出时，外设的寄存器（用于存放 CPU 输出数据的寄存器）一定是空的。所以，通常程序控制的传送方式在传送之前，必须查询外设的状态，当外设准备就绪了才传送；若未准备好，则 CPU 等待。

在这种控制方式下，接口设计简单，但 CPU 在信息传送过程中，要花费很多时间用于查询和等待，效率大大降低。

2. 程序中断传送方式

采用中断控制方式时，CPU 正常执行主程序，当有外设中断请求时，CPU 响应中断暂停执行当前的程序，转去执行外设的中断服务程序，在中断服务程序中使用 I/O 指令实现 CPU 和外设之间的一次数据交换，操作完成之后 CPU 返回原来的主程序执行。

需要说明的是，对于高速传送或需要频繁进行 I/O 传送时，即便利用中断方式，CPU 的工作效率也将大为降低，甚至无法达到所需的传送速度。因为中断传送方式仍然是由 CPU

通过 I/O 指令来完成数据传送，而且，每次中断都要进行现场保护、数据传送、数据存储、恢复现场和返回主程序等操作，需要执行多条指令，对于高速外设与内存间的大批量数据交换，就会造成中断次数过于频繁，这样不仅传送速度上不去，而且要耗费大量 CPU 的时间。

3. 直接存储器访问（DMA）方式

DMA（Direct Memory Access）传送方式又称为直接存储器存取方式，实际上就是在存储器与外设之间开辟一条高速数据通道，使外设与内存之间直接交换数据。这一数据通道是通过专用控制器（称之为 DMA 控制器）来实现的。在 DMA 传送期间，不需要 CPU 的任何干预，而是由 DMA 控制器控制系统总线，在其控制下完成数据传输任务。这时数据传送速度的上限只取决于存储器的工作速度。

DMA 传送方式是把外设与内存交换信息的操作与控制交给 DMA 控制器，简化了 CPU 对输入/输出的控制。显然，这种方式电路结构复杂，硬件开销大。

4. 通道方式

通道方式是利用 DMA 技术，再加上软件，形成的一种新控制方式。通道是一种简单的处理机，它有指令系统，能执行程序。它的独立工作能力比 DMA 控制器强，能对多台不同类型的设备统一管理，向多个设备同时传送信息。

5. I/O 处理机方式

为了使 CPU 完全摆脱管理和控制输入/输出设备的负担，又提出了 I/O 处理机方式。I/O 处理机不仅承担控制 I/O 操作的任务，而且还负责对 I/O 信息的处理。I/O 处理机可以是与主 CPU 不同的微处理器，它有自己的指令系统，可以执行程序来实现对数据的处理。

上述 5 种控制方式可用图 7-8 来表示。

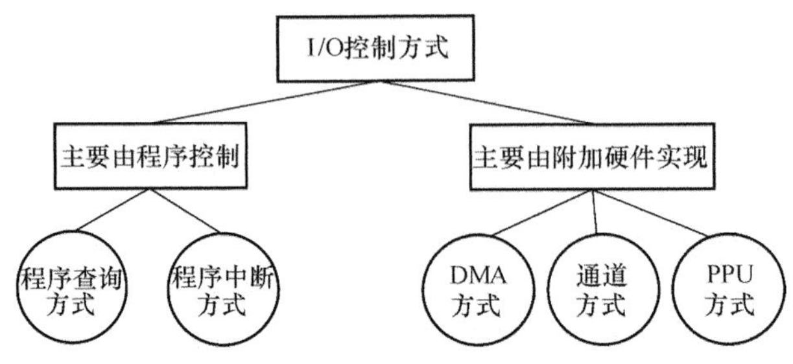

图 7-8　外部设备的 I/O 方式

其中，程序查询方式和程序中断方式适用于数据传输率比较低的外围设备，而 DMA、通道和外围处理机方式适用于数据传输率比较高的设备。目前，单片机和微型机中多采用程序查询方式、程序中断方式和 DMA 方式。通道方式和 I/O 处理机方式大都用在中、大型计算机中。

7.5 程序查询方式

程序查询方式也称为程序直接控制方式。在这种方式中，完全由计算机程序控制数据在 CPU 和外部设备之间的传输。

7.5.1　程序查询方式接口的结构

程序查询方式的接口一般由设备选择电路、数据缓冲寄存器、设备状态标志及有关逻辑等部分组成，如图 7-9 所示。

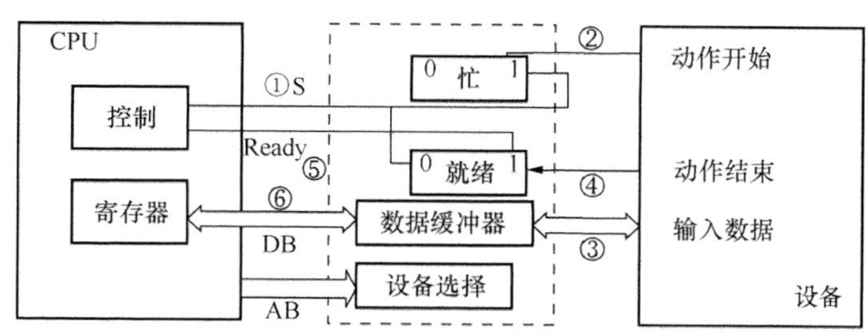

图 7-9　程序查询方式接口示意图

（1）数据缓冲寄存器。当进行输入操作时，用数据缓冲寄存器来存放从 I/O 设备读出的数据，然后送给 CPU；当进行输出操作时，用数据缓冲寄存器来存放 CPU 送来的数据，以便需要时送往 I/O 设备输出。

（2）设备选择电路。每个设备都有特定的地址码，CPU 执行 I/O 指令时需要把指令中的设备地址码送到地址总线上，用于指示 CPU 要选择的设备。每个设备接口电路都包含一个设备选择电路，用来判断地址总线上呼叫的设备是不是本设备。如果是，则本设备就进入工作状态，否则不予理睬。设备选择电路实际上就是设备地址的译码器。

（3）设备状态标志。设备状态标志是接口中的标志触发器，如“忙”、“准备就绪”、“错误”等，用于标志设备的工作状态，以便接口对外设进行监视。一旦 CPU 用程序询问 I/O 设备时，就可将状态标志信息读到 CPU 进行分析。

7.5.2　程序查询方式的输入／输出过程

程序查询方式是最原始、最简单的方式。其基本思想是，当 CPU 要进行数据传输时，则首先用一条指令查询设备的状态，如果设备的数据传送没有准备好，就重复执行查询指令，一直等到设备准备好为止。具体步骤如下：

（1）先向 I/O 设备发出命令字，请求进行数据传送。

（2）从 I/O 接口读入状态标志。

（3）检查状态标志，看看数据交换是否可以进行。

（4）假如这个设备没有准备就绪则重复进行第（1）步、第（2）步，直到设备准备好交换数据，发出准备就绪信号 Ready 为止。

（5）CPU 从 I/O 接口的数据缓冲寄存器输入数据，或者将数据从 CPU 输出至接口的数据缓冲寄存器中。与此同时，CPU 将接口中的状态标志复位。

图 7-10 是上述步骤的流程图。

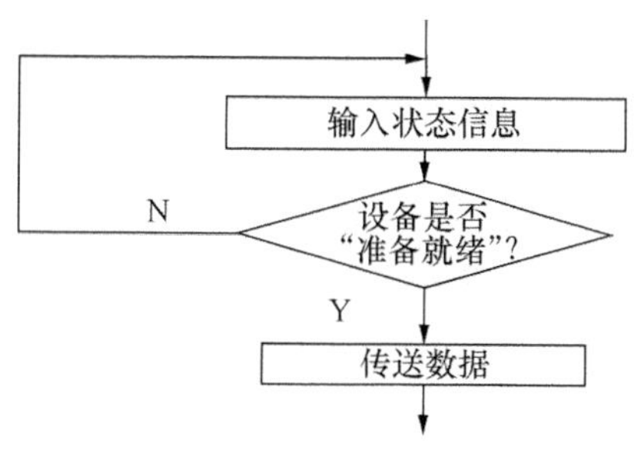

图 7-10　查询方式输入／输出程序流程图

7.6 程序中断方式

7.6.1 中断的基本概念

1. 中断

中断（Interrupt）的概念是在 20 世纪 50 年代中期提出的，它是为了解决 CPU 与外设间速度方面存在的差异而引入的控制方式之一。所谓“中断”是指 CPU 正常执行的程序被某种临时发生的事件所打断，当前程序暂时中止，处理器转去处理所发生的事件，处理完毕再返回继续执行原来程序的过程。

如图 7-11 所示为打印机采用中断方式与 CPU 交换数据的工作过程。可以看出，大部分时间 CPU 与打印机是并行工作的。当打印机完成一行打印后，向 CPU 发中断信号，若 CPU 响应中断，则停止正在执行的主程序，转入打印中断服务子程序，将要打印的下一行字符传送到打印机控制器并启动打印机工作。然后 CPU 又继续执行原来的程序，此时打印机开始打印新一行字符的过程。打印机打印一行字符需要几毫秒到几十毫秒的时间，而中断处理时间是很短的，一般是毫微秒级。从宏观上看，CPU 与 I/O 设备是并行工作的。因此，与程序查询方式相比，计算机系统的效率大大提高了。

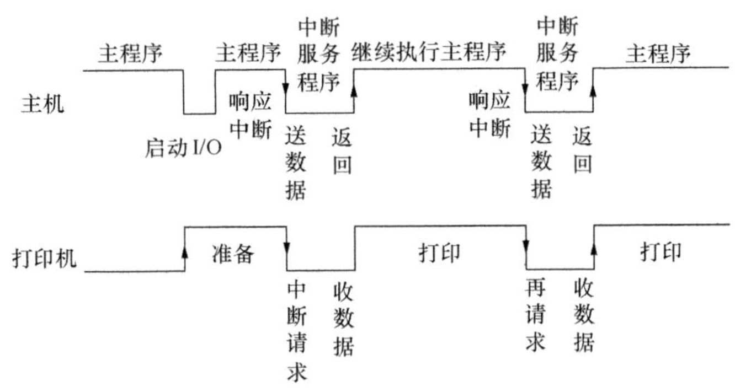

图 7-11　CPU 与打印机并行工作

中断控制方式的主要优点有以下几个方面：

（1）分时操作。在中断方式下，CPU 和外设可并行工作。当 CPU 启动外设之后，就去执行主程序，完成其他工作，同时外设也在工作。当外设的状态满足要求时，发出进行数据交换的请求，请求 CPU 中断主程序，执行输入 / 输出中断服务程序。服务完成后，CPU 恢复执行主程序，外设也继续工作，而且 CPU 可同时管理多个外设的工作，按请求的轻重缓急，分时执行各自的服务程序，大大提高了 CPU 的利用率，也提高了输入/输出的速度。

（2）实时处理。在实时控制系统中，现场随机产生的各种参数、信息需要 CPU 及时处理时，可以利用中断方式向 CPU 发出中断请求，CPU 可立即响应（在中断标志为开放的情况下），进行相应的处理。

（3）故障处理。在计算机运行过程中，如果出现事先预料不到的情况，或出现一些故障，如断电、运算溢出、存储出错等，则可利用中断系统运行相应的服务程序自行处理，而不必停机或报告工作人员。

中断系统明显提高了计算机信息处理的并行度，改善了计算机系统的性能，实现了处理器与外部设备并行操作，处理器与处理器并行操作，外部设备与外部设备的并行操作。它解决了CPU与各种慢速外部设备之间的速度匹配问题。中断系统在故障检测、实时处理与控制、分时系统、多机系统与通信、并行处理、人机交互等方面，都得到了广泛使用，中断技术也获得了长足进步。

2. 中断与调用子程序的区别

从表面上看起来，计算机的中断处理过程类似于调用子程序的过程，这里CPU正常执行的程序相当于主程序，中断服务程序相当于子程序。但是，它们之间却有着本质上的区别，主要的区别在于：

（1）子程序的执行是由程序员事先安排好的（由一条调用子程序指令转入），而中断服务程序的执行则是由随机的中断事件引起的。

（2）子程序的执行受到主程序或上层子程序的控制，而中断服务程序一般与被中断的程序毫无关系。

（3）不存在同时调用多个子程序的情况，而有可能发生多个外设同时请求CPU为自己服务的情况。

因此，中断的处理要比调用子程序指令的执行复杂得多。

3. 中断的基本类型

能引起中断的因素很多，不管是由于外部事件而引起的外部中断，还是由于软件执行过程而引发的内部中断，凡是能够提出中断请求的设备或异常故障，均称为中断源。

为完成中断源所期望的功能而编写的程序，称为中断服务程序。例如，有的外设提出中断请求是为了与CPU交换数据，则在中断服务程序中，主要是进行输入/输出操作；有的外设提出中断请求，是期望CPU给予控制，那么中断服务程序的主要内容就是发出一系列的控制信号。这些构成了中断服务程序的主体，此外，还有一些堆栈的操作（如现场的保护和恢复）及中断返回等。

中断的类型可按照中断的处理方法、中断源的种类和是否提供向量地址等来分类。

（1）自愿中断和强迫中断。自愿中断又称程序自中断，它不是随机产生的中断，而是在程序中事先安排有关指令，这些指令可以使CPU进入中断处理的过程，如：80x86指令系统中的软中断指令INT n。

强迫中断是随机产生的中断，它不是程序事先安排好的。当这种中断产生后，由中断系统强迫计算机中止现行程序并转入中断服务程序，平时所说的中断大多是指强迫中断。

（2）内中断和外中断。内中断是指由于CPU内部硬件或软件原因引起的中断，如单步中断、溢出中断等。

外中断是指CPU以外的部件引起的中断，也常称为硬件中断。对于硬件中断，当中断源要求CPU为其服务时，必须向CPU提出申请，即发出中断请求信号。CPU在执行完每条指令后，自动检测中断请求输入线，以确定是否有外部发来的中断请求信号。但当 CPU 正在执行某些不能被打断的程序时，即使检测到中断请求也不允许响应中断，即中断是屏蔽的。系统中的大部分中断源是可屏蔽的，称为可屏蔽中断。而有些中断请求不能被屏蔽，如电源故障，无论在什么情况下，CPU 都要及时处理，这种中断称为非屏蔽中断。

非屏蔽中断优先级别较高，常用于应急处理，而可屏蔽中断级别较低，常用于一般 I/O 设备的数据传送。

（3）向量中断和非向量中断。向量中断是指那些中断服务程序的入口地址是由中断事件自己提供的中断。中断事件在提出中断请求的同时，通过硬件向 CPU 提供中断服务程序的入口地址。

非向量中断的中断事件不能直接提供中断服务程序的入口地址，而要采用软件查询措施找到中断服务程序入口地址。

（4）单重中断和多重中断。单重中断在 CPU 执行中断服务程序的过程中不能再被打断。

多重中断在执行某个中断服务程序的过程中，CPU 可以去响应级别更高的中断请求，即中断嵌套。多重中断表征计算机中断功能的强弱，有的计算机能实现 8 级以上的多重中断。

7.6.2 中断的优先级及优先级的判定

1. 中断的优先级

当系统中有多个中断源时，有时会出现几个中断源同时请求中断的情况。因此，应根据任务的轻重缓急，给每个中断源指定优先权，也称优先级。

当中断源数量很多时，为了处理的方便，一般把所有中断按不同的类别分为若干级，称为中断级。首先按中断级确定优先次序，然后在同一级内再确定各个中断源的优先权。

当对设备分配优先权时，必须考虑数据的传输率和服务程序的要求。来自某些设备的数据只是在一个短的时间内有效，为了保证数据的有效性，通常把最高的优先权分配给它们。较低的优先权分配给数据有效期较长的设备，以及具有数据自动恢复能力的设备。

2. 中断请求信号的传送方式

中断请求信号产生后，通过中断请求线（INT）传送给 CPU。按照中断请求线的数目将中断系统分为单线中断、多线中断和多线多级中断。

单线中断：CPU 只有一条中断请求线，各中断源共用该请求线向 CPU 发出中断请求，CPU 收到中断请求后，必须通过软件或硬件的方法来查询是哪个中断源发出的请求，如图 7-12（a）所示。

多线中断：CPU 有多条中断请求线，如图 7-12（b）所示。各个中断源独占一条请求线，将中断请求直接送往 CPU。CPU 收到中断请求后，就可以知道是哪个中断源发出的请求。该方式的特点是中断响应速度快，但硬件代价大。

多线多级中断：CPU 有多条中断请求线，中断源连成二维结构，如图 7-12（c）所示。

共享一条中断请求线的中断源为同一个优先级别。CPU 收到中断请求后，仍需要对共享同一条中断请求线的中断源进行查询。这种方法适合于大量中断源的情况。

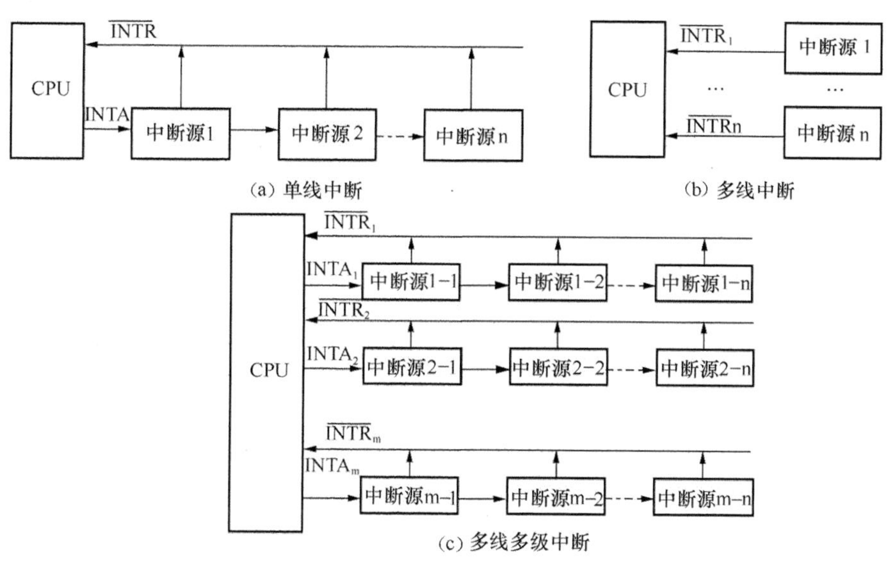

图 7-12　中断请求信号的传递方式

3. 中断优先级的判定

中断优先级的判定即中断判优的方法可分为以下两种：

（1）软件查询法。所谓软件查询法就是用程序来判别优先级，这是最简单的中断判优方法。图 7-13 是软件判优的流程图。当 CPU 接收到中断请求信号后，就转向固定的中断查询程序入口，执行该程序，可以确定应响应的中断请求。查询的顺序决定了设备的中断优先权。当确定了请求中断的最高优先设备后，立即转去执行该设备的中断服务程序。在图中，0 号设备的优先权最高，依次是 1、2 号等，逐次降低。

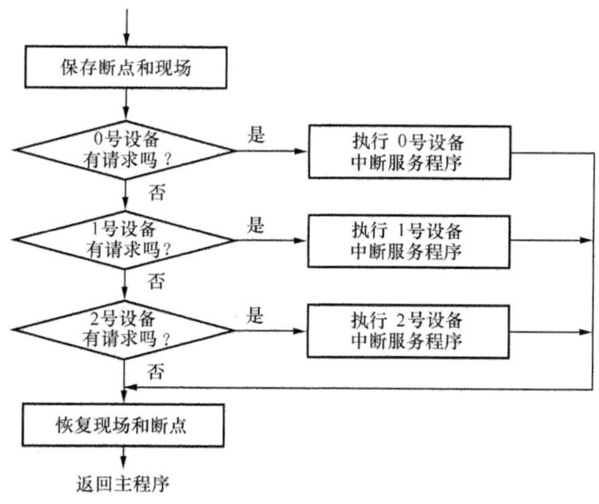

图 7-13　软件查询法的流程图

这种软件查询方法适用于低速和中速设备。多用在单线中断方式，它的优点是中断的优先级可用程序任意改变，灵活性好。缺点是当设备数量多时速度太慢。

（2）硬件判优电路。采用硬件判优电路实现中断优先级的判定可节省 CPU 时间，而且速度快，但是成本较高。

根据中断请求信号的传送方式不同，有不同的优先级排队电路，常见的方法有：单线中断的优先级排队电路、多线中断的优先级排队电路等。这些排队电路的共同特点是：优先级别高的中断请求将自动封锁优先级别低的中断请求。硬件排队电路一旦设计连接好之后，优先级就固定无法改变。

多线中断的优先级排队电路如图 7-14 所示，其中 $INTR_i'$信号为来自中断源的中断请求信号，$INTR_i$ 为经过优先排队电路后送给 CPU 的中断请求信号。

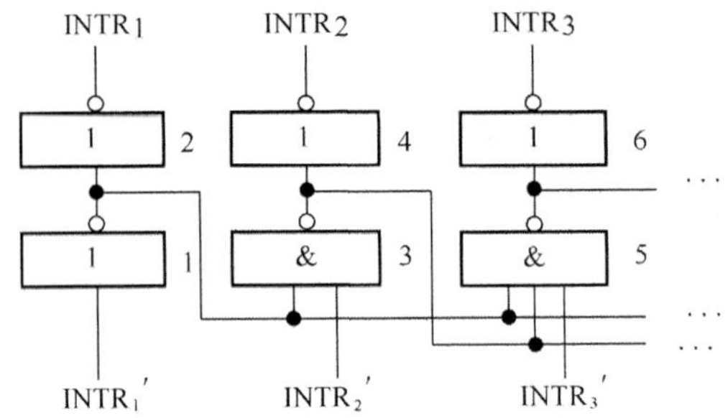

图 7-14　多线中断的优先级排队电路

优先级别从高到低依次是 $INTR_1$、$INTR_2$、$INTR_3$ 等。

优先级别高的中断请求将自动封锁优先级别低的中断请求。若 $INTR_1'=INTR_2'=1$ 时，门 1 输出的低电平将自动封锁门 3、门 5、……，故仅有 $INTR_1=1$，其他的 $INTR_i$ 均等于 0，因此向 CPU 的请求信号发不出去。

单线中断的优先级排队电路也称为串行排队链，如图 7-15 所示。

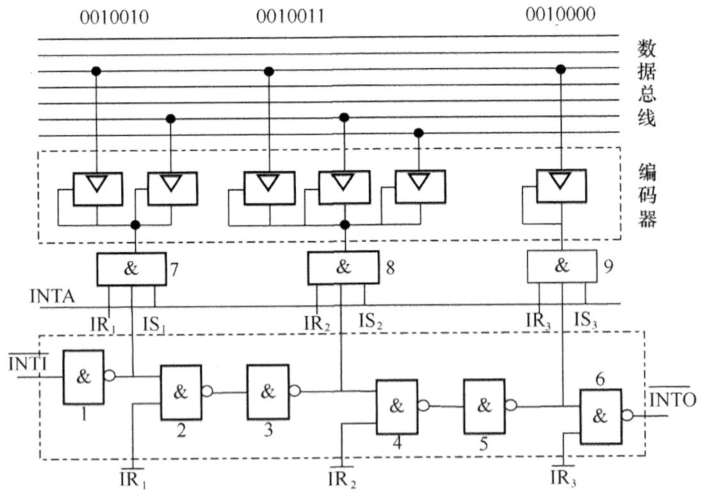

图 7-15　串行排队链判优识别及中断向量产生逻辑电路

图中虚线框部分是由门 1～门 6 组成的一个串行排队链电路。IR_i 是从各设备来的中断请求信号，优先顺序从高到低，依次是：IR_1、IR_2、IR_3 等。若需要扩充中断源，则可根据其优先权的高低情况接于排队链的左端和右端。INTI 为中断排队输入，INTO 为中断排队输出，与 CPU 相连。若没有更高优先级的中断请求（INTI＝0）时，$IS_1=1$，此时如果中断请求 $IR_1=1$，当 CPU 发来中断响应信号 INTA 时，IR_1 的请求被选中，选中信号经门 7 送入编码电路，产生一个唯一对应的向量地址。另一方面，由于此时$\overline{IR}_1=0$，封锁门 2，使 IS_2、IS_3 全为低电平，即排队识别工作不再向下进行。图 7-15 的上半部分是一个编码电路，它将产生请求中断的设备中优先权最高的设备码（中断向量），并送上总线，供 CPU 读取。CPU 根据中断向量就可转入中断服务程序执行。

若 IR_1 无请求，则 $IR_1=0$，门 7 被封锁，不会向编码电路送入选中信号。与此同时，因 $\overline{IR}_1=1$，经门 2 和门 3，使 $IS_2=1$，如果此时 $IR_2=1$，则 IR_2 被选中。否则串行排队链继续向下查询，直到找到发出中断请求 IR_i 的中断源为止。

7.6.3　中断响应与中断处理

1．CPU 响应中断的条件

CPU 要响应中断必须满足以下 3 个条件：

（1）CPU 接收到中断请求信号（中断源发出中断请求，同时 CPU 还要接收到这个请求信号）。

（2）CPU 允许接收中断请求。CPU 允许接收中断请求，称为“开中断”，否则，CPU 处于不可中断状态，称为“关中断”。CPU 内部往往设有一个总的中断允许标志位，如 PC 中的 IF（Interrupt Flag），当中断允许标志位置“1”（IF=1）时，则允许中断；当中断允许标志位被清“0”（IF=0）时，则禁止中断，即使中断源有中断请求，CPU 也不予响应。

有些 CPU 采用“中断屏蔽位”IM（Interrupt Mask）来实现开中断或关中断，其定义与 IF 正好相反，即 IM=1 时屏蔽中断，IM=0 时允许中断，其作用是完全相同的。

（3）一般情况下，都要等到一条指令执行完毕后才能响应中断，除非遇到特殊的长指令才允许中途打断它们。这是中断响应的时间限制条件。

2．中断隐操作和中断向量

中断的过程实际上是 CPU 在被中断程序与中断服务程序之间切换，以及执行中断服务程序进行中断处理的过程。CPU 执行的现行程序被中断时的后继指令（下一条指令）的地址称为断点地址（简称断点）。中断时，CPU 执行程序过程中所处的状态称为现场。CPU 在进入中断时需要保存断点、保护现场，退出中断处理时，需要恢复现场、恢复断点，这是对中断系统的基本要求。这些操作都是由硬件直接实现的，因此称为中断的隐操作或中断隐指令。中断隐指令并不是指令系统中一条真正的指令，它没有操作码，也不允许用户使用。

在执行任何程序时，CPU 都是通过指令语句所在的地址来找到程序的，在转向中断服务程序时也是这样。中断服务程序的第一个可执行语句所在单元的地址称为中断向量。在

CPU 响应中断时，对于向量中断，这个中断向量是由中断源通过硬件直接或间接提供给CPU 的。

3. 中断处理过程

一旦 CPU 满足响应中断的条件，便开始响应中断，转入中断服务程序，进行中断处理。不同计算机对中断的处理各具特色，就其多数而论，中断处理过程如图 7-16 所示。

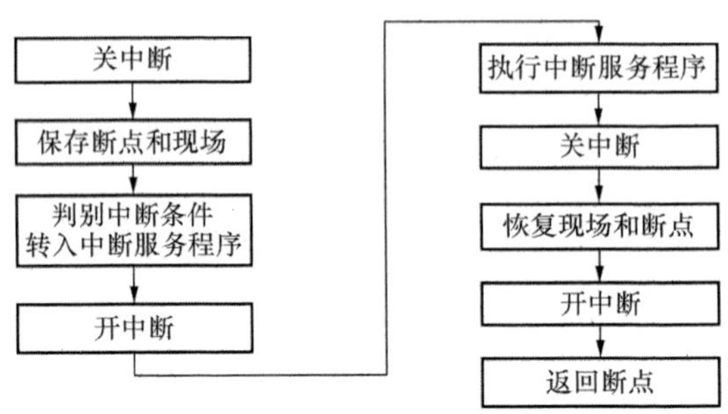

图 7-16 中断处理过程

（1）关中断。进入不可再次响应中断的状态。因为接下去要保存断点，保存现场。在保存现场过程中，即使有更高级的中断源请求中断，CPU 也不予响应，否则，可能造成现场保存不完整，在中断服务程序结束时，也就不能正确地恢复现场并继续执行现行程序了。

（2）保存断点和现场。为了在中断处理结束后能正确地返回到断点，在响应中断时，必须把当前的程序计数器 PC 中的内容（即断点）和现场保存起来。这是由中断隐指令完成的。

对于断点和现场保存的位置，各种不同的机器有不同的方案。有的机器把它们保存在主存固定的单元中；更多的机器则把它们保存在堆栈中。

（3）判别中断条件，转向中断服务程序。在多个中断源同时请求中断的情况下，本次实际响应的只能是优先权最高的那个中断源，所以，需进一步判别中断条件，并转入相应的中断服务程序入口。

中断判优可以使用前述的软件查询法和硬件排队电路。软件查询法在查询程序中寻找要响应的中断源，并转入相应的中断服务程序，比较简单、灵活。而采用硬件排队电路时，硬件电路不仅要把优先级最高的中断请求传送到 CPU，而且要能够自动形成并找出与该中断源对应的中断服务程序的入口地址，即采用向量中断方式。

（4）开中断。因为接下去就要执行中断服务程序，开中断允许更高级中断请求得到响应，实现中断嵌套。

（5）执行中断服务程序。

（6）退出中断。在退出时，要进入不可中断状态，即关中断，恢复现场，恢复断点，然后开中断，返回原程序执行。

7.6.4　多重中断与中断屏蔽

1. 中断嵌套

中断嵌套是指 CPU 在执行某个中断处理程序的过程中允许再响应更高级别的中断请求，也称为多重中断，其过程如图 7-17 所示，中断嵌套的层次可以有多层，越在里层的中断请求越急迫，优先级越高，因此优先得到 CPU 的服务。

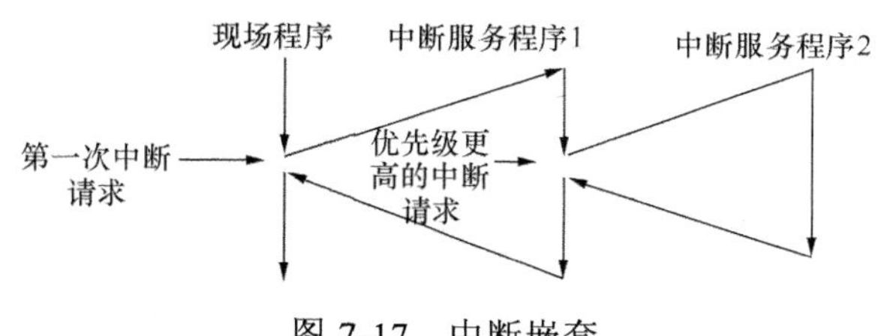

图 7-17　中断嵌套

要使计算机具有多重中断的能力，首先要能保存多个断点，而且先发出中断请求的断点，先保护后恢复，后发出中断请求的断点，后保护先恢复。堆栈的“后进先出”的操作特点正好满足多重中断这一先后次序的需要。

同时，在 CPU 进入某一中断服务程序之后，系统必须处于开中断状态，否则中断嵌套是不可能实现的。

为了满足各中断源的轻重缓急要求，一般来说，当正在进行某个中断处理时，与它同级或比它优先级低的中断请求不能被响应，只有比它优先级高的中断请求才可能被响应。

2. 允许和禁止中断

允许中断还是禁止中断是由 CPU 控制的，下列情况需开中断：

（1）在中断服务程序执行完毕，恢复中断现场之后。

（2）在多重中断的情况下、保护中断现场之后。

禁止中断即关中断，在下列情况下需要关中断：

（1）当响应某级中断请求，不再允许被其他中断请求打断时。

（2）在中断服务程序的保护和恢复现场之前。

3. 中断屏蔽

中断源发出中断请求之后，该中断请求并不一定能真正送到 CPU 去。可以用程序方式有选择地封锁部分中断，这就是中断屏蔽。中断源的中断请求送往判优电路之前，还要受到屏蔽触发器（MASK）的控制。MASK＝1，表示对应中断源的请求被屏蔽（封锁其中断源的请求），可见中断请求触发器和中断屏蔽触发器是成对出现的，只有 INTR=1（中断源有中断请求），MASK=0（该级中断未被屏蔽），才允许相应的中断请求送往 CPU，如图 7-18 所示。

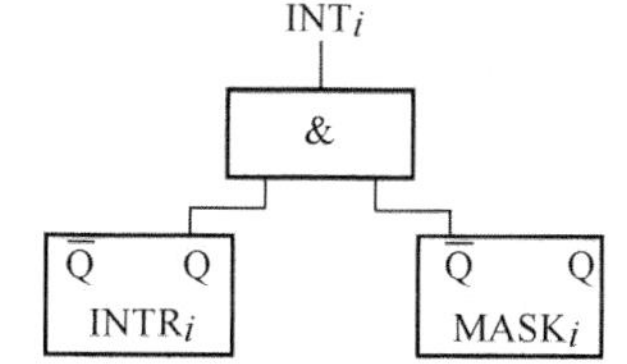

图 7-18　中断请求触发器和中断屏蔽触发器

在中断接口电路中，多个屏蔽触发器组成一个屏蔽寄存器，其内容称为屏蔽字或屏蔽码，由程序来设置。屏蔽字某一位的状态将成为本中断源能否真正发出中断请求信号的必要条件之一。这样，就可实现对中断处理的控制，使中断能在系统中合理协调地进行。

利用中断屏蔽字改变中断优先级，通过屏蔽高级别的中断请求，将原级别较低的中断源变成较高的级别，这样就可以通过程序动态地改变优先级。

这里所说的改变优先次序是指改变中断的处理次序。中断处理次序和中断响应次序是两个不同的概念，中断响应次序是由硬件排队电路决定的，不便于变动。但是，中断处理次序是可以用屏蔽码来改变的，故把屏蔽码看成软排队器。中断处理次序可以不同于中断响应次序。

【例 7-1】 有四个中断源 A、B、C、D，其中断响应的优先级从高到低依次为 A→B→C→D。由于各中断源的中断请求是通过判优电路进入 CPU 的，当硬件线路连接好后，其中断响应的次序就被唯一地固定下来。当 A、B、C、D 同时有中断请求时，CPU 响应的次序只能是先 A，再 B，再 C，最后是 D。但是，通过软件修改屏蔽字却可以方便灵活地调整各中断源得到中断处理的次序。

若中断的处理次序和中断的响应次序一致，则按正常原则设置屏蔽码，如表 7-1 所示。即中断响应顺序为 A→B→C→D，中断的处理顺序也是 A→B→C→D。

表 7-1　正常处理顺序的屏蔽码

程　序	屏　蔽　码				说　明
	A	B	C	D	
主程序	0	0	0	0	主程序中，四个中断源全部开放（不屏蔽）
A 中断服务程序	1	1	1	1	A 级别最高，在 A 的中断服务程序中屏蔽其他所有中断源
B 中断服务程序	0	1	1	1	A 的级别比 B 高，在 B 的中断服务程序中开放 A 中断，而屏蔽其他中断源
C 中断服务程序	0	0	1	1	A、B 的级别比 C 高，在 C 的中断服务程序中开放 A、B 中断，而屏蔽其他中断源
D 中断服务程序	0	0	0	1	A、B、C 的级别比 D 高，在 D 的中断服务程序中开放 A、B、C 中断

若要使中断处理次序改为 C→A→D→B，则只需把中断屏蔽码改为表 7-2 所示的状态。在同样中断请求的情况下，CPU 执行程序的顺序发生了变化。CPU 正在执行现行程序（主程序）时，中断源 A、B、C、D 同时请求中断服务，显然它们都没有被屏蔽。按照中断优先级别的高低，CPU 首先响应并处理 A 的中断请求。由于 A 在中断处理程序中开放了 C 中断源的中断屏蔽，使得较低级别的 C 中断请求又打断了 A 的中断服务程序，因此 CPU 转去执行 C 的中断服务程序；由于 C 中断服务程序中的屏蔽码为 0FH，即屏蔽所有中断源，因此 C 的中断服务程序不允许被打断。C 中断服务程序执行完毕后将返回被中断处，即 A 的中断服务程序。此时还有 B、D 的中断请求未响应，但 A 的中断服务程序中对 B、D 的

中断源是屏蔽的，因此 A 中断服务程序不允许被 B、D 打断。A 中断服务程序执行完后返回主程序。CPU 根据排队电路的优先级再去响应 B 的中断请求，CPU 在执行 B 的中断服务程序时，其屏蔽码对 D 中断是开放的，所以当 B 的中断服务程序执行到开中断指令后，立即被 D 的中断请求打断，CPU 转去执行 D 的中断服务程序，待 D 的中断服务程序执行完毕后再返回接着执行 B 的中断服务程序。所以尽管中断响应的顺序是 A→B→C→D，但中断处理的顺序变成了 C→A→D→B。

表 7-2 改变处理顺序的屏蔽码

程　序	屏蔽码				说　明
	A	B	C	D	
主程序	0	0	0	0	主程序中，四个中断源全部开放（不屏蔽）
A 中断服务程序	1	1	0	1	在 A 的中断服务程序中开放 C 中断，使得 C 可以打断 A 的中断处理
B 中断服务程序	0	1	1	0	在 B 的中断服务程序中开放 A、D 中断，不仅使得高级别的 A 中断可以打断 B 的中断处理，而且低级别的 D 也可以打断 B 的中断处理
C 中断服务程序	1	1	1	1	在 C 的中断服务程序中屏蔽所有中断，使得 C 的中断服务程序不会被其他中断打断
D 中断服务程序	0	0	0	1	A、B、C 的级别比 D 高，在 D 的中断服务程序中正常开放 A、B、C 中断

由此可见，屏蔽技术向使用者提供了一种手段，即可以用程序控制中断系统，动态地调度多重中断优先处理的次序，从而提高了中断系统的灵活性。

7.6.5 中断方式接口的结构

程序中断方式的基本接口示意图如图 7-19 所示。与程序查询方式接口相比，中断方式的接口电路中主要增加了中断允许触发器（EI）。

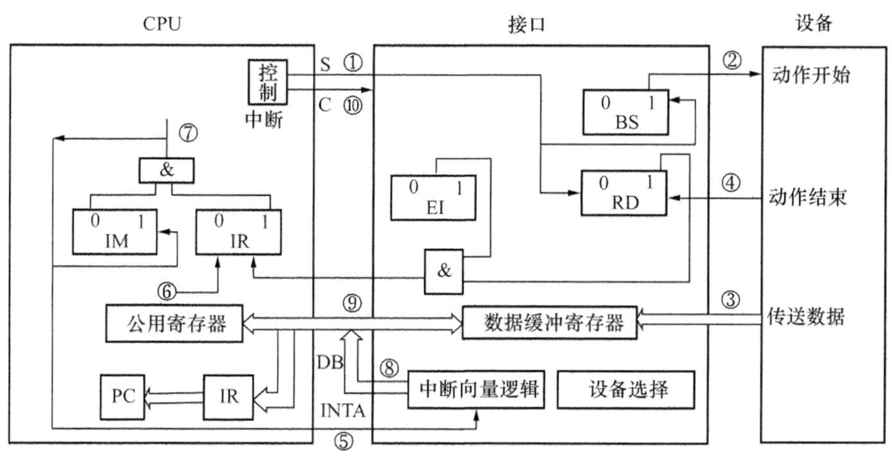

图 7-19 程序中断方式的基本接口

程序中断由外设接口的状态和 CPU 两方面来控制。在接口方面，有决定是否向 CPU 发出中断请求的机构，主要是接口中的“准备就绪”标志（RD）和“允许中断”标志（EI）两个触发器。在 CPU 方面，有决定是否受理中断请求的机构，主要是“中断请求”标志（IR）和“中断屏蔽”标志（IM）两个触发器。上述 4 个标志触发器的具体功能如下：

（1）准备就绪标志（RD）。一旦设备做好一次数据的接收或发送工作，便发出一个设备动作完成信号，使 RD 标志为“1”，它就是程序查询方式中的 Ready（就绪）标志。在中断方式中，该标志用作中断源触发器，简称中断触发器。

（2）允许中断触发器（EI），可以用程序指令来置位。EI 为“1”时，某设备可以向 CPU 发出中断请求；EI 为“0”时，不能向 CPU 发出中断请求，这意味着该设备的中断请求被禁止。设置 EI 标志的目的就是通过程序来控制是否允许某设备发出中断请求。

（3）中断请求触发器（IR）。它暂存中断请求线上由设备发出的中断请求信号。当 IR 标志为“1”时，表示设备发出了中断请求。

（4）中断屏蔽触发器（IM），作为 CPU 是否受理中断的标志。IM 标志为“0”时，CPU 可以受理外界的中断请求，反之，IM 标志为“1”时，CPU 不受理外界的中断请求。

在图 7-19 中，标号①～⑩表示由某一外设输入数据的控制过程。

①表示由程序启动外设，将该外设接口的“忙”标志 BS 置“1”，“准备就绪”标志 RD 清“0”。

②表示接口向外设发出启动信号。

③表示数据由外设传送到接口的缓冲寄存器。

④表示当设备动作结束或缓冲寄存器数据填满时，设备向接口送出一个控制信号，将数据“准备就绪”标志 RD 置“1”；

⑤表示允许中断标志 EI 为“1”时，接口向 CPU 发出中断请求信号。

⑥表示在一条指令执行末尾 CPU 检查中断请求线，将中断请求线的请求信号送到中断请求触发器 IR。

⑦表示如果中断屏蔽触发器 IM 为“0”，则 CPU 在一条指令结束后受理外设的中断请求，向外设发出响应中断信号并关闭中断。

⑧表示转向该设备的中断服务程序入口。

⑨在中断服务程序中，使用输入指令把接口数据缓冲寄存器的内容读至 CPU 的累加器或寄存器中。

⑩表示 CPU 发出控制信号 C 将接口中的 BS 和 RD 标志复位，一次中断处理结束。

7.7 DMA 方式

用 DMA 方式传送数据时，在存储器和外部设备之间，直接开辟高速的数据传送通路。数据传送过程不要 CPU 介入。只用一个总线周期，就能完成存储器和外部设备之间的数据传送。因此，数据传送速度仅受存储器的存取速度和外部设备传输特性的限制。DMA 方式的数据传送通路如图 7-20 所示。

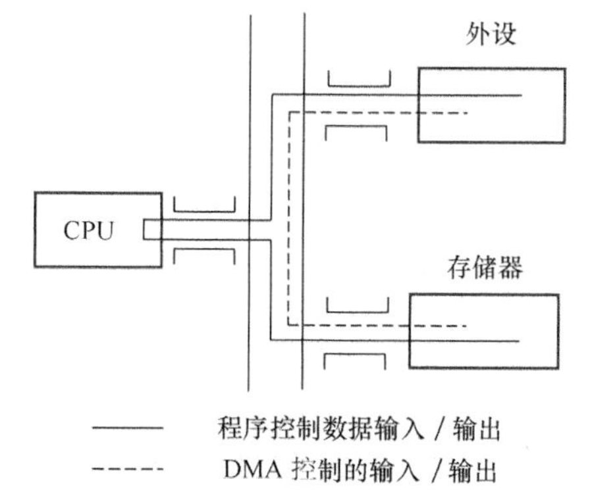

图 7-20　DMA 与程序控制数据传送路径比较

7.7.1　DMA 控制接口的基本结构

采用 DMA 传送数据的方式是在没有 CPU 的干预下进行的，因此，这种方式的接口电路不同于中断方式的接口结构。习惯上将 DMA 方式的接口电路称为 DMA 控制器，简称为 DMAC。

DMAC 必须具有独立的对存储器和 I/O 端口存取数据的能力。因此，DMAC 必须具有如下的硬件支持，如图 7-21 所示。

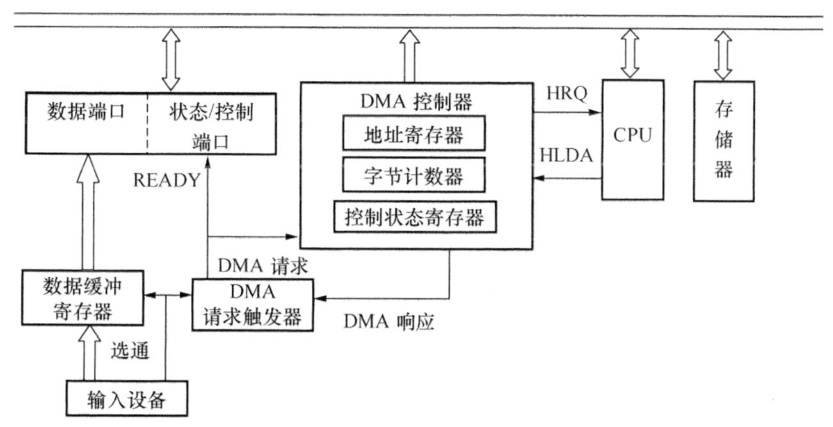

图 7-21　简单的 DMAC 结构

1. 地址寄存器

传送数据要有源地址和目的地址，因此 DMAC 内部要有源地址和目的地址寄存器。一般 DMA 用于数据块传送，所以，要求这些地址寄存器具有自动增址或减址修改的能力，以便按顺序传送数据块。在进行 DMA 操作之前，在 CPU 的控制下，将源地址和目的地址分别装入 DMAC 的源地址和目的地址寄存器内。当进入 DMA 传送方式时，由这些地址寄存器提供源地址和目的地址。并且在传送数据的同时，由硬件以增 1 或减 1 的规律来修改地址寄存器的值。

2. 数据块长度计数器

由它来控制传送数据块的字节数。在进入 DMA 操作之前，在 CPU 控制下，把数据块长度装入此计数器内，进入 DMA 方式。每传送一次数据，由硬件自动按减 1 的规律修改计数器的值。当计数器减到零时，由它控制停止 DMA 操作方式的数据传送。

3. 控制寄存器和状态寄存器

DMA 的传送方式可以是字节、成组、连续三种方式。源地址和目的地址均可以是存储器或 I/O 端口。因此，数据可以在存储器之间、I/O 端口之间、存储器与 I/O 端口之间传送。读写周期的长短也可以有多种选择方式。这些功能的选择，要通过对控制寄存器写入控制字来实现。因此，DMAC 内部必须有若干个能存储控制字的控制寄存器。状态寄存器是用来寄存数据块传送后的状态。控制寄存器在 DMA 传送之前，由 CPU 通过执行输出指令给它装入相应的控制字，以便选择所需的 DMA 工作方式和参数。DMA 传送结束，CPU 通过执行输入指令，从 DMAC 状态寄存器中读入状态字，以便了解 DMA 传送后的结果。

4. 总线控制逻辑

为了在 DMA 传送之前，能接收来自 CPU 的控制字，DMA 传送结束向 CPU 发中断请求，在 DMA 传送期间能进行定时和发出读写信号，在 DMA 内部要有能产生这些控制信号的控制逻辑电路。

5. 附加功能的硬件支持

有些 DMAC 具有自动再启动的能力，即在一个数据块传送完成后，能自动装入起始地址和数据块长度的字节数。利用此功能，可以自动重复传送同一个数据块、或将几个数据块连接起来。这个功能要求 DMAC 有能寄存初始地址和字节数的基本寄存器的硬件支持。有些 DMAC 在传送一定量的数据后能输出一个脉冲，或数据块传送结束能送出一个表示结束的指示信号。这就要有脉冲发生环节的硬件支持。

7.7.2 DMA 操作步骤

整个 DMA 的工作过程分成 3 个阶段。

1. DMAC 的初始化

DMA 操作之前必须由 CPU 执行 I/O 指令来对 DMAC 进行初始化编程，以确定内存首地址、地址递增还是递减修改、需要传送的数据块长，以及确定通道的选择、数据传送的方式和 DMA 操作的类型等。

2. DMA 数据传送

当外设准备好数据传送，通过接口向 DMAC 发出 DMA 请求，由 DMAC 向 CPU 发出总线请求。CPU 在现行总线周期结束后，响应 DMA 请求，让出总线控制权。DMAC 接管系统总线，发出将要传送数据的存储器的地址信息，并在数据总线上给出数据，发出存储器和 I/O 设备之间传送数据所需要的读/写等控制信号，实现存储器和 I/O 设备间一个字节的传送。每传送一个字节，地址寄存器的内容加 1 或减 1，使之指向下一个存储单元。字节计数器值减 1，重复传送，直到字节计数器减至 0，数据传送结束。即 DMA 的数据传送操作，不是执行存储器中的程序指令来实现的，而是由 DMAC 的硬件来完成的。

3. DMA 传送结束

DMA 传送完毕时，利用字节计数器为 0 的信号，由 DMAC 发出一信号使 CPU 收回总线控制权，从而结束 DMA 控制。DMA 传送数据的流程如图 7-22 所示。

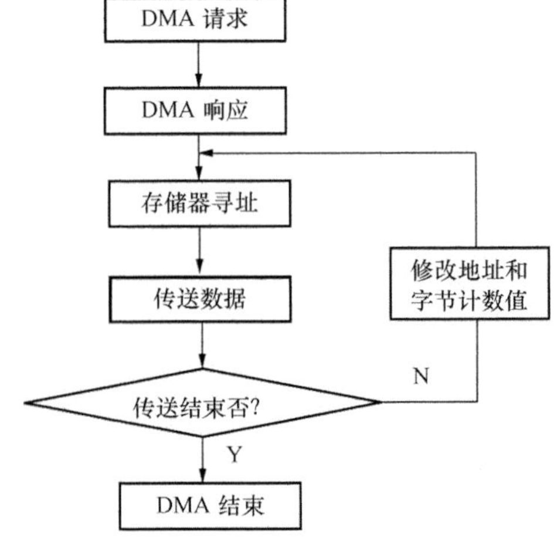

图 7-22　DMA 传送数据流程图

综上所述，DMAC 在系统中有两种工作状态，在传送数据之前或之后，是受 CPU 控制的一个 I/O 接口。CPU 可以通过输出指令或输入指令来访问这个接口，即处于被动态，也称 DMA 处于空闲周期。在 DMA 处于空闲周期时，它和一般 I/O 接口一样，接受 CPU 的控制。但在 DMA 传送期间，它又独立于 CPU 之外，能独自对存储器或 I/O 端口进行读/写操作，即处于主动态，也称 DMA 周期。在 DMA 周期，DMAC 获得对系统总线的控制权，成为系统的主控者，它向存储器发出地址，向存储器或 I/O 设备发出读 / 写信号。以控制数据在“源”和“目的”之间传送。

7.7.3　DMAC 占用总线控制权的方式

采用 DMA 方式传送数据，是在完全脱离 CPU 控制的情况下进行的。通常 DMAC 是作为存储器和 I/O 设备之间，实现高速数据传送控制的专用处理器。有些功能比较强的 DMAC，还能完成存储器和存储器之间以及 I/O 设备之间的高速数据传送控制。不管是存储器与 I/O 设备之间、存储器之间或 I/O 设备之间的数据传送和地址信息、读/写的控制信息都由 DMAC 来提供。即 DMAC 要使用地址总线发送地址信息，利用数据总线传送数据，利用控制总线发布读或写命令。DMAC 和 CPU 都挂在公用的地址、数据和控制 3 条总线上。但任何给定的一个总线周期期间，只允许 CPU 或 DMAC 独自控制总线。具有总线控制权的设备称为总线的主控者。一般情况下，CPU 是总线的主控者。但当要进行 DMA 方式传送数据时，DMAC 可以向 CPU 发出占用总线的请求。CPU 响应 DMA 请求后，让出总线控制权给 DMAC，则 DMAC 就成为总线的主控者。DMAC 占有总线控制权有 3 种方式。

1. 使 CPU 与系统总线处于高阻状态的方式

使 CPU 与系统总线处于高阻（浮空）状态，由 DMAC 占有总线控制权的操作过程如图 7-23 所示。

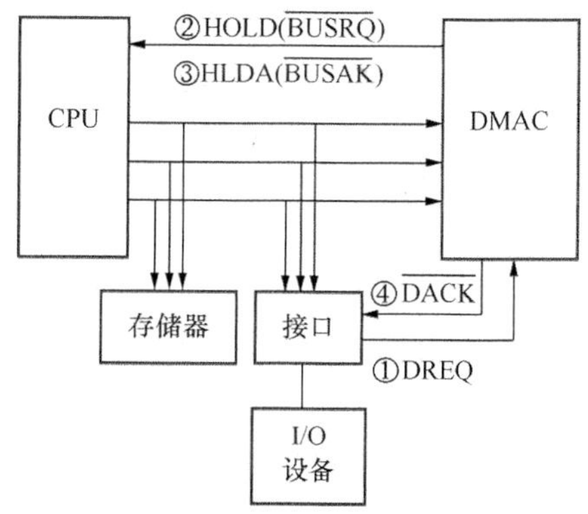

图 7-23　DMAC 占用总线控制过程示意图

使 CPU 脱离总线，DMAC 接管总线控制权的过程如下：

①当外部 I/O 准备就绪（数据准备好或外部设备准备好接收数据），它就会向 DMAC 发出 DMA 请求信号 DREQ。

②当 DMAC 采样到有效的请求信号后，就向 CPU 发出占用总线的请求信号 HOLD，请求 CPU 让出总线控制权。

③CPU 在现行总线周期操作结束之后，使其地址总线、数据总线和控制总线都进入浮空（高阻）状态，并向 DMAC 发去同意让出总线控制权的回答信号 HLDA。

④DMAC 获得总线控制权后，向接口发出响应回答信号 DACK，DACK 可作为接口的选通信号。

当传送结束时，DMAC 的请求信号 HOLD 变为无效低电平，CPU 使 HLDA 引脚变为无效低电平，并恢复对系统总线的控制权，继续进行被中断了的操作。

这种 DMA 操作方式，DMAC 控制总线的时间，取决于占有总线请求信号 HOLD 的有效时间。因此，这种方法可以用来进行单字节传送，也可以用来进行数据块传送。在 DMAC 控制总线期间，CPU 处于空闲状态，CPU 内部的寄存器状态均保持不变。

上述这种方法，只需要一对联络信号线作为请求占用总线和对允许请求的响应，而不需要附加逻辑电路。因此 Intel、Motorola、Zilog 三家公司的 DMAC 都使用此方法，只是不同的厂家出产的 CPU 和 DMAC 请求总线及允许请求响应信号这对联络信号名称不同而已。

2. 暂停 CPU 的时钟脉冲方式

CPU 的正常操作得以进行，完全依靠系统时钟脉冲来定时推动。也就是说，如果不向 CPU 提供时钟脉冲，CPU 的一切正常操作就都停止了。因此，在进入 DMA 操作时，把 CPU 的时钟“暂停”，就能达到停止 CPU 操作的目的。其操作原理如图 7-24 所示。

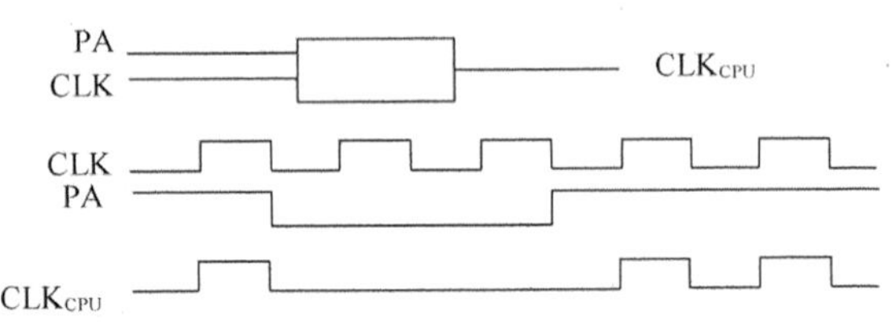

图 7-24　暂停 CPU 时钟脉冲的操作原理图

CPU 的时钟脉冲 CLK 由系统主时钟脉冲 CLK 通过“与”门来提供，“与”门由 PA 信号控制。当 PA 为高电平时，就向 CPU 提供时钟脉冲，CPU 操作得以进行。当 PA 为低电平时暂停 CPU 时钟，CPU 就处于休眠状态，此时可以进行 DMA 数据传送。这时 CPU 的地址总线输出为高电平，所有控制信号输出为高阻状态，数据总线也成为高阻状态。

3. 利用 CPU 不访问总线的间隔方式

上述两种方式进行 DMA 时，均使 CPU 暂停常规的操作。它的优点是操作简便，但会浪费 CPU 的资源。为充分利用 CPU 资源，可采用只有当 CPU 不使用总线时，才进行 DMA 传送的方式。即利用 CPU 不访问总线的间隔来进行 DMA 操作，又称为“周期挪用”(Cycle Sleeping)。这样 CPU 不会因为进行 DMA 传送而浪费时间。但这种 DMA 操作要安排在 CPU 执行内部操作时，例如，取完指令操作码后，CPU 要进行指令译码，或 CPU 内部进行算术或逻辑运算时，CPU 不使用总线，这时由 DMAC 接管总线。这种方式必须附加比较复杂的时序电路，来识别 CPU 不利用总线的间隔时间。

7.7.4　DMA 方式的主要应用场合

（1）硬盘和软盘 I/O。可以使用 DMAC 作磁盘存储介质与半导体主存储器之间传送数据的接口。这种场合需要将磁盘中的大量数据如磁盘操作系统或其他软件包快速地装入内部存储器。所以用 DMA 方式控制数据装入最为适合。

（2）快速通信通道 I/O。例如，光导纤维通信链路，DMAC 可以用来作为计算机系统和快速通信通道之间的接口，如作为同步通信数据的发送和接收，以便提高响应时间，支持较高的数据传输速率，并使 CPU 脱离出来做其他工作。

（3）多处理机和多程序数据块传送。对于多处理机结构，通过 DMAC 控制数据传送，可以较容易地实现专用存储器和公用存储器之间的数据传送，对多任务应用、页式调度和任务调度都需要传送大量的数据。因此采用 DMA 方式可以提高数据传输速度。

（4）扫描操作。在图像处理中，向 CRT 屏幕传送数据，也可以采用 DMA 方式。

（5）快速数据采集。当要采集的数据量很大，而且数据是以密集突发的形式出现，例如，对波形的快速采集，此时采用 DMA 方式可能是最好的方法，它能满足响应时间和数据传输速率的要求。

7.8　通　道　方　式

7.8.1　通道的基本概念

1. 通道

通道控制方式是大、中型计算机中常用的一种 I/O 形式，这种方式中，通道执行由操作系统“编制”的通道程序来实现外部设备与内存的数据传送，因此，通道是一种特殊的处理机，它有自己的指令和程序，但通道程序不是由用户编写的，而是由操作系统按照用户的请求及计算机系统的状态“编制”而成的，它存入内存中。

当通道需要工作时，将通道程序从内存取回到通道并执行，从而完成用户的 I/O 操作。

图 7-25 所示的是通道与主机的连接，其中通道与 CPU 在内存管理部件的控制下分时使用内存，系统中的总线分为两级，一级是存储总线（系统总线）承担通道与内存、CPU 与内存之间的数据传送任务，另一级是通道总线，即 I/O 总线，它承担外围设备与通道之间的数据传送任务。这两级总线可以分别使用各自的时序同时工作。

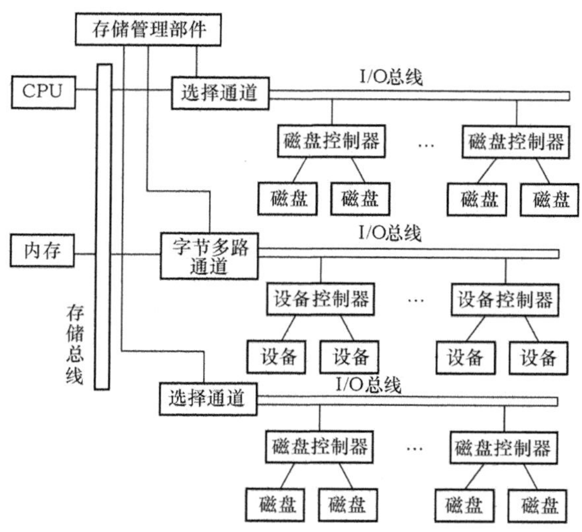

图 7-25　具有通道控制方式的 I/O 结构

一条通道总线可接若干个设备控制器，一个设备控制器可以接一个或多个设备，因此，从逻辑上看，I/O 系统一般具有 4 级连接：CPU 与内存—通道—设备控制器—外围设备。对同一系列的机器，通道与设备控制器之间都有统一的标准接口，设备控制器与设备之间则根据设备的不同要求而采用不同的专用接口。

2. 通道控制方式与DMA方式的区别

通道控制方式是DMA方式的进一步发展，实质上，通道也是实现外设和内存储器之间直接交换数据的控制器。与DMA控制器相比，两者的主要区别在于：

（1）DMA控制器是通过专门设计的硬件控制逻辑来实现对数据传送的控制，而通道则是具有特殊功能的处理器，它具有自己的指令和程序，通过执行通道程序来实现对数据传送的控制，故通道具有更强的独立处理数据输入输出的功能。

（2）DMA控制器通常只能控制一台或少数几台同类设备，而通道可以控制许多台同类或不同类的设备。

3. CPU对通道的管理

CPU通过执行I/O指令以及处理来自通道的中断，实现对通道的管理，来自通道的中断有两种，一种是数据传输结束中断，另一种是故障中断。

通常把CPU运行操作系统管理程序的状态称为管态，而把CPU执行目的程序的状态称为目态。大中型计算机的I/O指令都是管态指令，只有当CPU工作于管态时，才能运行I/O指令，而目态时不能执行I/O指令。这是因为大中型计算机的软、硬件资源为多个用户所共享，而不是某个用户专用。

4. 通道对设备控制器的管理

通道通过使用通道指令控制设备控制器进行数据传送操作，并以通道状态字接收设备控制器返回的外部设备状态。因此，设备控制器是通道对I/O设备实现传输控制的执行机构。设备控制器的具体任务有：

（1）从通道接收通道命令，控制外部设备完成所要求的操作。

（2）向通道反映外部设备的状态。

（3）将各种外部设备的不同信号转换成通道能识别的标准信号。

7.8.2 通道的类型

根据通道传送数据的方式及所连接外设的工作速度，通常将通道分为3种类型：选择通道、数组多路通道和字节多路通道。一个系统中可兼有3种类型的通道，也可只有一种或两种。

1. 选择通道

在选择通道中，每一个通道在物理上可以连接多个设备，但这些设备不能同时工作，在某一段时间内只能选择一个设备进行工作，即执行这台设备的通道程序，只有当这个设备的通道程序全部执行完后，才能执行其他设备的通道程序（选择其他通道）。

选择通道主要用于高速外设，如磁盘、磁带等，选择通道传输率的最大值应由设备中传输率最高的那一台设备决定，一般为1.5MB/s。

2. 数组多路通道

数组多路通道是对选择通道的一种改进，它的基本思想是当某设备进行数据传送时，通道只为该设备服务；当设备执行寻址等控制性动作时，通道暂时断开与这个设备的连接，挂起该设备的通道程序，去为其他设备服务，即执行其他设备的通道程序，所以数组多路通道很像一个多道程序的处理器。

数组多路通道可分时地为多台高速外设服务，如为磁盘等块设备服务，它的传输率与选择通道一样，取决于最快的那台设备。一般为 12MB/s。

3. 字节多路通道

字节多路通道用于连接多台慢速外设，如磁盘、打印机等字符设备。这些设备的数据传输率很低，而通道从设备接收或发送一个字节相对较快。因此，通道在传送某台设备的两个字节之间有许多空闲时间，字节多路通道正是利用这些空闲时间为其他设备服务的。字节多路通道传输率与设备的传输率及所带设备数目有关。

如果每一台设备的传输率为 f_i，而通道传输率为 $f\text{o}$，则有：

$$f\text{o}=\sum_{i=1}^{p}\text{f}_i$$

其中，p 为所带设备台数，字节多路通道流量一般为 1.5MB/s。

字节多路通道和数组多路通道的共同之处是它们都是多路通道，在一段时间内能交替执行多个设备的通道程序，使这些设备同时工作。不同之处是两种通道的数据传送的基本单位不同，字节多路通道是每次为一台设备传送一个字节，而数组多路通道每次为一台设备传送一个数据块。

具备通道的机器一般是大、中型机，数据流量很大，如果所有 I/O 设备都在一个通道上，那么通道将成为该系统的瓶颈，因此，一般大、中型机 I/O 系统都有多个通道，不同类型的 I/O 设备将接在不同通道上。

当通道与 CPU 同时访问内存时，通道优先级高于 CPU；在多个通道有访问存储器请求时，选择通道和数组多路通道优先权高于字节多路通道。

7.8.3 通道结构的发展

通道结构进一步发展，出现了通道结构的 I/O 处理器，通常称为输入／输出处理器（IOP）。IOP 可以和 CPU 并行工作，提供高速的 DMA 处理能力，实现数据的高速传送。但它还不是独立于 CPU 工作的，而是主机的一个部件。有些 IOP 还提供数据变换、搜索以及字装配／拆卸能力。这类 IOP 广泛应用于中小型和微型计算机。而在大型计算机系统中多采用外围处理机（PPU），PPU 基本上独立于主机工作，有自己的指令系统，可以完成算术／逻辑运算、与外设交换信息等。通用的 CPU 也可以作为 PPU 使用。

习　　题

1. 什么是输入／输出系统？
2. 什么是总线？按连接部件的不同总线分为哪几类？
3. 什么是总线标准？总线标准一般包括哪些方面的内容？
4. 举出几种常用的系统总线，并说明各自的特点。
5. 总线的同步控制方式和异步控制方式有何不同？试举例说明一次全互锁异步控制

的通信情况。

6. 什么叫输入 / 输出接口？其基本功能有哪些？

7. 输入 / 输出接口部件有哪些内部寄存器，各自的作用是什么？

8. I/O 端口的编址方式有哪几种？各有什么特点？

9. CPU 和外设之间的数据传送方式有哪几种？怎样合理地选择和应用？

10. 论述查询传送方式的输入 / 输出接口电路的组成和工作原理。

11. 什么是中断？相对于程序查询方式来说中断方式有什么优点？中断传送方式和 DMA 方式比较又有什么不足？

12. 向量中断与中断向量有什么区别？

13. 外设采用程序中断方式传送数据时分哪些步骤？

14. 中断服务程序和子程序有什么区别？

15. 何谓中断的优先权？中断判优有几种方法？各有何特点？

16. 什么是 I/O 通道?与 DMA 和外围处理机方式相比有何不同？

17. 通道有哪几种类型？

18. 在程序中断过程中，哪些工作由硬件完成?哪些工作由软件完成?哪些工作既可由硬件也可由软件完成？

19. 在［例 7-1］中，若中断处理顺序改为 C→B→A→D，怎样调整屏蔽码才能满足要求？

第 8 章　计算机的外部设备

8.1　概　　述

外部设备涉及相当广泛的计算机部件。事实上，除了中央处理器和主存外，计算机系统的其他部分都可作为一个外围设备来看待。外围设备的功能是在计算机和其他机器之间，以及计算机与用户之间提供联系，如程序和数据的输入、输出、成批存储以及对信息的加工处理、通信等。随着计算机系统的飞速发展和应用的扩大，对外部设备的要求越来越高，外部设备在计算机系统中的比重越来越大，一台计算机系统配置的外部设备的性能和多少也体现了整个计算机系统的性能。外围设备可分为输入设备、输出设备、输入／输出兼用设备、辅助存储器、数据通信设备和过程控制设备等，本章重点介绍几种常用的输入／输出设备和辅助存储器。

8.1.1　外部设备的分类

目前，计算机系统的外部设备种类繁多，功能、性能差别较大，使用的领域非常广泛。但从它们的功能及其在计算机系统中的作用来看，大致可以分为以下几类。

1. 输入/输出设备

从主机的角度看，向计算机主机输入信息的外部设备称为输入设备；接收计算机主机输出信息的设备称为输出设备。

常见的输入设备有键盘、鼠标、扫描仪、数字化仪、语音输入设备等；常见的输出设备有显示设备、绘图机、打印机等。

输出设备把主机输出的电信号，通过光电、机电转换技术，转换为人们可以理解的信息形式。常用的输出设备有显示输出设备（CRT 显示器、液晶显示器等）、打印输出设备（针式打印机、激光打印机、喷墨打印机等）、语音输出设备（声卡等）和绘图输出设备（绘图仪等）。

另外，还有一些兼有输入和输出功能的复合型输入／输出设备，如控制台和显示器相结合的终端设备。

2. 辅助存储器

辅助存储器是计算机存储系统的重要组成部分，主要解决存储容量问题。辅助存储器用于存储各种主机暂时不使用的程序和数据文件，以便需要的时候调入主存储器使用，因此，有时也把辅助存储器称为后援存储器。辅助存储器的主要操作是写入和读出信息，就其本质来说也是输入或输出，所以也可以把辅助存储器看成是一种复合型的输入输出设备。

目前，常用的辅助存储器有软磁盘存储器、硬磁盘存储器、磁带存储器及光盘存储器等。

3. 终端设备

终端设备是一类功能较强的外部设备，一般由输入设备、输出设备和终端控制器组成，并通过通信线路与主机相连。终端设备具有向计算机输入信息和接收计算机输出信息的能力，具有与通信线路连接的通信控制功能，有些终端设备还具有一定的数据处理能力。

终端设备一般分为通用终端设备和专用终端设备两大类。专用终端设备是指专门用于某一领域的终端设备，它仅能完成自身部门所要求的功能，而不具备其他方面的功能。通用终端设备则适用于各个领域，它又可分为会话型终端、远地批处理终端和智能终端等。

4. 过程控制设备

当计算机进行实时控制时，需要从控制对象取得参数，而这些原始参数大多数是模拟量，需要采用模/数转换器（A/D）将模拟量转换为数字量，然后再输入计算机进行处理。而经计算机处理后的控制信息，也必须经数/模转换器（D/A）把数字量转换成模拟量，再送到执行部件对控制对象进行自动调节，模/数、数/模转换设备均是过程控制设备，有关的检测设备也属于过程控制设备。

外部设备的分类如图 8-1 所示。

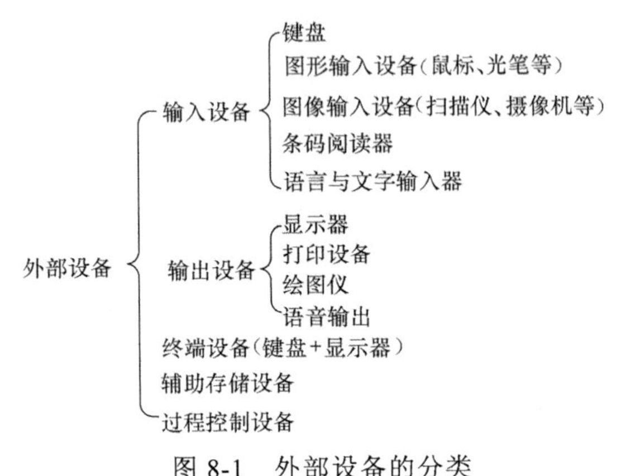

图 8-1 外部设备的分类

8.1.2 外部设备的作用

外部设备是计算机和外界联系的接口和界面。如果没有外部设备，计算机既无法工作，也无使用价值。每一种外围设备，都是在它自己的设备控制器控制下进行工作，而设备控制器则通过接口和主机连接，并受主机控制。

外部设备在计算机系统中的作用主要体现在以下 4 个方面。

1. 实现人机交互

无论是微型计算机系统，还是小型、中型、大型计算机系统，要把程序、数据送入计算机内部，或要把计算机的计算结果及各种信息送出来，都要通过外部设备来实现。因此，外部设备已成为人机对话的通道。

2. 完成数据格式变换

人们习惯用字符、汉字、图形、图像等来表达信息的含义，而计算机内部工作却使用电信号表示的二进制代码。因此，在人机对话交换信息时，首先需要将各种信息变成计算机能识别的二进制代码，然后再输入计算机；同样，计算机处理的结果也必须变换成人们所熟悉的表示方式，这两种变换只能通过外部设备来实现。

3. 存储数据资源

随着计算机应用的普及与深入，计算机系统的数据资源，如各种软件、文档、数据库等越来越丰富，而且数量庞大，这些数据资源不可能全部存放在主存中，绝大部分要存入辅助存储器中。因此，以磁盘存储器或光盘存储器为代表的辅助存储器已成为各种数据资源的主要存储设备。目前，常用微型计算机系统配置的硬盘已高达 250GB。

4. 拓展计算机应用领域

计算机应用领域已从早期的数值计算扩展到了文字、表格、图形、图像和语音等非数值信息的处理。为了适应这些处理，各种新型的外部设备陆续被制造出来。计算机外部设备的发展既是应用催生的结果，反过来也促进了应用领域的进一步扩展。

8.2 输 入 设 备

输入设备是指向主机输入程序、数据和操作命令等信息的设备。输入设备主要是把计算机外部信息（数字、符号、图形、图像和声音等）变换为主机能够识别的二进制代码，并负责送到主机中。最常用的输入设备有键盘、鼠标、扫描仪等，下面重点介绍键盘和鼠标的工作原理。

8.2.1 键盘

键盘是计算机系统中最传统的，同时也是不可缺少的输入设备。用户通过按下键盘上的键向计算机输入信息。目前常用的键盘有 101 键盘、Windows 键盘等。

1. 键盘的结构与类型

键盘上通常排列有几十或上百个按键，按下键一次就向计算机输入一个信息，因此，每个按键相当于一个开关，故称为键开关。键开关分为接触式和非接触式两大类。

接触式键开关中有一对触点，最常见的接触式键开关是机械式的，当按下键帽时，两个触点被接通；当释放时，弹簧恢复原来触点断开的状态。这种键开关结构简单、成本低，但寿命较短。

非接触式键开关的特点是开关内部没有机械接触，只是利用按键动作改变某些参数或利用某些效应来实现电路的通、断转换。非接触式键开关包括电容式、磁电变换式、压电式、压敏式、光电式等，目前常用的是电容式无触点开关。电容式键开关的结构与工作原理如图 8-2 所示。它由弹簧活动极、驱动极和检测极组成两个串联的电容器。当键被按下时，极间距离缩短，电容变大，将加在驱动极的信号耦合到检测极上，经过放大，输出相应信号。这种键在工作过程中只有电容极板间的距离发生变化，并没有实际接触，因此，不存在磨损和接触不良等问题。为了避免电极间进入灰尘，一般采用密封组装。电容式键开关的结构简单，性能稳定，寿命长。

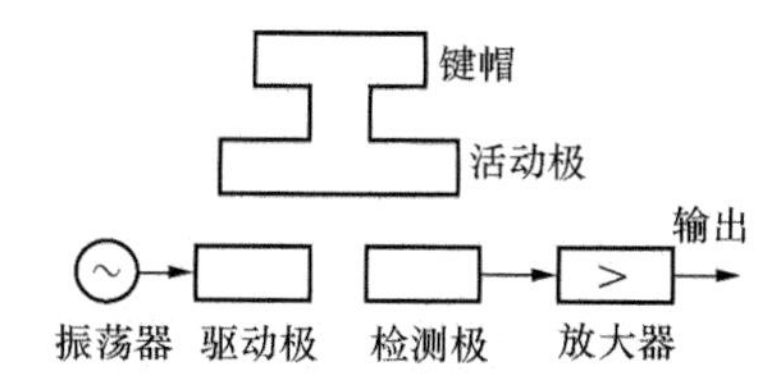

图 8-2　电容式键的结构与工作原理示意图

现在所使用的键盘结构是在打字机键盘的基础上发展起来的，所以不论哪种型号的键盘，其中心部分都是一个标准的打字机键盘布局。打字机键盘布局中共 48 个键，包括数字、字母和一些特殊符号键，一般将它们统称为字符键。除此之外，为了增加功能，还设立了若干个功能键（控制键），使总键数扩展到 63 个以上。目前微机键盘的键数多为 101 或 104

个，还有一些微机键盘的键数多达 126 个。

常用的键盘从接口原理上可分为编码键盘与非编码键盘，通用微型计算机系统中使用编码键盘，单片机及专用微型计算机系统多使用非编码键盘。这两种键盘的主要区别是识别按键及给出相应键码的方法不同。编码键盘由硬件实现按键的识别，非编码键盘由用户软件实现键盘的定义与识别。

2. 键盘工作原理

下面以编码键盘为例，介绍键盘的工作原理，图 8-3 所示为带只读存储器的编码键盘原理框图。

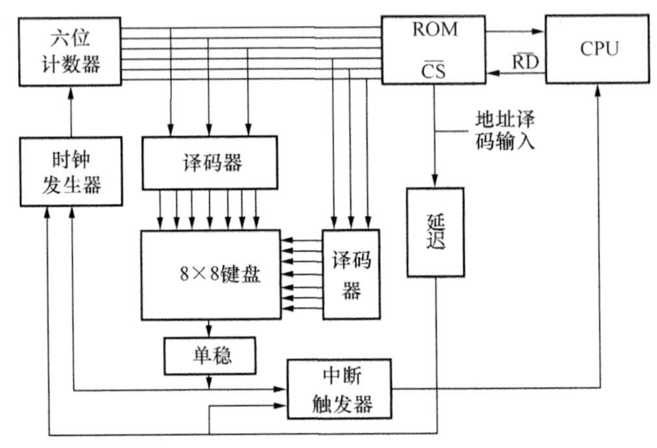

图 8-3　带只读存储器的编码键盘原理图

图中的 8×8 键盘，由一个 6 位计数器经两个八选一的译码器对键盘扫描。若键未按下，则扫描将随着计数器的循环计数而反复进行，一旦扫描发现某键被按下，键盘通过一个单稳电路产生一个脉冲信号。该信号一方面使计数器停止计数，用于终止扫描，此刻计数器的值便与所按键的位置相对应，该值可作为只读存储器 ROM 的输入地址，从该地址读出的内容就是所按键的 ASCII 码（只读存储器 ROM 存储的信息是对应各个键的 ASCII 码）。另一方面，此脉冲经中断请求触发器向 CPU 发中断请求，CPU 响应中断请求后便转入中断服务程序，在中断服务程序中，CPU 执行读入指令，将计数器所对应的 ROM 地址中的内容，即按键对应的 ASCII 码送入 CPU。CPU 的读入指令既用做读出 ROM 内容的片选信号，又用于清除中断请求触发器，并重新启动六位计数器，开始新的扫描。

在按键时往往会出现键的机械抖动，容易造成多次输入。为了防止误判，在键盘控制电路中专门设有硬件消抖电路，或采取软件消抖技术。此外，为了提高传输的可靠性，可采用奇偶校验码。

随着大规模集成电路技术的发展，计算机芯片厂商已提供了许多种可编程键盘接口芯片，如 Intel 8279 可编程键盘/显示接口芯片等，用户可以随意选择。

8.2.2　鼠标

自从图形用户界面的操作系统出现后，鼠标就和键盘一样，成为计算机系统中必不可少的输入设备。通过移动鼠标，可以方便地改变光标在显示器屏幕上的位置，单击或者双击鼠标的按键就可以把光标处的有关信息输入到计算机中，从而来完成某种特定的功能，如选择菜单项、屏幕绘图等。

1. 鼠标的工作原理及分类

根据检测移动的方法，鼠标器可以分为机械式鼠标和光电式鼠标两种。前者实现简单，价格便宜，而后者精度高、可靠性高并且使用寿命较长。

（1）鼠标的工作原理。机械式鼠标的结构框图如图 8-4 所示。

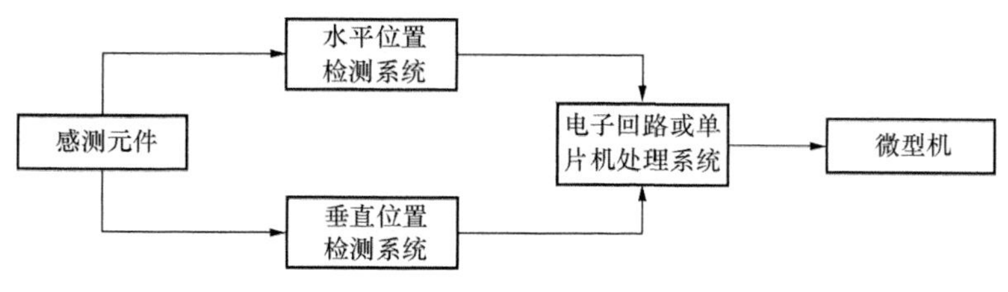

图 8-4　鼠标的结构框图

其中，水平位移和垂直位移检测元件是一个滚球。当滚球滚动时会带动两个多孔圆盘转动，以便指出鼠标滚球在水平和垂直方向上的位移。在多孔圆盘的两侧分别放置一个发光二极管和光电二极管。当圆盘转动时，可以由通电的光电二极管检测出脉冲信号，对脉冲计数就可以得到鼠标的移动距离。

早期的光电式鼠标的检测系统，其位移的测量元件是一块印有均匀方格的金属板，而鼠标内部有两个光源，当鼠标放在金属板上时，照射在金属板上的光会反射到鼠标下方的两个球形透镜上，再由这两个镜片把这两道光线折射进光感测器中。

当鼠标在金属板上移动时，由于金属板上印有黑色方格，所以反射回的光线就有强弱变化，鼠标内的光感测器检测到这个变化，然后输出和光线强弱相对应的脉冲进行计数就可以得到鼠标移动的距离。

但这种鼠标在使用时需要专门的反射板，不仅成本高，而且很不方便，因此只在少数专业作图场合得到了一定程度的应用，很快就被淘汰了。

现在常用的光电鼠标也称为第二代光电鼠标，它采用了新一代光学技术——称为“光眼”（Optical Sensor）的装置。它是一种数字光电技术，在鼠标底部有一个微型光学定位系统，其中的一个高亮度发光二极管以最少每秒 1500 次（目前最快的鼠标扫描速度达到 8000 次/s）以上的速度向外发出光束，遇到物体反射回来，经过定位系统中的棱镜和透镜的多次反射，感光头接收了这些反射光线，再经过鼠标内部的 DSP 芯片处理，从而得出鼠标的移动速度和移动方向，最后把鼠标的动作反映在屏幕上。第二代光电鼠标可在任何不反光的物体表面使用，真正做到了“永不磨损”。

光学鼠标与机械鼠标相比，光学鼠标由于没有活动部件，而且不像机械鼠标那样需要维护，因此可靠性较高。另外，光学鼠标的精度也较高，而机械鼠标则容易因轻微的振动，包括小球的跳动及滚动球与编码轴之间相对位置的变换等因素而影响其精度。

（2）鼠标的分类。可以依据鼠标的按钮数目来分类，也可以根据鼠标的工作原理来分类。

鼠标以按钮的数目分为两键鼠标和三键鼠标。

两键鼠标又叫 MS MOUSE，是 Microsoft 公司设计和提倡的鼠标。这种鼠标可以说是默认的鼠标标准，因为即使是下面所说的三键鼠标，其中间一个按键也是很少用到的。人们用得最多的是鼠标左键，而往往对右键用得不多，在 Windows 95 之后，大大地开发了鼠标右键的功能，使得软件的操作更加简单方便。

三键鼠标又叫 PC Mouse，是 IBM 公司设计提倡的鼠标。PC Mouse 的中间一个按钮多用于特定的绘图软件中，在其他软件中很少使用。

根据鼠标的工作原理分为机械式鼠标、光电式鼠标两种。

此外，鼠标按其用途又可分为台式和便携式两种；按其接口插头的类型分为“D”型 9 针串口鼠标、圆形并口（PS/2）鼠标和 USB 鼠标等。目前使用最多的是光电式两键或三键 USB 接口鼠标。

2. 鼠标的技术指标

鼠标的技术指标主要有：分辨率、灵敏度、按键点击次数和取样频率。

（1）分辨率：以 dpi 为单位，即每英寸有多少个点。分辨率越高越便于控制。一般鼠标移动的分辨率为 320～400dpi。

（2）灵敏度：灵敏度用鼠标移动单位英寸距离所产生的脉冲数表示。鼠标的灵敏度是度量鼠标控制精度的指标。

（3）按键点击次数：鼠标按键的点击次数正常寿命在 10 万次左右。

（4）取样频率：取样频率是指每秒钟屏幕上鼠标指针位置变化的次数。取样频率越高，指针在屏幕上移动的间隔时间就越短，定位就越准确。

3. 鼠标与计算机的接口

鼠标通常采用 RS-232C 异步串行通信接口、PS/2 或 USB 接口与计算机相连。目前使用的主要是 USB 接口。

8.2.3 扫描仪

扫描仪是一种图形、图像输入设备，它可以迅速地将图形或图像输入到计算机中，因而成为图文通信、图像处理、模式识别、出版系统等方面的重要输入设备。

1. 扫描仪的分类与工作原理

扫描仪主要由光学成像、机械传动和转换电路等部分组成。其工作原理是：用一线状光源投射原稿，然后用光学透镜将被照射区域的反射光传送到感光区（CCD 电荷耦合器件）成像并产生相应的电信号，再通过信号拾取与处理电路将信号输入到计算机。通过线状光源与原稿的相对移动（扫描）便可将整幅图形或图像输入到计算机。扫描仪的核心是完成光电转换的光电转换部件。目前大多数扫描仪采用的光电转换部件是电荷耦合器件（CCD）。它可以将反射在其上的光信号转换为对应的电信号。

扫描仪种类很多，按不同的标准可分为不同的类型。按扫描原理可将扫描仪分为以 CCD 为核心的平板式扫描仪、手持式扫描仪和以光电倍增管为核心的滚筒式扫描仪。按扫描图像幅面的大小，可将扫描仪分为小幅面的手持式扫描仪、中等幅面的台式扫描仪和大幅面的工程图扫描仪。按扫描图稿的介质，可分为反射式（纸材料）扫描仪、透射式（胶片）扫描仪以及既可扫描反射稿又可扫描透射稿的多用途扫描仪。按用途可将扫描仪分为用于各种图稿输入的通用型扫描仪和专门用于特殊图像输入的专用型扫描仪，如条形码读入器、卡片阅读机等。

2. 扫描仪的技术指标

扫描仪的技术指标是衡量扫描仪性能和功能的重要参数。下面介绍扫描仪的主要性能指标。

（1）光学分辨率。光学分辨率是指 CCD 的精度，表示每英寸扫描的点数（dpi）。一幅图像扫描的点数越多，输入到计算机中的图像越精细。初期的扫描仪分辨率仅为 150dpi 和 300dpi，现在的扫描仪光学分辨率已高达 800dpi、1200dpi，甚至 2000dpi。光学分辨率越高的扫描仪价格越高。使用高分辨率扫描图像所占用的存储容量也大。

（2）扫描速度。扫描速度依赖于每行的感光时间（一般在 3～30ms 范围内），它与被扫描对象、所采用的光源和距离，以及感光的次数等有关。彩色扫描仪扫描彩色图像所花的时间是扫描单色图像的 3 倍。

（3）色彩技术。为了提高扫描图片的质量，通常采用提高扫描仪的色彩位数即色彩范围的方法，一般有 24 位和 36 位。

（4）自动拼接。手持式扫描仪一般应具有自动拼接功能，当操作过快时，能进行提示或自动补线修正扫描精度。例如，手持式扫描仪宽度仅有 105mm，较大的图形需要多次扫描拼接而成，扫描过程中人手很难做到数次扫描结果一致。如果没有自动拼接功能，要实现准确的拼接就非常困难。

（5）扫描尺寸。扫描尺寸是指扫描仪可接受的最大原稿尺寸，决定了该设备的成像面积。一般扫描仪的成像面积有 A4 幅面、A3 幅面等。

8.2.4　触摸屏

触摸屏是一种多媒体输入设备，主要用于触摸式多媒体信息查询系统中。因为触摸屏比键盘、鼠标等使用起来更方便和直接，所以触摸式查询系统在商场、宾馆、车站和机场等交通枢纽、金融机构、体育场馆中应用非常普遍。触摸屏提供了个人与计算机最简单、最直接的输入方式，使用者只要用手触摸屏幕上的图像、表格或提示标志，就可以得到图、文、声、像并茂的信息，十分方便、快捷、直观与生动。

触摸屏工作原理根据使用的介质不同而不同。比较流行的有电阻式、电容式、红外式或压力式。

（1）电阻电容式触摸屏。电阻式和电容式触摸屏分辨率高，可以提供从 64×64 到 1024×1024 的分辨率。电阻式触摸屏由两层膜组成，膜之间有网状触点阵列，膜的压力会造成电阻的变化，从而定位压点的位置，送往计算机。电容式触摸屏上镀有一层金属膜，通过触摸金属膜而产生的电流变化来定位压点的位置。

由于电阻和电容式触摸屏分辨率较高，一般可达 1024×1024，甚至更高，可以用它完成绘图等较高精度复杂输入功能。触摸屏分辨率可由软件加以调整，常常将其设定为与显示器分辨率相等。

（2）红外线式触摸屏。红外触摸屏是一种以红外线检测技术为基础的传感设备，红外线发射和接收管安放在它的四周，它工作时，红外线管以扫描方式工作，在整个框内形成一个红外检测光栅区，称之为有效触摸区，当手指（或其他物体）伸进这个区域内时（如触摸显示器屏幕），会阻断某个栅格上的红外线，而产生一个坐标（X，Y），触摸屏确认出该点的坐标值后，通过串行通信接口传给主机，这个坐标值再经过处理就可用于各种程序中。如果需要，这个坐标值还可以在显示器屏幕上显示出来。触摸屏的整个工作过程就是不断地确认伸入它有效触摸区内物体的坐标值，然后报告给主机的过程。红外线式触摸屏原理如图 8-5 所示。

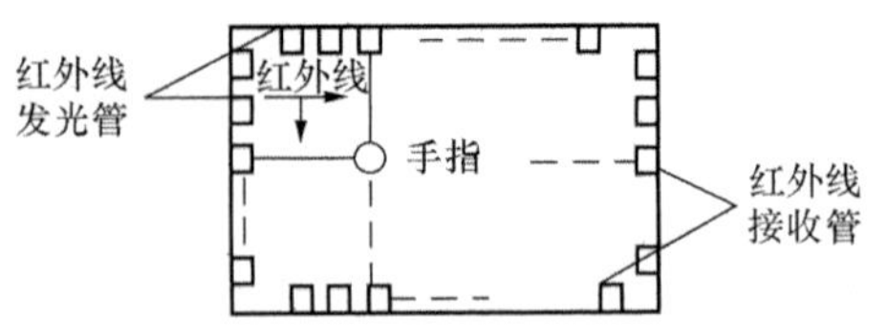

图 8-5　红外线触摸屏原理图

8.3　显示设备

显示设备是一种将电信号转换成视觉信号的装置。在计算机系统中，显示设备是最主要的计算机信息输出工具，无论是大型机还是微型机，几乎都离不开显示设备。显示输出设备显示的内容不能长期保留，当显示器关机或显示别的内容时，原有的显示内容就消失了，所以显示设备属于软拷贝输出设备（相对于打印设备而言）。

8.3.1　显示设备概述

显示设备按显示的内容分为字符显示器、图形显示器和图像显示器。字符显示器是指能显示有限字符形状的显示器，可以显示字符、数字、汉字和一些符号。图形显示器用于显示各种线条和图形，图像显示器用于显示具有灰度或者彩色的图像。但是从显示的角度看，图形图像都是由像素组成的，所以图形图像显示器一般也不再区分，统称为图形显示器。由于显示字符本质上也是显示该字符的点阵信息，因而可以把字符点阵看成图像，所以，图形图像显示器也是可以显示各种字符的。但是字符显示器是不能显示图形和图像的，虽然可以利用点阵形式显示一幅图形或者图像，但是它与图形图像显示器显示的图形图像有较大的差距。字符显示器是按照文本行的形式显示内容，而图像显示器是按照像素显示内容的。

显示设备也可以按照显示器件的不同分为阴极射线管（CRT）、等离子显示器（PD）、发光二极管（LED）和液晶显示器（LCD）等。目前，计算机系统中使用最广泛的是 CRT 显示器。它通过电子束轰击荧光屏而发光，结构与电视机类似，在控制逻辑的配合下可以显示字符、图像和图形。CRT 显示器具有成本低、显示容量大、亮度高、色彩鲜明真实、分辨率高、性能稳定可靠等优点；但也存在体积大、笨重、功耗大等缺点。便携式计算机广泛使用液晶显示器。液晶显示器体积小、重量轻、功耗低，可用电池供电；但是亮度低、色彩不够鲜艳。

8.3.2　CRT 显示器

1. CRT 显示器主要技术参数

（1）点距：点距是指屏幕上两个相邻的同色荧光点之间的距离。点距越小，显示的画面就越清晰、自然和细腻。用显示区域的宽和高分别除以点距，即得到显示器在水平和垂直方向上的分辨率。如果设置的显示分辨率超过显示器的实际分辨率，则图像就会模糊。目前常见的 CRT 显示器点距有 0.28mm、0.27mm、0.26mm、0.25mm 等。

（2）行频和场频：行频（又称水平扫描频率）是电子枪每秒在屏幕上扫描过的水平线条数，以 kHz 为单位。场频（又称垂直扫描频率）是每秒钟屏幕重复绘制显示画面的次数，以 Hz 为单位。由于显示器需要和显卡（视频适配器）匹配，所以现在所有的显示器都是变频的（也称多扫描或多频）。频率的范围越大则显示器价格越高，其用途也越广。场频决定了图像的稳定性，频率越高越好，典型的场频为 50～160Hz，但是它还与分辨率密切相关，如当分辨率为 640×480 时，某显示器的场频可达到 100Hz，但当分辨率为 1024×768 时，场频将降至 60Hz。行频通常为 31.5～90kHz 或更高。

（3）最高分辨率：最高分辨率是定义显示器面曲解析度的标准，由每帧画面的像素数决定，以水平显示的像素个数×水平扫描线数表示，例如 800×600，表示一幅画面水平方向和垂直方向的像素点数分别是 800 和 600。最高分辨率受点距和视频带宽的制约。

（4）刷新率：刷新率指的是显示器每秒钟重画屏幕的次数，刷新率越高，意味着屏幕的闪烁越小，对人眼睛产生的刺激越小。行频、场频、最高分辨率和刷新率这 4 个参数是密切相关的。一般来说，行频、场频的范围越宽，能达到的最高分辨率也越高，相同分辨率下能达到的最高刷新率也越高。VESA（视频电子标准协会）规定 85Hz 为无闪烁的刷新率。

（5）视频带宽：视频带宽是表示显示器显示能力的一个综合性指标，以 MHz 为单位。它指每秒钟扫描的像素个数，即单位时间内每条扫描线上显示的点数的总和。带宽越大表明显示器显示控制能力越强，显示效果越佳。现在主流的 CRT 显示器的视频带宽都能达到 110MHz 以上。

视频带宽＞水平分辨率×垂直分辨率×刷新率

（6）屏幕尺寸：指屏幕对角线长度，一般有 14、15、17、19、20、21in 或更大。

2. CRT 显示器的工作原理

（1）CRT 显示器的扫描方式。CRT 显示器的主要部分就是阴极射线管。阴极射线管由阴极、栅极、加速极和聚焦极以及荧光屏组成。阴极用来发射电子，所以，阴极也叫电子枪。阴极发射的电子在栅极、加速极、高压极和聚焦极产生的电磁场的作用下，形成具有一定能量的电子束，射到荧光屏上使荧光粉发光产生亮点，从而达到显示的目的。

为了在整个屏幕上显示出字符或图形，必须采用光栅扫描方式。CRT 显示器中有水平和垂直偏转线圈，在偏转线圈中分别加入不同频率线性变化的锯齿波扫描电流，如图 8-6 所示，水平扫描电流引起的磁场变化控制电子束在屏幕上从左到右作水平方向移动，到右端之后，又立刻回到左端，移动的轨迹形成水平扫描线（行扫描）；垂直扫描电流引起的磁场变化控制电子束在屏幕上从上到下作垂直方向移动，到底部之后，又立刻回到上面，移动的轨迹形成垂直扫描线（场扫描）。由于电子束从左到右、从上到下有规律地做周期运动，在屏幕上会留下一条条扫描线，这些扫描线形成了光栅，这就是光栅扫描。如果电子枪根据显示的内容产生电子束，就可以在荧光屏上显示出相应的图形或字符。

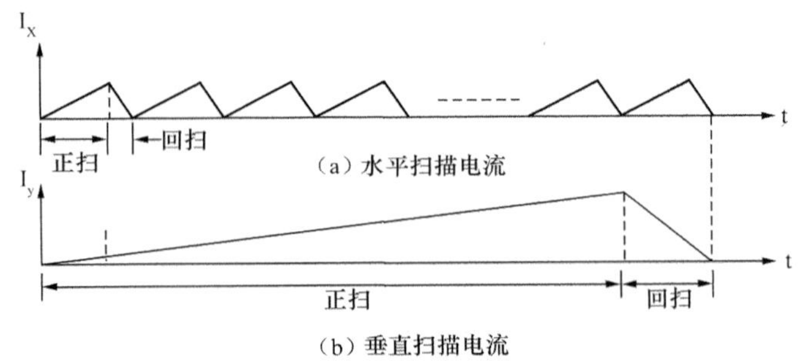

图 8-6　锯齿波扫描电流

光栅扫描方法一般有两种，一种是逐行扫描，另一种是隔行扫描。隔行扫描时，要两次才能扫完一帧。一次对所有奇数行进行扫描；一次对所有偶数行进行扫描。

对于黑白显示器来说，内部仅仅有一个电子束；对于彩色显示器来说，内部有红（R）、绿（G）、蓝（B）3 个电子枪发射 3 个电子束。电子束的通、断、强弱由显卡送来的视频信号控制，由显卡送来的红、绿、蓝三基色视频信号分别被送到 3 套视频放大电路，并用加亮（I）信号调整放大电路的驱动能力。放大电路的输出被送到相应的电子枪。这样，用 I、R、G、B 的不同视频信号分别控制的 3 个电子束打击荧光屏的某一点（像素），该点的荧光粉就发出红、绿、蓝三基色合成的颜色，如图 8-7 所示。

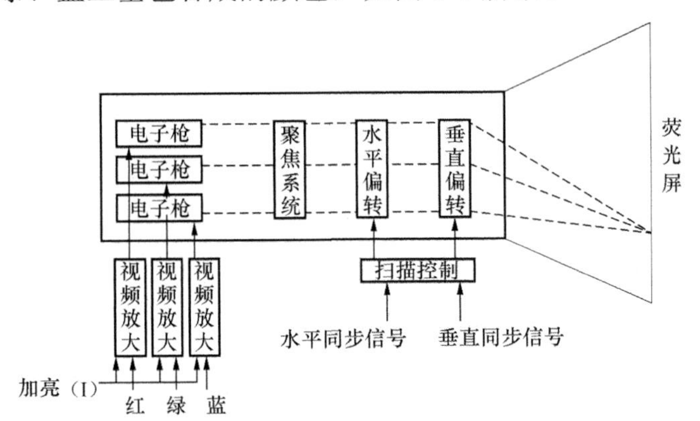

图 8-7　彩色显示器结构

（2）显示器的显示模式。显示模式从功能上分为两大类：字符模式和图形模式。

字符模式也称为字母数字模式，即 A/N 模式（Alpha Number Mode）。在这种模式下，显示缓冲区中存放着显示字符的代码（ASCII 码）和属性。显示屏幕被划分为若干字符显示行和列，如 25 行×80 列。字符模式的 CRT 显示器不是点控制（这是与图形模式的根本区别），而是一个由 8 位代码（ASCII 码）控制的一块，比如像 8×8、8×14 等大小的显示区域。因此显示缓冲区较小，显示更新的速度非常快，但缺点是无法显示图形。目前流行的所有显示器都包含有字符模式。

图形模式也称 APA 模式（All Points Addressable Mode），即对所有点均可寻址。我们常常把它称为位图化的显示器，因为屏幕上的每个像素都对应显示缓冲区中的一位或多位。

（3）显示缓冲区。CRT 显示器的荧光屏上涂的是中短余晖荧光材料，保存的扫描信号（被电子束点亮）时间较短，这样就需要电子束不断地点亮和熄灭荧光点，即要不断地刷新屏幕才能“保存”住信息，即使是静止图像。

为了不断提供刷新画面的信号，必须把字符或图形信息存储在一个显示缓冲区中，这个缓冲区称为视频存储器（VRAM）。显示器一方面对屏幕进行光栅扫描，一方面同步地从 VRAM 中读取显示内容，送到显示器件。因此，对 VRAM 的操作是显示器工作的软、硬件界面所在。

VRAM 的容量由分辨率和灰度级决定，分辨率越高，灰度级越高，VRAM 的容量就越大。同时，VRAM 的存取周期必须满足刷新率的要求。分辨率由每帧画面的像素数决定，而像素具有明暗和色彩属性。黑白图像的明暗程度称为灰度，明暗变化的数量称为灰度级，所以在单色显示器中，仅有灰度级指标。彩色图像是由多种颜色构成的，不同的深浅也可算作不同的颜色，所以在彩色显示器中能显示的颜色种类称为颜色数。如果颜色数过少，不足以逼真地显示图像，则称为伪彩色显示。如果颜色数量多，显示逼真，则称为真彩色显示。真彩色一般要求调色板能达到显示 2^{24}＝16M 种颜色的能力。

在字符显示方式中，将一屏中可显示的最多字符数称为分辨率，例如 80 列×25 行，表示每屏最多可显示 25 行，每行可有 80 个字符。字符方式的 VRAM 通常分成两部分：字符代码缓存和显示属性缓存。字符代码缓存中存放着显示字符的 ASCII 码，每个字符占 1B；显示属性缓存中存放着字符的显示属性，一般也占 1B。VRAM 的最小容量是由屏幕上字符显示的行、列规格来确定的，例如，一帧字符的显示规格为 80×25，那么 VRAM 中的字符代码缓存的最小容量就是 2KB（80×25×1），缓存的容量也可以大于一帧字符数，用来同时存放几帧字符的代码。在这种情况下，通过控制缓存的指针就可以在屏幕上显示不同帧中的字符内容，实现屏幕的硬件滚动，这也是实现动画显示的一种方式。

在图形显示方式中，将一屏中可显示的像素点数称为分辨率，图形方式的显示信息以二进制的形式存储在 VRAM 中，这些信息是图形元素的矩阵数组。在最简单的情况下，共需要存储两值图形，即用“0”表示黑色（暗点），用“1”表示白色（亮点）。用 VRAM 的 1 位表示 1 个点，所以 VRAM 的 1 个字节可以存放 8 个点。在彩色显示或单色多灰度显示时，每个点需要若干位来表示。例如，若用 2 位二进制代码表示 1 个点，那么每个点便能选择显示 4 种颜色，但是此时 VRAM 的 1 个字节只能存放 4 个点，如果显示器的分辨率不变，VRAM 的容量就要增加一倍。反之，若 VRAM 容量一定，随着分辨率的增高，显示的颜色数将减少。

（4）字符显示原理。字符显示器显示字符的方法也是以点阵为基础的。通常将显示屏幕划分成许多方块，每个方块称为一个字符窗口，它包括字符显示点阵和字符间隔。一般的字符显示器可显示 80 列×25 行＝2000 个字符，字符窗口数目为 80×25，如图 8-8 所示。在单色字符显示方式下，每个字符窗口为 9×14 点阵，对应的分辨率为 80 列×25 行（720×350

点阵），其中字符本身点阵为 7×9，同一字符行中字符横向间隔 2 个点，不同字符行间的间隔为 5 个点。

	0	1		列	78	79
0	0	1			78	79
1	80	81			158	
行						
24	1920	1921			1998	1999

图 8-8　屏幕上字符位置的分配

屏幕上每个字符窗口对应了 VRAM 中的一个字节单元，在实际的 VRAM 中，还需存入字符的显示属性，如字符的颜色、背景等，所以 VRAM 的容量还要增加一倍。VRAM 中存放的是字符的 ASCII 码，不是点阵信息。若要显示此字符的形状，还要有字符发生器（字符库）的支持。

显示器的字符库是用来存放各种字符的点阵字形数据的只读存储器。显示时，从 ROM 中读出有关的点阵信息送给 CRT 作为辉亮控制信号，以控制电子束的强弱，从而在屏幕上组成字符。字符库的高位地址来自 VRAM 的 ASCII 码，低位地址来自行计数器的输出 RA_3～RA_0（行扫描线序号）。图 8-9 给出了字符“A”的点阵字形、这是一个 7×9 的点阵，用二进制码中的“1”对应屏幕上的亮点，“0”对应暗点。字符“A”可用 9 个字节的行点阵码表示，从第 1 行到第 9 行分别为 10H、28H、44H、82H、82H、FEH、82H、82H、00H。从字符库中读出行点阵码，就能显示该字符。

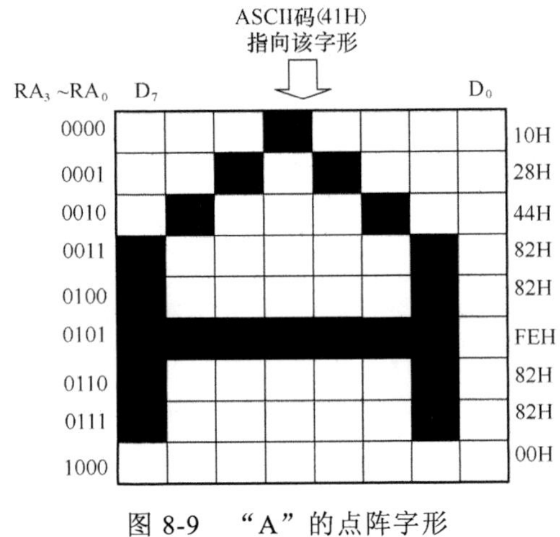

图 8-9　“A”的点阵字形

在屏幕上，每个字符行一般要显示多个字符，而电子束在进行光栅扫描时，是沿屏幕从左向右的方向扫描完一行，再扫描第二行。按照这种扫描方式，在显示字符时，并不是对一行的每个字符逐个进行点阵扫描，而是采用对一排的所有字符的点阵进行逐行依次扫描。例如，某字符行欲显示字符是 A、B、C、…、T，显示电路首先根据各字符代码依次从字符发生器中取出 A、B、C、…、T 各个字符的第一行点阵代码，并在字符行第一条扫描线位置上显示这些字符的第一行点阵，然后再依次取出该排各个字符的第二行代码，并在屏幕上显示出它们的第二行点阵。如此循环，直到扫描完该字符行的全部扫描线，那么每个字符的所有点阵（例如 9 行点阵）便全部显示在相应的位置上，屏幕上就出现了一排完整的字符。当显示下一排字符时，重复上述的扫描过程。

（5）图形显示器的工作原理。下面以分辨率为 640×480、同时显示 16 种颜色的彩色图形显示器为例，介绍图形显示的基本原理。

VRAM 中存放着显示的图形点阵数据，对于单色显示，VRAM 中的每一位对应屏幕上的一个像素点，该位为“1”表示画面上的这一点是亮点。但对彩色显示，如 16 种颜色，就需要 VRAM 中的 4 位来定义一种颜色。在彩色图形显示器中经常采用彩色位平面的存储结构来表示颜色信息，每个彩色位平面由单一位组成，并表示屏幕上某个可以显示的颜色。例如：分辨率为 640×480，每个位平面含有 640×480 位，即有 307 200 位的信息。由于要同时显示 16 种不同颜色，它就具有 4 个彩色位平面，共需要 1 228 800 位的 VRAM，即 153 600B。所以 VRAM 的总容量＝640×480×4b＝150KB。它被分为 4 个位平面，每个位平面提供彩色代码中的一位，每个位平面的容量为 37.5KB。

从屏幕显示角度，每一行由 4 个位平面的 80 个字节来表示（640/8b＝80B）。屏幕上的一个彩色像素点需要用来自 4 个位平面上每个位平面的相同位置的一个存储位表示。

根据上述对应关系，可设计出显示器控制逻辑中的同步计数分频关系，如图 8-10 所示。

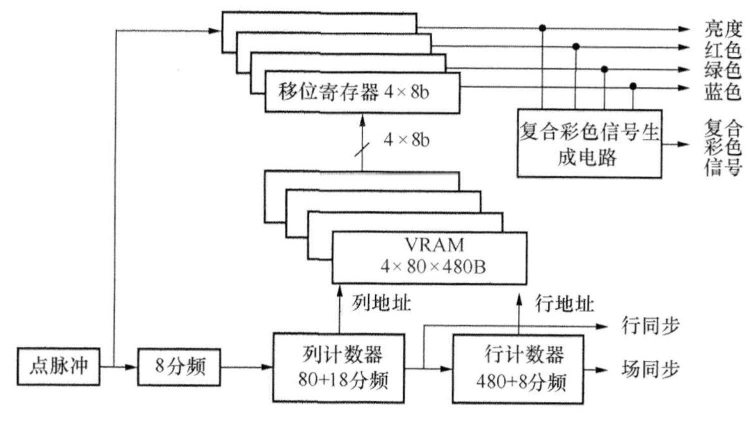

图 8-10　彩色 CRT 控制逻辑框图

图形/图像以像素为单位，但在 VRAM 中以字节为单位按地址存储，即将一条水平线上自左向右，每 8 个点的代码作为一个字节，存放在一个编址单元中。因此点脉冲经点计数器 8 分频之后产生字节脉冲，每发一次字节脉冲就访问一次 VRAM，从 4 个位平面中各读出一个字节（8 个点），送往移位寄存器，再串行输出形成亮度信号与红、绿、蓝三色信号，它们的组合决定了 16 色中的一种。若用于单色显示器，则将 4 位代码转换为 16 级亮度调制信号，用于控制像素的灰度。

列计数器又称字节计数器，98 分频。计数值从 0 到 79，光栅从左向右扫描显示 80 字节共 640 点。字节计数器所附加的 18 次计数，作为行线逆程回扫时间，逆程回扫应当消隐。

行计数器为 488 分频。计数值从 0 到 479，对应于场正程扫描，显示 480 行，附加 8 次计数，对应于场逆程回扫，逆程回扫应消隐。

行计数值与列计数值决定了屏幕当前显示位置（8 点一组），相应的 VRAM 地址为：行号×80＋列号。按该地址同时访问 4 个位平面，取出 4 个字节的图形代码。列计数一个循环，输出一个行扫描同步信号；行计数一个循环，输出一个场扫描同步信号。这就使对 VRAM 的访问与 CRT 的扫描严格同步，能获得稳定的显示画面。

从以上的分析可以看出，分辨率、颜色数与 VRAM 容量密切相关。对于字符显示方式，如分辨率为 c 列×l 行，而一个字符的编码与属性、颜色数共需占 n 字节，则 VRAM 的总容量应不少于 $c\times l\times n$ 字节。对于图形显示方式，如果分辨率为 $c\times l$ 像素，而每个像素的颜色数用 n 位二进制代码表示，则 VRAM 容量应不少于 $c\times l\times n$ 位。两种显示方式的 c、l 值不同，显然，图形方式所需的 VRAM 容量一般都远远大于字符方式。如果一台 CRT 显示器既可用做字符方式又可用做图形方式，且各有数种分辨率规格，则 VRAM 的容量计算应以最高分辨率图形方式为准。

【例 8-1】 某 CRT 显示器可显示 64 种 ASCII 字符，每帧可显示 64 字×25 排；每个字符字形采用 7×8 点阵，即横向 7 点，字间间隔 1 点，纵向 8 点，排间间隔 6 点，帧频 50Hz，采取逐行扫描方式。问：

（1）缓存容量有多大？

（2）字符发生器（ROM）容量有多大？

（3）缓存中存放的是 ASCII 代码还是点阵信息？

（4）缓存地址与屏幕显示位置如何对应？

（5）设置哪些计数器以控制缓存访问与屏幕扫描之间的同步?它们的分频关系如何？

解：

（1）缓存容量为：64×25＝1600 字节

（2）ROM 容量为：64×8＝512 字节

（3）缓存中存放的是待显示字符的 ASCII 代码。

（4）显示位置自左至右、从上到下，相应地，缓存地址由低到高，每个地址码对应一个字符显示位置。

（5）点计数器 8:1 分频；字计数器（64＋12）:1 分频；行计数器（8＋6）:1 分频；排计数器（25＋10）:1 分频。

8.3.3 LCD 显示器

液晶显示器（Liquid Crystal Display，LCD）由于体积小、重量轻和无电磁辐射，目前已在平面显示领域中占据了重要的地位，几乎是笔记本和台式机的必备部分。

1. LCD 显示原理

液晶显示器以液晶材料为基本组件。液晶是一种介于固体和液体之间的中间状态物质，它是既具有液体的流动性又具有光学特性的有机化合物。如果把它加热，则会呈现透明的液体状态，把它冷却，则会出现结晶颗粒的混浊固体状态。当液晶通电时，分子排列变得有秩序，使光线容易通过；不通电时分子排列混乱，阻止光线通过，即液晶具有像闸门一样阻隔或让光线穿透的能力。

液晶显示器根据驱动方式可分为静态驱动、单纯矩阵（也称无源矩阵）驱动以及主动矩阵（也称有源矩阵）驱动 3 种。无源矩阵驱动又可分为扭曲向列阵（TN）、超扭曲向列阵（STN）以及双层超扭曲向列阵（DSTN）；有源矩阵驱动一般以薄膜式晶体管型（TFT）为主。TN-LCD、STN-LCD 及 DSTN-LCD 的显示原理都相同，只是液晶分子的扭曲角度不同而已。

对于一台成型的 TN 液晶显示屏，它通常包括玻璃基板、ITO 膜、配向膜、偏光板等制成的夹板，共有两层，称为上下夹层，每个夹层都包含电极和配向膜上形成的沟槽，上下夹层中的是液晶分子。大多数液晶都由长棒状的分子构成，在自然状态下，这些棒状分子的长轴大致平行。把液晶灌入夹层后，在接近上部夹层的液晶分子按照上部沟槽的方向来排列，而下部夹层的液晶分子按照下部沟槽的方向排列。在生产过程中，上下沟槽呈十字交错，即上层的液晶分子的排列是横向的，下层的液晶分子排列是纵向的，而位于上下之间的液晶分子接近上层的就呈横向排列，接近下层的则呈纵向排列。整体看起来，液晶分子的排列就像螺旋形的扭转排列，因而 TN-LCD 被称为扭曲向列显示器。一旦通过电极给液晶分子加电之后，由于受到外界电压的影响，不再按照正常的方式排列，而变成竖立的状态。而液晶显示器的夹层贴附了两块偏光板，这两块偏光板的排列和透光角度与上下夹层的沟槽排列相同，在正常情况下光线从上向下照射时，通常只有一个角度的光线能够穿透下来，通过上偏光板导入上部夹层的沟槽中，再通过液晶分子扭转排列的通路从下偏光板穿出，形成一个完整的光线穿透途径。当液晶分子竖立时光线就无法通过，结果在显示屏上出现黑色。这样会形成透光时为白、不透光时为黑的效果，字符就可以显示在屏幕上了，这便是最简单的显示原理。

而 TFT-LCD 则采用与 TN 系列 LCD 截然不同的显示方式。它的构成较为复杂，主要包括荧光管、导光板、偏光板、滤光板、玻璃基板、配向膜、液晶材料、薄膜式晶体管等。首先液晶显示器必须先利用背光源，也就是荧光灯管投射出光源，这些光源会先经过一个偏光板，然后再经过液晶，这时液晶分子的排列方式不同，则光线穿透液晶的角度也不同。最后这些光线还必须经过前方的彩色滤光膜与另一块偏光板。因此只要改变激励液晶的电压值就可以控制最后出现的光线强度与色彩，并进而在液晶面板上变化出有不同深浅的颜色组合了。

TFT 液晶显示器的工作原理是建立在 TN 原理的基础上的。两者的结构也基本上相同，同样采用两层间填充液晶分子的设计，只不过把 TN 上部夹层的电极改为 TFT 晶体管，而下层改为共同电极。在光源设计上，TFT 的显示采用“背透式”照射方式，即假想的光源路径不是像 TN 液晶那样的从上至下，而是从下向上，这样的做法是在液晶的背部设置类似日光灯的光管。光源照射时先通过下偏光板向上透出，它也借助液晶分子来传导光线，由于上下夹层的电极改成 TFT 电极和共通电极，TFT 导通时，液晶分子的表现如 TN 液晶的排列状态一样会发生改变，也通过遮光和透光来达到显示的目的。但不同的是，由于 TFT 晶体管具有电容效应，能够保持电位状态，先前透光的液晶分子会一直保持这种状态，直到 TFT 电极下一次再加电改变其排列方式。相对而言，TN 就没有这个特性，液晶分子一旦没有施压，立刻就返回原始状态，这是 TFT 液晶和 TN 液晶显示的最大不同之处，也是 TFT 液晶的优越之处。

目前，TN-LCD 已经被淘汰，STN-LCD 和 DSTN-LCD 只能用于低端产品，TFT-LCD 是目前的主流，多应用在计算机显示器、动画及图像处理产品上。

2. LCD 的技术指标

（1）分辨率：LCD 的分辨率与 CRT 显示器不同，它是制造商所设置和规定的，一般不能任意调整。

（2）点距：LCD 也有点距这一指标，也直接影响到 LCD 适用的分辨率。主流的 LCD 点距在 0.3mm 左右，尽管在数值上看逊色于 CRT 显示器，但是由于 LCD 不存在聚焦不准的问题，因此，LCD 给人的感觉仍然清晰、锐利。

（3）可视角度：可视角度是指人们清晰观察显示屏幕的范围，这是 LCD 重要的技术指标，因为 LCD 从侧向观看时，亮度、对比度都会有明显的下降。可视角度参数可用水平、垂直来衡量，也可以用左右、上下分别来衡量。

（4）亮度：由于 LCD 是被动式发光，因此在亮度、对比度方面的指标自然不如主动发光的 CRT 显示器。LCD 的亮度取决丁 LCD 的结构和背景照明的类型。亮度的测量单位通常为坎德拉/平方米（cd/m^2），一些有源阵列 TFT LCD 亮度高达 200～330 cd/m^2。

（5）对比度：对比度通常是指开状态像素与关状态像素亮度的比率，范围为 200:1～300:1。

（6）响应时间：响应时间反映液晶显示器各像素点对输入信号反应的速度，即每个像素由暗转亮或由亮转暗的速度。响应时间一般被分为上升时间和下降时间，而表示时应以两者之和为准。响应时间小，在看运动画面时就不会出现尾影拖拽的感觉。有源阵列 LCD 的响应时间在 30～50 ms 范围内。

8.3.4 视频显示标准

计算机的显示系统由显示器和显示控制卡（适配器）构成，显示器和显示控制卡必须配套使用。显示控制卡决定了不同的视频显示标准。

1. MDA

MDA（Monochrome Display Adapter）属于单色显示适配器，是 IBM 最早研制的视频显示适配器。MDA 支持 80 列、25 行字符显示，采用 9×14 点阵的字符窗口，对应的分辨率为 720×350。MDA 的字符显示质量高，但是不支持图形功能，也无彩色显示能力。

2. CGA

在 MDA 推出的同时，IBM 也推出了彩色图形适配器 CGA（Color Graphics Adapter）。CGA 支持字符/图形两种方式，在字符方式下显示 80 列×25 行和 40 列×25 行两种分辨率，但字符窗口只有 8×8 点阵，故字符质量较差。在图形方式下，有 640×200 和 320×200 两种分辨率，最高分辨率的图形显示方式下的颜色数可达 4 种。

3. EGA

增强的图形适配器 EGA（Enhanced Graphics Adapter）是 IBM 公司推出的第二代图形显示适配器。它兼容 MDA 和 CGA 全部功能，EGA 的显示分辨率达到 640×350，字符显示窗口为 8×14 点阵，字符显示质量大大优于 CGA 而接近于 MDA。在最高分辨率的图形显示方式下的颜色数可达 16 种。

4. VGA

视频图形阵列 VGA（Video Graphics Array）是 IBM 公司推出的第三代图形显示适配器，它兼容了 MDA、CGA 和 EGA 的全部功能。VGA 的显示分辨率为 640×480，可显示 256 种颜色。后来又出现超级 VGA（SVGA），VRAM 的容量为 256KB～1MB。在 VGA 中，显示颜色由 D/A 转换的输出位数和调色板的位数决定。其标准是：R（红）、G（绿）、B（蓝）每一路视频信号均采用 6 位 D/A 转换，并使用 18 位的彩色调色板，因此最多可以组合出 2^{18}=256K 种颜色。但每次同时显示的颜色数还取决于每个像素在 VRAM 中的位数。在分辨率为 640×480 时，每个像素对应 4 位信息，因此可以从 256K 种颜色中选择 16 种颜色。分辨率为 320×200 时，每个像素对应 8 位信息，可以从 256K 种颜色中选择 256 种颜色。VGA 的字符显示功能比 EGA 有所改进，字符窗口为 9×16 点阵。

5. TVGA

TVGA 是英国 Trident Microsys Tems 公司开发的超级 VGA 标准，与 VGA 完全兼容，VRAM 的容量为 256KB～2MB。分辨率有 640×480、800×600、1024×768、1280×1024 等，可显示的颜色数有 16 色、256 色、64K 色和 16M 色等。

6. XGA

XGA（eXtended Graphics Array）是 IBM 公司继 VGA 之后推出的扩展图形阵列显示标准。其中配置有协处理器，属于智能型适配器。XGA 可实现 VGA 的全部功能，但运行速度比 VGA 快。

8.4　打　印　设　备

打印机是计算机系统最主要的输出设备，能将计算机的处理结果以字符或图形的形式印刷到纸上，实现从电子信息到书面信息的转换，便于人们保存和阅读。打印机也称为硬拷贝输出设备。

8.4.1　打印机概述

1. 打印机的分类

打印机有多种类型。按照打印的工作原理，打印机可分为击打式和非击打式两大类。击打式打印机是利用机械作用使印字机构与色带和纸相撞击而打印字符的，一般打印速度不高，而且会产生打印噪声，但是设备成本低，针式打印机就是使用最广泛的击打式打印机。非击打式打印机是采用电、磁、光、喷墨等物理或化学方法印刷文字和图形的，由于印刷过程没有击打动作，因此输出速度快、噪声低，但一般不能复制多份。目前，主要有喷墨打印机、激光打印机等。

如果按打印机印字机构不同，可分为固定字模（活字）式打印和点阵式打印两种。字模式打印机将各种字符塑压或刻制在印字机构的表面上，印字机构像印章一样，将其上的字符在打印纸上印出；而点阵式打印机则借助于若干点阵来构成字符。字模式打印的字迹清晰、但字模数量有限，组字不灵活，不能打印汉字和图形，所以基本上被淘汰。点阵式打印机以点阵图拼出所需字形，不需固定字模，组字非常灵活，可打印各种字符、汉字和图形、图像等。

2. 打印机的工作模式

（1）文本模式。在这种模式下，主机向打印机输出字符代码（ASCII 码）或汉字代码（国标码），打印机则依据代码从位于打印机的字符库或汉字库中取出点阵数据，在纸上“打”出相应字符或汉字。与图形模式相比，文本模式传送的数据量少，占用主机 CPU 的时间少，因此效率较高，但所能打印的字符或汉字的数量受到字库的限制。

（2）图形模式。在这种模式下，主机向打印机输出点阵图形数据，CPU 能灵活控制打印机输出任意图形，从而可打印出字符、汉字、图形、图像等，但图形模式所需传送的数据量大，占用主机时间多。例如打印一个 24×24 点阵的汉字，传送字符点阵图形的数据量是 72 个字节（24×24/8＝72B），远大于传送字符代码时的数据量 2 个字节（一个汉字代码是 2 个字节）。

3. 打印机的主要性能指标

（1）分辨率（dpi）。分辨率是指打印机打印出的字符的清晰度和美观程度，它是打印质量的最主要指标。打印分辨率的单位是 dpi（每英寸打印点数）。针式打印机的分辨率一般为 180dpi；喷墨打印机的分辨率为 300dpi；激光打印机的分辨率为 300dpi 以上，甚至可达 1200dpi；至于精密照排机，低档的约在 700～2000dpi，高档的则可达 2000～3000dpi。

（2）打印速度。不同类型的打印机具有不同的打印速度，每种类型又有高、中、低速之分。一般用页/分钟（ppm）或字/秒（cps）作为单位。高速打印机可达到 16ppm。

（3）打印幅面。打印幅面是指打印机最大能打印的纸张页面的大小。一般小型办公和家庭使用的打印机打印幅面为 A4 幅面，较高档次的打印机支持 A1 等大幅面。

（4）接口方式。打印机的接口主要有串行接口、并行接口和 USB 接口等几种，目前针式打印机主要使用并行接口，喷墨和激光打印机使用 USB 接口居多。

（5）缓冲区的大小。打印机的缓冲区相当于计算机的内存，最简单的缓冲区只能存放一行打印信息，通常小于 256 个字节，主机只能送一行信息给打印机。当这一行信息打印完后，要清除掉缓冲区的信息，并告诉主机“缓冲区空”，主机将再发送新的信息给打印机，如此反复直到所有信息打印完毕为止。在 CPU 不断升级的情况下，为了解决计算机和打印机速度的差异，必须扩大打印机的缓冲区。目前，24 点阵针式打印机的缓冲区一般在 2～40KB 之间；喷墨打印机在 10～64KB 之间；激光打印机在 1～6MB 之间，有的可扩大到 64MB。缓冲区越大，一次输入的数据就越多，主机与打印机之间的通信次数就可以减少，从而提高主机效率。

8.4.2 针式打印机

针式打印机是应用时间最长，使用范围最广的打印机，具有便宜、耐用、可打印多种类型纸张等优点。同时，针式打印机可以打印穿孔纸和多层纸，这使之在报表处理中（如票据打印）的应用非常普遍。

针式打印机是由若干根打印针印出 $m \times n$ 点阵组成的字符或汉字、图形。点阵越密，印字的质量就越高。需要注意的是，字符由 $m \times n$ 点阵组成，并不意味着打印头就装有 $m \times n$ 根打印针。一般来说打印头上只装有一列 n 根打印针（也有的分为两列），通常所讲的 9 针、24 针打印机指的就是打印头上打印针的数目。目前的针式打印机绝大部分是 24 针的。打印头是打印机的关键部件，打印机的打印速度、打印质量和可靠性在很大程度上取决于打印头的功能和质量。

在 9 针打印机中，将 9 根打印针排成纵向一列，每次打印一列，打印头沿水平方向向右移动一步，m 步之后，形成一个 $m \times n$ 点阵的字形。在 24 针打印机中，因针的密度高、针数多，一般交错排成两列，每列 12 根针，分别称为奇数号针和偶数号针。打印时，打印头从左到右打印，一列的 24 个点是分两次打印出来的。由于点的纵向间距非常小，甚至能相互覆盖一部分，所形成的图形轮廓连贯光滑，印字质量较 9 针打印机高。

打印头装在一个小车（字车）上，由步进电机驱动，可进行水平移动和精确定位。打印头中的钢针在驱动电路的控制下，打击色带和纸，从而形成一行字符。在打印一行的过程中，纸张是不动的，打印完一行后，打印纸在输纸机构的带动下前进一行，而色带传动机构也将色带传动一定距离，使得打印次数均匀地分布在色带上。

针式打印机有单向打印和双向打印两种。单项打印是指每打印完一行后，打印头返回到起始位置，再打印下一行。双向打印在打印完一行后不需要返回到起始位置，而是反方向打印下一行。双向打印省去了打印头返回的时间，所以双向打印速度较单向打印快。

针式打印机控制电路如图 8-11 所示。主机要输出打印信息时，首先要检查打印机所处的状态。当打印机空闲时，允许主机发送字符。打印机开始接收从主机送来的字符代码（ASCII 码），先判断它们是可打印的字符还是只执行某种控制操作的控制字符（如：“回车”、“换行”等），如果是可打印的字符就将其代码送入打印行缓冲区（RAM）中，接口电路产生回答信息，通知主机发送下一个字符。如此重复，把要打印的一行字符的代码都存入数据缓冲区中。当缓冲区接收满一行打印的字符时，停止接收，转入打印。

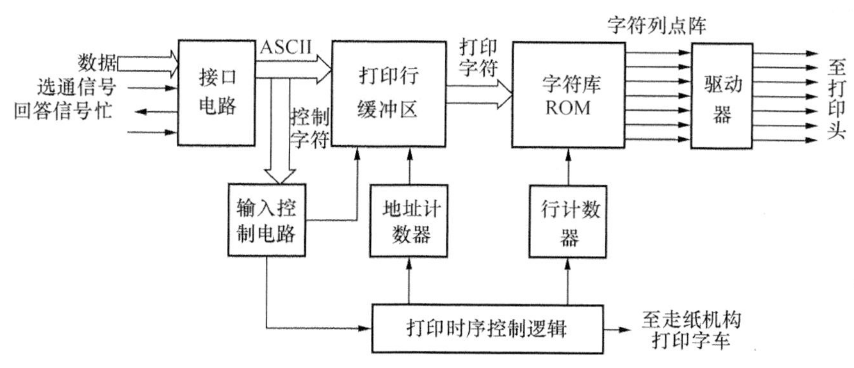

图 8-11 针式打印机控制电路

打印时，首先根据打印字符的 ASCII 码寻找到与该字符相对应的点阵首列地址，然后从字符库（ROM）中按顺序一列一列地找出字符的点阵数据，送往打印头控制驱动电路，激励打印头出针打印。一个字符打印完，字车移动几列，再继续打印下一个字符。一行字符打印完后，请求主机送来第二行打印字符代码，同时输纸机构使打印纸移动一个行距。

8.4.3 激光打印机

激光打印机是一种集光、机、电一体的，高度自动化的计算机输出设备，其成像原理与静电复印机相似，结构比针式打印机和喷墨打印机都要复杂的多。它主要由激光器、激光扫描系统、以碳粉与感光鼓为主的碳粉盒、字形发生器、电子成像转印机构和电路部分组成，如图 8-12 所示。

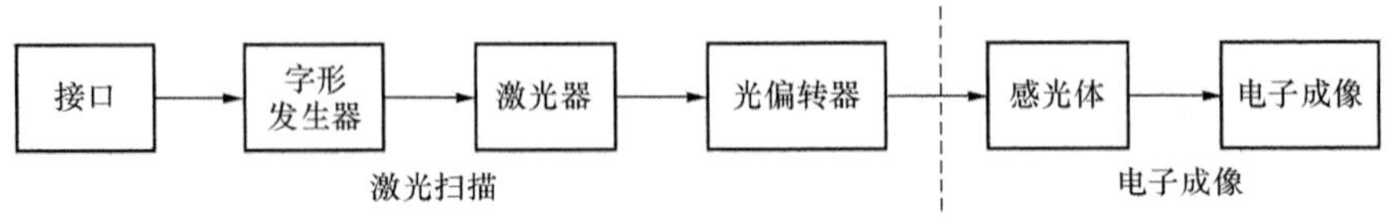

图 8-12 激光打印机的组成

感光鼓是激光打印机的核心，这是一个用铝合金制成的圆筒，其表面镀有一层半导体感光材料，通常是硒，所以又常将它称为硒鼓。激光打印过程分为 6 个步骤：充电、扫描曝光、显影、转印、定影和消除残像，它们都是围绕感光鼓进行的。

（1）充电。对硒鼓进行充电，使其表面均匀地带上正（负）电荷。

（2）扫描曝光。由控制电路控制激光束对硒鼓表面进行扫描照射，在需印出内容的地方关闭激光束，在不需印出的地方打开激光束。随着带正（负）电荷的感光鼓表面的转动，遇有激光源照射时，鼓表面曝光部分变为良导体，产生光电流，使其失去表面电荷。而未曝光的鼓表面仍保留电荷，从而在硒鼓上形成静电“潜像”。

（3）显影。带有“潜像”的硒鼓表面继续运动，通过碳粉盒时，带电荷的部分吸附碳粉，从而在鼓表面显影成可见的字符碳粉图像。

（4）转印。显影的表面同打印纸接触时，在外电场的作用下，碳粉被吸附到纸上，完成图像的转印。

（5）定影。分离后的纸经定影热辊，碳粉在高温和高压下熔化而永久性地粘附在纸上，实现定影而得到最终的输出结果。

（6）消除残像。完成转印后，硒鼓表面还留有残余的电荷和墨粉，先经过放电将电荷中和，然后经过清扫辊除去残留的碳粉。这样，硒鼓便恢复原来的状态，以便进行下次印字。

由于激光束扫描速度可以很高，而且打印输出是随硒鼓转动连续进行的，所以打印速度较快。

8.4.4 喷墨打印机

喷墨式打印机也属于点阵式打印的一种，它的印字原理是使墨水在压力的作用下，从孔径或狭缝尺寸很小的喷嘴喷出，成为飞行速度很高的墨滴，根据字符点阵的需要，对墨滴进行控制，使其在记录纸上形成文字或图形。喷墨打印机的喷墨方式有两种：连续式和随机式。早期的喷墨打印机以及当前大幅面的喷墨打印机采用连续式喷墨技术，当前市场上流行的喷墨打印机普遍采用随机式喷墨技术。

1. 连续式喷墨技术

连续是指连续不断地喷射墨水，首先给墨水加压，使墨水流通过喷嘴连续喷射而粒子化，因为墨水带有正离子，当粒子化的墨水通过高压电场时，就发生偏转，故可用高压电场控制印字。

当带有正离子的墨水由喷嘴喷出后，墨水束粒子化为小水滴，穿进偏转电极，要想印字，此时偏转电极上的电压为零，墨水滴穿过档板的小孔，喷射在记录纸上。如果不希望印字，就在偏转电极上加±400V 的电压，使墨水滴发生偏转，喷射到档板上，经墨水回收管流入废墨水瓶中。连续式喷墨系统具有频率响应高，可实现高速打印等优点，但这种打印机的结构比较复杂，对墨水需要加压装置，终端要有回收装置，在墨水循环过程中需要设置过滤器以过滤混入的杂质和气体。

2. 随机式喷墨技术

随机式喷墨打印机的墨滴只有在需要打印时才从喷嘴中喷出（又称按需式），因而不需要过滤器和复杂的墨水循环系统。由于受射流惯性的影响，墨水的喷射速度低于连续式。为提高喷射速度，喷头一般由多个喷嘴组成，其结构和排列与针式打印机的列印头相似。随机式喷墨打印机又分为压电式和气泡式。

压电式喷墨打印机的喷头内装有墨水，在喷嘴上下两侧各放置有一块压电陶瓷，利用它在电压作用下会发生形变的原理，适时地把电压加到它的上面，使其变形产生压力，挤压喷头喷出墨滴，在输出介质表面形成图案。用压电喷墨技术制作的喷墨打印头成本比较高，为了降低用户的使用成本，一般都将打印头和墨盒作成分离的结构，更换墨水时不必更换打印头。

气泡式打印机在喷头上设置了加热元件。当脉冲作用于加热元件上时，加热元件急速升温，将喷头中的一部分墨汁气化，形成一个具有喷射力量的气泡，并将墨水顶出喷到输出介质表面，形成图案或字符。采用这种技术的打印喷头通常都与墨盒做在一起，更换墨盒时需同时更新打印头。为降低使用成本，在墨盒刚刚用完时，可立即加注专用的墨水，只要方法得当，可以节约不少的耗材费用。

8.5　磁介质存储设备

磁介质存储器是计算机主要的辅助存储器，它是主存的后备和补充，用来存放当前不需立即使用的信息，一旦需要，再与主存成批交换数据。常见的磁介质存储器有软磁盘、硬磁盘、磁带等。本节主要介绍数字磁记录原理和硬盘的基本知识。

8.5.1　磁介质存储原理

1. 磁记录介质和磁头

（1）磁记录介质。在磁介质存储器中，信息是记录在一薄层磁性材料上的，这个薄层称为磁层。磁层与所附着的载体称为记录介质或记录媒体。载体是由非磁性材料制成的。根据载体的性质，可分为软质载体和硬质载体。磁带和软磁盘使用软质载体，一般为聚酯薄膜材料；硬磁盘使用硬质载体，一般为铝合金片。

（2）磁头。磁记录介质上的信息，要通过磁头进行读写。磁头是磁记录设备的关键部件之一，它是一种电磁转换元件。写磁头实现将电脉冲表示的二进制代码转换成磁记录介质上的磁化状态，即电磁转换；读磁头实现将磁记录介质上的磁化状态转换成电脉冲，即磁电转换。

磁头在读写时，可以与磁记录介质接触，也可以不与磁记录介质接触，前者称为接触式磁头，后者称为浮动式磁头。磁带和软盘使用接触式磁头，它的结构简单，但会因磨损而降低磁头与记录介质的使用寿命。硬盘使用浮动式磁头，避免与硬质材料的接触磨损。硬盘读写时，盘片高速地旋转，带动盘面表层气流形成气垫，使质量很轻的磁头浮起，与盘面之间保持一个极小的间隙（几分之一或几十分之一微米），磁头不与盘面直接接触。

磁介质存储器在读写的过程中，磁记录介质与磁头之间相对运动，一般是记录介质运动而磁头不动，磁头只在寻址时移动。

2. *磁介质存储器的读写过程*

（1）读出过程。读出时，磁头线圈不外加电流。当某一磁化单元运动到读磁头下方时，使得磁头中流过的磁通有很大的变化，在读磁头线圈两端产生感应电动势 e。

$$\text{感应电动势} e \propto \frac{\mathrm{d}\Phi}{\mathrm{d}t}$$

e 的极性与磁通变化的极性相反。当磁通 Φ 由小到大变化时，在读磁头线圈中感应产生一个负脉冲；当磁通 Φ 由大到小变化时，则感应产生一个正脉冲。上述脉冲信号经放大、检波、限幅、整形和选通后，获得符合要求的信号。

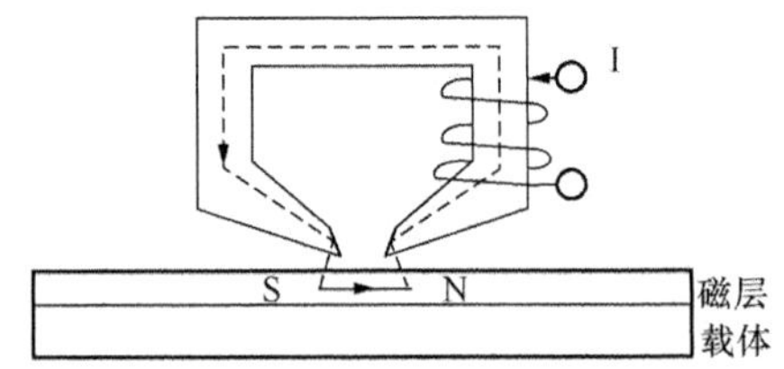

图 8-13　磁层信息的写入

（2）写入过程。磁头对记录介质的写入过程如图 8-13 所示。

在写磁头线圈中通以一定方向的写电流，所产生的磁通将从磁头的头隙进入记录介质，然后流回磁头，形成一个回路，磁头下方的一个局部区域被磁化，形成一个磁化单位或称记录单位，磁通进入的一侧为 S 极，流出的一侧为 N 极，如果写电流足够大，可使磁化区的中心部分达到饱和磁化。当这部分介质移出磁头作用区后，仍将留下足够强的剩磁。在写磁头线圈中通以正、负两个不向方向的写电流，就会产生两种不同的剩磁状态，正好对应二进制信息的“1”和“0”。

3. *磁记录方式*

在进行数字磁记录时，信息的写入是一个电磁转换过程，如何提高磁表面存储器的性能，扩大其存储容量，加快存取速度，除了研究和分析磁记录的物理过程、记录介质和磁头的性能、结构外，还要研究磁记录方式对提高记录密度及可靠性的影响。

磁记录方式是一种编码方式，即按照某种规律将一连串的二进制数字信息变换成记录介质上相应磁通翻转形式。磁记录方式有很多种，常见几种记录方式的写电流波形如图 8-14 所示。其中 T_0 表示位周期。

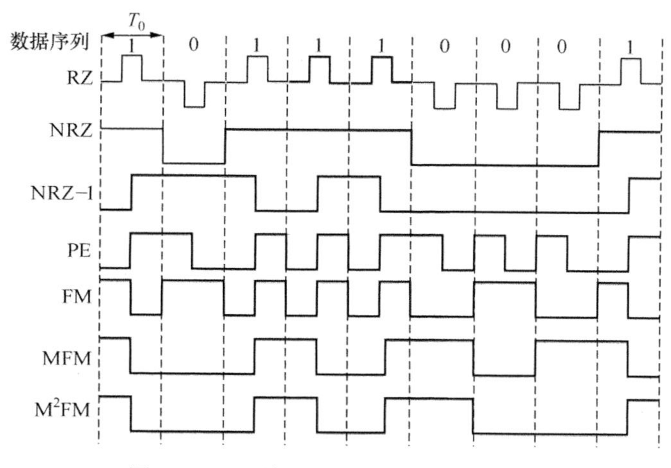

图 8-14　几种记录方式的写电流波形

（1）归零制（RZ）。记录“1”时，写磁头线圈中通以正向脉冲电流；记录“0”时，通以反向脉冲电流。由于脉冲电流均要回到零，故称为归零制。归零制的两个脉冲之间有一段间隔没有电流，相应的这段磁层未被磁化。

（2）不归零制（NRZ）。记录“1”时，写磁头线圈中通以正向电流；记录“0”时，通以反向电流。由于磁头中电流不回到 0，故称为不归零制。如果记录的相邻两位信息相同（即连续记录“1”或“0”）时，写电流方向不变；只有当记录的相邻两位信息不相同（即“0”和“1”交替）时，写电流才改变方向。

（3）不归零-1 制（NRZ-1）。这是一种改进的不归零制，记录“1”时，在位周期中间写电流改变方向；而记录“0”时，写电流方向维持不变，所以称之为见“1”就翻的不归零制。

上述 3 种编码方式，适应记录密度较低的场合。

（4）调相制（PE）。这种记录方式又称相位编码方式。它采用 0° 和 180° 相位的不同，分别表示“1”或“0”。它的编码规则是：记录“1”时，写电流在位周期中间由负变正；记录“0”时，写电流在位周期中间由正变负。当连续出现两个或两个以上“1”或“0”时，为了维持上述原则，在位周期的边界上也要翻转一次。这种记录方式常用在磁带机中。

（5）调频制（FM）。调频制是根据写电流的频率来区分记录“1”或“0”的。记录“1”时，写电流在位周期中间和边界各改变一次方向；记录“0”时，写电流仅在位周期边界改变一次方向。因此，记录“1”的磁通翻转频率为记录“0”时的两倍，故又称倍频制。若以 T_0 表示位周期，则调频制的磁通翻转间距为 $0.5T_0$ 和 T_0。这种记录方式主要应用于早期的硬磁盘机和单密度软磁盘机中。

（6）改进的调频制（MFM）。MFM 制是在 FM 基础上改进的一种记录方式，又称为延迟调制码或密勒码。编码规则是：记录“1”时，写电流在位周期中间改变方向；单独记录一个“0”时，写电流不改变方向；记录连续两个“0”时，写电流在位周期边界改变方向。

MFM 制的磁通翻转间距有 3 种，T_0、$1.5T_0$、$2T_0$，对应于 3 种不同的频率，所以又称为三频制。MFM 制的磁通翻转密度低于 FM 制，MFM 制的最小磁通翻转间距为 T_0，FM

为 0.5T_0，因此，MFM 制少于 FM 制的磁通翻转数目，使之在相同数量的磁通翻转上存储两倍的数据。这种记录方式广泛应用于硬磁盘机和倍密度软磁盘机上。

（7）改进的改进型调频制（M^2FM）。M^2FM 制是改进的 MFM 制方式。其编码规则是：记录“1”时，写电流在位周期中间改变方向；记录单独一个“0”时，写电流不改变方向；记录连续的两个“0”时，写电流在第二个“0”起始的位周期边界处改变方向；记录连续多个“0”时，写电流在前两个“0”的位周期边界处改变方向；以后每隔两个“0”，在位周期边界处写电流再改变一次方向。

M^2FM 制的磁通翻转间距有 4 种：T_0、1.5T_0、2T_0、2.5T_0，对应于 4 种不同的频率，所以又称为四频制。M^2FM 曾在软盘机和一些特殊用途的数字磁带机中使用。

上述（4）～（7）的编码方式又称为按位编码记录方式。

除此之外，还有成组编码记录方式。如硬盘中最流行的编码方式为游程长度受限（RLL）码，它的记录密度是调频制的 3 倍。RLL 码通常每次编码一组数据而不是单个数据。目前只有 RLL 2,7 和 RLL 1,7 两种编码得到普及使用。

8.5.2 磁介质存储器的性能指标

1. 记录（存储）密度

记录密度是指磁介质存储器上单位长度或单位面积上所存储的二进制信息量。通常以道密度和位密度表示，也可以用两者的乘积（面密度）来表示。

（1）道密度。道密度又叫横向密度，是指垂直于磁道方向上单位长度中的磁道数目，道密度的单位是道/in（Tracks Per Inch，TPI）或道/mm（Tracks Per Millimeter，TPM）。

磁道指的是磁头写入磁场在记录介质上形成的磁化轨迹。磁道具有一定的宽度，它取决于磁头结构、磁头定位精度等因素，为了避免干扰，磁道和磁道间要保持一定的距离。相邻两条磁道中心线之间的距离叫做道距。

（2）位密度。位密度又叫纵向密度，是指沿磁道方向单位长度所记录的二进制信息的位数。位密度的单位是位/in 或位/mm。

2. 存储容量

存储容量是指整个磁介质存储器所能存储的二进制信息的总量，一般以字节为单位表示。存储容量与存储介质的尺寸和记录密度直接相关。

磁介质存储器的存储存量有格式化容量和非格式化容量两种指标。非格式化容量是指磁记录介质上全部的磁化单元数；格式化容量是指用户实际可以使用的存储容量，也就是制造商给出的标称容星。格式化容量一般约为非格式化容量的 60%～70%。

3. 平均存取时间

磁头接到读/写命令，从原来的位置移动到指定位置，并完成读/写操作的时间叫存取时间。对磁带来说，由于其采用顺序存取方式，没有寻找磁道的问题，故只需考虑磁头等待记录块的等待时间和信息的读/写操作时间。对磁盘来说，由于其采用直接存取方式，存取时间主要包括 3 部分：一是磁头从原先位置移动到目的磁道所需要的时间，称为定位时间或寻道时间（T_s）；二是指磁头到达目的磁道后，记录块移动到磁头下方的时间，称为等待时间（T_w）；三是读写时间（T_{wr}）。由于寻找不同的磁道和等待不同的记录块的时间是不同的，因此磁盘的存取时间取平均值，即

$$T_a = T_s + T_w + T_{wr} \approx (T_{smin} + T_{smax})/2 + (T_{wmin} + T_{wmax})/2 + T_{wr}$$

T_a：平均存取时间；T_s：平均寻道时间；T_w：平均等待时间；T_{smin}：最小寻道时间；T_{smax}：最大寻道时间；T_{wmin}：最小等待时间；T_{wmax}：最大等待时间；T_{wr}：读写时间。由于 T_{wr} 相对于 T_s、T_w 小得多，可以忽略。

4. 数据传输率

磁介质存储器在单位时间内向主机传送数据的位数或字节数，称为数据传输率，单位为 b/s 或 B/s。数据传输率（D_r）与记录密度（D）和磁记录介质通过磁头时的速度（v）相关。

$$D_r = D \times v$$

记录密度 D 的取值如下：对于单道存储的装置（如磁盘）为位密度；对于多道存储的装置（如磁带）则为位密度与磁道数之乘积。速度 v 的取值如下：对磁带为走带速度；对磁盘为记录介质通过磁头时的线速度。

5. 误码率

误码率是衡量磁介质存储器出错概率的参数，它等于读出的出错信息位数和读出总的信息位数之比。

读出错误有硬错误和软错误之分。硬错误又称不可恢复的错误，它是由于记录介质存在缺陷等原因引起的；软错误又称可恢复的错误，它是由偶尔落入记录介质和读写磁头之间的尘埃或电磁干扰引起的，可用重复的读操作来改正。

8.5.3　硬盘存储器

1. 硬盘的基本结构与分类

（1）硬盘的基本结构。自 1956 年美国 IBM 公司研制出第一个商品化的硬磁盘机以来，硬盘在计算机系统中的地位越来越重要，硬盘的容量越来越大，读写速度越来越快，成为计算机系统不可缺少的辅助存储设备。硬盘存储器的硬件包括硬盘控制器（适配器）、硬盘驱动器以及连接电缆。硬盘控制器（HDC）对硬盘进行管理，并在主机和硬盘之间传送数据。硬盘控制器以适配卡的形式插在主板上或者直接集成在主板上，然后通过电缆与硬盘驱动器相连。许多新型硬盘则已将控制器集成到驱动器单元之中。硬盘驱动器（HDD）中有盘片、磁头、主轴电机、磁头定位机构、读写电路和控制逻辑等。

为了提高单台驱动器的存储容量，在硬盘驱动器内使用了多个盘片，它们被叠装在主轴上，构成一个盘组；每个盘片的两面都可用作记录面，所以一个硬盘的存储容量又称为盘组容量。

（2）硬盘的分类。

1）根据磁头与盘片是否是一个密封的整体，硬盘存储器可分为温彻斯特盘和非温彻斯特两类。

温彻斯特盘是根据温彻斯特技术设计制造的，它的主要特点是磁头、盘片、磁头定位机构、主轴，甚至连读/写驱动电路等都被密封在一个盘盒内，构成一个磁盘组合体。这个

组合体不可随意拆卸，它的防尘性能好，可靠性高，对使用环境要求不高。而非温式磁盘的磁头和盘片等不是密封的，因此要求有超静的使用环境，只能用于中型、大型计算机机房中。

2）根据磁头是否可移动，硬盘存储器可分为固定头硬盘和活动头硬盘两类。

固定头硬盘机中，每个磁道对应一个磁头。工作时，磁头无径向移动，因此，省去了磁头寻找磁道的时间。固定头硬盘机的特点是存取速度快，磁头处于加载工作状态即可开始读写，但由于磁头太多，使磁盘的道密度不可能很高，而整个磁盘机的造价却比较高。

活动头硬盘机中，每个盘面上只有一个读/写头，安装在读写臂上，当需要在不同磁道上读写时，要驱动读写臂沿盘面作径向移动。由于增加了寻道时间，所以其存取时间比固定头硬盘机要长。

2. 硬盘驱动器

目前常用的硬盘驱动器都是采用温切斯特技术，这类硬盘又称温盘。

磁盘驱动器是一种精密的电子机械装置，每个部件的加工和安装都有严格的技术要求，如对温盘的组装需要超净的环境。各类磁盘驱动器的机构基本相同，包括磁头定位驱动系统、主轴系统与数据控制系统。

（1）磁头定位驱动系统。磁头定位驱动系统由驱动部件和运载部件组成，其作用是驱动磁头（由运载部件完成）沿盘面径向移动寻道（进入指定磁道的中心位置）并精确定位。

定位驱动系统的驱动方式有步进电机驱动和音圈电机驱动两种。步进电机驱动机构的结构紧凑、控制简单，但是整个定位系统是开环控制，不稳定。步进电机靠脉冲信号驱动，定位精度较低，且寻道时间较长。这种驱动方式一般用于软盘驱动器和道密度不高，容量较小的硬磁盘驱动器中。

目前，较先进的磁盘驱动器普遍采用音圈电机和伺服盘定位。音圈电机是线性电机，可以直接驱动磁头作直线运动。整个驱动系统是一个带有速度和位置反馈的闭环调节的自动控制系统，驱动速度快，定位精度高。

（2）主轴系统和数据控制系统。主轴系统的作用是安装盘片，并驱动它们以额定转速稳定旋转，它的主要部件是主轴电机和有关控制电路。

数据控制系统的作用是控制数据的写入与读出，它包括磁头、磁头选择电路、读写电路和索引区标电路等。

3. 硬盘控制器与接口

磁盘控制器是主机与磁盘驱动器之间的接口。由于辅助存储器是快速的外部设备，与主机之间的数据交换是成批进行的。为了保证数据传输的正确性，需要采用 DMA 控制方式。作为主机与驱动器之间交接部件的控制器，需要有两个方向的接口，一个是与主机的接口，用于控制主机总线与辅存之间交换数据；另一个是与设备的接口，用于根据主机的命令控制设备的操作。前者称为系统级接口，后者称为设备级接口。

磁盘控制器与主机之间的交换面是比较清楚的，控制器只和主机系统总线打交道，数据的发送与接收均通过主机总线进行。但控制器与驱动器之间的任务分工比较模糊。到底哪些工作由驱动器完成，哪些工作由控制器完成，没有严格的定义，即控制器和驱动器之间没有明确的界限。

主机与磁盘驱动器之间交换数据的控制逻辑如图 8-15 所示。

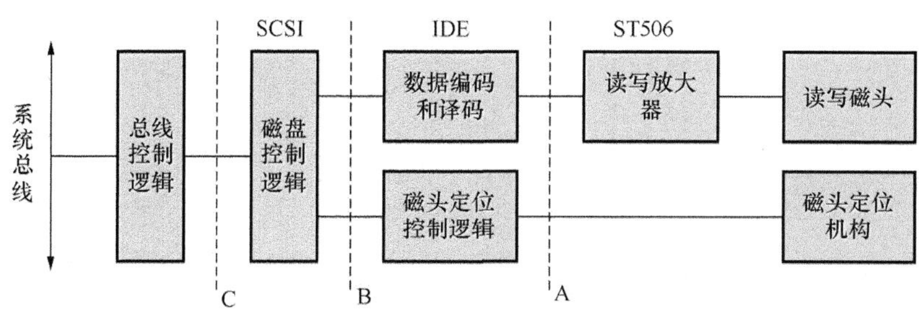

图 8-15　硬盘控制逻辑

磁盘上的信息经磁头读出以后，首先经过读出放大器，然后进行数据与时钟的分离，再作串行/并行转换、格式转换、最后送入数据缓冲器，经 DMA 控制将数据传输到主机总线。控制器和驱动器之间的交界面可以设在图中的 A 处，驱动器只完成读写和放大，数据分离和以后的控制以及逻辑共同构成磁盘控制器，ST506/412 接口就是这种方式。如果将交界面设在 B 处，则在驱动器上要完成数据分离和编码译码操作，然后再将数据传到控制器，这时磁盘控制器由串/并转换、格式控制和 DMA 控制的逻辑构成。属于这种方式的接口有 IDE。第三种方式是将接口的交界面设在 C 处，磁盘控制器的功能转移到设备中，主机与设备之间采用标准的通用接口，SCSI 接口就是这种形式。现在的趋势是逐渐采用后两种形式，因为这样可以增强设备的功能，使设备相对独立。

（1）ST506/412 接口。1980 年 Seagate Technology 公司生产了第一台 5.25in 小型温盘 ST506，ST506 逐渐成为一种标准。微型计算机上使用的各种容量的硬磁盘基本上都采用了这种接口。ST506 是插在 PC 机总线上的一块电路板，ST506 接口有两组信号线，一组为 34 条命令线，另一组是 20 条数据线。

在 ST506 的基础上，又提出了 ST 412HP 高性能接口，使传输率得到了提高，记录面数增加到 16 个，支持 16 个磁头。

（2）IDE 接口。IDE（Integrated Drive Electronics）的本意实际上是指把控制器与盘体集成在一起的硬盘驱动器，IDE 接口也叫 ATA（Advanced Technology Attachment）接口，现在 PC 机使用的硬盘大多数都是 IDE 兼容的，只需用一根电缆将它们与主板或接口卡连起来就可以了。

把盘体与控制器集成在一起的做法减少了硬盘接口的电缆数目与长度，数据传输的可靠性得到了增强，硬盘制造起来变得更容易，因为厂商不需要再担心自己的硬盘是否与其他厂商生产的控制器兼容，对用户而言，硬盘安装起来也更为方便。

（3）SCSI 接口。SCSI 是一种与 IDE 完全不同的接口，它不是专门为硬盘设计的，而是一种总线型的系统级接口，最多可连接 8 台设备，具有异步和同步两种数据传输方式。异步方式数据传输率为 1.5MB/s，同步方式则可达 10MB/s。SCSI 支持高速数据传输，需要驱动器的智能比 IDE 接口要高些。目前，许多硬盘生产厂家采用这种高性能的接口模式，并将硬盘控制器集成到硬盘驱动器电路板上，使得硬盘性能有了很大提高。

4. 硬盘的信息分布和磁盘地址

在硬盘中信息分布呈以下层次：记录面、柱面、磁道和扇区，如图 8-16 所示。

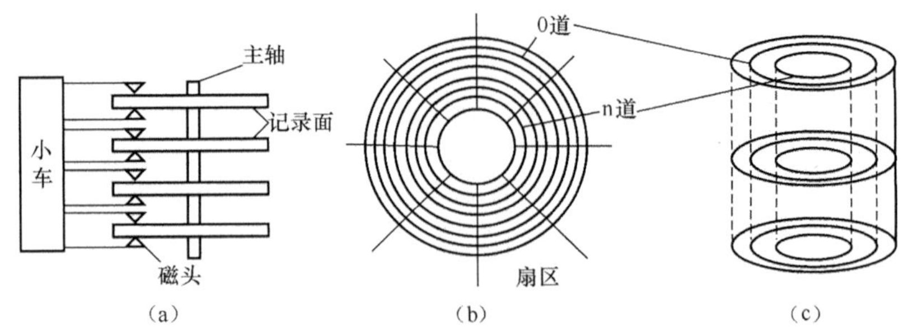

图 8-16 磁盘的信息分布

（1）记录面。一台硬盘驱动器中有多个盘片，每个盘片有两个记录面，每个记录面对应一个磁头，所以记录面号就是磁头号，如图 8-16（a）所示。所有的磁头安装在一个公用的传动设备（小车）所有的盘片固定在主轴上，磁头一致地沿盘面径向移动，单个磁头不能单独地移动。

（2）磁道。在记录面上，一条条磁道形成一组同心圆，最外圈的磁道为 0 号，往内磁道号逐步增加，如图 8-16（b）所示。

（3）柱面。在一个盘组中，各记录面上相同编号（位置）的诸磁道构成一个圆柱面，简称为柱面，如图 8-16（c）所示。例如，某驱动器有 4 片 8 面，则 8 个 0 号磁道构成 0 号柱面，8 个 1 号磁道构成 1 号柱面。硬盘的柱面数就等于一个记录面上的磁道数，柱面号就是对应的磁道号。

引入柱面的概念是为了提高硬盘的存储速度。当主机要存入一个较长的文件时，若一条磁道存不完，就需要存放在几条磁道上。这时应选择位于同一记录面上的几条磁道，还是选择同一圆柱面上的几条磁道呢？如果选择同一记录面上的不同磁道，则每次换道时都要进行磁头定位操作，速度较慢。如果选择同一圆柱面上的不同磁道，则由于各记录面的磁头已同时定位，换道的时间只是磁头选择电路的译码时间，相对于定位操作可以忽略不计，所以在存入文件时，应首先将一个文件尽可能地存放在同一圆柱面中。如果仍存放不完，再存入相邻的圆柱面内。

（4）扇区。通常将一条磁道划分为若干个段，每个段称为一个扇区或扇段，每个扇区存放一个定长信息块（如 512 个字节），如图 8-16（b）所示。一条磁道划分多少扇区、每个扇区可存放多少字节，一般由操作系统决定。

（5）磁盘地址。主机向磁盘控制器送出有关寻址信息，磁盘地址一般表示为：

驱动器号，圆柱面（磁道）号，记录面（磁头）号，扇区号

通常，主机通过一个硬盘控制器可以连接几台硬盘驱动器，所以需送出驱动器号。调用磁盘常以文件为单位，故寻址信息一般应当给出文件起始位置所在的圆柱面号与记录面号、起始扇区号，并给出扇区数（数据读写量）。

【例 8-2】磁盘组有 8 片磁盘，每片有两个记录面，最上最下两个面不用，存储区域内

径 22cm，外径 33 cm。道密度为 50 道/cm，内层位密度 400 位/cm，转速 2400r/min。

问：

（1）共有多少柱面？

（2）盘组总存储容量是多少？

（3）数据传输率多少？

（4）如果文件长度超过一个磁道的容量，应将它记录在同一个存储面上，还是记录在同一个柱面上？

（5）如果采用定长数据块记录格式，直接寻址的最小单为一个扇区（512B），寻址命令中如何表示磁盘地址？

解：

（1）有效存储区域＝16.5－11＝5.5（cm）

因为道密度＝40 道/cm，所以：

40×5.5＝220 道，即共有 220 个柱面。

（2）内层磁道周长为 2ЛR＝2×3.14×11＝69.08（cm）

每道信息量＝400 位 / cm×69.08cm＝27632 位＝3454B

每面信息量＝3454B×220＝759880B

盘组总容量＝7598800×12＝91185600B

（3）磁盘数据传输率 $D_r=rN=40\times3454=138160$B/s

N 为每条磁道容量，r 为磁盘转速，r＝2400r/60s＝40r/s

$D_r=rN=40\times3454=138160$B/s

（4）如果某文件长度超过一个磁道的容量，应将它记录在同一个柱面上，因为不需要重新寻道，数据读/写速度快。

（5）可表示如下：

17　　　16	15　　　8	7　　　4	3　　　0
磁盘机号	柱面（磁道）号	盘面（磁头）号	扇区号

此地址格式表示有 4 台磁盘机，每台有 16 个记录面，每面有 256 个磁道，每道有 15 个扇区。

8.5.4　磁盘阵列

在计算机发展的初期，“大容量”硬盘的价格还相当高，解决数据存储安全性问题的主要方法是使用磁带机等设备进行备份，这种方法虽然可以保证数据的安全，但查阅和备份工作都相当繁琐。

1987 年，Patterson、Gibson 和 Katz 三位工程师在加州大学伯克利分校发表了题为《A Case of Redundant Array of Inexpensive Disks（廉价磁盘冗余阵列方案）》的论文，其基本思想就是将多个容量较小的、相对廉价的硬盘驱动器进行有机组合，使其性能超过一个昂贵的大硬盘。这一设计思想很快被接受，从此 RAID 技术得到了广泛应用，数据存储进入了更快速、更安全、更廉价的新时代。

直观上可以把磁盘阵列理解成一种使用磁盘驱动器的方法，即将一组磁盘驱动器用某种逻辑方式联系在一起，作为逻辑上的一个磁盘驱动器使用。一般情况下，磁盘阵列的容量小于组成阵列的各磁盘容量之和。

磁盘阵列的具体实现可以用硬件也可以用软件来实现。Windows NT 提供软件 RAID 功能。

RAID 主要优点有：

（1）成本低，功耗小，传输速率高。在 RAID 中，可以让很多磁盘驱动器同时传输数据，而这些磁盘驱动器逻辑上又是一个磁盘驱动器，所以使用 RAID 可以达到单个磁盘驱动器的几倍、几十倍甚至更高的速率。

（2）提供容错功能。RAID 的容错是建立在每个磁盘驱动器的硬件容错功能之上的，所以它比单个的磁盘具有更高的安全性。

（3）和传统的大直径磁盘驱动器相比，在同样的容量下，价格要低许多。

RAID 技术主要包含 RAID 0～RAID 7 等数个规范，它们的侧重点各不相同，常见的规范有如下几种：

①RAID 0：RAID 0 连续以位或字节为单位分割数据，并行读/写于多个磁盘上，因此具有很高的数据传输率，但它没有数据冗余，因此并不能算是真正的 RAID 结构。RAID 0 只是单纯地提高性能，并没有为数据的可靠性提供保证，而且其中的一个磁盘失效将影响到所有数据。因此，RAID 0 不能应用于数据安全性要求高的场合。

②RAID 1：它是通过磁盘数据镜像实现数据冗余，在成对的独立磁盘上产生互为备份的数据。当原始数据繁忙时，可直接从镜像拷贝中读取数据，因此 RAID 1 可以提高读取性能。RAID 1 是磁盘阵列中单位成本最高的，但提供了很高的数据安全性和可用性。当一个磁盘失效时，系统可以自动切换到镜像磁盘上读写，而不需要重组失效的数据。

③RAID 0＋1：也被称为 RAID 10 标准，实际是 RAID 0 和 RAID 1 标准结合的产物，在连续地以位或字节为单位分割数据并且并行读/写多个磁盘的同时，为每一块磁盘作磁盘镜像进行冗余。它的优点是同时拥有 RAID 0 的超凡速度和 RAID 1 的数据高可靠性，但是 CPU 占用率较高，磁盘的利用率较低。

④RAID 2：将数据条块化地分布于不同的硬盘上，条块单位为位或字节，并使用称为“加重平均纠错码（海明码）”的编码技术来提供错误检查及恢复。这种编码技术需要多个磁盘存放检查及恢复信息，使得 RAID 2 技术实施更复杂，因此在商业环境中很少使用。

⑤RAID 3：它同 RAID 2 非常类似，都是将数据条块化分布于不同的硬盘上，区别在于 RAID 3 使用简单的奇偶校验，并用单块磁盘存放奇偶校验信息。如果一块磁盘失效，奇偶盘及其他数据盘可以重新产生数据；如果奇偶盘失效则不影响数据使用。RAID 3 对于大量的连续数据可提供很好的传输率，但对于随机数据来说，奇偶盘会成为写操作的瓶颈。

⑥RAID 4：RAID 4 同样也将数据条块化并分布于不同的磁盘上，但条块单位为块或记录。RAID 4 使用一块磁盘作为奇偶校验盘，每次写操作都需要访问奇偶盘，这时奇偶校验盘会成为写操作的瓶颈，因此 RAID 4 在商业环境中也很少使用。

⑦RAID 5：RAID 5 不单独指定奇偶盘，而是在所有磁盘上交叉地存取数据及奇偶校验信息。在 RAID 5 上，读/写指针可同时对阵列设备进行操作，提供了更高的数据流量。RAID 5 更适合于小数据块和随机读写的数据。RAID 3 与 RAID 5 相比，最主要的区别在于 RAID 3 每进行一次数据传输就需涉及所有的阵列盘，而对于 RAID 5 来说，大部分数据传输只对一块磁盘操作，并可进行并行操作。在 RAID 5 中有“写损失”，即每一次写操作将产生 4 个实际的读/写操作，其中两次读旧的数据及奇偶信息，两次写新的数据及奇偶信息。

⑧RAID 6：与 RAID 5 相比，RAID 6 增加了第二个独立的奇偶校验信息块。两个独立的奇偶系统使用不同的算法，数据的可靠性非常高，即使两块磁盘同时失效也不会影响数据的使用。但 RAID 6 需要分配给奇偶校验信息更大的磁盘空间，相对于 RAID 5 有更大的“写损失”，因此“写性能”非常差。较差的性能和复杂的实施方式使得 RAID 6 很少得到实际应用。

⑨RAID 7：这是一种新的 RAID 标准，其自身带有智能化实时操作系统和用于存储管理的软件工具，可完全独立于主机运行，不占用主机 CPU 资源。RAID 7 可以看作是一种存储计算机（Storage Computer），它与其他 RAID 标准有明显区别。除了以上的各种标准，我们可以像 RAID 0＋1 那样结合多种 RAID 规范来构筑所需的 RAID 阵列，例如 RAID 5＋3（RAID 53）就是一种应用较为广泛的阵列形式。用户一般可以通过灵活配置磁盘阵列来获得更符合要求的磁盘存储系统。

开始时，RAID 方案主要针对 SCSI 硬盘系统，系统成本比较昂贵。1993 年，HighPoint 公司推出了第一款 IDE-RAID 控制芯片，能够利用相对廉价的 IDE 硬盘来组建 RAID 系统，从而大大降低了 RAID 的“门槛”。在花费相对较少的情况下，RAID 技术可以使个人用户也享受到成倍的磁盘速度提升和更高的数据安全性，现在个人电脑市场上的 IDE-RAID 控制芯片主要出自 HighPoint 和 Promise 公司，此外还有一部分来自 AMI 公司。

面向个人用户的 IDE-RAID 芯片一般只提供了 RAID 0、RAID 1 和 RAID 0＋1（RAID 10）等 RAID 规范的支持，虽然它们在技术上无法与商用系统相提并论，但是对普通用户而言其提供的速度提升和安全保证已经足够了。随着硬盘接口传输率的不断提高，IDE-RAID 芯片也不断地更新换代，芯片市场上的主流芯片已经全部支持 ATA 100 标准，而 HighPoint 公司新推出的 HPT 372 芯片和 Promise 最新的 PDC20276 芯片，甚至已经可以支持 ATA 133 标准的 IDE 硬盘。在主板厂商竞争加剧、个人电脑用户要求逐渐提高的今天，在主板上板载 RAID 芯片的厂商已经不在少数，用户完全可以不用购置 RAID 卡，直接组建自己的磁盘阵列，感受磁盘狂飙的速度。

8.6 光盘存储器

相对于利用磁通变化和磁化电流进行读写的磁盘而言，用光学方式读写信息的圆盘称为光盘，以光盘为存储介质的存储器称为光盘存储器。

8.6.1 光盘存储器的类型

根据性能和用途的不同，光盘存储器可分为 4 种类型。

（1）CD-ROM 光盘。CD-ROM（Compact Disc Read Only Memory）称为只读型光盘，又称固定型光盘。它由生产厂家预先写入数据和程序，使用时用户只能读出，不能修改或写入新内容。

（2）CD-R 光盘。CD-R 光盘采用 WORM（Write One Read Many）标准，光盘可由用户写入信息，写后可以多次读出，但只能写入一次，信息写入后将不能再修改，CD-R 又称为只写一次性光盘。

（3）CD-RW 光盘。这种光盘是可以写入、擦除、重写的可逆性记录光盘。

（4）DVD-ROM 光盘。DVD 代表通用数字化多功能光盘（Digital Versatile Disc），简称高容量 CD。事实上，任何 DVD-ROM 光驱都是 CD-ROM 光驱，即这类光驱既能读取 CD 光盘，也能读取 DVD 光盘。

8.6.2 光盘存储器的组成与工作原理

1. 光盘存储器的组成

光盘存储器由光盘控制器、光盘驱动器和接口组成。

光盘控制器主要包括数据输入缓冲器、记录格式器、编码器、读出格式器和数据输出缓冲器组成。

光盘驱动器主要包括主轴电机驱动机构、定位机构、光头装置和电路等。其中光头装置部分最复杂，是光盘驱动器的关键部分。

光盘驱动器的接口和硬盘的接口是一样的，常用的是 IDE 接口，也有使用 SCSI 接口的光盘驱动器。

光盘片是指整个盘片，包括光盘的基片和记录介质。基片一般采用聚碳酸酯晶片制成，是一种耐热的有机玻璃。各种光盘从表面上看是一张 120mm 直径的盘片，中心有一个供固定用的 15mm 直径小圆孔，环孔中心半径 13.5mm 范围内和盘片外沿 1mm 内是空白区，真正存放数据的便是中间一段宽度为 38mm 的环形区域。它们的不同之处主要是这些光盘的记录层（用于记录数据）的化学成分存在差异。

2. CD-ROM 光盘的制作和读取

CD-ROM 光盘是采用母盘灌制的方法大批量生产的。首先用事先编制好的程序控制激光刻片机，对一张玻璃基板进行蚀刻，将要存储的数据内容在玻璃基板上形成一个个数据凹痕，这个制作完成的玻璃基板就是大量压制 CD-ROM 光盘的模具。模具制作完成之后，用聚碳酸酯熔液倒入模具中，冷却后便形成具有同玻璃基板相应凹槽的基片，在其表面喷有一层厚度约为 50nm 的铝质反光涂料，通常将它称为反射层，其作用是将读取数据的激光反射给接收装置。此外还须覆盖一层起保护作用的透明基片，这样盘片的制作就完成了。

CD-ROM 光盘上有一条从内向外的有凹痕和平坦表面相互交替而组成的连续的螺旋形路径，这点和硬盘磁道不同，它不是同心磁道构成的，而是一条记录线。数据和程序都是以刻痕的形式保存在盘片上的。当一束激光照射在盘面上，靠盘面上有无凹痕的不同反射率来读出程序和数据。一片 CD-ROM 盘存储容量可达 600MB。由于数据是按内螺旋线的规律顺序存放在盘上的，不能像磁盘驱动器那样读取文件的每个扇区，所以读出速度较慢。

当光驱读取这些盘片时，激光头射出的激光束在穿过表面的透明基片后，直接聚焦在盘片反射层上，被反射回来的激光会被光感应器检测到。每当激光通过凹痕时，光强会发生变化，代表读取到数据“1”；而激光通过平坦表面时光强不发生变化，则代表读取到数据“0”。光驱的信号接收系统则负责把这种光强的变化转换成相应的电信号再传送到系统总线，从而实现数据的读取。

3. CD-R 光盘的读写原理

CD-R 光盘的写入是利用聚焦成 1μm 左右的激光束的热能，使记录介质表面的形状发生永久性变化而完成的，所以只能写入一次，不能抹除和改写。

计算机送来的数据，先在光盘控制器内调制成记录序列，然后变成相应的记录脉冲信号。该脉冲信号在电流驱动电路内变为电流，送到激光器。激光器以 20mW 左右的功率发光，并聚焦成 1μm 左右的微小光点，落在记录介质表面上，CD-R 光盘上有一个有机染料刻录层，激光可以对该层的一个微小的区域加热，烧透染料层使其不透明，即打出一个微米级的凹坑。有凹坑代表写入“1”，无凹坑代表写入“0”。

读出时，用比写入功率低的激光束（约几毫瓦），连续照射在光盘上。由于有凹坑处的反射光弱，无凹坑处的反射光强，根据这一原理，当激光照射到光盘后，由光检测器将介质表面反射率的变化转变为电信号，经过数据检测、译码后送入到计算机中，即可读出光盘上记录的信息。由于读出光束的功率仅是写入光束功率的 1/10，因此不会融出新的凹坑。

4. CD-RW 光盘的读写原理

CD-RW 光盘是利用激光照射引起记录介质的可逆性物理变化来进行读写的，光盘上有一个相位变化刻录层，所以 CD-RW 光盘又称为相变光盘。

相变光盘的读写原理是利用存储介质的晶态、非晶态可逆转换，引起对入射激光束不同强度的反射（或折射），形成信息一一对应的关系。

写入时，利用高功率的激光聚焦到记录介质表面的一个微小区域，使这个区域内的记录介质达到熔点，并在激光束离开瞬间骤冷转变为非晶态，信息即被写入。

读出时，由于晶态和非晶态对入射激光束存在不同的反射和折射率，利用已记录信息区域的反射与周围未发生晶态改变区域的反射之间存在着明显反差的效应，将所记录的信息读出。

擦除时，利用适当波长和功率的激光作用于记录信息点，使该点温度介于材料的熔点和非晶态转变温度之间，使之产生重结晶而恢复到晶态，完成擦除功能。

可写的 CD-R、CD-RW 的母盘灌制过程大致是相同的，它们也都是采用激光刻片机蚀刻玻璃基板。不过因为没有存放数据，对玻璃基板不作凹槽的蚀刻，而只是利用程序的精密控制来刻出螺旋状轨迹。模具制造完成后再用聚碳酸酯生产塑胶基片，喷上铝或钛的反射涂层。为了实现数据写入，CD-R 和 CD-RW 盘片还必须再喷除上一层对激光敏感的化学物质，当 CD-R 和 CD-RW 刻写数据时，高强度的激光会令这些物质发生物理变形或化学变性，产生许多存储数据的凹痕或突起，以此实现数据的写入。

8.6.3 光盘驱动器

1. CD-ROM 驱动器

自 1982 年第一台 CD-ROM 驱动器问世以来，数据传输率已经成为其更新换代的主要标志。数据传输率是以 150KB/s 为基准成倍增加的。一般把 150KB/s 传输率的光驱称为单倍速光驱，而把 300KB/s 传输率的光驱称为双倍速光驱，以此类推，目前市场上的 CD-ROM 光驱的传输率已达 52 倍速甚至更高。

光驱除了数据传输率高之外，还要有足够的数据缓冲区，数据缓冲区大的光驱在读小型文件和随机文件时，效果是非常明显的。

2. CD-R 驱动器

CD-R 驱动器可以对光盘写入，因此也称为光盘刻录机。光盘刻录机的速度有读取速度和写入速度，而后者才是刻录机的重要技术指标。在实际的读取和写入时，由于光盘的质量和烧录的稳定度下降，读取的速度会下降，烧录的速度也会下降。此外，缓冲区的大小也是衡量刻录机的重要指标之一，因为在烧录时数据要先写入缓冲区再去烧录，如果缓冲区中的数据用完了，而后面的数据又没有能及时补充上来，烧录就要失败，所以，缓冲区越大，烧录的成功率就越高，目前市场上光盘刻录机的缓冲区一般在 512KB～2MB 之间。

3. CD-RW 驱动器

第一个 CD-RW 驱动器标注为 2/2/6，即其刻录速率为 2 倍速，重写速度为 2 倍速，读取速率为 6 倍速，目前已经有 20/10/40 的版本出现。

CD-RW 驱动器可代替大部分的 CD-R 驱动器，因为 CD-RW 驱动器与 CD-R 完全兼容，能以同样的能力读/写通用的 CD-R 介质。CD-RW 光盘的烧制或刻录的方式也与 CD-R 光盘相同，主要区别在于 CD-RW 上的信息可以被擦除掉而允许多次重写，重写次数可以达 1000 多次。

4. DVD

DVD 采用与 CD 类似的技术，两种盘具有同样的尺寸。CD-ROM 最多可以容纳 737MB 数据，而 DVD 的单面盘就可以存储 4.7GB（单层）到 8.5GB（双层）容量的数据，是 CD 容量的 11.5 倍。DVD 利用 MPEG-2 标准进行压缩后，在单面单层光盘上可存放 133min 的视频信息，单面双层光盘上存放 240min 以上的视频数据。双面 DVD 的容量是上述值的两倍（双面单层容量为 9.4GB，双面双层容量为 17GB），不过目前要读取另一盘面，还需要手工将其翻转过来。

DVD 每面可以有两层用来刻录数据，每一层单独压制，然后结合到一起最终形成 1.2mm 厚的光盘，与 CD 一样，DVD 每一层都是以单一的螺旋形路径的形式印制，从光盘的最里端开始向外环绕。螺旋形路径上包含与 CD 中相同的凹痕和平地。每一层都覆盖一层反射激光的金属膜；外层的金属膜较薄，以便激光穿过它读取里层的数据。

从盘上读信息是将一个低能的激光束从光盘上各层的反射层反射回来的过程。激光从盘的下方发射一束激光，如果该激光反射回来，光敏接收器就会感应到，如果激光遇到的是平地，它就会被反射回来，如果激光遇到的是凹陷，就没有激光返回。

DVD-ROM 的读取过程与 CD-ROM 相似，只是 DVD 驱动器采用了波长更短的激光束来读取数据。通过使用光盘的两个面，可以使 DVD 的初始容量加倍，还可通过在每个面上增加另一数据层，使容量再得到加倍。第二数据层刻写在第一数据层下面一个单独基片上，第一层允许激光部分地穿透本层的基片。将激光聚焦在两个基片之一上，光驱可在相同的表面区域上读取约两倍的数据。

DVD 驱动器的标准传输速率为 1.3MB/s，近似等于 CD-ROM 驱动器标准传输速率的 9 倍。典型的访问时间在 150～200ms 范围内，其突发传输速率可达 12MB/s 或更高。DVD 驱动器的实际旋转速度大约为同样倍速的 CD-ROM 驱动器的 3 倍。许多 DVD 光驱列出了两个速度，一个是读取 DVD 盘的速度，另一个是读取 CD 盘的速度。例如，某 DVD-ROM 光驱的速度为 16×/40×，这分别指的是读 DVD 和 CD 盘的速度。DVD 光驱可以使用 IDE/ATA 接口或者 SCSI 接口，这一点与 CD-ROM 是一样的。

可写式 DVD 包括 DVD-R、DVD-RAM、DVD-RW 和 DVD＋RW，目前的容量可达到 4.7GB/面，DVD-R 是一种类似于 CD-R 的一次性写介质，其他几种可写式使用了相位变化技术。一般来说，DVD-RAM 可以读取 DVD 视频、DVD-ROM 和 CD 介质，但目前 DVD-ROM 和 DVD 视频播放器不能读取 DVD-RAM 介质。

8.7　新型辅助存储器

除前述的磁介质存储器和光存储器，近年来又出现了许多新型的辅助存储器，这些存储器的共同特点是容量大、可更换、使用方便。

8.7.1　大容量可移动存储器

随着操作系统和应用软件的逐渐庞大，需要更多的空间来存储它们及其创建的数据。可移动的存储器有很多种，最常见的是使用磁介质，也有几种是结合使用磁和光介质。

当前最流行的可移动驱动器是那些存储容量为 100MB～70GB 或更大的驱动器。这些驱动器的速度相当快，并且在可更换磁盘或磁带上可以存储几个数据文件或不常使用的程序，也可以存储整个硬盘的内容。除了备份，它们还可以非常容易地将庞大的数据文件从一台计算机传递到另一台计算机中，或者用户可以将机密数据装入可更换盒并将其带离办公室，以防泄露。

可移动介质有两种基本类型：磁盘和磁带。磁盘介质的价格相对较高，其容量一般来说也相对较小，在基于文件的系统中更容易使用，在复制少量文件时比较快，但在复制大量文件或者整个驱动器时则比较慢。磁带介质的价格总的来说比较便宜，其总容量也比较大，在图像或多文件系统中使用比较方便，用它来备份整个硬盘上的所有应用程序和数据非常合适，即适合于巨量备份，但复制单个文件时就显得比较费事。

1. 磁盘

磁介质驱动器通常以软、硬盘为基础。例如，流行的 Zip 驱动器是 Iomega 公司早期伯努利（Bernoulli）软盘驱动器的 3.55in 版本。3M 公司的新型 LS-120 驱动器也是一种基于软盘的驱动器，在一张盘上可以存储 120MB，而看上去非常像一个 1.44MB 的软盘。先前的 SyQuest 驱动器和现在的 Iomega Jaz 驱动器都是基于硬盘设计的。Iomega 和 SyQuest 设计都采用了专用的标准，而 LS-120 是一个许多公司都支持的真正的工业标推。可是在工业界，Iomega 公司的 Zip 驱动器已成为事实上的标准。目前许多新型微机在销售时，Zip 驱动器已作为一个标准配置。尽管如此，由于目前所有新的系统都支持 LS-120 超级磁盘，将其看做可直接启动软驱的一个替代设备，并被许多销售商接纳为标准配置，期望市场会转向 LS-120 和其后续产品，并在将来成为事实上的标准。

对于主要的可更换驱动器，有几种连接方式可供选择。虽然 SCSI 一直是一种常用的方式，然而目前大多数可更换驱动器通过 IDE 接口、并行口或者 USB 口连接。并行口和 USB 接口是外接的，这样就允许在多台不同的计算机之间共享一个驱动器，遗憾的是，并行口驱动器提供的性能相对较差，尽管 USB 接口要稍好一些，但其仍然不能和 IDE 或 SCSI 的性能相比。若要求有高性能的连接，SCSI 仍是外置式大容量驱动器的一个最佳选择。

2. 磁光盘

目前最常用的读写型光盘称为 MO 光盘。MO 的全名为 Magnet Optical，是光学与电磁学相结合实现的一种存储技术，所以 MO 光盘常常称为磁光盘。MO 盘的记录层很薄，采用对温度极为敏感的磁性材料制成，这些磁件材料在高温下可以被磁化。

磁光盘有两种规格：3.5in 和 5.25in，3.5in 的容量可以达到 3.3GB，而 5.25in 的容量都超过 5GB。

3. 磁带

磁带的位价格要比磁盘低很多，整体容量也大一些。磁带是顺序访问的，用户要找一个文件，必须从磁带头开始，而且不能单独修改或移动磁带上的单个文件，必须将整盒磁带的内容删除，然后再全部重写。因此，磁带比较适合做整个硬盘程序和数据的备份存储器，即大容量的备份存储。

计算机上要备份的数据、要存储的档案可能需要大量空间，一些用户每星期，甚至每天都需要备份他们的数据，即将这些数据转移到其他存储介质上，以便为机器留下更多的磁盘空间。

备份整个硬盘数据或修改数据的传统方法是使用磁带，如果磁带容量足够大，用磁带备份整个硬盘的数据是最简单、最有效的方法。在机器上装一个用于备份的磁带机，在机器里插入一卷磁带，选择要备份的驱动器和文件，然后开始备份，备份软件就开始将要备份的数据往磁带上拷，而用户就可以做其他事情。以后要修改磁带上的部分或全部数据时，将这盒磁带插入磁带机，启动备份程序，选择需要重新存入的文件，剩下的工作就由磁带机来做了。

价格低的磁带使用 QIC、QIC-Wide、Travan 技术，它们可以按 2:1 的压缩率来存储数据。DAT（数字式音频磁带）采用数字数据存储（DDS）技术，DAT 驱动器因此也称为

DDS 驱动器。DDS 驱动器的容量可以达到 20GB/40GB（2:1 压缩率），可靠性高，多数的 DDS 驱动器和 DDS 盘中引入了自动清洗磁头的特性。

AID（高级智能磁带）是 DAT/DDS 的后继版本，它比 DAT 能处理更高容量的数据。也具有更高的速度和可靠性。

8.7.2　闪存卡和 USB 电子盘

作为移动存储介质，闪存卡和 USB 电子盘比磁盘、光盘等传统存储产品有更多的优点，便于携带，安全性更好。这种高速发展的半导体存储器属于非易失性存储器，在保存数据时不需要消耗能量，在一定的电压下可以改写内部数据。它与普通以字节存储的 RAM 不同，是分块存储的。

1. 闪存卡

闪存卡像磁盘一样可以读写，长期保存数据。闪存卡的读写速度较快，目前很多数码产品都使用闪存卡来存储信息，如数码相机。虽然现在闪存卡的容量还不是很大，但是随着技术的发展，其容量是可以增大的，目前市场上的闪存卡已达到几十 GB。

从接口规范和使用来看，它就像一块外置硬盘，但在内部，半导体存储器的特性相当突出。目前的闪存卡主要有 6 大类——CF 卡、Smart Media 卡、记忆棒、SD 卡、xD 卡和 MMC 卡。

（1）CF 卡。CF 卡（Compact Flash）是目前市场上闪存阵营中当之无愧的“老大”，CF 卡上内置了 ATA/IDE 控制器，具备即插即用功能，可以兼容绝大部分操作系统。通过 PC 卡适配器，CF 卡可以在任何 PC 卡驱动器里进行读写操作，与笔记本电脑配合使用非常方便。

（2）Smart Media 卡。Smart Media 卡又称为固态软盘卡，大小与 CF 卡相似，与 CF 卡不同之处在于没有内置控制器，所以成本比 CF 卡要低一点。

（3）记忆棒。从外形上看，标准的记忆棒比一块口香糖略小，它与驱动器的连接采用排列在单侧的 10 针接口。最新的 Memory Stick PRO 的最大传输速率可以达到 360 Mb/s，最大容量可达 32GB。

（4）SD 卡/MMC 卡。SD 卡在推出时是体积最小的存储媒体，它与许多便携式设备沿用的 MMC（多媒体卡）具有一定的兼容性。

（5）xD 卡。xD 卡作为 Smart Media 卡的替代产品，不仅满足了现有数码相机用户对大存储容量及良好兼容性的需求，而且其袖珍的体积也为生产设计更精致小巧的数码相机打下了基础。在读写兼容性上，xD 卡不仅拥有 PC 卡适配器和 USB 读卡器，非常容易与个人计算机连接，而且小巧的体积还让它可以插入 CF 适配器，在使用 CF 卡的数码相机中使用。

xD 卡还有快速的读写速度，64MB 及以上容量的卡均可达到写入 3MB/s，读取 5MB/s 的速度。

2. USB 电子盘

USB 电子盘简称 U 盘，这是一种基于闪速存储介质和 USB 接口的移动存储设备，被称为移动存储的新一代产品。U 盘可长期保存数据，并具有写保护功能，擦写次数可达百万次以上。目前 U 盘已不仅仅拥有移动存储的功能，还具有其他特殊的特性，如：

（1）启动功能，可以以软盘、硬盘或 USB-ZIP 方式启动；

（2）加密功能，可以把 U 盘分割成几个区域，有些区域没有保密功能，任何人都可以使用，有些区域具有保密功能，只有经过密码验证之后才能存取；

（3）压缩功能，可以对存入的信息进行压缩，对取出的信息进行解压缩；

（4）锁定计算机功能，即充当电子钥匙。

U 盘采用 USB 接口，无需外接电源，可以实现即插即用。近年来随着 U 盘的快速发展，已经取代传统软盘。

习　　题

1. 外部设备有哪些主要功能？可以分为哪些大类？各类中有哪些典型设备？

2. 键盘属于什么设备？它有哪些类型？简述非编码键盘查询键位置码的过程。

3. 说明针式打印和字模式打印有何不同？各有什么优缺点？

4. 什么是光栅扫描？

5. 什么是分辨率？

6. 点阵式打印机由哪几部分组成？

7. 某 CRT 显示器可显示 64 种 ASCII 字符，每帧可显示 64 列×25 行，每个字符点阵为 7×8，即横向 7 个点，纵向 8 个点，排间间隔 3 个点，场频为 60Hz，采用逐行扫描方式，试问：

（1）缓存容量有多大？

（2）字符发生器（ROM）容量有多大？

（3）缓存中存放的是字符的 ASCII 码还是字符的点阵信息？

（4）缓存地址与屏幕显示位置如何对应？

（5）设置哪些计数器以控制缓存访问与屏幕扫描之间的同步？它们的分频关系如何？

8. 某 CRT 字符显示器，每帧可显示 80 列×20 行，每个字符是 7×9 点阵，字符窗口 9×14，场频为 50Hz。

（1）缓存采用什么存储器？其中存放的内容是什么？容量应为多大？

（2）缓存地址如何安排？若在 241 号单元存放的内容要显示出来，其屏幕上 X 和 Y 的坐标应是多少？

（3）字符点阵存放在何处？如何读出显示？

（4）计算主振频率以及点计数器、字计数器、行计数器、排计数器的分频频率。

9. 说明磁介质存储器的存储原理。

10. 分别用 RZ、NRZ、PE、FM、MFM 和 M^2FM 制记录方式记录下述数据序列，画出写电流波形。

（1）10010111011

（2）01010001100

11. 主存储器与磁介质存储器在工作速度方面的指标有什么不同？

12. 某磁盘存储器转速为 3 000r/min，共有 4 个记录面，每道记录信息为 12 288B，最小磁道直径为 230mm，共有 275 道，问：

（1）磁盘存储器的存储容量是多少？

（2）最高位密度与最低位密度是多少？

（3）磁盘数据传输率是多少？

（4）平均等待时间是多少？

（5）给出一个磁盘地址格式方案。

13. 已知某磁盘存储器转速为 2 400r/min。每个记录面道数为 200 道，平均查找时间为 60ms，每道存储容量为 96KB，求磁盘的存取时间与数据传输率。

14. 光盘存储器有哪些类型？

参 考 文 献

[1] 蒋本珊. 计算机组成原理 [M]. 北京：清华大学出版社，2004.
[2] 黄钦胜，朱娟. 计算机组成原理 [M]. 北京：电子工业出版社，2005.
[3] 陈华光. 计算机组成原理 [M]. 北京：机械工业出版社，2006.
[4] 石磊. 计算机组成原理 [M]. 2 版. 北京：清华大学出版社，2006.
[5] 薛宏熙、胡秀珠. 计算机组成与设计 [M]. 北京：清华大学出版社，2007.
[6] 潘松，潘明. 现代计算机组成原理 [M]. 北京：科学出版社，2007.
[7] 孙力娟，李爱群. 微型计算机原理与接口技术 [M]. 北京：清华大学出版社，2007.
[8] 张代远. 计算机组成原理教程 [M]. 北京：清华大学出版社，2005.
[9] 米根锁. 计算机组成原理 [M]. 兰州：兰州大学出版社，2006.
[10] 白中英. 计算机组成原理 [M]. 3 版. 北京：科学出版社，2003.
[11] 张礼平. 计算机组成原理 [M]. 上海：华东理工大学出版社，2004.
[12] 薛胜军. 计算机组成原理 [M]. 2 版. 武汉：华中科技大学出版社，2005.